일반경찰도 활용할 수 있는
특별사법경찰 수사실무

피의자 신문
및 조서 작성

KB193146

들어가는 글

특별사법경찰관리 등 조사자가 수사업무를 수행하는 데 있어 어려움을 겪는 부분 중의 하나가 피의자 신문 및 조서 작성일 것이다.

'피의자 신문'이란 기본적으로는 조사자가 피의자 등 피조사자를 상대로 벌칙조항 문구에 해당하는 행위를 했는지 물어보고 이하 육하원칙으로 풀어 나가는 것이다. 예를 들면 형법 제250조 제1항에 "사람을 살해한 자는 사형, 무기 또는 5년 이상의 징역에 처한다."라고 규정되어 있는데 벌칙조항 문구인 "사람을 살해한 사실이 있는 지" 물어보고 언제, 어디서, 누구를, 어떤 방법으로, 왜 살해했는지 확인해 나가는 것이다.

행정사범의 경우에는 예를 들면 농수산물의 원산지 표시에 관한 법률 제6조 제1항 "누구든지 다음 각 호의 행위를 하여서는 아니 된다. 1. 원산지 표시를 거짓으로 하 거나 이를 혼동하게 할 우려가 있는 표시를 하는 행위"라고 규정되어 있는데, 이 규 정을 위반한 사실이 있는지, 즉 "피의자는 농수산물의 원산지 표시를 거짓으로 한 사 실이 있는지" 물어보고 언제, 어디서, 어떤 농수산물에, 어떤 방법으로 표시했는지, 왜 그랬는지 확인해 나가는 것이다. 죄명은 다르더라도 신문하는 방식은 동일하니 '피의자신문조서 작성 예시(서술식, 문답식)' 기재 부분을 익숙해질 때까지 여러 번 읽 어 보길 바란다.

피의자를 신문하고 조서를 작성하는 데 있어서도 다른 수사절차와 마찬가지로 형 사소송법 제308조의2 "적법한 절차에 따르지 아니하고 수집한 증거는 증거로 할 수 없다."는 위법수집증거 배제 규정을 준수해야 한다. 따라서 형사소송법 제241조(피 의자신문)부터 제245조(참고인과의 대질)까지 숙지하여 위법수집증거의 시비에 휘말 리지 않도록 유의해야 한다.

아울러 "범죄의 성립과 처벌은 행위 시의 법률의 의한다."는 형법 제1조 제1항을 시작으로 범죄성립요건[구성요건해당성, 위법성(조각사유), 책임(조각사유)], 미수범, 공범(공동정범, 교사범, 방조범, 간접정범), 경합범(실체적 경합, 상상적 경합) 등 형법 제 1조부터 제40조까지의 총칙 규정을 숙지하여 이를 신문 및 조서 작성 과정에 반영해 야 한다. 형법총칙 규정을 모르면 피의자 신문을 하는 데 많은 애로사항이 발생하니 형법 제1조(범죄의 성립과 처벌)부터 제40조(상상적 경합)까지라도 여러 번 읽어서 숙지하기를 바란다.

　끝으로 피의자 신문 시 가장 유의해야 할 사항 중의 하나는 '경청'이라고 할 수 있다. 피의자 등 조사 대상자들로부터 잘 들어 보아야 이들이 어떤 주장을 하는지, 어떤 의향을 가지고 있는지를 파악할 수 있고 이에 대응할 방법을 찾을 수 있다.

　이러한 피의자 신문 및 조서 작성 방법에 대해서는 (일반)사법경찰관리, 검찰수사관도 특별사법경찰관리와 다를 바 없다. 특별사법경찰관리, (일반)사법경찰관리, 검찰수사관 등 조사를 하는 분들에게 본 교재가 미력하나마 도움이 될 수 있기를 소망해 본다.

　※ 소개한 판결문은 '대법원종합법률정보', '대법원' 홈페이지에서 발췌하였다.
　• 대법원종합법률정보: 정부 수립 이후 현재까지 주요 판결문 게시
　• 대법원: 대국민서비스－정보－판결서 인터넷 열람－열람 신청하기(2013. 1. 1.～현재)
　※ 법률, 시행령, 시행규칙, 예규 등 지침, 서식은 '국가법령정보센터'에서 발췌하였다.

수사실무 전문강사 백윤우

넋두리

1. 특별사법경찰관리 직무교육 기회 부족

특별사법경찰 제도는 「형사소송법 제245조의10(특별사법경찰관리)」, 「사법경찰관리의 직무를 수행할 자와 그 직무범위에 관한 법률(이하 '사법경찰직무법')」에 근거한다. 교도소장 등과 같이 사법경찰직무법에 수사업무를 하도록 특정되어 있거나 식품, 원산지 등과 같이 특별사법경찰 소속 기관장의 제청에 의해 관할 지방검찰청 검사장의 지명으로 수사업무를 하도록 규정되어 있다. 대부분은 지명을 받도록 규정되어 있다.

특별사법경찰 제도를 운영하게 된 취지는 1956. 1. 12.자 사법경찰직무법 제정 이유에 "삼림·해사·전매·세무 등 특수행정분야에 관한 범칙사건을 일반사법경찰관리로 하여금 수사케 함은 그 특수성을 감안할 때 부적당하고 매우 곤란하므로 형사소송법 제197조에 의거하여 이들 특수행정분야에 관한 범칙사건을 수사하는 자 및 그 직무범위를 규정함으로써 이들 특수행정분야를 직접 담당하여 그 부면에 정통한 공무원으로 하여금 이를 처리하게 하여 범죄수사에 신속과 철저를 기하려는 것임"으로 되어 있다. 즉 특수행정분야에 대해서는 그 분야 전문가인 공무원에게 경찰권을 부여한다는 취지이다.

그 취지에 따라 특수행정분야 전문가인 공무원에게 경찰권을 부여하여 수사업무를 수행하게 하려면 먼저 해당 공무원을 상대로 수사에 대한 교육이 이루어져 할 것이다. 특수행정분야에서 이루어지는 행정절차와 특수행정분야에 대한 수사절차는 당연히 다를 것이고 또한 엄연히 구분되어야 하는데 특수행정분야 전문가라고 하더라도 수사에 대해서는 생소한 공무원이 대다수일 것이기 때문이다. 그러나 그 교육이 제대로 이루어지지 않는 데 문제가 있다.

현재 전국의 특별사법경찰관리 인원은 2만 명을 넘어섰다. 이들을 대상으로 체재를 갖추어 수사실무를 교육하는 기관은 법무연수원 용인분원이 유일하지만, 연간 교육 인원은 2천 명을 넘어서지 못하고 있다. 그 밖에 각 소속기관 인재개발원(공무원교육원)에서 있다면 연간 1회나 2회 정도, 횟수별로 3일 내지는 5일 각 40여 명을 대상으로 교육을 실시하거나, 소속기관 자체적으로 연간 1회나 2회 각 2시간 내지는 4시간 정도 워크숍 형태로 교육을 진행하고 있다.

결국에는 특별사법경찰관리로 지명되어도 대부분 제대로 된 교육을 받지 못한 상태에서 수사업무를 시작하게 되어 초기부터 많은 어려움을 겪게 된다. 전쟁 상황에 비유한다면 병사가 기본적으로 갖추어야 할 사격훈련, 각개전투훈련 등 군사훈련 없이 총만 쥐여 주고 전쟁터로 내모는 것과 다를 바 없다. 총 쏘는 방법 등은 전쟁을 수행하면서 각자 알아서 체득해야 한다는 결론이다. 운이 좋으면 전쟁 중간에 훈련소에 한번 갔다 올 수도 있겠다.

특별사법경찰관리를 상대로 한 전문적인 교육기관 신설 등 교육 기회의 확충이 시급한 이유다.

2. 특별사법경찰관리의 수사와 행정조사원의 행정조사와의 구분

이와 같이 직무교육의 기회가 부족할 뿐만 아니라 대부분 단속사무(행정조사)에 종사하는 자 중에서 특별사법경찰관리를 지명하다 보니 수사와 행정조사가 구분되지 않은 채 수사가 진행되는 경우도 종종 발생한다. 수사를 행정조사 하듯이 하는 것이다. 수사는 형사소송법, 행정조사는 각 특별법 및 행정조사기본법에 근거하는데 형사소송법이 아닌 행정조사기본법 절차에 따라 수사를 하는 모양새가 되는 경우도 있다. 대표적인 예가 영업장 수색이다.

수사의 일환으로 영업장 수색을 하려면 형사소송법 제215조 제2항을 근거로 그 영업장에 '피의자가 죄를 범하였다고 의심할 만한 정황'이 있다는 점이 전제되어 범죄 정황에 대한 증거를 찾기 위해 영장에 의한 수색이 이루어져야 한다. 영장을 갖추지 못한다면 동의를 받아 수색이 이루어져야 한다. 동의에 의한 수색 시에도 '피의자가 죄를 범하였다고 의심할 만한 정황'이 전제되어야 한다는 점은 당연하다. 그럼에도 불구하고 범죄의 정황이 발견되지 않은 상황에서 '단속'이라는 명목 등으로 행정조사 하듯이 수색이 이루어지는 경우가 종종 있기도 하다. 행정조사 하듯이 수색하면서 그때 비로소 범죄의 정황을 찾는 것이다.

이 같은 절차를 거쳐 수집된 증거는 형사소송법 제308조의2 위법수집증거 배제 규정과 관련하여 증거능력 유무의 시비를 야기하게 될 것이다.

3. 특별사법경찰관리 지명절차 개선 필요

한편, 특별사법경찰관리 지명의 경우는 소속 기관장의 제청에 의해 관할 지방검찰청 검사장의 지명으로 이루어지는데 그 세부적인 절차는 법무부 예규인「특별사법경찰관리 지명절차 등에 관한 지침」에 따르고 있다. 문제는 제청부터 지명까지 통상적으로 보름 내지는 1개월이 걸리는데 인사이동 등의 사유로 특별사법경찰 직무를 맡고서도 지명을 받을 때까지는 직무수행을 할 수 없다는 점이다. 기초자치 단체 등 최소한의 인원만 갖춘 기관에서는 공소시효가 다가온 사건도 지명을 받지 못해 처리할 수 없어 그대로 공소시효가 완성되어 버리고 마는 상황이 발생할 수도 있다.

그 직무의 공백이 발생하지 않도록 소속 기관장에게 지명권한을 위임하여 소속 기관장이 특별사법경찰 직무로 발령을 냄과 동시에 특별사법경찰관리로 선지명 하고 관할 지방검찰청 검사장이 사후승인을 하는 등 법령 개정이나 제도개선이 필요하다.

4. 자동차의무보험 미가입 운행 사건 처리 방법 개선 필요

끝으로 자동차손해배상보장법위반 사건으로 '의무보험 미가입 운행 사건'이 있다. 도로에서 과속을 하거나 신호위반을 하여 CCTV(무인단속카메라)에 적발되면 자동차 등록명의자의 주소지 관할 경찰서장 명의로 과속 또는 신호위반에 대한 범칙금 내지는 과태료 부과 통지를 하게 된다. 이때 적발된 자동차 가운데 의무보험에 가입하지 않은 자동차를 선별하여 국토교통부에서 별도로 관리하면서 자동차 등록명의자의 주소지 관할 시청, 군청, 구청 특별사법경찰관은 미가입 운행 범칙자를 적발하고, 소속 기관장은 범칙금을 부과하고, 이를 기한 내에 납부하지 아니하면 특별사법경찰관이 입건, 송치하게 된다.

문제는 특별사법경찰관리 1인당 감당해야 할 사건 수가 너무 많다는 점이다. 통상적으로 1인당 수백 건씩 미제사건을 가지고 있는데, 아침에 출근하면 전화를 하거나 출석시켜 조사해야 할 대상자가 수백 명이라는 얘기다. 사정이 이렇다 보니 공소시효가 다가오는 사건 처리에 급급하게 되고 조사 대상자는 "언제적 사건인데 이제 조사하냐, 기억도 나지 않는다"는 등 불만을 표출하게 된다. 사건을 처리함으로써 부수적으로 얻을 수 있는 범죄예방의 효과도 없고, 특별사법경찰관리는 도저히 감당할 수 없는 사건 수로 인한 격무와 스트레스에 시달리게 되니 이 직무를 기피하는 등 악순환이 반복되고 있다. 소속 기관별로 해당 업무의 특별사법경찰관리를 증원하는 데 한계가 있는 등 관리인원 증원의 어려움 등 자체적으로는 해결이 어렵다. 신호위반·과속 단속과 연계 처리, 과태료로의 전환 등 반드시 제도개선이 필요하다.

일선 특별사법경찰관리의 대표적인 애로사항 몇 가지를 짚어보았는데, 앞으로 관계기관의 관심과 노력으로 개선될 수 있기를 소망한다.

차례

I

피의자 신문 및
조서 작성 개요

1. 사건발생부터 송치까지 절차 개요

가. 특별사법경찰

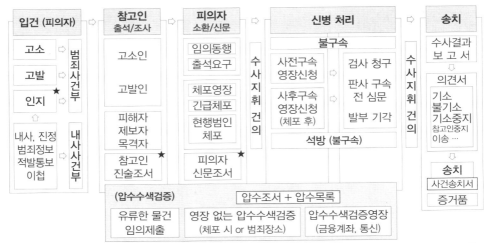

"★" 표시는 '범죄인지서' 작성 시점임, 실무상 범죄인지서는 피의자신문조서 작성 후 작성 ⇒ 정확하게 작성할 수 있음

나. 일반경찰

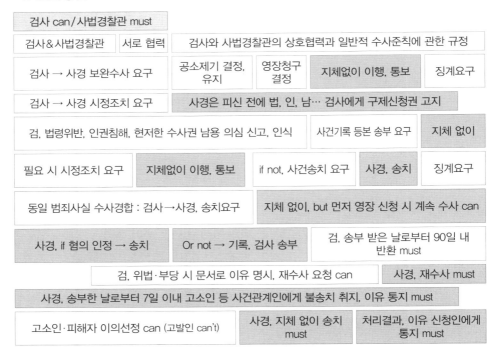

※ '검사와 사법경찰관의 상호협력과 일반적 수사준칙에 관한 규정', 2020. 10. 7. 제정, 2021. 1. 1. 시행
• 이후 2023. 10. 17. 일부 개정, 2023. 11. 1. 시행
※ 2023. 10. 17. 일부 개정 취지는 다음과 같음

검사와 사법경찰관의 상호협력과 일반적 수사준칙에 관한 규정

[시행 2023. 11. 1.] [대통령령 제33808호, 2023. 10. 17., 일부개정]

개정이유[일부개정]

◇ 개정이유

2021년 「형사소송법」 개정 이후 고소장 또는 고발장의 접수거부 또는 수사의 지연·부실 등으로 범죄피해를 입은 국민이 신속하고 적절한 구제를 받지 못하는 등의 부작용이 발생하고 있어, 앞으로는 수사기관이 고소 또는 고발을 받은 경우 수리하도록 명시하고 신속한 수사를 위하여 각종 수사기한을 정비하는 한편, 검사와 사법경찰관 사이의 상호 협력을 강화하는 등 현행 제도의 운영상 나타난 일부 미비점을 개선·보완하려는 것임.

◇ 주요내용

가. 검사와 사법경찰관의 협력 활성화(제7조 및 제8조)

「공직선거법」에 따른 단기 공소시효가 적용되는 사건 등의 경우 공소시효 만료일 3개월 전까지 상호 의견을 제시·교환하도록 의무화하는 등 검사와 사법경찰관의 상호 협력을 활성화함.

나. 수사기관의 고소·고발 수리 의무 및 수사 기한 명시(제16조의2 신설)

고소장이나 고발장 접수를 부당하게 거부하는 일부 잘못된 관행을 개선하기 위하여 고소 또는 고발을 받은 경우 이를 수리하도록 하고, 그 수리한 날부터 3개월 이내에 수사를 마치도록 함.

다. 사건 이송 및 보완수사·재수사의 기한 명시(제18조제4항, 제60조제3항 및 제63조제4항 신설)

　　1) 검사는 검찰청 외의 수사기관에서 수사하는 것이 적절하다고 판단되는 사건을 이송하는 경우 사건을 수리한 날부터 1개월 이내에 이송하도록 함.

2) 사법경찰관은 보완수사요구나 재수사의 요청이 접수된 날부터 3개월 이내에 보완수사나 재수사를 마치도록 함.

라. 영장 사본의 교부절차 마련(제32조의2 및 제37조 후단 신설, 제38조)

영장에 따라 피의자를 체포·구속하거나 압수·수색 또는 검증을 하는 경우 영장 사본의 교부절차를 구체적으로 정하는 한편, 영장을 제시하거나 사본을 교부하는 경우 피해자 등의 개인정보가 불필요하게 노출되지 않도록 함.

마. 검사와 사법경찰관의 보완수사 분담 기준 정비(제59조제1항, 제59조제2항 신설)

종전에는 검사가 사법경찰관으로부터 송치받은 사건에 대하여 특별히 직접 보완수사를 할 필요가 있는 경우를 제외하고는 사법경찰관에게 보완수사를 요구하는 것을 원칙으로 하였으나, 앞으로는 구체적 사건의 성격에 따라 검사와 사법경찰관이 보완수사를 분담하도록 하여 수사업무의 편중을 개선하고 신속한 수사가 이루어질 수 있도록 함.

바. 재수사 사건의 처리절차 개선(제64조제2항, 제64조제3항 및 제4항 신설)

1) 검사가 범죄의 혐의 유무를 명확히 하기 위하여 사법경찰관에게 재수사를 요청한 사항에 관하여 그 이행이 이루어지지 않은 경우 검사가 사건송치를 요구할 수 있도록 함.

2) 검사가 송치요구 여부를 판단하기 위하여 필요한 경우에는 사법경찰관에게 관계 서류와 증거물의 송부를 요청할 수 있도록 하고, 요청을 받은 사법경찰관은 이에 협력하도록 함.

※ 법제처 제공

2. 피의자 신문 관련 용어 정리

가. 피의자(被疑者, suspect)

○ 내사 중: 피내사자 / 수사중: 피의자 / 재판 중: 피고인

○ 형식적 피의자

   – 고소장, 고발장을 접수하여 범죄사건부에 등재하고 사건번호(그 범죄사건부의 일련번호)를 고소장, 고발장에 기재하여 서로 연결시켜 놓으면 이를 '입건'이라고 표현한다. 입건되면 이때부터는 피고소인, 피고발인은 형식상으로는 피의자가 되는 것이다.

   – 인지는 수사기관이 신고, 현행범인 체포 등을 단서로 자체적으로 혐의를 확인하여 수사를 시작하는 것으로 범죄인지서를 작성하여 범죄사건부에 등재하고 사건번호를 범죄인지서에 기재한 때 피의자가 되는 것이다.

○ 실질적 피의자

   – 범죄사건부 등재 전이라도 '범죄의 혐의가 있다고 보아 실질적으로 수사를 개시하는 행위를 한 때'에 인정되는 것이다.

대법원 2024. 5. 30. 선고 2020도9370 판결

[성매매알선등행위의처벌에관한법률위반(성매매알선등)]〈수사기관의 영장 없는 범행현장 대화 녹음 등의 증거능력이 문제된 사건〉[공2024하,1045]

【판결요지】

[2] 피의자의 진술을 녹취 내지 기재한 서류 또는 문서가 수사기관에서의 조사 과정에서 작성된 것이라면, 그것이 '진술조서, 진술서, 자술서'라는 형식을 취하였다고 하더라도 피의자신문조서와 달리 볼 수 없고, 한편 형사소송법이 보장하는 피의자의 진술거부권은 헌법이 보장하는 형사상 자기에 불리한 진술을 강요당하지 않는 자기부죄거부의 권리에 터 잡은 것이므로 수사기관이 피의자를 신문함에 있어서 피의자에게 미리 진술거부권을 고지하지 않은 때에는 그 피의자의 진술은 위법하게 수집된 증거로서 진술의 임의성이 인정되는 경우라도 증거

능력이 부인되어야 한다. 피의자에 대한 진술거부권의 고지는 피의자의 진술거부권을 실효적으로 보장하여 진술이 강요되는 것을 막기 위하여 인정되는 것인데, 이러한 진술거부권 고지에 관한 형사소송법의 규정 내용 및 진술거부권 고지가 갖는 실질적인 의미를 고려하면, 수사기관에 의한 진술거부권 고지의 대상이 되는 피의자의 지위는 수사기관이 조사 대상자에 대하여 범죄의 혐의가 있다고 보아 실질적으로 수사를 개시하는 행위를 한 때에 인정되는 것으로 봄이 타당하다. 따라서 이러한 피의자의 지위에 있지 아니한 자에 대하여는 진술거부권이 고지되지 아니하였다 하더라도 그 진술의 증거능력을 부정할 것은 아니다.

※ 출처: 대법원 2024. 5. 30. 선고 2020도9370 판결
[성매매알선등행위의처벌에관한법률위반(성매매알선등)] 종합법률정보 판례

나. 피내사자, 피혐의자

○ 피내사자: 인지사건에서 '범죄 혐의에 대하여 수사기관의 내사를 받는 사람', 고소·고발사건과는 관련 없음(내사: 겉으로 드러나지 아니하게 몰래 조사함)
○ 피혐의자: 수사 초기 수사기관이 주관적 혐의를 두고 있는 자
  – 국민신문고를 통해 법무부에 질의, 회신

【제목】
검찰사건사무규칙에 규정되어 있는 '피혐의자'가 조사 결과 혐의가 있을 수도 있고 없을 수도 있는 자인지, 아니면 조사결과 혐의가 있는 자만을 의미하는지 여부
【내용】
질문)
○ 검찰사건사무규칙에는 조사대상자를 '피의자, 피혐의자, 피내사자'로 구분하고 있습니다.
○ 형식적으로 피의자는 고소, 고발이나 인지로 범죄사건부에 기재된 자이며, 피내사자는 내사사건의 대상자로 내사사건부에 기재된 자로 볼 수 있을 것입니다.

○ 피의자나 피내사자는 조사결과에 따라 혐의가 있을 수도 있고 없을 수도 있습니다.

○ 질문: 그런데 피혐의자에 대해서는 위 피의자나 피내사자와 마찬가지로 혐의가 있을 수도 있고 없을 수도 있는 대상자인지, 아니면 혐의가 인정되는 자만을 의미하는 것인지 질문합니다.

○ 질문하는 이유는 입법예고된 「특별사법경찰관리에 대한 검사의 수사지휘 및 수사준칙에 관한 규정 제정(안)」 제18조(수사의 개시)에 '피혐의자의 수사기관 출석조사' 시 즉시 입건하라고 규정되어 있어 '피혐의자'의 해석 범위에 따라 특별사법경찰의 수사업무 처리에 많은 영향을 미칠 수 있기 때문입니다.

○ 피혐의자로 혐의가 있든 없든 출석조사하면 전부 입건하는 것과 그중 혐의가 있는 자만을 입건하는 것과는 커다란 차이가 있기 때문에 문의합니다.

○ 바쁘시겠지만 신속한 답변 부탁 드립니다.

[위 제정(안)]

제18조(수사의 개시) ① 특별사법경찰관이 다음 각호의 어느 하나에 해당하는 행위에 착수한 때에는 수사를 개시한 것으로 본다. 이 경우 특별사법경찰관은 해당 사건을 즉시 입건해야 한다.

1. 피혐의자의 수사기관 출석조사
2. 피의자신문조서의 작성
3. 긴급체포
4. 체포·구속영장의 청구 또는 신청
5. 사람의 신체, 주거, 관리하는 건조물, 자동차, 선박, 항공기 또는 점유하는 방실에 대한 압수·수색 또는 검증영장(부검을 위한 검증영장은 제외한다)의 청구 또는 신청

[검찰사건사무규칙]

제9조의2(변호인의 피의자신문 등 참여)

⑧ 검사의 피혐의자·피내사자·피해자·참고인에 대한 조사 시 변호인의 참여에 관하여는 제1항부터 제7항까지의 규정을 준용한다.

[전문개정 2020. 1. 31.]

제9조의6(변호인의 변론) 검사는 피의자·피혐의자·피내사자·피해자·참고인의 변호인이 변론을 요청하는 경우 특별한 사정이 없으면 일정, 시간, 방식 등을 협의하여 변론할 기회를 보장해야 한다.

[본조신설 2020. 1. 31.]

제143조의2(수사사건의 수리)

② 검사는 다음 각 호의 어느 하나에 해당하는 행위를 하는 때에는 수사사건으로 수리하거나 입건하여야 한다.

1. 사람의 신체, 주거, 관리하는 건조물, 자동차, 선박, 항공기 또는 점유하는 방실(房室)에 대한 압수·수색·검증을 제외한 압수·수색·검증, 통신제한조치, 통신사실확인자료 제공 등「형사소송법」및 다른 법령에 따른 영장 또는 허가를 청구하는 때

2. 피혐의자를 출석시켜 조사한 때

3. 현행범인을 체포·인수한 때

[본조신설 2012. 3. 15.]

2020-12-22 19:22:42

【처리결과】

답변 내용)

1. 안녕하십니까. 귀하께서 국민신문고를 통해 질의하신 민원(1AA-2012-0273267)에 대해 안내 드립니다.

2. 귀하의 민원내용을 검토한 결과「검찰사건사무규칙」상 '피혐의자'는 조사 결과 혐의가 인정되는 자만을 의미하는 것인지 묻는 취지로 보입니다.

3. 「검찰사건사무규칙」은 사건관계인의 절차적 권리를 보장하고 사법 통제를 받도록 하여 수사 과정에서 국민의 인권을 더욱 두텁게 보호하기 위해, 검사가 피혐의자를 출석시켜 조사하는 경우 의무적으로 수사사건으로 수리하거나 입건하도록 하고(제143조의2), 그 외에도 피혐의자에 대한 변호인의 조력권을 보장하는 규정을 마련하고 있습니다(제9조의2, 제9조의6, 제13조의10).
4. 제도의 취지를 고려할 때, '피혐의자'는 일응 수사 초기 수사기관이 주관적 혐의를 두고 있는 자로 볼 수 있고, 혐의가 인정된 경우만을 뜻하는 것은 아니며, 구체적인 사건에 있어서 피혐의자에 해당하는지 여부는 혐의 정도, 조사 형식 및 진술거부권 등 절차적 권리의 보장 필요성 등을 종합적으로 고려하여 판단하여야 할 것입니다.

다. 피의자 신문 관련 용어 정리

○ 신문(訊問): 물을 신
 – 조사 / 피의자신문 / 설득, 추궁으로 자백을 받아 내는 것
○ 심문(審問): 살필 심
 – 의견 진술의 기회를 주는 것 / 구속 전 피의자심문
 – 청문과 유사
○ 조서(調書): 피의자, 참고인, 피고인, 증인신문조서
 – 소송 절차의 경과와 내용을 인정하기 위하여 법원이나 기타 기관이 작성하는 문서
 – 작성 절차가 적절한 방식을 준수하였는지 여부와 작성된 내용 등이 후에 증거가 됨

라. 피의자신문조서 의미

○ 수사기관이 피의자를 신문하여 그 진술을 정리하여 기재한 문서
 속기록 작성하듯이 피의자의 진술 내용을 그대로 기재해야 하는 것은 아니다.

마. 피의자신문조서 작성 근거

○ 형사소송법 제244조(피의자신문조서의 작성)

　① 피의자의 진술은 조서에 기재하여야 한다.

바. 피의자신문 관련 법령

○ 형사소송법 / 형사소송규칙

○ 사법경찰관리의 직무를 수행할 자와 그 직무범위에 관한 법률

○ 특별사법경찰관리에 대한 검사의 수사지휘 및 특별사법경찰관리의 수사준칙에 관한 규칙(이하 '특별사법경찰수사규칙'이라 함)(법무부령)

○ 검찰사건사무규칙(법무부령)

○ 인권보호수사규칙(법무부령)

○ (경찰청) 범죄수사규칙(경찰청 훈령)

○ 경찰수사규칙(행정안전부령)

3. 피의자신문조서 작성 시 유의사항

가. 피의자신문조서 작성은 범죄인지서 작성, 입건 후에만 할 수 있는지 여부

대법원 2001. 10. 26. 선고 2000도2968 판결

[사기 {인정된 죄명 : 특정범죄가중처벌등에관한법률위반(알선수재)}]

[3] 검찰사건사무규칙 제2조 내지 제4조에 의하면, 검사가 범죄를 인지하는 경우에는 범죄인지서를 작성하여 사건을 수리하는 절차를 거치도록 되어 있으므로, 특별한 사정이 없는 한 수사기관이 그와 같은 절차를 거친 때에 범죄인지가 된 것으로 볼 것이나, 범죄의 인지는 실질적인 개념이고, 이 규칙의 규정은 검찰행정의 편의를 위한 사무처리절차 규정이므로, 검사가 그와 같은 절차를 거치기 전에 범죄의 혐의가 있다고 보아 수사를 개시하는 행위를 한 때에는 이때에 범죄를 인지한 것으로 보아야 하고, 그 뒤 범죄인지서를 작성하여 사건수리 절차를 밟은 때에 비로소 범죄를 인지하였다고 볼 것이 아니며, 이러한 인지절차를 밟기 전에 수사를 하였다고 하더라도, 그 수사가 장차 인지의 가능성이 전혀 없는 상태하에서 행해졌다는 등의 특별한 사정이 없는 한, 인지절차가 이루어지기 전에 수사를 하였다는 이유만으로 그 수사가 위법하다고 볼 수는 없고, 따라서 그 수사과정에서 작성된 피의자신문조서나 진술조서 등의 증거능력도 이를 부인할 수 없다.

※ 출처: 대법원 2001. 10. 26. 선고 2000도2968 판결

[사기 {인정된 죄명 : 특정범죄가중처벌등에관한법률위반(알선수재)}] 〉 종합법률정보 판례

나. 인지사건 관련, 피의자신문조서 작성 시 반드시 입건해야 하는지 여부

○ 특별사법경찰관리에 대한 검사의 수사지휘 및 특별사법경찰관리의 수사준칙에 관한 규칙

제19조(수사의 개시)

① 특별사법경찰관이 다음 각 호의 어느 하나에 해당하는 행위에 착수한 때에는 수사를 개시한 것으로 본다. 이 경우 특별사법경찰관은 해당 사건을 즉시 입건해야 한다.

　　1. 피혐의자의 수사기관 출석조사

2. 피의자신문조서의 작성

3. 긴급체포

4. 체포·구속영장의 신청

5. 사람의 신체, 주거, 관리하는 건조물, 자동차, 선박, 항공기 또는 점유하는 방실에 대한 압수·수색 또는 검증영장(부검을 위한 검증영장은 제외한다)의 신청

다. 제안 피혐의자 출석조사, 피의자신문조서 작성 시에도 내사지휘 건의로 종결

○ 특별사법경찰수사규칙 제19조(수사의 개시) 제1항에 「특별사법경찰관이 다음 각 호의 어느 하나에 해당하는 행위에 착수한 때에는 수사를 개시한 것으로 본다. 이 경우 특별사법경찰관은 해당 사건을 즉시 입건해야 한다. 1. 피혐의자의 수사기관 출석조사, 2. 피의자신문조서의 작성…」라고 규정되어 있다.

○ 위 규정대로 하게 된다면, 피혐의자를 출석시켜 참고인 진술조서를 작성하거나, 피의자신문조서를 작성하였는데 그 결과 혐의가 없거나 공소권이 없거나 죄가 안 됨 등 불기소 사유에 해당하더라도 범죄인지서를 작성, 입건 송치해야 하기 때문에 업무량이 많이 늘어날 수밖에 없다.

○ 그리고 수사자료표를 작성하기 위해 지문을 채취하려면 대상자로부터 "내가 혐의가 없는데… 공소시효가 지났는데… 왜 지문을 찍어야 하느냐, 못 하겠다"는 등 반발에 부딪혀 지문을 채취하지 못하는 경우가 있기도 하다.

고소·고발 사건은 불기소 의견으로 송치할 경우에는 수사자료표를 작성하지 않는 것과 비교하면 위 규정은 인권침해의 소지가 있다고도 볼 수 있다.

○ 따라서 '혐의없음 등으로 내사종결하겠다'는 취지로 내사지휘 건의를 하면서 그 지휘 건의 문구 끝 부분에

  – 「특별사법경찰관리에 대한 검사의 수사지휘 및 특별사법경찰관리의 수사준칙에 관한 규칙 제19조(수사의 개시)에는 '피혐의자 출석 조사 시' 또는 '피의자신문조서 작성 시' 즉시 입건, 송치하도록 규정되어 있는데,

  – 위 규정에 대한 입법취지를 보면 '특별사법경찰의 내사를 통제하려는 데 있다'라고 되어 있는바, 이는 특별사법경찰이 피혐의자를 출석 조사했거나 피의자신문조서를 작성했음에도 혐의가 없다는 등의 사유로 검사의 지휘를 받

지 아니하고 자체 내사종결하여 검사의 통제에서 벗어나려는 것을 방지하려는 데 있으므로,

– 그 취지에 따라 통제에서 벗어나지 않도록 내사지휘 건의를 하므로 피혐의자 출석 조사를 하였거나 또는 피의자신문조서를 작성하였더라도 입건, 송치로 나아가지 않고 내사종결할 수 있도록 지휘하여 주시기 바랍니다.」라는 문구를 추가하여 지휘 건의를 한다.

[특별사법경찰관리에 대한 검사의 수사지휘 및 수사준칙에 관한 규정 제정(안) 입법예고]

공고번호제2020-366호 법령종류부령 입안유형제정 예고기간 2020-11-17~2020-12-28

소관부처법무부 담당부서 형사기획과 전화번호 02-2110-3545 전자메일 ab1017@spo.go.kr

⦿법무부공고제2020-366호

「특별사법경찰관리에 대한 검사의 수사지휘 및 수사준칙에 관한 규정」을 제정함에 있어 국민에게 미리 알려 이에 대한 의견을 듣고자 향후 개정취지와 주요내용을 행정절차법 제41조에 의하여 다음과 같이 공고합니다.

2020년 11월 17일

법무부장관

【조문별 제정이유서】

3. 필요적 입건사유 규정(안 제18조)

가. 제정이유 및 내용

○ 특별사법경찰관리의 내사에 대한 통제 및 피의자와 사건관계인의 절차적 권리보장

○ 주요내용

– 피혐의자에 대한 출석조사, 피의자신문조서 작성, 긴급체포, 체포·구속 영장의 신청, 현장 압수·수색·검증영장 신청 시 즉시 입건하도록 규정 (안 제18조)

나. 입법추진과정에서 논의된 주요내용

○ 특이사항 없음

다. 입법효과

○ 실질적 수사에 해당하는 내사 통제 및 피의자와 사건관계인의 절차적 권리 보장

II

피의자 신문 및
조서 작성 과정

1. 피의자 신문 준비

가. 형법총칙 규정, 이론 숙지

○ 형법 제1조(범죄의 성립과 처벌) 제1항에는 「범죄의 성립과 처벌은 행위 시의 법률에 의한다.」, 제8조(총칙의 적용)에는 「본법 총칙은 타법령에 정한 죄에 적용한다. 단, 그 법령에 특별한 규정이 있는 때에는 예외로 한다.」라고 규정하고 있다.

피의자 신문을 하기 전에 최소한 형법 제1조부터 제40조(상상적 경합)까지 여러 번 읽어 숙지해야 한다.

즉, 범죄성립 요건인 구성요건 해당성(고의, 과실, 목적, 행위상황, 인과관계), 위법성 조각사유(정당행위, 정방방위, 긴급피난, 자구행위, 피해자의 승낙 등), 책임 조각사유[형사미성년자·심신상실(책임능력), 강요된 행위(적법행위 기대가능성), 법률의착오(위법성 인식)], 미수범(장애미수, 중지미수, 불능미수), 공범(공동정범, 교사범, 방조범, 간접정범), 경합범(실체적 경합, 상상적 경합), 즉시범·계속범, 포괄일죄, 미필적 고의, 법률의 부지 등의 의미를 정확히 알고 있어야 피의자를 신문할 수 있다.

나. 피의자신문조서 작성 방법 숙지

○ 형사소송법, 특별사법경찰수사규칙 등 절차 이해

다. 해당 사건 파악

○ 사건 내용 숙지 및 증거물 이해

고소인, 고발인, 피해자, 신고인, 제보자, 목격자 등 참고인 조사 철저

수사 실패의 가장 큰 원인 중의 하나는 수사관의 '선입견'으로 고소인, 고발인, 피해자, 신고인, 제보자, 목격자의 진술에 의해 피의자를 조사하기 전에 선입견이 고정되는 경우이다.

참고인들도 허위진술, 착오 등으로 잘못된 진술을 할 수 있으니 참고인 진술 시부터 객관적 증거, 상황과 일치하는지, 진술에 모순점은 없는지 살펴보아야 한다.

※ 2013. 3. 서울고법 김상준 부장판사 논문

- 강력사건 1심 유죄, 2심 무죄 540건 분석(1995~2012. 8. 선고)
- 필자의 견해로는 유무죄 판단 차이를 초래한 원인은 피의자의 허위자백 (20.4%), 공범의 허위자백(11.1%) 보다 피해자의 허위·오인 진술(49.3%), 피해자·목격자의 오인 지목 진술(20.7%)이 더 큰 원인이 되었음

유무죄 판단 차이를 초래한 원인(복수응답)	
허위자백	20.4%
공범의 허위자백	11.1%
피해자의 허위진술 또는 피해 오인 진술	49.3%
피해자 또는 목격자의 오인 지목 진술	20.7%
과학적 증거의 오류	13.9%
정황증거 문제	23.0%

라. 조사자의 자세(피의자 대하기)

○ 피의자 이해하기, 신문기법 숙지

※ 범죄자 자백, 인간적 전략이 더 효율적/이윤 경찰대 교수, 2013. 11. 학술대회 발표

- 수사관이 범죄자에게 인간적인 면담 전략을 사용해 스스로 존중 받고 있다고 느끼게 할수록 자백을 더 많이 유도
- 재소자 126명 상대 설문조사
  • 61.1%가 신문하기 전 자백 결심
  • 자백한 이유는 "피해자에게 미안, 죄책감"
  • 수사관이 무서워서 자백한 사람은 없었음

※ 피의자 등 범죄자의 심리 이해에 참고할 만한 서적

- 스탠튼 E. 새머나우, 《범죄자 마인드》, 2023년, 청림

○ 수사업무에 대해 경험이 없는 수사관은 처음 조사할 때 상대방을 어떻게 대해야 할지, 어떻게 물어보고 풀어가야 할지 고민에 빠질 수 있다.

먼저 벌칙조항을 잘 읽어서 이해하고, 수사하려는 사건 내용과 증거관계를 완전히 파악해야 한다.

자료가 많든 적든 기록 목록을 자세히 작성하고 목록 밑에 쟁점이 될 만한 사항을 메모하여, 시험공부할 때 시험범위 요약하듯이 해서 조사할 때 옆에 놓고 보

면서 하면 된다.

그렇게 하면 조사하는 데 자신감을 갖게 되고, 상대방이 수사관이 파악한 내용과 다른 진술을 할 때는 대응하기가 용이하다.

상대방은 수사관을 쉽게 생각하지 못할 것이다.

그리고 상대방의 말을 '진지하게 경청하고 이해하는 태도'를 갖추어 상대방과 신뢰관계를 형성, 스스로 진술하도록 하는 것이 중요하다.

○ 상대방이 말을 많이 해야 진실인지, 거짓인지 따져 보고 반박하고 하는데.

구성요건에 맞춘다고 "묻는 말에만 대답하라"는 등 서로 투닥 거리다가 진술거부권을 행사한다든지 하면 조사하는 데 애를 먹게 되고, 상대방이 조사받고 가서 민원을 제기할 수도 있다.

조사받은 사람들의 가장 많은 불만 중의 한 가지가 "수사관이 자기 말만 하고 내 말은 들어 주지 않는다"는 것이다.

물론 수사와 관련 없는 이야기를 계속할 때는 "○○○씨 먼저 조사와 관련된 이야기를 하고 지금 하시는 말씀은 나중에 듣겠습니다." 또는 "그 부분은 글로 써서 제출해 주셔야 수사기록에 편철되고 그래야 검사나 판사가 보게 되고, ○○○씨가 원하는 취지가 반영될 수 있습니다." 등 제지할 필요가 있다. 아니면 처음부터 피의자에게 "조사하기 전에 이 사건에 대해 하시고 싶은 말씀이 있으면 하시라"고 기회를 주는 것이다.

2. 피의자 신문 및 조서 작성 절차 개요

가. 피의자 신문 문답기법

문답기법 1

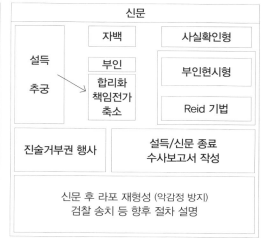

개요	조사	신문
피조사자 출석	선입견 × 공감 !!!	자백 · 사실확인형
조사자 소개 /신분 확인	경청/대화/설득	설득 추궁 → 부인 합리화 책임전가 축소 · 부인현시형 · Reid 기법
라포 형성 (상호 신뢰, 미러링…)	진술서 분석	
사건 소개 (도입진술)	진술청취형 조사 계획&준비 개입&설명 진술, 명료화, 반박 종결/평가	진술거부권 행사 · 설득/신문 종료 수사보고서 작성
조사/신문	행동분석	신문 후 라포 재형성 (악감정 방지) 검찰 송치 등 향후 절차 설명
	Reid조사기법 (행동분석형 포함)	

문답기법 2

질문유형: 개방형/구체형/폐쇄형/유도형/복합형/부정형

개요	조사	영국 PEACE 모델 (진술청취형 조사)	
피조사자 출석	선입견 × 공감 !!!	계획&준비	누구에 대해 무엇을 어떻게… 조사방법 숙지 등
조사자 소개 /신분 확인	경청/대화/설득	개입&설명	라포 형성, 피조사자 권리 고지, 사건개요 설명
라포 형성 (상호 신뢰, 미러링…)	진술 분석	진술, 명료화, 반박	경청, 진술서 작성, 개-구-폐 이의제기, 모순, 불일치
사건 소개 (도입진술)	진술청취형 조사 계획&준비 개입&설명 진술, 명료화, 반박 종결 평가 질문유형	종결	조사 내용 확인, 누락 점검 향후 수사 절차 설명
조사/신문		평가	조사 목표 달성 여부, 추가 조사 여부, 조사자에 대한 자체 평가, 조사 기술 연구

※ 참고서적: 김종률, 《수사심리학》, 2002년, 학지사 / 김종률, 《진술분석》, 2010년, 학지사

나. 피의자신문조서 작성 과정 요약

피의자 맞이	피의자 신문 前	피의자 신문	피의자 신문 後
조사실 환경	경찰관 신문	인정신문	조서 열람
칼, 송곳 치움	경찰관리 참여	진술거부권 변호인 조력권	이의제기 의견진술
반갑게	변호사 참여	전과, 학력, 경력, 병역, 종교, 훈·포·기장·연금, 가족, 재산, 건강	간인 기명날인/서명
악수, 차 권유	변호인 소개 금지		
소개/신분확인	신뢰관계자 동석		수사과정 확인서
라포 형성	영상녹화	범죄사실 신문	
수감, 포승 ×	범죄경력조회	정상관계 이익진술	라포 재형성
	수사과정확인서		

다. 피의자신문조서 작성 생략의 경우

* 아래 지침은 2020. 6. 1. 폐지되었음

수사사건 처리 간소화 방안 (국가법령정보센터 게시)

〈대검예규 형일(형사) 제504호, 2009. 11. 2〉

수사기관의 업무량 경감과 당사자의 편익을 도모하기 위하여 다음과 같이 수사사건처리 간소화방안을 시달하니 그 시행에 만전을 기하기 바람.

1. 다음 각호의 1에 해당하는 경우에는 피의자 신문조서의 작성을 생략할 수 있다.

    가. 공소권없음에 해당하는 사건〈단서삭제(다만, 교통사고처리특례법위반사건은 제외한다) 1985. 11. 12〉

    나. 피의자가 형사미성년자인 사건

2. 피의자 신문조서의 작성을 생략하는 경우에도 피의자에 대한 수사자료표의 작성은 생략할 수 없다.

3. 유의사항

    가. 위 1항의 "피의자 신문조서의 작성을 생략할 수 있는 경우"라 함은 피의자 조사 없이도 사건결정이 가능한 경우를 말하는 것이므로 사건 결정에 피의자조사가 필요한 경우에는 이를 생략하여서는 아니 된다.

나. 범죄혐의없음에 해당하는 사건이나 피의자가 형사미성년자임을 근거로 하는 것 이외의 사유로 죄가 안됨에 해당하는 사건은 피의자 조서를 생략할 수 없다.

부 칙

1. 이 예규는 2009년 11월 2일부터 시행한다.
2. 종전의 대검예규 제148호(수사사건 처리 간소화 방안)는 이를 폐지한다.

라. 피의자신문 근거 조항

○ 형사소송법

제199조(수사와 필요한 조사)

① 수사에 관하여는 그 목적을 달성하기 위하여 필요한 조사를 할 수 있다. 다만, 강제처분은 이 법률에 특별한 규정이 있는 경우에 한하며, 필요한 최소한도의 범위 안에서만 하여야 한다.

제200조(피의자의 출석요구) 검사 또는 사법경찰관은 수사에 필요한 때에는 피의자의 출석을 요구하여 진술을 들을 수 있다.

제244조(피의자신문조서의 작성) 피의자의 진술은 조서에 기재하여야 한다.

3. 피의자 맞이하기

가. 조사실
○ 피의자, 참고인 등을 조사하기 위한 별도의 조사실을 갖춘다.
○ 조사실을 갖추기 어려우면 사무실 일부에 칸막이라도 설치하여 조사대상자가 조사 시 노출되지 않도록 한다.

나. 책상 위에 칼, 송곳, 가위 등 치움
○ 통상적으로 책상 위에 칼, 송곳, 가위 등이 들어 있는 문구통을 올려놓는 경우가 있는데 조사대상자가 이를 이용하여 자해를 하거나 조사자를 공격하는 데 사용할 수 있다. 따라서 책상 위에 이러한 물건들을 아예 치워 사전에 방지하여야 한다.

다. 반갑게 맞이하기, 악수하고 차 권하기
○ 반갑게 맞이하기
  – 피의자, 참고인 등 조사대상자를 대하기 이전에 먼저 수사관은 '이 사람하고 일이 잘 풀릴 거야'라는 긍정적인 마음을 갖는다. 그리고 추궁하기보다 '무엇인가를 도와주겠다'는 자세를 갖는다.
○ 악수하기
  – 그리고 악수도 먼저 청하는데 [조사대상자가 이성(異性)이면 생략], 상대편이 잡은 힘보다는 약간 더 세게 잡아 상대편에게 관심과 호감이 있음을 느끼도록 한다.
○ 차 한잔 권하기
  – 피의자 앞에 생수 한 병을 놓아두기만 하고 마시라는 말도 하지 않는다면 낯선 조사실에 온 피의자가 스스로 뚜껑을 따서 마시기는 어려울 것이다.
    조사자가 "생수 드릴까요?" 또는 "음료수 드릴까요?"라며 선택의 여지 없이 권하기보다는 "생수, 음료수 어떤 것을 드릴까요?"라고 물어 조사대상자가 선택할 수 있도록 하여 대접받는 느낌이 들도록 한다. 설득의 6법칙의 '상호성의 원칙'과 관련되어 있다.

라. 조사자, 참여자 소개, 조사 대상자 신분 확인하기

○ 조사자도 조사대상자에게 자신을 소개한다. "지난번에 출석하시라고 전화드렸
던 ○○○ 수사관입니다."

피의자 입장에서는 옆에서 지켜보고 있는 참여자를 불편하게 생각할 수도 있으
므로 "오늘 조사에 참여하게 된 김○○ 수사관입니다. 형사소송법에 조사 시 1
명을 참여시키도록 규정되어 있어 그 규정에 따라 참여한 것입니다."라고 참여
자도 소개하고 그 취지도 알려 준다.

○ 조사대상자에게 신분증 제시를 요구, 이를 받아 조사하려는 대상자가 맞는지 확
인한다. (신분증은 앞뒷면을 사본하여 피의자신문조서, 수사과정확인서 뒤에 편철한다.)

마. 라포 형성

○ 요즘 '라포'라는 단어를 많이 사용하는데 '라포(rapport)'는 심리학에서 사용하는
프랑스 용어로 '공감'을 의미한다.

라포 형성은 '공감대 형성', '상호 신뢰관계 구축'을 의미한다.

조사자가 먼저 조사대상자에게 "많이 힘드시지요?" 등 상대편을 배려해 주는
말을 건네고 날씨, 취미, 스포츠 등에 관한 이야기로 출석하면서 긴장되어 있던
상대편의 마음을 조금이나마 편하게 해준다.

공통의 관심사가 있다면 라포 형성이 훨씬 수월할 것이다.

라포 형성의 이유는 조사대상자의 긴장을 풀어 주고 수사관을 신뢰할 수 있도록
하여 사건에 대한 정확한 진술을 할 수 있는 여건을 마련하여 실체적 진실을 파
헤치는 데 한 걸음 더 나아가기 위함이다.

시간은 3분 내지 5분 정도로 하여 너무 길어지지 않도록 한다.

수사관의 위와 같은 자세는 피의자가 진술거부권을 행사하려는 것을 예방하는
데에도 도움이 될 수 있다.

바. 전신관찰

○ 통상적으로 조사대상자를 책상 앞에 앉도록 하게 되면 조사자는 컴퓨터 모니터로 인해 조사대상자를 잘 볼 수 없게 된다.

따라서 조사대상자의 의자를 책상 앞이 아닌 약간 책상 옆으로 놓아 수사관이 조사대상자의 전신을 관찰하며 조사할 수 있도록 한다.

○ 조사자는 조사대상자의 진술 내용과 표정, 태도의 불일치 등을 확인할 수 있고, 어떤 돌발행동에 대한 예비동작을 취하는 것을 미리 알 수 있게 된다.

사. 행동분석

○ 거짓말탐지기가 호흡, 맥박수 등 과학적인 방법을 이용하여 진술의 진실, 거짓 여부를 판단한다면 행동분석은 조사대상자의 행동으로 진술의 진실, 거짓 여부를 판별하는 것이다.

○ 언어("하늘에 맹세하건대…"), 준언어("아…", "저…", "그…"), 비언어적 행동(표정, 태도, 행동)으로 구분하며 이를 적용하기 위해서는 전문적인 교육이 필요하다.

※ 참고할 만한 서적: 김종률, 《수사심리학》, 학지사

아. 수사과정확인서

○ 특별사법경찰수사규칙 별지 제15호 '수사과정확인서' 서식을 미리 출력하여 진행 과정에 따라 조사대상자와 시간을 확인하며 '조사장소 도착시간' 등 해당란을 기재해 나간다.

자. 조사 중 수갑, 포승 해제

○ (경찰청) 범죄수사규칙 제73조(피의자신문조서 등 작성 시 주의사항)

② 경찰관은 조사가 진행 중인 동안에는 수갑·포승 등을 해제하여야 한다. 다만, 자살, 자해, 도주, 폭행의 우려가 현저한 사람으로서 담당경찰관 및 유치인 보호주무자가 수갑·포승 등 사용이 반드시 필요하다고 인정한 사람에 대하여는 예외로 한다.

4. 피의자신문조서 작성 前 준비사항

가. 출석요구 등 피의자 소환

○ 임의수사(출석요구, 임의동행)와 강제수사(체포영장에 의한 체포, 긴급체포, 현행범인 체포, 구속영장에 의한 구속) 등의 방법으로 피의자의 신병을 확보한다.

나. 사법경찰관 신문, 사법경찰관리 참여

○ 형사소송법 제243조(피의자신문과 참여자)

검사가 피의자를 신문함에는 검찰청수사관 또는 서기관이나 서기를 참여하게 하여야 하고 사법경찰관이 피의자를 신문함에는 사법경찰관리를 참여하게 하여야 한다.

○ 참여자의 역할

  – 참여자는 조사자가 피의자가 진술한 대로 조서를 작성하는지, 폭행·폭언 등 인권침해 행위를 하지는 않는지 감시자 역할을 한다.

○ 판례: 사법경찰리 작성 조서의 증거능력 관련⑴

  – 소속기관 여건에 따라서는 부득이하게 특별사법경찰리가 조사를 해야 할 경우도 있을 것이다.

대법원 1981. 6. 9. 선고 81도1357 판결 [주거침입·절도][공1981.8.1.(661),14068]

【판시사항】

사법경찰관사무취급이 작성한 조서가 권한 없는 자에 의하여 작성된 조서인지의 여부(소극)

【판결요지】

사법경찰관사무취급이 작성한 피의자신문조서, 참고인 진술조서, 압수조서는 형사소송법 제196조 제2항, 사법경찰관리집무규칙 제2조에 의하여 사법경찰관리가 검사 등의 지휘를 받고 조사사무를 보조하기 위하여 작성한 서류이므로 이를 권한없는 자가 작성한 조서라고 할 수 없다.

※ 출처: 대법원 1981. 6. 9. 선고 81도1357 판결 [주거침입·절도] 〉 종합법률정보 판례

○ 판례: 사법경찰리 작성 조서의 증거능력 관련(2)

대법원 2005. 8. 19. 선고 2005도2617 판결

[특정범죄가중처벌등에관한법률위반(도주차량)][공2005.9.15.(234),1530]

【판시사항】

[1] 피고인이 내용을 부인하여 증거능력이 없는 사법경찰리 작성의 피의자신문조서를 탄핵증거로 사용하기 위한 요건과 탄핵증거의 증거신청방식

[2] 피고인이 내용을 부인하여 증거능력이 없는 사법경찰리 작성의 피의자신문조서에 대하여 비록 당초 증거제출 당시 탄핵증거라는 입증취지를 명시하지 아니하였지만 피고인의 법정 진술에 대한 탄핵증거로서의 증거조사절차가 대부분 이루어졌다고 볼 수 있는 점 등의 사정에 비추어 위 피의자신문조서를 피고인의 법정 진술에 대한 탄핵증거로 사용할 수 있다고 한 사례

【판결요지】

[1] 검사가 유죄의 자료로 제출한 사법경찰리 작성의 피고인에 대한 피의자신문조서는 피고인이 그 내용을 부인하는 이상 증거능력이 없으나, 그것이 임의로 작성된 것이 아니라고 의심할 만한 사정이 없는 한 피고인의 법정에서의 진술을 탄핵하기 위한 반대증거로 사용할 수 있으며, 또한 탄핵증거는 범죄사실을 인정하는 증거가 아니므로 엄격한 증거조사를 거쳐야 할 필요가 없음은 형사소송법 제318조의2의 규정에 따라 명백하나 법정에서 이에 대한 탄핵증거로서의 증거조사는 필요한 것이고, 한편 증거신청의 방식에 관하여 규정한 형사소송규칙 제132조 제1항의 취지에 비추어 보면 탄핵증거의 제출에 있어서도 상대방에게 이에 대한 공격방어의 수단을 강구할 기회를 사전에 부여하여야 한다는 점에서 그 증거와 증명하고자 하는 사실과의 관계 및 입증취지 등을 미리 구체적으로 명시하여야 할 것이므로, 증명력을 다투고자 하는 증거의 어느 부분에 의하여 진술의 어느 부분을 다투려고 한다는 것을 사전에 상대방에게 알려야 한다.

[2] 피고인이 내용을 부인하여 증거능력이 없는 사법경찰리 작성의 피의자신문조서에 대하여 비록 당초 증거제출 당시 탄핵증거라는 입증취지를 명시하지 아니하였지만 피고인의 법정 진술에 대한 탄핵증거로서의 증거조사절차가 대부분

이루어졌다고 볼 수 있는 점 등의 사정에 비추어 위 피의자신문조서를 피고인의 법정 진술에 대한 탄핵증거로 사용할 수 있다고 한 사례.

※ 출처: 대법원 2005. 8. 19. 선고 2005도2617 판결

[특정범죄가중처벌등에관한법률위반(도주차량)] 〉 종합법률정보 판례

* 필자 보완 설명: 사법경찰리가 피의자신문조서를 작성했다고 하여 증거능력이 없다고 한 것이 아니라, 피고인이 내용을 부인하여 증거능력이 없다는 취지

다. 변호인 참여

○ 피의자 등이 피의자 신문에 변호인 참여를 원할 경우에는 이를 들어 주어야 한다.

○ 형사소송법 제243조의2(변호인의 참여 등)

① 검사 또는 사법경찰관은 피의자 또는 그 변호인·법정대리인·배우자·직계친족·형제자매의 신청에 따라 변호인을 피의자와 접견하게 하거나 정당한 사유가 없는 한 피의자에 대한 신문에 참여하게 하여야 한다.

② 신문에 참여하고자 하는 변호인이 2인 이상인 때에는 피의자가 신문에 참여할 변호인 1인을 지정한다. 지정이 없는 경우에는 검사 또는 사법경찰관이 이를 지정할 수 있다.

③ 신문에 참여한 변호인은 신문 후 의견을 진술할 수 있다. 다만, 신문 중이라도 부당한 신문방법에 대하여 이의를 제기할 수 있고, 검사 또는 사법경찰관의 승인을 얻어 의견을 진술할 수 있다.

④ 제3항에 따른 변호인의 의견이 기재된 피의자신문조서는 변호인에게 열람하게 한 후 변호인으로 하여금 그 조서에 기명날인 또는 서명하게 하여야 한다.

⑤ 검사 또는 사법경찰관은 변호인의 신문참여 및 그 제한에 관한 사항을 피의자신문조서에 기재하여야 한다.

【변호인의 신문참여 피의자신문조서 기재 예시】

(진술거부권, 변호인조력권 고지 후 다음 장에서 문답 작성을 시작하면서)

이때 특별사법경찰관은 피의자의 신청에 따라 변호인 참여신청서, 변호인선임서 등 관련서류를 제출받아 확인한 후, 변호인 김△△를 피의자 옆에 앉도록 하여

참여시키고 피의자에게 아래와 같이 임의로 문답하다.

> **문**　진술인이 피의자 홍○○인가요?

○ 특별사법경찰수사규칙

제10조(변호인의 피의자신문 등 참여)

① 특별사법경찰관은 법 제243조의2제1항에 따라 피의자 또는 그 변호인·법정대리인·배우자·직계친족·형제자매의 신청이 있는 경우에는 변호인의 참여로 인하여 신문이 방해되거나, 수사기밀이 누설되는 등 정당한 사유가 있는 경우를 제외하고는 피의자에 대한 신문에 변호인을 참여하게 해야 한다.

② 피의자 또는 그 변호인·법정대리인·배우자·직계친족·형제자매가 법 제243조의2제1항에 따른 피의자에 대한 신문의 변호인 참여를 신청하는 경우에는 별지 제1호서식의 변호인·변호사 참여신청서 또는 구술로 할 수 있다.

③ 특별사법경찰관은 변호인의 참여로 증거를 인멸·은닉·조작할 위험이 구체적으로 드러나거나, 신문 방해, 수사기밀 누설 등 수사에 현저한 지장을 초래하는 경우에는 피의자신문 중이라도 변호인의 참여를 제한할 수 있다. 이 경우 특별사법경찰관은 피의자와 변호인에게 변호인 참여를 제한하는 처분에 대해 법 제417조에 따른 준항고를 제기할 수 있다는 사실을 고지하고, 피의자에게 다른 변호인을 참여시킬 기회를 주어야 한다.

④ 특별사법경찰관은 피의자 신문에 참여한 변호인이 피의자의 옆자리 등 실질적인 조력을 할 수 있는 위치에 앉도록 해야 하고, 정당한 사유가 없으면 피의자에 대한 법적인 조언·상담을 보장해야 하며, 법적인 조언·상담을 위한 변호인의 메모를 허용해야 한다.

⑤ 특별사법경찰관은 피의자에 대한 신문이 아닌 단순 면담 등이라는 이유로 변호인의 참여·조력을 제한해서는 안 된다.

⑥ 제1항부터 제5항까지의 규정은 특별사법경찰관의 사건관계인에 대한 조사·면담 등의 경우에도 적용한다.

⑦ 특별사법경찰관은 변호인이 여럿 있을 때에는 법 제32조의2에 따른 대표변

호인의 지정, 지정의 철회 또는 변경을 별지 제2호서식의 대표변호인 지정 등 건의서로 검사에게 건의할 수 있다.

제11조(변호인의 의견진술)

① 피의자신문에 참여한 변호인은 신문 후 조서를 열람하고 의견을 진술할 수 있다. 이 경우 변호인은 별도의 서면으로 의견을 제출할 수 있으며, 특별사법경찰관은 해당 서면을 사건기록에 편철한다.

② 피의자신문에 참여한 변호인은 신문 중이라도 특별사법경찰관의 승인을 받아 의견을 진술할 수 있다. 이 경우 특별사법경찰관은 정당한 사유가 있는 경우를 제외하고는 변호인의 의견진술 요청을 승인해야 한다.

③ 피의자신문에 참여한 변호인은 제2항에도 불구하고 부당한 신문방법에 대해서는 특별사법경찰관의 승인 없이 이의를 제기할 수 있다.

④ 특별사법경찰관은 제1항부터 제3항까지의 규정에 따른 의견진술 또는 이의 제기가 있는 경우 해당 내용을 조서에 적어야 한다.

○ 변호사법

제36조(재판·수사기관 공무원의 사건 소개 금지)

재판기관이나 수사기관의 소속 공무원은 대통령령으로 정하는 자기가 근무하는 기관에서 취급 중인 법률사건이나 법률사무의 수임에 관하여 당사자 또는 그 밖의 관계인을 특정한 변호사나 그 사무직원에게 소개·알선 또는 유인하여서는 아니 된다. 다만, 사건 당사자나 사무 당사자가 「민법」 제767조에 따른 친족인 경우에는 그러하지 아니하다.

[전문개정 2008. 3. 28.]

제37조(직무취급자 등의 사건 소개 금지)

① 재판이나 수사업무에 종사하는 공무원은 직무상 관련이 있는 법률사건 또는 법률사무의 수임에 관하여 당사자 또는 그 밖의 관계인을 특정한 변호사나 그 사무직원에게 소개·알선 또는 유인하여서는 아니 된다.

② 제1항에서 "직무상 관련"이란 다음 각 호의 어느 하나에 해당하는 경우를 말한다.

1. 재판이나 수사 업무에 종사하는 공무원이 직무상 취급하고 있거나 취급한 경우

2. 제1호의 공무원이 취급하고 있거나 취급한 사건에 관하여 그 공무원을 지휘·감독하는 경우 [전문개정 2008. 3. 28.]

제113조(벌칙)

다음 각 호의 어느 하나에 해당하는 자는 1년 이하의 징역 또는 1천만 원 이하의 벌금에 처한다.〈개정 2011. 5. 17., 2017. 3. 14.〉

7. 제37조 제1항(제57조, 제58조의16 또는 제58조의30에 따라 준용되는 경우를 포함한다)을 위반한 자 [전문개정 2008. 3. 28.]

제117조(과태료)

② 다음 각 호의 어느 하나에 해당하는 자에게는 1천만 원 이하의 과태료를 부과한다.〈개정 2011. 5. 17., 2013. 5. 28.〉

1의2. 제22조제2항제1호, 제28조의2, 제29조, 제35조 또는 제36조(제57조, 제58조의16 또는 제58조의30에 따라 준용되는 경우를 포함한다)를 위반한 자

＊ 변호사법 → 사건관계자에게 특정 변호인 소개 절대 금지

■ 특별사법경찰관리에 대한 검사의 수사지휘 및 특별사법경찰관리의 수사준칙에 관한 규칙 [별지 제1호서식]

(기 관 명)

수 신		
제 목	변호인·변호사 참여신청	

아래 사건에 관하여 (피의자·피혐의자·피내사자·피해자·참고인)　　　　　　에 대한
(신문·조사)시 변호인[변호사 또는 (피해자·참고인)　　　　의 변호사]　　　　의
(신문·조사) 참여를 신청합니다.

피의자 (피혐의자/ 피내사자)	사건번호 및 죄명	
	성　　　명	
피해자 (참고인)	성　　　명	(피해자/참고인 조사 참여 신청 시에만 기재)
변호인 (변호사)	의뢰인 성명	피의자/피혐의자/피내사자/피해자/참고인
	성　　　명	
	사무실 주소	
	연 락 처	
	변호인선임서	이미 제출(　) 　　첨 부(　)

20 ．　．　．

신청인: 변호인(변호사·피의자·피혐의자·피내사자·피해자·참고인) ○　○　○ ㉵

210mm×297mm[백상지(80g/㎡)]

서식 대표변호인 지정 등 건의

■ 특별사법경찰관리에 대한 검사의 수사지휘 및 특별사법경찰관리의 수사준칙에 관한 규칙 [별지 제2호서식]

(기 관 명)		검사 지 휘		
		년 월 일		
제 호 년 월 일		가	부	비 고
수 신 ○ ○ 지방검찰청				
제 목 대표변호인 지정 등 건의				

다음과 같이 대표변호인의 지정(지정의 철회. 지정의 변경)을 건의합니다.

피 의 자	
죄 명	
변 호 인	
지정 (지정의 철회. 지정의 변경) 건의 사유	
비 고	

(기 관 명)

특별사법경찰관   ㉙

210mm×297mm[백상지(80g/㎡)]

○ 판례: 변호인 피의자 신문 참여권 제한 부당

대법원 2008. 9. 12. 자 2008모793 결정
[변호인퇴실명령에대한준항고결정에대한재항고][공2008하,1491]
【판시사항】
형사소송법 제243조의2 제1항에 정한 '정당한 사유'의 의미와 변호인의 피의자
신문 참여권의 제한
【결정요지】
변호인의 피의자신문 참여권을 규정한 형사소송법 제243조의2 제1항에서 '정당
한 사유'란 변호인이 피의자신문을 방해하거나 수사기밀을 누설할 염려가 있음
이 객관적으로 명백한 경우 등을 말하는 것이므로, 수사기관이 피의자신문을 하
면서 위와 같은 정당한 사유가 없는데도 변호인에 대하여 피의자로부터 떨어진
곳으로 옮겨 앉으라고 지시를 한 다음 이러한 지시에 따르지 않았음을 이유로 변
호인의 피의자신문 참여권을 제한하는 것은 허용될 수 없다.

※ 출처: 대법원 2008. 9. 12. 자 2008모793 결정
[변호인퇴실명령에대한준항고결정에대한재항고] 〉 종합법률정보 판례

라. 영상녹화

○ 형사소송법 제244조의2(피의자진술의 영상녹화)

① 피의자의 진술은 영상녹화할 수 있다. 이 경우 미리 영상녹화 사실을 알려 주
어야 하며, 조사의 개시부터 종료까지의 전 과정 및 객관적 정황을 영상녹화하여
야 한다.

② 제1항에 따른 영상녹화가 완료된 때에는 피의자 또는 변호인 앞에서 지체 없
이 그 원본을 봉인하고 피의자로 하여금 기명날인 또는 서명하게 하여야 한다.

③ 제2항의 경우에 피의자 또는 변호인의 요구가 있는 때에는 영상녹화물을 재
생하여 시청하게 하여야 한다. 이 경우 그 내용에 대하여 이의를 진술하는 때에
는 그 취지를 기재한 서면을 첨부하여야 한다.

○ 특별사법경찰수사규칙

제49조(영상녹화)

① 특별사법경찰관은 피의자 또는 참고인에 대한 조서를 작성할 때에는 필요한 경우 그 조사과정을 영상녹화할 수 있다.

② 특별사법경찰관은 조사과정을 영상녹화하는 경우 해당 조사의 시작부터 피조사자가 조서에 기명날인 또는 서명을 마치는 시점까지의 전 과정을 영상녹화해야 하며, 조사를 시작한 후에 영상녹화를 할 필요가 있게 된 경우에는 그 시점에서 진행 중인 조사를 종료하고, 그다음 조사의 시작부터 조서에 피조사자가 서명날인 또는 서명을 마치는 시점까지의 전 과정을 영상녹화해야 한다.

③ 제2항에도 불구하고 특별사법경찰관은 조사를 마친 후 조서 정리에 장시간을 요하는 경우에는 조서정리과정을 영상녹화하지 않고, 조서 열람 시부터 영상녹화를 재개할 수 있다.

④ 특별사법경찰관은 피의자에 대한 조사과정을 영상녹화하는 경우 피의자에게 다음 각 호의 사항을 고지해야 한다.

    1. 조사자 및 법 제243조에 따른 참여자(이하 "참여자"라 한다)의 성명과 직책

    2. 영상녹화 사실 및 장소, 시작 및 종료 시각

    3. 법 제244조의3에 따른 진술거부권 등

    4. 조사를 중단·재개하는 경우 중단 이유와 중단 시각 및 중단 후 재개하는 시각

⑤ 특별사법경찰관은 참고인에 대한 조사과정을 영상녹화하는 경우 별지 제25호서식의 영상녹화 동의서에 따라 영상녹화에 대한 동의 여부를 확인하고, 제4항제1호, 제2호 및 제4호의 사항을 고지해야 한다.

⑥ 특별사법경찰관은 영상녹화를 할 때에는 조사실 전체를 확인할 수 있도록 하고, 피조사자의 얼굴과 음성을 식별할 수 있도록 해야 한다.

⑦ 특별사법경찰관은 피의자에 대한 조사과정을 영상녹화하는 경우 법 제243조에 따라 참여자를 참여하게 해야 한다. 이 경우, 참여자는 반드시 조사실에 동석해야 한다.

제50조(영상녹화물의 제작 등)

① 특별사법경찰관은 영상녹화를 실시한 경우 영상녹화용 컴퓨터에 저장된 영상녹화파일을 이용하여 영상녹화물(CD, DVD 등) 1개를 제작하고, 피조사자의

기명날인 또는 서명을 받아 피조사자 또는 변호인의 면전에서 봉인하여 수사기록에 편철한다.

② 특별사법경찰관은 영상녹화물을 제작한 후 영상녹화용 컴퓨터에 저장되어 있는 영상녹화 파일을 데이터베이스 서버에 전송하여 보관할 수 있다.

③ 특별사법경찰관은 제1항의 영상녹화물이 손상 또는 분실 등으로 인하여 사용될 수 없게 된 경우에는 데이터베이스 서버에 저장되어 있는 영상녹화파일을 이용하여 다시 영상녹화물을 제작할 수 있다.

제112조(영상녹화물의 송부)

① 특별사법경찰관은 영상녹화를 실시한 경우 사건 송치 시 봉인된 영상녹화물을 기록과 함께 송부해야 한다.

② 특별사법경찰관은 영상녹화물을 송부하는 경우에는 송치서 표지의 비고란에 영상녹화물의 종류와 개수를 표시해야 한다.

○ 영상녹화 업무처리 지침(대검 예규 제1325호)/국가법령정보센터 행정규칙란 게시

제3조(영상녹화 조사와 조서)

① 검사 및 수사관(이하 "검사 등"이라 한다)은 피의자 또는 참고인(이하 "피의자 등"이라 한다)을 조사함에 있어, 사안의 중대성, 죄질 등을 고려하여 볼 때 진술 번복 가능성이 있거나 조서의 진정 성립, 진술의 임의성, 특신 상태 등을 다툴 것으로 예상되면 조서작성과 병행하여 영상녹화를 실시한다.〈개정 2020. 12. 30.〉

② 검사 등은 다른 증거에 의하여 공소사실 입증이 가능한 경우 또는 불기소 사건의 경우에는 사건의 특성, 조사의 효율성 등을 고려하여 조서작성 없이 피의자 등의 조사과정을 영상녹화 할 수 있다.〈개정 2020. 12. 30.〉

제4조(영상녹화 대상사건)

① 검사 등은 다음 각 호의 경우에 대하여 인권침해 시비 차단, 조사절차의 투명성 확보 등을 위하여 필요한 경우 영상녹화조사를 실시할 수 있다.〈신설 2023. 2. 1.〉

　1. 사회적 이목이 집중된 사건

2. 진술 외에 다른 증거가 없고 법정에서 진술번복이 예상되는 사건

3. 조사과정에서 적법절차나 인권침해 시비 차단이 필요한 사건

4. 수용 중인 참고인 또는 피의자로 전환될 가능성이 있는 주요 참고인을 출석조사하는 경우

② 검사 등은 다음 각 호의 경우에 대하여는 원칙적으로 영상녹화조사를 실시하여야 한다.〈개정 2023. 2. 1.〉

1. 검사가 직접 수사를 개시한 사건(고소·고발·관련인지 포함)의 피의자를 출석조사하는 경우

2. 성폭력 및 아동학대 사건의 피해자를 조사하는 경우

3. 진술보호가 필요한 조직범죄 사건의 참고인을 조사하는 경우(다만, 조직범죄사건 피해자의 신원보호를 위해 가명조사 하는 경우는 제외)

4. 통역이 필요하거나 영주 체류자격이 없는 외국인을 조사하는 경우

5. 글을 읽거나 쓰지 못하는 사람, 시각에 이상이 생겨 앞을 보지 못하는 사람을 조사하는 경우

6. 피조사자가 영상녹화조사를 요청한 사건

③ 전항에도 불구하고 대상자가 영상녹화조사를 거부하거나 영상녹화를 이유로 진술을 거부하는 경우, 그 밖에 검사 등이 수사상 영상녹화가 필요하지 않다고 판단하는 경우에는 영상녹화를 실시하지 아니할 수 있다.〈개정 2023. 2. 1.〉

④ 검사 등이 피의자 등으로부터 진술서를 징구하는 경우에도 위 제1항 내지 제3항을 준용한다.〈신설 2023. 2. 1.〉

⑤ 기타 다른 법률이나 지침에 영상녹화 하도록 규정된 경우 해당 법률이나 지침을 따른다.〈신설 2023. 2. 1.〉

○ 영상녹화는 인권보호, 수사과정 투명화를 위해 2004. 12.경부터 추진

○ 2004. 12. 16. 대법원에서 「검사가 작성한 피의자신문조서도 진술인이 법정에서 "내가 말한 그대로 작성되었다"고 인정해야 증거로 사용할 수 있다」라고 판결함에 따라 '말한 그대로 작성되었는지(실질적 진정성립)' 입증하기 위해 영상녹화가 필요하게 되었음(여러 가지 이유 중 하나)

그 이전에는 검사가 작성한 피의자신문조서에 대해 피고인이 법정에서 "읽어

보고 서명, 날인(또는 무인), 간인했다"라며 형식적 진정성립을 인정하면 법원에서 증거능력을 인정해 주었음(피고인이 "그런데 내가 말한 그대로 작성되지 않았어요"라고 주장해도)

○ 판례: 검사 작성 조서, 실질적 진정성립 요구

형사소송법 제312조 제1항 본문은 "검사가 피의자나 피의자 아닌 자의 진술을 기재한 조서와 검사 또는 사법경찰관이 검증의 결과를 기재한 조서는 공판준비 또는 공판기일에서의 원진술자의 진술에 의하여 그 성립의 진정함이 인정된 때에 증거로 할 수 있다."고 규정하고 있는데, 여기서 성립의 진정이라 함은 간인·서명·날인 등 조서의 형식적인 진정성립과 그 조서의 내용이 원진술자가 진술한 대로 기재된 것이라는 실질적인 진정성립을 모두 의미하는 것이고, 위 법문의 문언상 성립의 진정은 "원진술자의 진술에 의하여" 인정되는 방법 외에 다른 방법을 규정하고 있지 아니하므로, 실질적 진정성립도 원진술자의 진술에 의하여서만 인정될 수 있는 것이라고 보아야 하며, 이는 검사 작성의 피고인이 된 피의자신문조서의 경우에도 다르지 않다고 할 것인바, 검사가 피의자나 피의자 아닌 자의 진술을 기재한 조서는 공판준비 또는 공판기일에서 원진술자의 진술에 의하여 형식적 진정성립뿐만 아니라 실질적 진정성립까지 인정된 때에 한하여 비로소 그 성립의 진정함이 인정되어 증거로 사용할 수 있다고 보아야 한다.(대법원 2004. 12. 16. 선고 2002도537 전원합의체 판결 [사기·허위진단서작성·허위작성진단서행사·조세범처벌법위반·건설산업 기본법위반])

* 원진술자인 피고인이 공판정에서 간인과 서명, 무인한 사실이 있음을 인정하여 형식적 진정성립이 인정되면 거기에 기재된 내용이 자기의 진술내용과 다르게 기재되었다고 하여 그 실질적 진정성립을 다투더라도 그 간인과 서명, 무인이 형사소송법 제244조 제2항, 제3항의 절차를 거치지 않고 된 것이라고 볼 사정이 발견되지 않는 한 그 실질적 진정성립이 추정되는 것으로 본 종전 대법원의 견해(2003. 10. 23. 선고 2003도4411 판결 등 다수)를 위 전원합의체 판결로 통일, 일치시킴

* 현재는 검사, 사법경찰관 작성 피의자신문조서의 증거능력 요건이 동일하다.

○ 형사소송법 제312조(검사 또는 사법경찰관의 조서 등)

① 검사가 작성한 피의자신문조서는 적법한 절차와 방식에 따라 작성된 것으로서 공판준비, 공판기일에 그 피의자였던 피고인 또는 변호인이 그 내용을 인정할 때에 한정하여 증거로 할 수 있다. 〈개정 2020. 2. 4.〉

② 삭제 〈2020. 2. 4.〉

③ 검사 이외의 수사기관이 작성한 피의자신문조서는 적법한 절차와 방식에 따라 작성된 것으로서 공판준비 또는 공판기일에 그 피의자였던 피고인 또는 변호인이 그 내용을 인정할 때에 한하여 증거로 할 수 있다.

○ 영상녹화물의 역할: 진술 기억 환기용

○ 형사소송법 제318조의2(증명력을 다투기 위한 증거)

② 제1항에도 불구하고 피고인 또는 피고인이 아닌 자의 진술을 내용으로 하는 영상녹화물은 공판준비 또는 공판기일에 피고인 또는 피고인이 아닌 자가 진술함에 있어서 기억이 명백하지 아니한 사항에 관하여 기억을 환기시켜야 할 필요가 있다고 인정되는 때에 한하여 피고인 또는 피고인이 아닌 자에게 재생하여 시청하게 할 수 있다.

○ 형사소송규칙 제134조의5(기억 환기를 위한 영상녹화물의 조사)

① 법 제318조의2제2항에 따른 영상녹화물의 재생은 검사의 신청이 있는 경우에 한하고, 기억의 환기가 필요한 피고인 또는 피고인 아닌 자에게만 이를 재생하여 시청하게 하여야 한다.

○ 판례: 영상녹화물의 증거능력 관련

서울고법 2008. 7. 11. 선고 2008노606 판결
형사소송법은 국민참여재판의 실시를 계기로 공판중심주의 이념(직접심리주의, 구두변론주의)을 강화하고 있는바, 명문의 허용 근거가 없는 한 구두가 아닌 영상녹화물 형태의 증거는 범죄사실을 증명함에 있어 증거능력을 가질 수 없고, 형사소송법이 전문법칙의 예외와 관련하여 서면 형태의 각종 조서에는 증거능력 인정을 위한 근거규정이 마련되어 있지만 조서를 대체하는 영상녹화물에 대해서는 명문의 허용근거가 없는 점에 비추어도 그러하다. 따라서 영상녹화물은 피고인

이 이를 증거로 사용함에 동의하지 아니하는 이상 증거로 쓸 수 없다.

서울남부지법 2007. 6. 20. 선고 2006고단3255 판결

(1) 검사 작성의 피고인에 대한 피의자신문조서 제출 없이 피고인의 검찰에서의 진술을 녹화한 영상녹화물만이 유죄의 증거로 제출된 경우에 그 영상녹화물의 증거능력 유무(소극)

(2) 참고인에 대한 진술조서 없이 제출된 참고인들의 검찰에서의 진술을 녹화한 영상녹화물을 증거로 채택하지 아니한 사례

(3) 피고인과 참고인들의 검찰에서의 진술을 녹화한 영상녹화물의 내용을 검찰 주사가 그대로 녹취·기재한 것에 불과한 검사 작성의 수사보고서 기재의 증거능력 유무(원천적 소극)

마. 장애인 등 보호 관련 – 신뢰관계자 동석

○ 형사소송법 제244조의5(장애인 등 특별히 보호를 요하는 자에 대한 특칙)

검사 또는 사법경찰관은 피의자를 신문하는 경우 다음 각 호의 어느 하나에 해당하는 때에는 직권 또는 피의자·법정대리인의 신청에 따라 피의자와 신뢰관계에 있는 자를 동석하게 할 수 있다.

1. 피의자가 신체적 또는 정신적 장애로 사물을 변별하거나 의사를 결정·전달할 능력이 미약한 때

2. 피의자의 연령·성별·국적 등의 사정을 고려하여 그 심리적 안정의 도모와 원활한 의사소통을 위하여 필요한 경우

○ 특별사법경찰수사규칙 제41조(신뢰관계인의 동석)

① 법 제244조의5에 따라 피의자와 동석할 수 있는 신뢰관계에 있는 사람과 법 제221조제3항에서 준용하는 법 제163조의2에 따라 피의자 또는 피해자와 동석할 수 있는 신뢰관계에 있는 사람은 피의자 또는 피해자의 직계친족, 형제자매, 배우자, 가족, 동거인, 보호·교육시설의 보호·교육담당자 등 피의자 또는 피해자의 심리적 안정과 원활한 의사소통에 도움을 줄 수 있는 사람으로 한다.

② 피의자, 피해자 또는 그 법정대리인이 제1항에 따른 신뢰관계에 있는 사람 (이하 "신뢰관계인"이라 한다)의 동석을 신청한 경우 특별사법경찰관은 그 관계를 포함하는 별지 제13호서식 또는 별지 제14호서식의 동석신청서를 제출받거나 조서 또는 수사보고서에 그 관계를 적어야 한다.

③ 제2항의 경우 특별사법경찰관은 신뢰관계인으로 동석할 사람과 피의자 또는 피해자와의 관계를 소명할 수 있는 자료를 제출받아 기록에 편철한다. 다만, 조사의 긴급성 또는 동석의 필요성 등이 현저한 경우에는 예외적으로 동석 조사 이후에 해당 자료를 제출받아 기록에 편철할 수 있다.

④ 특별사법경찰관은 신뢰관계인의 동석으로 인하여 신문이 방해되거나, 수사기밀이 누설되는 등 정당한 사유가 있는 경우에는 동석을 거부할 수 있으며, 신뢰관계인이 피의자신문 또는 피해자 조사를 방해하거나 그 진술의 내용에 부당한 영향을 미칠 수 있는 행위를 하는 등 수사에 현저한 지장을 초래하는 경우에는 피의자신문 또는 피해자 조사 중에도 동석을 제한할 수 있다.

○ 판례: 동석인 진술 → 피의자가 진술한 것처럼 하면 안 됨

대법원 2009. 6. 23. 선고 2009도1322 판결 [공직선거법위반][공2009하,1242]

【판시사항】

형사소송법 제244조의5에서 정한 '피의자 신문시 동석제도'의 취지 및 동석자가 한 진술의 성격과 그 진술의 증거능력을 인정하기 위한 요건

【판결요지】

형사소송법 제244조의5는, 검사 또는 사법경찰관은 피의자를 신문하는 경우 피의자가 신체적 또는 정신적 장애로 사물을 변별하거나 의사를 결정·전달할 능력이 미약한 때나 피의자의 연령·성별·국적 등의 사정을 고려하여 그 심리적 안정의 도모와 원활한 의사소통을 위하여 필요한 경우에는, 직권 또는 피의자·법정대리인의 신청에 따라 피의자와 신뢰관계에 있는 자를 동석하게 할 수 있도록 규정하고 있다. 구체적인 사안에서 위와 같은 동석을 허락할 것인지는 원칙적으로 검사 또는 사법경찰관이 피의자의 건강 상태 등 여러 사정을 고려하여 재량에 따라 판단하여야 할 것이나, 이를 허락하는 경우에도 동석한 사람으로 하여금 피의

자를 대신하여 진술하도록 하여서는 안 된다. 만약 동석한 사람이 피의자를 대신하여 진술한 부분이 조서에 기재되어 있다면 그 부분은 피의자의 진술을 기재한 것이 아니라 동석한 사람의 진술을 기재한 조서에 해당하므로, 그 사람에 대한 진술조서로서의 증거능력을 취득하기 위한 요건을 충족하지 못하는 한 이를 유죄 인정의 증거로 사용할 수 없다.

※ 출처: 대법원 2009. 6. 23. 선고 2009도1322 판결 [공직선거법위반] 〉 종합법률정보 판례

○ 신뢰관계자가 대신 진술했을 경우에는 조서에 그 취지를 명백히 구분해 놓는다.

문 피의자가 ~ 했던 것이 아닌가요

이때 피의자가 혼자 중얼거리며 특별사법경찰관이 알아들을 수 없게 진술하자 피의자 옆에 앉아 있던 신뢰관계자인 김갑을이 "피의자는 ~라고 하는 것이다." 라며 대신 진술하다.

이때 특별사법경찰관은 피의자에게 문답하다.

문 ...

서식 동석신청서(피의자)

- 특별사법경찰관리에 대한 검사의 수사지휘 및 특별사법경찰관리의 수사준칙에 관한 규칙 [별지 제13호서식]

동석신청서(피의자)

접수번호	접수일자	처리기간	즉시

신청인 (신뢰관계인)	성명
	생년월일
	직업
	주거(사무소)
	전화번호
	피의자와의 관계

동석 필요 사유	[예시] 피의자는 … 사유로 지적장애 △급 판정을 받은 자로서 정신적 장애로 사물을 변별하거나 의사를 결정·전달할 능력이 미약함

귀 ○○○○(기관명)   호 피의자   에 대한   피의사건에 관한 피
의자   에 대한 신문에 위와 같이 피의자와 신뢰관계에 있는 사람의 동석을 신청합니다.

		년 월 일
	신청인	(서명 또는 인)

○ ○ ○ 소속 특별사법경찰관 ○ ○ ○	귀하

첨부서류	소명자료

210mm×297mm[백상지(80g/㎡)]

바. 장애인차별금지법, 발달장애인법

○ 장애인차별금지법에 따른 장애인인 피의자를 조사할 경우에는 형사소송법 제244조의5에서 규정하고 있는 신뢰관계자 동석 규정을 준용하여 처리

○ 발달장애인법에 따른 발달장애인인 피의자를 조사할 경우에는 '그의 보호자, 발달장애인지원센의 직원이나 그 밖에 발달장애인과 신뢰관계에 있는 사람'을 발달장애인의 보조인으로 지정하여 형사소송법 제244조의5에서 규정하고 있는 신뢰관계자 동석 규정을 준용하여 처리

○ 피의자신문조서에는 모든 피의자를 대상으로 장애인인지 발달장애인인지 여부를 묻고 조서에 기재하기보다는 해당되는 피의자에 대해서만 묻고 조서에 기재하고 신뢰관계자 동석 등 관련 규정을 준수하며 조사하는 게 적절
  - 실무상으로는 피의자를 신문하기 전에 피의자 출석요구 과정, 피의자 출석 후 신원 확인, 라포형성 등 대화 과정에서 장애인인지, 발달장애인인지 파악할 수 있을 것임

○ 장애인차별금지 및 권리구제 등에 관한 법률(약칭 : 장애인차별금지법)

제26조(사법·행정절차 및 서비스 제공에 있어서의 차별금지)

① 공공기관 등은 장애인이 생명, 신체 또는 재산권 보호를 포함한 자신의 권리를 보호·보장받기 위하여 필요한 사법·행정절차 및 서비스 제공에 있어 장애인을 차별하여서는 아니 된다.

② 공공기관 및 그 소속원은 사법·행정절차 및 서비스의 제공에 있어서 장애인에게 제4조제1항제1호·제2호 및 제4호부터 제6호까지에서 정한 행위를 하여서는 아니 된다.

③ 공공기관 및 그 소속원은 직무를 수행하거나 권한을 행사함에 있어서 다음 각 호에 해당하는 차별행위를 하여서는 아니 된다.

　　1. 허가, 신고, 인가 등에 있어 장애인을 정당한 사유 없이 장애를 이유로 제한·배제·분리·거부하는 경우

　　2. 공공사업 수혜자의 선정기준을 정함에 있어서 정당한 사유 없이 장애인을 제한·배제·분리·거부하거나 장애를 고려하지 아니한 기준을 적용함으로써 장애인에게 불리한 결과를 초래하는 경우

④ 공공기관 및 그 소속원은 사법·행정절차 및 서비스를 장애인이 장애인 아닌 사람과 실질적으로 동등한 수준으로 이용할 수 있도록 제공하여야 하며, 이를 위하여 정당한 편의를 제공하여야 한다.

⑤ 공공기관 및 그 소속원은 장애인이 사법·행정절차 및 서비스에 참여하기 위하여 장애인 스스로 인식하고 작성할 수 있는 서식의 제작 및 제공 등 정당한 편의 제공을 요구할 경우 이를 거부하거나 임의로 집행함으로써 장애인에게 불이익을 주어서는 아니 된다.

⑥ 사법기관은 사건관계인에 대하여 의사소통이나 의사표현에 어려움을 겪는 장애가 있는지 여부를 확인하고, 그 장애인에게 형사사법 절차에서 조력을 받을 수 있음과 그 구체적인 조력의 내용을 알려주어야 한다. 이 경우 사법기관은 해당 장애인이 형사사법 절차에서 조력을 받기를 신청하면 정당한 사유 없이 이를 거부하여서는 아니 되며, 그에 필요한 조치를 마련하여야 한다. 〈개정 2010. 5. 11., 2012. 10. 22.〉

⑦ 사법기관은 장애인이 인신구금·구속 상태에 있어서 장애인 아닌 사람과 실질적으로 동등한 수준의 생활을 영위할 수 있도록 정당한 편의 및 적극적인 조치를 제공하여야 한다.

⑧ 제4항부터 제7항까지의 규정에 필요한 사항은 대통령령으로 정한다.

○ 장애인차별금지 및 권리구제 등에 관한 법률 시행령

제17조(사법·행정절차 및 서비스에 있어서의 편의 제공 등)

① 공공기관 및 그 소속원은 법 제26조제8항에 따라 장애인이 사법·행정절차 및 서비스를 이용하거나 그에 참여하기 위하여 요구할 경우 보조인력, 점자자료, 인쇄물음성출력기기, 한국수어 통역, 대독(代讀), 음성지원시스템, 컴퓨터 등의 필요한 정당한 편의를 제공하여야 하고, 장애인의 장애 유형 및 상태를 고려하여 교정·구금시설에서 계구(戒具)를 사용하거나 고충 상담, 교도작업 또는 직업능력개발훈련을 실시할 수 있다. 〈개정 2016. 8. 2.〉

② 검사나 사법경찰관이 제1항에 따라 장애인인 피의자를 신문하는 경우에는 「형사소송법」 제244조의5에 따른다.

○ 형사소송법 제244조의5(장애인 등 특별히 보호를 요하는 자에 대한 특칙)

검사 또는 사법경찰관은 피의자를 신문하는 경우 다음 각 호의 어느 하나에 해당하는 때에는 직권 또는 피의자·법정대리인의 신청에 따라 피의자와 신뢰관계에 있는 자를 동석하게 할 수 있다.

    1. 피의자가 신체적 또는 정신적 장애로 사물을 변별하거나 의사를 결정·전달할 능력이 미약한 때

    2. 피의자의 연령·성별·국적 등의 사정을 고려하여 그 심리적 안정의 도모와 원활한 의사소통을 위하여 필요한 경우

[본조신설 2007. 6. 1.]

○ 발달장애인 권리보장 및 지원에 관한 법률(약칭: 발달장애인법)

제12조(형사·사법 절차상 권리보장)

    ① 경찰청장, 해양경찰청장 및 제주특별자치도지사는 「국가공무원법」 제2조제2항제2호에 따른 경찰공무원과 「지방공무원법」 제2조제2항제2호에 따른 자치경찰공무원에게 발달장애인에 대한 올바른 인식확산을 위한 교육을 실시하여야 한다. 〈개정 2014. 11. 19., 2017. 7. 26.〉

    ② 발달장애인이 재판의 당사자가 된 경우 그의 보호자, 제33조에 따른 중앙발달장애인지원센터 및 지역발달장애인지원센터(이하 "발달장애인지원센터"라 한다)의 직원이나 그 밖에 발달장애인과 신뢰관계에 있는 사람은 법원의 허가를 받아 법원의 심리과정에서 발달장애인을 위한 보조인이 될 수 있다.

    ③ 법원은 발달장애인을 증인으로 신문하는 경우 발달장애인 본인, 검사, 보호자, 발달장애인지원센터의 장의 신청이 있는 때에는 재판에 중대한 지장을 줄 우려가 있는 등 부득이한 경우가 아니면 발달장애인과 신뢰관계에 있는 사람을 동석하게 하여야 한다.

    ④ 수사기관이 발달장애인을 조사하는 경우에도 제2항 및 제3항을 따라야 한다.

제13조(발달장애인에 대한 전담조사제)

    ① 검찰총장은 각 지방검찰청 검사장(檢事長)으로 하여금 발달장애인 전담 검사(이하 이 조에서 "전담검사"라 한다)를 지정하도록 하여 특별한 사정이 없으면 이들로 하여금 발달장애인을 조사 또는 심문하게 하여야 한다.

    ② 경찰청장은 각 경찰서장으로 하여금 발달장애인 전담 사법경찰관(이하 이 조

에서 "전담사법경찰관"이라 한다)을 지정하도록 하여 특별한 사정이 없으면 이들로 하여금 발달장애인을 조사 또는 심문하게 하여야 한다.

③ 검찰총장 및 경찰청장은 전담검사 및 전담사법경찰관에게 발달장애인의 특성에 대한 전문지식과 의사소통 방법 및 발달장애인 보호를 위한 수사방법 등에 관한 교육을 실시하여야 한다.

④ 검찰총장 및 경찰청장은 전담검사 및 전담사법경찰관에게 예산의 범위에서 수당을 지급할 수 있다.

⑤ 해양경찰청장 및 제주특별자치도지사도 제2항부터 제4항까지의 규정을 따라야 한다. 〈개정 2014. 11. 19., 2017. 7. 26.〉

사. 범죄경력 및 수사경력 조회 의뢰

○ 조회 이유
 – 피의자가 출석하기에 앞서 피의자에 대한 범죄경력, 수사경력조회를 하여 동종전과가 있는지, 수배가 있는지, 다른 사건으로 수사 중이거나 재판 중인 사건이 있는지, 전과가 많으면 조사를 받아 본 경험이 있어 부인할 확률이 높으므로 이에 대비한다든지 참고한다.

○ 형의 실효 등에 관한 법률 제6조(범죄경력조회·수사경력조회 및 회보의 제한 등)
 ① 수사자료표에 의한 범죄경력조회 및 수사경력조회와 그에 대한 회보는 다음 각 호의 어느 하나에 해당하는 경우에 그 전부 또는 일부에 대하여 조회 목적에 필요한 최소한의 범위에서 할 수 있다. 다만, 제8조의2제2항제3호 단서 또는 같은 조 제3항제1호에 따라 보존하는 불송치결정과 관련된 수사경력자료에 대한 조회 및 회보는 제1호에 해당하는 경우로 한정한다. 〈개정 2013. 6. 4., 2015. 8. 11., 2017. 12. 19., 2020. 12. 15., 2021. 3. 16.〉
  1. 범죄 수사 또는 재판을 위하여 필요한 경우

○ (경찰청) 지문 및 수사자료표 등에 관한 규칙(경찰청 훈령 1128호)
제11조(범죄경력·수사경력 조회 및 회보 방법)
 ① 경찰관서의 장은 범죄·수사경력 자료에 대하여 대상자 본인으로부터 조회 및 회보 신청을 받거나 법령에 따라 조회 및 회보 요청을 받은 경우 다음 각 호

에 따라 회보하여야 한다.

1. 법 제6조제1항제1호부터 제3호까지에 해당하는 경우 별지 제3호서식의
   범죄·수사경력 조회 요청서 또는 전자문서시스템으로 요청하고, 그 요청
   을 받은 경찰관서의 장은 범죄경력관리시스템을 이용하여 별지 제5호서
   식의 범죄·수사경력 회보서 또는 전자문서시스템으로 회보한다.

[별지 제3호서식]

범죄·수사경력 조회 요청서

접수번호		접수일	처리일	처리기간 즉시

요청인	성명		직위	
	기관명			
	주소		(전화번호:)	

대상자	성명	한글		자국어	
		한자		영문	
	주민등록번호	–	외국인인 경우: 국적과 여권번호 또는 외국인등록번호		
	주소				

○○ 법률 제 ○○조에 의거에 따라 범죄·수사경력 조회를 요청하오니 그 결과를 회신해 주시기 바랍니다.

년   월   일장

요청인   (서명 또는 인)

_____경찰청(서)장 귀하

요청인 제출 서류	1. 범죄·수사경력 조회를 요청할 수 있는 시설임을 입증할 만한 서류 1부 (각종 인·허가증 등) 2. 조회의뢰자 신분증(주민등록증, 운전면허증, 여권) 사본 1부 ※ 조회의뢰자가 법인인 경우 법인등기부 등본을 의미	수수료 없음

유의사항

1. 대상자가 외국인인 경우 한글과 자국어·영문의 성명, 국적과 함께 여권번호 또는 외국인등록번호를 적습니다.
2. 대상자가 2명 이상일 경우에는 뒤쪽에 일괄하여 작성할 수 있습니다.

처리절차

요청서 작성	→	접수	→	대상자 확인 (해당 범죄경력)	→	통보
요청인		경찰청장 (시·도경찰청장)		경찰청장 (시·도경찰청장)		

연 번	성명 (외국인인 경우 영문으로 작성)	주민등록번호 (외국인인 경우 생년월일)	외국인등록번호/국적 (외국인인 경우만 작성)	취업자(취업예정자) 의 직종(예정직종)

[별지 제5호서식]

발급번호 : 2000-00000000

범죄·수사경력 회보서
Criminal(Investigation) Record Check Report

대상자 The Subject

성 명 Name	
주민등록번호 Resident registration no.	외국인 등록번호 Alien registration number
주 소 Address	
조 회 목 적 Purpose of criminal record check	

조회 결과 The Result

연번 No	작성일자(Filing date) 작성관서(Filing office)	죄명 Criminal charges	처분일자 Disposition date 처분관서 Disposition office	처분결과 Disposition

○○ 규정에 따라 위와 같이 회보합니다.

In accordance with _____, We reply you as above.

> ※ 이 회보서를 조회 목적과 다른 용도로 사용하였을 경우에는 취득한 사람과 사용한 사람은 '형의 실효 등에 관한 법률' 제10조 제2항, 제3항에 따라 2년 이하의 징역 또는 2천 만원 이하의 벌금으로 처벌 됩니다.
> The criminal record check report to be issued pursuant to this application must be used only for the purpose stated above. Persons who acquire or use a criminal record check report for any other purpose are subject to imprisonment for up to 2 years or a fine of up to KRW 20 million in accordance with Article 10(2) and Article 10(3) of the Act on the Lapse of Criminal Sentences.

20 년 월 일
Year Month day

경 찰 청 장
Commissioner General, Korean National Police Agency

출력일시(print date) :   확인(Issue) :   출력자(the person who printed out) :

아. 수사보고(피의자 동종전과 약식명령 사본 첨부)

○ 범죄경력조회 결과 같은 죄로 처벌을 받는 등 참고할 만한 사건이 있으면 선고한 법원에 대응한 검찰청에 공문을 발송하여 약식명령문 등본 또는 사본을 받아 수사기록에 첨부한다.

○ 약식명령 등 수사기록 보존기관

　– 검찰보존사무규칙 제5조(기록 등의 보존기관)

　　① 사건기록은 제1심법원에 대응하는 검찰청에서 보존한다.

　　⑤ 재판서 중 별표 1에 기재한 재판서는 대검찰청에서 보존하고, 그 밖의 재판서는 사건기록과 함께 제1심법원에 대응하는 검찰청에서 보존한다.

○ 공문 예시

△ △ 시

2024. 1. 26.

수신 ㅁㅁ지방검찰청검사장

참조 사건과장

제목 약식명령문 사본 송부 의뢰(피의자 △△△)

1. 우리 시 2024-24호 피의자 △△△에 대한 식품위생법위반 피의사건 관련입니다.

2. 형사소송법 제199조 제2항, 개인정보보호법 제18조 제2항 제7호에 근거하여, 수사상 필요하니 피의자 △△△(5801231-1000000)이 2020. 11. 10. 부산지방법원에서 식품위생법위반죄로 벌금 300만 원을 선고받은 사건에 대한 약식명령문 또는 판결문 사본을 우리 시 특별사법경찰과 식품안전팀으로 송부하여 주시기 바랍니다.(전화 000-0000, fax 02-2300 -10000, 담당자 ㅇㅇㅇ). 끝.

(발송기관 표시)

△ △ 시

2024. 1. 31.

수신 특별사법경찰관 행정사무관 김ㅇㅇ　　(결재란)

제목 수사보고(피의자 동종전과 약식명령문 사본 첨부)

1. 우리 시 2024-24호 피의자 ○○○에 대한 식품위생법위반 피의사건 관련입니다.

2. 피의자의 범죄경력 가운데 2022. 11. 10. 부산지방법원에서 식품위생법위반 죄로 벌금 300만 원을 선고받은 사건에 대한 약식명령문 사본을, 부산지방검찰청으로부터 붙임과 같이 송부받았기에 보고합니다.

붙임: 위 약식명령문 사본 1부. 끝.

위 보고자

△△시

특별사법경찰관 보건주사 홍 길 동 (인)

자. 수사보고(피의자 출소사실 확인)

○ 범죄경력 가운데 실형을 선고받은 사실이 있으면 관할 구치소 수용기록과에 공문을 보내 언제, 어디서, 어떤 사유로 출소했는지 확인하고 그 결과를 수사보고서로 작성하고 회신공문을 편철한다.

수신 □□구치소장

참조 수용기록과장

1. 우리 시 2019-000호 피의자 ○○○에 대한 ○○○○법 위반 피의사건 관련입니다.

1. 위 사건 수사상 필요하여 형사소송법 제199조 제2항, 개인정보호법 제18조 제2항 제7호에 근거하여 아래 사람에 대한 출소 여부 등 조회를 의뢰하니 그 결과를 우리 시 △△△과로 송부하여 주시기 바랍니다.(전화번호 기재, 담당자 기재)

(전자문서로 보낼 수 없는 때에는 팩스로 보내 달라는 취지와 팩스번호 기재)

1. 조회 대상자 및 조회 의뢰 내용

　- 성명:　　　　　　　　주민등록번호:

　- 출소일자 및 출소교도소(출소구치소)

　- 출소사유. 끝.

△ △ 시

2024. 1. 21.

수신 특별사법경찰관 행정사무관 김○○　　(결재란)

제목 수사보고(피의자 출소 내역 확인)

○ 우리 시 2024-12호 피의자 홍□□에 대한 식품위생법위반 피의사건 관련입니다.

○ 피의자가 2020. 4. 3. 서울중앙지방법원에서 식품위생법위반죄로 징역 2년을 선고 받은 사건에 대하여 출소 내역을 다음과 같이 확인하였기에 보고합니다.

　　- 출소일시 및 출소 교도소: 2022. 3. 24. 안양교도소

　　- 출소사유: 형집행종료

　　- 확인자: 서울구치소 수용기록과 교사 ○○○ (전화 02-530-3114). 끝.

위 보고자 식품안전수사팀
특별사법경찰관
보건주사 김 말 동 (인)

5. 피의자신문조서의 요건 및 조사사항

가. 피의자신문조서의 요건

○ **충족성**: 기소, 불기소의 요건 충족될 수 있도록 작성

조사하기 전에 범죄사실을 미리 가상으로 작성해 보고 그에 맞춰 문답을 하면 기소든 불기소든 조사에서 누락되는 것을 방지할 수 있다.

○ **임의성**: 특이 표현은 그대로 기재하고 다시 그 의미를 질문, 부인하다 자백하면 그 경위 질문, 조사 받는 태도 기재, 참여자(변호인, 신뢰관계자 동석 등)가 있을 때 조서 앞부분에 그 취지 기재하고 조서 말미에 기명날인 또는 서명

○ **명확성**: 고소·고발인 1회 조서는 요지와 적용법조 명백히, 피신 1회 회 조서는 피의사실 요지와 자백인지, 전부 또는 일부 부인인지 명확히 기재, 대질 신문 시 상대방의 질문을 그대로 적지 말고 "상대방 진술이 어떤가요"로 간단명료하게 묻는 것이 바람직함

○ **일체성**: 발생순서에 따라 작성, 모든 서류는 제출 경위와 취지, 조서를 작성하며 증거물을 압수할 경우 압수목록만 작성하고 압수조서는 생략함

○ **차별성** : 고소의 경우 동일 사안 고소 있는지 확인

※ 대검찰청, 2013년, 특별사법경찰 수사실무, 81쪽

나. 특별사법경찰수사규칙 제40조(자료·의견의 제출기회 보장)

① 특별사법경찰관은 피의자 또는 사건관계인을 조사하기에 앞서 조사대상자에게 조사의 경위 및 이유를 설명하고 유리한 자료를 제출할 기회를 주거나, 조사대상자로부터 피의사실에 대한 의견 및 조사 요구 사항 등을 들을 수 있다.

② 특별사법경찰관은 조사 과정에서 피의자, 사건관계인 또는 그 변호인이 사실관계 등의 확인을 위해 자료를 제출하는 경우 그 자료를 수사기록에 편철한다.

③ 특별사법경찰관은 조사를 종결하기 전에 피의자, 사건관계인 또는 그 변호인에게 자료 또는 의견을 제출할 의사가 있는지를 확인하고, 자료 또는 의견을 제출받은 경우에는 해당 자료 및 의견을 수사기록에 편철한다.

다. 피의자에 대한 조사사항

* (경찰청) 범죄수사규칙에는 '종교'가 포함되어 있으나 특별사법경찰수사규칙에는 종교가 포함되어 있지 않다.

○ 특별사법경찰수사규칙 제44조(피의자에 대한 조사사항)

특별사법경찰관리는 피의자를 조사할 때에는 다음 각 호의 사항을 유의해야 한다.

1. 피의자의 성명·연령·주민등록번호·등록기준지·주거 및 직업

2. 피의자가 법인 또는 단체인 경우에는 그 명칭·설립목적·소재지 및 기구와 대표자의 성명 및 주거

3. 피의자가 외국인인 경우에는 국적·주거·출생지·입국연월일·입국목적 및 외국인등록번호

4. 피의자의 전과 유무와 기소유예·선고유예 등을 받은 사실의 유무

5. 피의자가 자수하거나 자복한 때에는 그 동기와 경위

6. 피의자의 훈장·기장·포장 및 연금의 유무

7. 피의자의 병역관계

8. 피의자의 환경·교육·경력·가족상황·재산 정도 및 생활수준

   (이전 특별사법경찰관리 집무규칙에는 '종교관계'가 있었으나 현재는 빠져 있음. 경찰청 범죄수사규칙에는 여전히 '종교관계'가 있음)

   ("피의자는 어떤 종교를 믿고 있나요"라고 물었을 때 피의자가 "어떤 종교를 믿는지 물어 보는 근거가 무엇이냐?"라고 따진다면 답변이 난감할 수 있으므로, 묻더라도 범죄통계원표 작성에만 활용하고 피의자신문조서에는 기재하지 않는 게 적절할 것임 / 범죄통계원표에는 '종교' 기재란이 있음)

9. 범죄의 동기·원인·성질·일시·장소·방법 및 결과

10. 피해자의 주거·직업·성명 및 연령

11. 피의자와 피해자가 친족관계이거나 그 밖의 특수한 관계인 경우에는 죄가 성립하는지의 여부 및 형의 가중 또는 감경에 관한 사항

12. 피의자의 처벌로 그 가정에 미치는 영향

13. 범죄로 피해자와 사회에 미치는 영향

14. 피해의 상태 및 손해액, 피해 회복의 여부와 피해자의 처벌 희망 여부

15. 피의자에게 이익이 될 만한 사항

16. 제1호부터 제15호까지의 규정에 따른 사항을 증명할 수 있는 사항

○ (경찰청)범죄수사규칙 제71조(피의자에 대한 조사사항)

경찰관은 피의자를 신문하는 경우에는 다음 각 호의 사항에 유의하여 「경찰수사규칙」 제39조제1항의 피의자신문조서를 작성하여야 한다. 이 경우, 사건의 성격과 유형을 고려하였을 때, 범죄 사실 및 정상과 관련이 없는 불필요한 질문은 지양하여야 한다.

1. 성명, 연령, 생년월일, 주민등록번호, 등록기준지, 주거, 직업, 출생지, 피의자가 법인 또는 단체인 경우에는 명칭, 상호, 소재지, 대표자의 성명 및 주거, 설립목적, 기구

2. 구(舊)성명, 개명, 이명, 위명, 통칭 또는 별명

3. 전과의 유무(만약 있다면 그 죄명, 형명, 형기, 벌금 또는 과료의 금액, 형의 집행유예 선고의 유무, 범죄사실의 개요, 재판한 법원의 명칭과 연월일, 출소한 연월일 및 교도소명)

4. 형의 집행정지, 가석방, 사면에 의한 형의 감면이나 형의 소멸의 유무

5. 기소유예 또는 선고유예 등 처분을 받은 사실의 유무(만약 있다면 범죄사실의 개요, 처분한 검찰청 또는 법원의 명칭과 처분연월일)

6. 소년보호 처분을 받은 사실의 유무(만약 있다면 그 처분의 내용, 처분을 한 법원명과 처분연월일)

7. 현재 다른 경찰관서 그 밖의 수사기관에서 수사 중인 사건의 유무(만약 있다면 그 죄명, 범죄사실의 개요와 해당 수사기관의 명칭)

8. 현재 재판 진행 중인 사건의 유무(만약 있다면 그 죄명, 범죄사실의 개요, 기소연월일과 해당 법원의 명칭)

9. 병역관계

10. 훈장, 기장, 포장, 연금의 유무

11. 자수 또는 자복하였을 때에는 그 동기와 경위

12. 피의자의 환경, 교육, 경력, 가족상황, 재산과 생활정도, 종교관계

13. 범죄의 동기와 원인, 목적, 성질, 일시장소, 방법, 범인의 상황, 결과, 범행

후의 행동

14. 피해자를 범죄대상으로 선정하게 된 동기

15. 피의자와 피해자의 친족관계 등으로 인한 죄의 성부, 형의 경중이 있는 사건에 대하여는 그 사항

16. 범인은닉죄, 증거인멸죄와 장물에 관한 죄의 피의자에 대하여는 본범과 친족 또는 동거 가족관계의 유무

17. 미성년자나 피성년후견인 또는 피한정후견인인 때에는 그 친권자 또는 후견인의 유무(만약 있다면 그 성명과 주거)

18. 피의자의 처벌로 인하여 그 가정에 미치는 영향

19. 피의자의 이익이 될 만한 사항

20. 제1호부터 제19호까지의 각 사항을 증명할 만한 자료

21. 피의자가 외국인인 경우에는 제216조 각 호의 사항

라. 인정신문

○ 형사소송법 제241조(피의자신문)

검사 또는 사법경찰관이 피의자를 신문함에는 먼저 그 성명, 연령, 등록기준지, 주거와 직업을 물어 피의자임에 틀림없음을 확인하여야 한다.

  – 주거: 일정한 곳에 자리를 잡고 삶

• 형사소송법 제4조(토지관할)

  ① 토지관할은 범죄지, 피고인의 주소, 거소 또는 현재지로 한다.

    – 토지관할: 범죄지, 피고인의 주소, 거소 또는 현재지

    – 주소: 행정구역으로 나타낸 곳

    – 거소: 얼마 동안 계속하여 임시로 거주하는 장소

    – 현재지: 거소보다 엷은 곳 / 구속된 곳 / 여행자의 호텔 투숙 등

• 특별사법경찰은 '사법경찰관리의 직무를 수행할 자와 그 직무범위에 관한 법률' 제6조(직무범위와 수사 관할)에는 「제4조와 제5조에 따라 사법경찰관리의 직무를 수행할 자의 직무범위와 수사 관할은 다음 각 호에 규정된 범죄로 한정한다.」는데 대부분의 관할은 '소속관서 소속관할에서 발생한 범죄'로 규정하고 있다.

- 위 규정은 예를 들면 부산에 살고 있는 A가 강원도 여행 중 임산물을 절취하였다고 가정하였을 때, 강원도 소속관할 특별사법경찰이 A에 대해 출석을 요구하자 A가 부산으로 사건을 이송해 줄 것을 요청했을 경우 부산 관할 특별사법경찰은 '소속관서 소속관할'에서 발생한 사건이 아니기 때문에 이송을 받더라도 수사할 수 없다는 결론에 이르게 된다. 보완이 필요한 규정이다.

○ 인정신문한 내용은 특별사법경찰수사규칙 별지 제17호(갑) 피의자신문조서 서식에 기재한다.

■ 특별사법경찰관리에 대한 검사의 수사지휘 및 특별사법경찰관리의 수사준칙에 관한 규칙 [별지 제17호서식(갑)]

피 의 자 신 문 조 서

피의자 김갑을(성명만 기재, 주민등록번호, 한자 등은 기재하지 않음)

위의 사람에 대한 식품위생법위반(죄명은 띄어쓰기하지 않음) 피의사건에 관하여

　　　.　　　.　　　.　　　　　　　　　　에서

　　　　　　특별사법경찰관　행정주사 김□□　　　　는(은)

　　　　　　특별사법경찰리　행정서기 박□□　　　를(을)

참여하게 하고, 아래와 같이 피의자임에 틀림없음을 확인하다.

문 답	피의자의 성명, 주민등록번호, 직업, 주거, 등록기준지 등을 말하십시오. 성명은　　　　　　　（　　　　　　　） 주민등록번호는　　　　　　　직업은 주거는 등록기준지는 직장 주소는 연락처는　자택 전화　　　　　　　휴대전화 　　　　　　직장 전화　　　　　　　전자우편 　　　　　　　　　　　　　　　　　(e-mail) 입니다.

특별사법경찰관은 피의사건의 요지를 설명하고 사법경찰관의 신문에 대하여 「형사소송법」 제244조의3에 따라 진술을 거부할 수 있는 권리 및 변호인의 참여 등 조력을 받을 권리가 있음을 피의자에게 알려주고 이를 행사할 것인지 그 의사를 확인하다.

210mm×297mm[백상지(80g/㎡)]

마. 진술거부권, 변호인조력권 등 고지

○ 헌법 제12조

② 모든 국민은 고문을 받지 아니하며, 형사상 자기에게 불리한 진술을 강요당하지 아니한다.(헌법 제12조 제2항).

○ 형사소송법 제244조의3(진술거부권 등의 고지)

① 검사 또는 사법경찰관은 피의자를 신문하기 전에 다음 각 호의 사항을 알려주어야 한다.

  1. 일체의 진술을 하지 아니하거나 개개의 질문에 대하여 진술을 하지 아니할 수 있다는 것

  2. 진술을 하지 아니하더라도 불이익을 받지 아니한다는 것

  3. 진술을 거부할 권리를 포기하고 행한 진술은 법정에서 유죄의 증거로 사용될 수 있다는 것

  4. 신문을 받을 때에는 변호인을 참여하게 하는 등 변호인의 조력을 받을 수 있다는 것

② 검사 또는 사법경찰관은 제1항에 따라 알려 준 때에는 피의자가 진술을 거부할 권리와 변호인의 조력을 받을 권리를 행사할 것인지의 여부를 질문하고, 이에 대한 피의자의 답변을 조서에 기재하여야 한다. 이 경우 피의자의 답변은 피의자로 하여금 자필로 기재하게 하거나 검사 또는 사법경찰관이 피의자의 답변을 기재한 부분에 기명날인 또는 서명하게 하여야 한다.

○ (경찰청) 범죄수사규칙 제64조(조사 시 진술거부권 등의 고지)

– 「형사소송법」 제244조의3에 따른 진술거부권의 고지는 조사를 상당 시간 중단하거나 회차를 달리하거나 담당 경찰관이 교체된 경우에도 다시 하여야 한다.

○ 특별사법경찰수사규칙 제46조(진술거부권 등의 고지 확인)

– 특별사법경찰관은 피의자신문조서 작성을 갈음하여 피의자에게 진술서를 작성하도록 하는 경우 등 피의자신문조서를 작성하지 않은 경우에는 법 제244조의3에 따라 진술거부권 등을 고지한 사실과 진술거부권 등의 고지에 대한 피의자의 답변에 대하여 피의자로부터 별지 제24호서식의 진술거부권 및 변호인 조력권 고지 등 확인서를 제출받아 기록에 편철해야 한다.

○ 진술거부권 및 변호인조력권 고지 방법

　－ ‘진술거부권 및 변호인 조력권’ 1~4항 내용을 조사자가 피의자에게 한 항목 씩 천천히 읽어주고 "이해하시겠습니까?"라고 물어보고 이해한다면 다음 항 목으로 넘어가 마찬가지로 천천히 읽어주고 "이해하시겠습니까?"라고 반복 확인함

　－ 전부 읽어주지 않아 피의자신문조서의 증거능력 부정 사유의 한가지로 지적 된 사례가 있기도 하다.

　　[피의자: "수차례 고지 받아 이미 알고 있으니 그냥 넘어가자", 수사기관: "그러면 출력해서 보기로 하자"]

■ 특별사법경찰관리에 대한 검사의 수사지휘 및 특별사법경찰관리의 수사준칙에 관한 규칙 [별지 제17호서식(을)]

진술거부권 및 변호인 조력권 고지 등 확인

1. 귀하는 일체의 진술을 하지 아니하거나 개개의 질문에 대하여 진술을 하지 아니할 수 있습니다.
2. 귀하가 진술을 하지 아니하더라도 불이익을 받지 아니합니다.
3. 귀하가 진술을 거부할 권리를 포기하고 행한 진술은 법정에서 유죄의 증거로 사용될 수 있습니다.
4. 귀하가 신문을 받을 때에는 변호인을 참여하게 하는 등 변호인의 조력을 받을 수 있습니다.

문 피의자는 위와 같은 권리들이 있다는 것에 대하여 고지를 받았는가요?

답 예 (피의자 자필로 기재/조사자가 타자로 쳤으면 그 옆에 피의자 기명 날인 또는 서명)

문 피의자는 진술거부권을 행사할 것인가요?

답 아니요 (기재 방법 위와 동일)

문 피의자는 변호인의 조력을 받을 권리를 행사할 것인가요?

답 아니요 (기재 방법 위와 동일)

이에 특별사법경찰관은 피의사실에 관하여 다음과 같이 피의자를 신문하다.

210mm×297mm[백상지(80g/㎡)]

○ 판례: 진술거부권 미고지, 증거능력 없음

대법원 1992. 6. 23. 선고 92도682 판결
[폭력행위등처벌에관한법률위반][집40(2)형,665;공1992.8.15.(926),2316]
【판시사항】
가. 피의자에게 진술거부권을 고지하지 아니하고 작성한 피의자신문조서의 증거능력 유무(소극)
나. 공범으로서 별도로 공소제기된 다른 사건의 피고인 갑에 대한 수사과정에서 검사가 피의자인 갑과 대화하는 내용과 장면을 녹화한 비디오테이프에 대한 법원의 검증조서의 증거능력
【판결요지】
가. 형사소송법 제200조 제2항은 검사 또는 사법경찰관이 출석한 피의자의 진술을 들을 때에는 미리 피의자에 대하여 진술을 거부할 수 있음을 알려야 한다고 규정하고 있는바, 이러한 피의자의 진술거부권은 헌법이 보장하는 형사상 자기에 불리한 진술을 강요당하지 않는 자기부죄거부의 권리에 터잡은 것이므로 수사기관이 피의자를 신문함에 있어서 피의자에게 미리 진술거부권을 고지하지 않은 때에는 그 피의자의 진술은 위법하게 수집된 증거로서 진술의 임의성이 인정되는 경우라도 증거능력이 부인되어야 한다.

○ 판례: 진술거부권 고지 자필 기재 등 누락, 증거능력 없음 / 변호인 참여 요구 무시 조서, 증거능력 없음

대법원 2013. 3. 28. 선고 2010도3359 판결 [업무상횡령][공2013상,801]
【판시사항】
[1] 진술거부권 행사 여부에 대한 피의자의 답변이 형사소송법 제244조의3 제2항에 규정한 방식에 위배된 경우, 사법경찰관 작성 피의자신문조서의 증거능력 유무(원칙적 소극)
[2] 피의자가 변호인 참여를 원하는 의사를 표시하였는데도 수사기관이 정당한 사유 없이 변호인을 참여하게 하지 아니한 채 피의자를 신문하여 작성한 피의자

신문조서의 증거능력 유무(소극)

【판결요지】

[1] 헌법 제12조 제2항, 형사소송법 제244조의3 제1항, 제2항, 제312조 제3항에 비추어 보면, 비록 사법경찰관이 피의자에게 진술거부권을 행사할 수 있음을 알려 주고 그 행사 여부를 질문하였다 하더라도, 형사소송법 제244조의3 제2항에 규정한 방식에 위반하여 진술거부권 행사 여부에 대한 피의자의 답변이 자필로 기재되어 있지 아니하거나 그 답변 부분에 피의자의 기명날인 또는 서명이 되어 있지 아니한 사법경찰관 작성의 피의자신문조서는 특별한 사정이 없는 한 형사소송법 제312조 제3항에서 정한 '적법한 절차와 방식'에 따라 작성된 조서라 할 수 없으므로 그 증거능력을 인정할 수 없다.

[2] 헌법 제12조 제1항, 제4항 본문, 형사소송법 제243조의2 제1항 및 그 입법 목적 등에 비추어 보면, 피의자가 변호인의 참여를 원한다는 의사를 명백하게 표시하였음에도 수사기관이 정당한 사유 없이 변호인을 참여하게 하지 아니한 채 피의자를 신문하여 작성한 피의자신문조서는 형사소송법 제312조에 정한 '적법한 절차와 방식'에 위반된 증거일 뿐만 아니라, 형사소송법 제308조의2에서 정한 '적법한 절차에 따르지 아니하고 수집한 증거'에 해당하므로 이를 증거로 할 수 없다.

※ 출처: 대법원 2013. 3. 28. 선고 2010도3359 판결 [업무상횡령] 〉 종합법률정보 판례

○ 판례: 진술거부권 고지 누락한 채 피의자에 대한 진술서, 진술조서 등 작성 시 증거능력 없음(피의자성 참고인에 대한 진술조서 작성 시에도 진술거부권 고지)

대법원 2009. 8. 20. 선고 2008도8213 판결

[국가보안법위반(찬양·고무등)·일반교통방해·집회및시위에관한법률위반][공 2009하,1579]

【판시사항】

[1] 수사기관의 피의자에 대한 조사 과정에서 작성된 '진술조서'나 '진술서' 등의 취급 및 진술거부권을 고지하지 않은 상태에서 행해진 피의자 진술의 증거능력

[2] 검사가 피의자신문조서가 아닌 일반적인 진술조서의 형식으로 조서를 작성한 사안에서, 미리 피의자에게 진술거부권을 고지하지 않았다면 유죄인정의 증거로 사용할 수 없다고 한 사례

【판결요지】

[1] 피의자의 진술을 녹취 내지 기재한 서류 또는 문서가 수사기관에서의 조사과정에서 작성된 것이라면, 그것이 '진술조서, 진술서, 자술서'라는 형식을 취하였다고 하더라도 피의자신문조서와 달리 볼 수 없다. 형사소송법이 보장하는 피의자의 진술거부권은 헌법이 보장하는 형사상 자기에게 불리한 진술을 강요당하지 않는 자기부죄거부의 권리에 터 잡은 것이므로, 수사기관이 피의자를 신문함에 있어서 피의자에게 미리 진술거부권을 고지하지 않은 때에는 그 피의자의 진술은 위법하게 수집된 증거로서 진술의 임의성이 인정되는 경우라도 증거능력이 부인되어야 한다.

[2] 검사가 국가보안법 위반죄로 구속영장을 발부받아 피의자신문을 한 다음, 구속 기소한 후 다시 피의자를 소환하여 공범들과의 조직구성 및 활동 등에 관한 신문을 하면서 피의자신문조서가 아닌 일반적인 진술조서의 형식으로 조서를 작성한 사안에서, 진술조서의 내용이 피의자신문조서와 실질적으로 같고, 진술의 임의성이 인정되는 경우라도 미리 피의자에게 진술거부권을 고지하지 않았다면 위법수집증거에 해당하므로, 유죄인정의 증거로 사용할 수 없다고 한 사례

※ 출처: 대법원 2009. 8. 20. 선고 2008도8213 판결
[국가보안법위반(찬양·고무등)·일반교통방해·집회및시위에관한법률위반] 〉 종합법률정보 판례

○ 판례: 진술거부권 고지 누락 후, 법정 자백 등 2차 증거능력 있음

대법원 2009. 3. 12. 선고 2008도11437 판결 [강도][공2009상,900]

【판시사항】

[1] 헌법과 형사소송법이 정한 절차를 위반하여 수집한 증거를 기초로 획득한 2차적 증거의 증거능력 및 그 판단 기준

[2] 2차적 증거의 증거능력을 인정할 만한 구체적 정황례

[3] 진술거부권을 고지하지 않은 상태에서 임의로 행해진 피고인의 자백을 기초로 한 2차적 증거 중 피고인 및 피해자의 법정진술은 공개된 법정에서 임의로 이루어진 것이라는 점에서 유죄 인정의 증거로 사용할 수 있다고 한 사례

【판결요지】

[1] 형사소송법 제308조의2는 "적법한 절차에 따르지 아니하고 수집한 증거는 증거로 할 수 없다"고 규정하고 있는바, 수사기관이 헌법과 형사소송법이 정한 절차에 따르지 아니하고 수집한 증거는 물론, 이를 기초로 하여 획득한 2차적 증거 역시 유죄 인정의 증거로 삼을 수 없는 것이 원칙이다. 다만, 수사기관의 절차 위반 행위가 적법절차의 실질적인 내용을 침해하는 경우에 해당하지 아니하고, 오히려 그 증거의 증거능력을 배제하는 것이 헌법과 형사소송법이 형사소송에 관한 절차 조항을 마련하여 적법절차의 원칙과 실체적 진실 규명의 조화를 도모하고 이를 통하여 형사 사법 정의를 실현하려 한 취지에 반하는 결과를 초래하는 것으로 평가되는 예외적인 경우라면, 법원은 그 증거를 유죄 인정의 증거로 사용할 수 있다. 따라서 법원이 2차적 증거의 증거능력 인정 여부를 최종적으로 판단할 때에는 먼저 절차에 따르지 아니한 1차적 증거 수집과 관련된 모든 사정들, 즉 절차 조항의 취지와 그 위반의 내용 및 정도, 구체적인 위반 경위와 회피가능성, 절차 조항이 보호하고자 하는 권리 또는 법익의 성질과 침해 정도 및 피고인과의 관련성, 절차 위반행위와 증거수집 사이의 인과관계 등 관련성의 정도, 수사기관의 인식과 의도 등을 살펴야 한다. 나아가 1차적 증거를 기초로 하여 다시 2차적 증거를 수집하는 과정에서 추가로 발생한 모든 사정들까지 구체적인 사안에 따라 주로 인과관계 희석 또는 단절 여부를 중심으로 전체적·종합적으로 고려하여야 한다.

[2] 구체적인 사안에서 2차적 증거들의 증거능력 인정 여부는 제반 사정을 전체적·종합적으로 고려하여 판단하여야 한다. 예컨대 진술거부권을 고지하지 않은 것이 단지 수사기관의 실수일 뿐 피의자의 자백을 이끌어내기 위한 의도적이고 기술적인 증거확보의 방법으로 이용되지 않았고, 그 이후 이루어진 신문에서는 진술거부권을 고지하여 잘못이 시정되는 등 수사절차가 적법하게 진행되었다는

사정, 최초 자백 이후 구금되었던 피고인이 석방되었다거나 변호인으로부터 충분한 조력을 받은 가운데 상당한 시간이 경과하였음에도 다시 자발적으로 계속하여 동일한 내용의 자백을 하였다는 사정, 최초 자백 외에도 다른 독립된 제3자의 행위나 자료 등도 물적 증거나 증인의 증언 등 2차적 증거 수집의 기초가 되었다는 사정, 증인이 그의 독립적인 판단에 의해 형사소송법이 정한 절차에 따라 소환을 받고 임의로 출석하여 증언하였다는 사정 등은 통상 2차적 증거의 증거능력을 인정할 만한 정황에 속한다.

[3] 강도 현행범으로 체포된 피고인에게 진술거부권을 고지하지 아니한 채 강도 범행에 대한 자백을 받고, 이를 기초로 여죄에 대한 진술과 증거물을 확보한 후 진술거부권을 고지하여 피고인의 임의자백 및 피해자의 피해사실에 대한 진술을 수집한 사안에서, 제1심 법정에서의 피고인의 자백은 진술거부권을 고지받지 않은 상태에서 이루어진 최초 자백 이후 40여 일이 지난 후에 변호인의 충분한 조력을 받으면서 공개된 법정에서 임의로 이루어진 것이고, 피해자의 진술은 법원의 적법한 소환에 따라 자발적으로 출석하여 위증의 벌을 경고받고 선서한 후 공개된 법정에서 임의로 이루어진 것이어서, 예외적으로 유죄 인정의 증거로 사용할 수 있는 2차적 증거에 해당한다고 한 사례.

※ 출처: 대법원 2009. 3. 12. 선고 2008도11437 판결 [강도] 〉 종합법률정보 판례

○ 판례: 피의자의 지위에 있지 아니한 자에 대해서는 진술거부권 고지 불요

대법원 2011. 11. 10. 선고 2011도8125 판결

[마약류관리에관한법률위반(향정)][공2011하, 2606]

【판시사항】

[1] 진술거부권 고지 대상이 되는 피의자 지위가 인정되는 시기 및 피의자 지위에 있지 아니한 자에게 진술거부권이 고지되지 아니한 경우, 진술의 증거능력 유무(적극)

[2] 피고인들이 중국에 있는 갑과 공모한 후 중국에서 입국하는 을을 통하여 필로폰이 들어 있는 곡물포대를 배달받는 방법으로 필로폰을 수입하였다고 하여

주위적으로 기소되었는데 검사가 을에게서 곡물포대를 건네받아 피고인들에게 전달하는 역할을 한 참고인 병에 대한 검사 작성 진술조서를 증거로 신청한 사안에서, 병이 위 범행의 공범으로서 피의자 지위에 있다고 단정한 후 진술거부권 불고지로 인하여 병에 대한 진술조서의 증거능력이 없다고 본 원심판결에는 법리오해의 위법이 있다고 한 사례

[3] 피고인들이 중국에 있는 갑과 공모한 후 중국에서 입국하는 을을 통하여 인천 국제여객터미널에서 필로폰이 들어 있는 곡물포대를 배달받는 방법으로 필로폰을 수입하였다고 하여 주위적으로 기소된 사안에서, 피고인들에게 필로폰 수입에 관한 범의가 있었다고 인정하기에 부족하다는 이유로 무죄를 인정한 원심판결에는 법리오해의 위법이 있다고 한 사례

【판결요지】

[1] 피의자에 대한 진술거부권 고지는 피의자의 진술거부권을 실효적으로 보장하여 진술이 요되는 것을 막기 위해 인정되는 것인데, 이러한 진술거부권 고지에 관한 형사소송법 규정내용 및 진술거부권 고지가 갖는 실질적인 의미를 고려하면 수사기관에 의한 진술거부권 고지 대상이 되는 피의자 지위는 수사기관이 조사대상자에 대한 범죄혐의를 인정하여 수사를 개시하는 행위를 한 때 인정되는 것으로 보아야 한다. 따라서 이러한 피의자 지위에 있지 아니한 자에 대하여는 진술거부권이 고지되지 아니하였더라도 진술의 증거능력을 부정할 것은 아니다.

[2] 피고인들이 중국에 있는 갑과 공모한 후 중국에서 입국하는 을을 통하여 필로폰이 들어 있는 곡물포대를 배달받는 방법으로 필로폰을 수입하였다고 하여 주위적으로 기소되었는데 검사가 을에게서 곡물포대를 건네받아 피고인들에게 전달하는 역할을 한 참고인 병에 대한 검사 작성 진술조서를 증거로 신청한 사안에서, 피고인들과 공범관계에 있을 가능성만으로 병이 참고인으로서 검찰 조사를 받을 당시 또는 그 후라도 검사가 병에 대한 범죄혐의를 인정하고 수사를 개시하여 피의자 지위에 있게 되었다고 단정할 수 없고, 검사가 병에 대한 수사를 개시할 수 있는 상태이었는데도 진술거부권 고지를 잠탈할 의도로 피의자 신문이 아닌 참고인 조사의 형식을 취한 것으로 볼 만한 사정도 기록상 찾을 수 없으

며, 오히려 피고인들이 수사과정에서 필로폰이 중국으로부터 수입되는 것인지 몰랐다는 취지로 변소하였기 때문에 피고인들의 수입에 관한 범의를 명백하게 하기 위하여 병을 참고인으로 조사한 것이라면, 병은 수사기관에 의해 범죄혐의를 인정받아 수사가 개시된 피의자의 지위에 있었다고 할 수 없고 참고인으로서 조사를 받으면서 수사기관에게서 진술거부권을 고지받지 않았다는 이유만으로 그 진술조서가 위법수집증거로서 증거능력이 없다고 할 수 없는데도, 아무런 객관적 자료 없이 병이 피고인들 범행의 공범으로서 피의자 지위에 있다고 단정한 후 진술거부권 불고지로 인하여 병에 대한 진술조서의 증거능력이 없다고 본 원심판결에는 법리오해의 위법이 있고, 이러한 위법은 주위적 공소사실을 무죄로 인정한 판결 결과에 영향을 미쳤다고 한 사례

[3] 피고인들이 중국에 있는 갑과 공모한 후 중국에서 입국하는 을을 통하여 인천 국제여객터미널에서 필로폰이 들어 있는 곡물포대를 배달받는 방법으로 필로폰을 수입하였다고 하여 주위적으로 기소된 사안에서, 원심이 배척하지 않은 증거들에 의하여 인정되는 제반 사정을 종합할 때 피고인들이 필로폰이 중국에서 국내로 반입된 것이라는 점에 대하여 인식하였거나 적어도 미필적으로 인식하고 있었다고 인정할 수 있는데도, 피고인들에게 필로폰 수입에 관한 범의가 있었다고 인정하기에 부족하다는 이유로 무죄를 인정한 원심판결에는 범죄구성요건의 주관적 요소 또는 자유심증주의에 관한 법리오해의 위법이 있다고 한 사례.

※ 출처: 대법원 2011. 11. 10. 선고 2011도8125 판결
[마약류관리에관한법률위반(향정)] 〉 종합법률정보 판례

○ 판례: 진술거부, 계속 진술요구하며 동영상 촬영 → 증거능력 없음

창원지방법원 2008. 2. 12. 선고 2007노1311 판결
[마약류관리에관한법률위반(향정)][미간행]
【판시사항】
[1] 피고인이 진술을 거부한 것을 죄책에 대한 인정이라거나 방어권의 포기로 해석할 수 없을 뿐만 아니라, 진술을 거부하는 피고인에게 계속 진술을 요구하면서

그 거부 장면을 동영상으로 촬영하고 증거로 제출한 것은 위법수사에 해당하여 증거로 사용할 수 없다고 한 사례

[2] 적법한 절차에 따라 발부된 압수·수색영장 없이 피고인의 숙소를 수색하여 압수한 경우, 압수물과 그에 대한 감정결과는 위법수집증거 및 위법수집증거의 파생증거에 해당하므로 증거능력을 인정할 수 없다고 한 사례

【판결요지】

[1] 체포 당시 피고인에게 메스암페타민이 투약되어 있었다는 사실 외에 피고인이 '자의로' 투약했는지를 인정할 만한 증거가 없는 상태에서, 피고인이 진술을 거부한 것을 죄책에 대한 인정이라거나 방어권의 포기로 해석할 수 없을 뿐만 아니라, 진술을 거부하는 피고인에게 계속 진술을 요구하면서 그 거부 장면을 동영상으로 촬영하고 증거로 제출한 것은 위법수사에 해당하여 증거로 사용할 수 없다고 한 사례

[2] 피고인이 체포된 상태에서 적법한 절차에 따라 발부된 압수·수색영장 없이 경찰관이 피고인의 숙소를 수색·압수하였다면, 그로 인한 압수물은 위법수집증거에 해당하고 그에 대한 감정결과 역시 위법수집증거의 파생증거에 해당하므로 증거능력을 인정할 수 없다고 한 사례

※ 출처: 창원지방법원 2008. 2. 12. 선고 2007노1311 판결
[마약류관리에관한법률위반(향정)] 〉 종합법률정보 판례

○ 현장수사 시에도 현장에 있는 피의자에게 질문할 시에는 진술거부권 고지 필요

광주지법 2022. 4. 20. 선고 2021노383 하수도법위반

…

(2) 구체적 판단

위에서 살핀 바와 같이, 1심 증인 E는 피고인에 대한 하수도법위반 혐의유무를 위한 수사의 일환으로 이 사건 수색 및 검증에 나아갔으므로, 그 과정에서 수사기관인 E가 피고인에 대하여 화정실 등과 관련하여 질문하고 피고인으로부터 답변을 듣는 행위는 피고인의 하수도법위반 혐의에 대한 수사의 일환인 피의자신

문에 해당한다고 할 것이다. 따라서 E는 그 과정에서 피고인에게 진술거부권을 고지하였어야 하나, E는 피고인에게 진술거부권을 고지한 바 없다(공판기록 151면). 따라서 E가 피고인에게 진술거부권을 고지하지 아니한 것은 위법하다.

바. 피의자가 진술거부권을 행사했을 때 조서 작성 방법

○ 피의자가 진술거부권을 행사했을 때 조서 작성에 대한 구체적인 규정이나 지침은 발견되지 않는다.

  – 다만 2013년 대검찰청에서 발간한 《수사관을 위한 검찰 수사가이드》(55쪽)에 피의자를 설득하여도 계속 진술을 거부하겠다는 의사표시가 명백하다면 신문하지 말고 검사 또는 수사사무관에게 보고한 후 그 지시를 받고 수사보고서로 그 경위를 자세히 작성하여 기록에 첨부하도록 기재되어 있다.

  – 따라서 진술거부권을 행사하여 확인서까지 자필로 기재하고

문 피의자가 홍길동이며, 피의자가 진술거부권을 행사하는 이유는 무엇인가요

답 (피의자의 답변 내용을 기재하고, 답변하지 않으면 그 상태에서 조서를 출력하여)

  – 말미용지에 서명, 날인을 받고, 조서에 간인한 후 수사과정확인서를 작성한다(서명, 날인, 간인도 거부할 경우에는 그 취지를 조서 말미에 기재한다).

  – 그리고 '수사보고(피의자 진술거부권 행사로 조사불능)' 제목의 수사보고서를 작성하여 수사기록에 편철한다.

○ 피의자가 진술거부권을 행사할 때에는 참고인 진술이나 증거물 확보에 주력하여 피의자의 자백 진술 없이도 범죄혐의를 입증할 수 있도록 해야 한다.

○ ○ 시

2024. 8. 21.

수신 특별사법경찰관 행정사무관 김○○

제목 수사보고(피의자 진술거부권 행사로 조사 불능)

1. 우리 시 2024-12호 피의자 홍○○에 대한 식품위생법위반 피의사건 관련입

니다.

1. 금일 피의자에 대하여 피의자신문조서를 작성하려 하였으나 피의자가 "수사
기관은 믿지 못해 법원에 가서 모든 내용을 진술하겠다"며 진술거부권을 행사
하여 조서를 작성하지 못하였음을 보고합니다. 끝.

위 보고자 특별사법경찰관

보건주사 김말동 (인)

사. 법령위반, 인권침해 또는 현저한 수사권 남용구제 시 신청 고지 및 확인(일반 경찰만 해당)

○ 형사소송법 제197조의3(시정조치요구 등)

⑧ 사법경찰관은 피의자를 신문하기 전에 수사과정에서 법령위반, 인권침해 또
는 현저한 수사권 남용이 있는 경우 검사에게 구제를 신청할 수 있음을 피의자
에게 알려주어야 한다.

[본조신설 2020. 2. 4.]

○ 검사와 사법경찰관의 상호협력과 일반적 수사준칙에 관한 규정

제47조(구제신청 고지의 확인) 사법경찰관은 법 제197조의3제8항에 따라 검사에게
구제를 신청할 수 있음을 피의자에게 알려준 경우에는 피의자로부터 고지 확인서를
받아 사건기록에 편철한다. 다만, 피의자가 고지 확인서에 기명날인 또는 서명하는
것을 거부하는 경우에는 사법경찰관이 고지 확인서 끝부분에 그 사유를 적고 기명날
인 또는 서명해야 한다.

○ 경찰수사규칙 제77조(구제신청 고지의 확인)

수사준칙 제47조에 따른 고지 확인서는 별지 제89호서식에 따른다.

경찰수사규칙 [별지 제89호서식]

고지 확인서

성   명 : 성명

주민등록번호 : 000000-0000000 (연령 세)

주   거 : 주거

본인은 0000.00.00. 00:00경 수사장소에서 신문을 받기 전에 수사과정에서 법령위반, 인권침해 또는 현저한 수사권 남용이 있는 경우 검사에게 구제를 신청할 수 있음을 고지 받았음을 확인합니다.

0000.00.00.

위 확인인

위 피의자를 신문하면서 위와 같이 고지하였음(위 피의자를 신문하면서 위와 같이 고지하였 으나 정당한 이유 없이 기명날인 또는 서명을 거부함).

※ 기명날인 또는 서명 거부 사유:

0000.00.00.

소속관서

사법경찰관 계급

210mm × 297mm(백상지 80g/㎡)

아. 조사에 들어가기에 앞서 피의자에게 사건에 대한 의견이 있는지 진술 기회 부여

○ 특별사법경찰수사규칙

제42조(자료·의견의 제출기회 보장)

① 특별사법경찰관은 피의자 또는 사건관계인을 조사하기에 앞서 조사대상자에게 조사의 경위 및 이유를 설명해야 하고, 유리한 자료를 제출할 기회를 주거나, 조사대상자로부터 피의사실에 대한 의견 및 조사 요구 사항 등을 들을 수 있다.

② 특별사법경찰관은 조사과정에서 피의자, 사건관계인 또는 그 변호인이 사실관계 등의 확인을 위해 자료를 제출하는 경우 그 자료를 수사기록에 편철한다.

③ 특별사법경찰관은 조사를 종결하기 전에 피의자, 사건관계인 또는 그 변호인에게 자료 또는 의견을 제출할 의사가 있는지를 확인하고, 자료 또는 의견을 제출받은 경우에는 해당 자료 및 의견을 수사기록에 편철한다.

문 조사에 들어가기에 앞서 이번 사건에 대해 하시고 싶은 말씀이 있나요?

답 제가 말이에요...

피의자가 하고 싶어 하는 이야기를 먼저 들어 보면 자백을 하는지, 부인을 하는지, 아니면 어떤 변명을 하는지 등… 조사 방향을 가늠할 수 있고, 피의자의 이야기를 먼저 들어 줌으로써 조사를 좀 더 원활하게 진행할 수 있을 것이다. 먼저 들어 주지 않으면 피의자는 조사자의 질문과는 관계 없이 자신이 하고 싶은 말을 먼저 하려고 해 충돌이 발생할 수도 있을 것이다.

문 대화 내용 메모 좀 하겠습니다.

이후 조사자는 피의자와 사건과 관련된 대화를 하며 문답을 하면서 바로 피의자 신문조서 서식에 기록하기 보다는 우선 메모하고 어느 정도 조사가 이루어진 후 메모한 것을 바탕으로 조서를 작성하는 게 적절할 것이다.

자. 범죄사실 외 조사사항

○ 「4. 피의자의 전과 유무와 기소유예·선고유예 등을 받은 사실의 유무」

  – 그 죄명, 형명, 형기, 벌금 또는 과료의 금액, 형의 집행유예 선고의 유무, 범

죄사실의 개요, 재판한 법원의 명칭과 연월일, 출소한 연월일 및 교도소명
- 항소 및 상고기각의 경우 원심법원의 선고일자, 선고법원, 죄명, 형기와 형명, 벌금액 등을 기재함

〈예시〉

문 피의자는 형사처벌이나 기소유예 처분을 받은 사실이 있나요

답 작년에 서울중앙지방법원 항소심에서 식품위생법위반죄로 벌금 200만 원을 선고 받은 사실이 있습니다.

문 범죄경력조회서를 보면 피의자는 2013. 8. 30. 1심인 서울중앙지방법원에서 식품위생법위반죄로 벌금 200만 원을 선고받았으나 이에 피고인(피의자)이 항소하여 2013. 10. 11. 항소심인 같은 법원에서 같은 죄로 항소기각을 선고받은 것으로 나타나는데 사실인가요

답 예, 맞습니다.

- 형의 집행정지, 가석방, 사면에 의한 형의 감면이나 형의 소멸의 유무
- 기소유예 또는 선고유예 등 처분을 받은 사실의 유무(범죄사실의 개요, 처분한 검찰청 또는 법원의 명칭과 처분년월일)
- 현재 수사기관에서 수사 중인 사건의 유무(죄명, 범죄사실의 개요와 당해 수사기관의 명칭)
- 현재 재판 진행 중인 사건의 유무(죄명, 범죄사실의 개요, 기소 연월일과 당해 법원의 명칭)

○ 범죄통계원표 중 피의자통계원표에는
- 직업, 전과, 마약류 등 상용 여부, 학력, 생활정도, 교육 등을 기재하게 되어 있음
- 따라서 '마약류 등 상용 여부'는 전과를 통해 확인하거나 구두로 확인하되, 피의자신문조서에는 기재하지 않음

○ 사례
- 인권위원회는 "피의자 신문 시 범죄사실과 무관한 개인정보를 필요 이상으로 질문하는 것은 인권침해"라고 결정

특별사법경찰관리 집무규칙 제85조 제4호(2004. 4. 26.) 서식에는 성명, 주민등록번호, 직업, 본적, 주거, 전과 및 검찰처분관계, 상훈·연금관계, 병역만 질문하도록 되어 있음(양식 자체에 위 질문 내용으로 인쇄되어 있음)

특히 종교나 가입 정당·사회단체의 종류가 검사의 처분과 양형 판단의 요소가 되는 경우는 거의 없어~(2007. 2.)

* 이전 특별사법경찰관리 집무규칙에는 종교도 조사하도록 규정되어 있었으나, 이번 특별사법경찰수사규칙에 종교는 삭제되어 조사하지 않음('정당이나 사회단체에 가입한 사실'도 규정에 없으므로 조사하지 않음/일반경찰은 조사함(범죄수사규칙 제71조))

○ 취미, 흡연 여부, 주량, 혈액형도 물어보지 않음

○ 범죄통계원표의 피의자원표에 '종교', '마약류 등 상용 여부' 체크 난이 있는데 구두로 물어보더라도 피의자신문조서에는 그 내용을 기재하지 않음

〈피의자에 대한 조사사항 예시〉

문 진술인이 피의자 홍△△인가요

답 예, 제가 홍△△입니다. 여기 주민등록증을 제출하겠습니다.

이때 특별사법경찰관은 피의자로부터 주민등록증을 받아 본인임을 확인한 후 이를 사본하여 본건 조서 말미에 편철하기로 하고 계속 문답한다.

문 피의자는 형사처벌이나 기소유예 처분을 받은 사실이 있나요

문 피의자의 학력은 어떤가요

문 피의자의 경력은 어떤가요

문 피의자의 병역관계는 어떤가요

문 피의자는 국가로부터 훈장, 포장, 기장, 연금을 받은 사실이 있나요

~~**문** 피의자는 어떤 종교를 믿고 있나요~~

문 피의자의 가족관계는 어떤가요

문 피의자의 재산상황은 어떤가요

문 피의자의 건강상태는 어떤가요

~~**문** 피의자는 정당이나 사회단체에 가입한 사실이 있나요~~

~~**문** 피의자의 취미는 무엇인가요~~

문 피의자는 담배를 피우나요

문 피의자의 주량은 얼마나 되나요(단 음주로 인한 사건은 물어봄)

문 피의자의 혈액형은 어떻게 되나요

문 피의자는 마약을 상용한 사실이 있나요

차. 피의자신문조서 글자체, 글자크기, 줄간격, 아래문단, 물음표 사용여부 등

- 피의자신문조서는 피의자가 진술한 내용을 속기하듯이 그대로 옮겨 적는 것이 아니라 요약해서 정리, 기재하는 것이다.
- 조서는 문, 답으로 이루어지는데 피의자와 대화를 하는 가운데 신속하게 이루어져야 하므로 [문:] or [문)] 등 쌍점이나 반괄호를 하지 않아야 한다. 쌍점이나 반괄호를 할 시간도 없는 것이지요. 그냥 [문]으로 시작하면 된다. [문]에 물음표는 붙이지 않는다. (물음표 하면 시간이 걸림) [답]에 마침표는 붙인다.
- '문'과 '피의자는~' 사이에 간격을 띄우는데 스페이스바를 사용하는 경우도 있는데 그러면 시간이 많이 걸리니까 탭(Tab)을 사용하여 빨리 이동한다.
- 그리고 '피'자 앞에 커서를 위치하고 [shift]와 [Tab]을 동시에 누르면 그 위치에 탭설정이 되어 한 줄이 넘어가더라도 그 위치에서 자동정렬이 된다.
- 조서를 기재하는데 표, 테두리를 만들어 그 안에 기재하게 되면 정리하는 데도 불편하고 선 때문에 출력하는 데 시간도 많이 걸린다. 아무런 서식이 없는 백지상태에 기재해야 한다.
- 부득이 표 안에서 작성을 하게 되면 탭설정이 제대로 되지 않을 수가 있는데 그것은 [도구 → 환경설정 → 편집 → 표 안에서 탭으로 셀 이동] 부분에 체크되어 있는 것을 해제하면 표 안에서도 탭설정을 할 수 있다.
- [편집 → 문단모양 → 줄나눔 기준 → 한글단위]에서 '어절'을 선택하면 질문이나 답변이 한 줄을 넘어갈 경우 줄 끝에 어절이 통째로 다음 줄로 넘어가 끝에 빈공간이 남게 됩니다. 따라서 한글단위를 '글자'로 선택해야 한다.
- 글씨체는 휴먼명조 또는 함초롱바탕, 크기는 13포인트, 줄 간격은 180, 아래

문단 7 정도로 해서 조서를 작성하면 무난하다.

문	피의자는 어떤 일을 하고 있나요	→	ok
문)	피의자는 어떤 일을 하고 있나요	→	×
문 :	피의자는 어떤 일을 하고 있나요	→	×
문	피의자는 어떤 일을 하고 있나요?	→	×
문(Tab)	피의자는 어떤 일을 하고 있나요	→	ok

카. 범죄사실 / 정상에 필요한 사항 / 이익되는 사실 진술 기회 부여

○ 형사소송법 제242조(피의자신문사항)

검사 또는 사법경찰관은 피의자에 대하여 범죄사실과 정상에 관한 필요사항을 신문하여야 하며 그 이익 되는 사실을 진술할 기회를 주어야 한다.

○ 범죄사실 신문

피의자 신문에 있어 가장 중요한 부분이라고 할 수 있다.

'범죄사실'이란 벌칙조항에서 규정하고 있는 문구를 이행했는지 여부이다.

벌칙조항 문구를 '구성요건'이라고 하고 피의자가 그 구성요건을 이행했다면 '구성요건 해당성'이라고 표현한다.

형법 제1조 제1항에 '범죄의 성립과 처벌은 행위 시의 법률에 의한다.'라고 규정하고 있는데, 이는 처벌을 하려면 범죄가 성립해야 한다는 취지이며 범죄성립의 첫 번째 요건은 구성요건 해당성이다.

아래와 같이 벌칙조항 문구를 구성요건 해당성에 맞게 그대로 물어보면서 이하 6하 원칙으로 문답하는 것이다. 문답하면서 그 진술, 행위에 대한 객관적인 증거가 있는지도 조사, 확보해야 한다.

아울러 나머지 범죄성립 요건인 위법성, 책임이 있는지도 살펴보아야 하며(구성요건에 해당하면 위법성, 책임은 있는지 조사하기보다는 위법성조각사유가 있는지 책임조각사유가 있는지 조사하는 것이다), 기수인지 미수인지, 2명 이상이 관련되었다면 공범으로 공동정범, 교사범, 방조범, 간접정범 중 어디에 해당하는지, 범죄행위가 다수라면 실체적 경합인지 상상적 경합인지, 공소시효와 관련해서는 즉시범인지 계속범인지, 포괄일죄인지 등 형법총칙 규정에 해당하는 사안을 조사해야 한다.

아래 예시 죄명 외 나머지 죄명에 대해서도 범죄사실을 신문하는 방법은 동일하다.

[예시: 살인]

형법 제250조(살인) 제1항에 '사람을 살해한 자는 사형, 무기 또는 5년 이상의 징역에 처한다.'라고 규정하고 있는데, 피의자가 벌칙조항 규정대로 사람을 살해한 사실이 있는지, 즉 살인죄의 구성요건에 해당하는지 조사하는 것이다.

"피의자는 사람을 살해한 사실이 있나요"라고 묻고 이어서 6하 원칙으로 물어 나가면 된다. "언제 살해했나요", "어디에서 살해했나요", "누구를 살해했나요", "(공범이 있다면) 누구와 함께 살해했나요 / 공모하게 된 경위는 어떤가요", "어떤 방법으로 살해했나요", "왜 살해했나요", "살해 후 사체는 어떻게 처리했나요", "피해자와 친족관계가 있나요", "유족과 합의한 사실이 있나요"

[예시: 절도]

형법 제329조(절도)에 '타인의 재물을 절취한 자는 6년 이하의 징역 또는 1천만원 이하의 벌금에 처한다.'라고 규정하고 있는데, 피의자가 벌칙조항 규정대로 타인의 재물을 절취한 사실이 있는지, 즉 절도죄의 구성요건에 해당하는지 조사하는 것이다.

"피의자는 다른 사람의 물건을 훔친 사실이 있나요"라고 묻고 이어서 6하 원칙으로 물어 나가면 되는 것이다. "언제 훔쳤나요", "어디에서 훔쳤나요", "무엇을 훔쳤나요", "(공범이 있다면) 누구와 함께 훔쳤나요 / 공모하게 된 경위는 어떤가요", "어떤 방법으로 훔쳤나요", "얼마나 훔쳤나요", "왜 훔쳤나요", "피해자와 친족관계가 있나요", "피해자와 합의한 사실이 있나요"

[예시: 식품위생법위반, 일반음식점 미신고영업]

식품위생법 제37조(영업허가 등) 제4항에는 '제36조제1항 각 호에 따른 영업 중 대통령령으로 정하는 영업을 하려는 자는 대통령령으로 정하는 바에 따라 영업 종류별 또는 영업소별로 식품의약품안전처장 또는 특별자치시장·특별자치도지사·시장·군수·구청장에게 신고하여야 한다.', 제97조(벌칙) 제1호에는 '제37조 제4항을 위반한 자는 3년 이하의 징역 또는 3천만원 이하의 벌금에 처한다.'라고 규정하고 있는데, (예를 들어 일반음식점 미신고 사건의 경우에는) 피의자가 벌칙조항 규정대로 신고하지 아니하고 일반음식점 영업을 하였는지를 조사하는 것이다.

"식품위생법 제36조(시설기준) 제1항 각 호에 따른 영업 중 대통령령으로 정하는 영업을 하려는 자는 대통령령으로 정하는 바에 따라 영업 종류별 또는 영업소별로 식품의약품안전처장 또는 특별자치시장·특별자치도지사·시장·군수·구청장에게 신고하여야 하는데, 피의자는 이와 같은 신고를 하지 아니하고 일반음식점 영업을 한 사실이 있나요"라고 묻고 이어서 6하 원칙으로 물어 나가면 되는 것이다. "신고하지 아니하고 영업한 기간은 어떻게 되나요", "어디에서 영업을 한 것인가요", "어떤 방법으로 영업을 한 것인가요", "영업을 한 결과는 어떤가요(소득 등)", "왜 신고하지 아니하고 영업을 하게 되었나요", "현재도 신고하지 아니하고 영업을 하고 있나요"

특별법 행정사범과 관련해서는 '… 허가를 받아야 한다. / … 등록하여야 한다. / … 신고하여야 한다. / … 해서는 아니 된다.' 등 '이래라저래라, 하지 마라'는 규정을 '명령·금지·의무규정'이라고 표현한다. 벌칙조항에는 이 명령·금지·의무조항에 위반한 자를 처벌하도록 규정하고 있다.

[예시: 농수산물의원산지표시에관한법률위반, 원산지 거짓표시]

농수산물의 원산지 표시에 관한 법률 제6조(거짓 표시 등의 금지) 제1항에는 '누구든지 원산지 표시를 거짓으로 하거나 이를 혼동하게 할 우려가 있는 표시를 하는 행위를 하여서는 아니 된다.', 제14조(벌칙) 제1항에는 '제6조 제1항에 위반한 자는 7년 이하의 징역이나 1억 원 이하의 벌금에 처하거나 이를 병과할 수 있다.'라고 규정하고 있는데, 피의자가 벌칙조항 규정대로 농수산물의 원산지 표시를 거짓으로 했는지 조사하는 것이다.

"피의자는 농수산물의 원산지 표시를 거짓으로 한 사실이 있나요", "언제 농수산물의 원산지 표시를 거짓으로 했나요", "어디에서 농수산물의 원산지 표시를 거짓으로 했나요", "어떤 농수산물의 원산지 표시를 거짓으로 했나요",

"어떤 방법으로 원산지 표시를 거짓으로 했나요", "그 결과는 어떠했나요(판매 금액 등)", "왜 원산지 표시를 거짓으로 하게 되었나요", "현재도 원산지 표시를 거짓으로 하고 있나요"

○ 정상관계, 이익진술 관련 질문은 다음과 같이 묻고 기재한다.
  - "피의자가 달리 제출할 유리한 증거나 더 할 말이 있나요"

문 피의자가 달리 제출할 유리한 증거나 더 할 말이 있나요

답 제가 병환이 중한 노모를 모시고 있습니다. 제가 구속되면 노모를 돌볼 사람이 없는데 선처하여 주시기 바랍니다.

---

6. 피의자신문조서 작성 後 과정

가. 피의자 열람, 이의제기 및 의견진술

○ 형사소송법 제244조(피의자신문조서의 작성)

② 제1항의 조서는 피의자에게 열람하게 하거나 읽어 들려주어야 하며, 진술한 대로 기재되지 아니하였거나 사실과 다른 부분의 유무를 물어 피의자가 증감 또는 변경의 청구 등 이의를 제기하거나 의견을 진술한 때에는 이를 조서에 추가로 기재하여야 한다. 이 경우 피의자가 이의를 제기하였던 부분은 읽을 수 있도록 남겨두어야 한다.

– 예시

문	피의자는 조서를 열람하였는데 진술한 대로 기재되지 아니하였거나 그 내용 자체가 사실과 다른 부분이 있나요
답	조서 앞부분에 ~한 질문에 대한 답변으로 ~라고 기재되어 있는데, 그러한 취지가 아니라 ~라는 취지입니다.

○ '조서를 열람하였는데' 취지
  – 진술거부권도 고지하고 제대로 열람 또는 읽어주고 서명 또는 기명날인, 간인한 것, 수사과정확인서도 작성한 것 즉 적법한 절차와 방식에 따라 작성 되었는지 여부는 '형식적 진정성립'이라고 함
○ '진술한 대로 기재되지 아니하였거나' 취지 예시
  – "어제 저녁에 무엇을 하였나요"라는 질문에 "탁구를 쳤다"라고 답변하였고, 조서에 그대로 "탁구를 쳤다"라고 기재 되었으면 OK
  – 그런데 "테니스를 쳤다"라고 기재 되어 있으면 '진술한 대로 기재되지 아니한 것'임 → 증거법상 '실질적 진정성립'이라고 함
○ '사실과 다른 부분의 유무' 취지
  – "탁구를 쳤다"라고 답변하여 조서에는 그대로 "탁구를 쳤다"라고 기재되어 있는데 사실은 "테니스를 쳤다"면 거짓말을 한 것으로 사실과 다른 것임 → '내용 인정' 여부

※ 형사소송법 제312조(검사 또는 사법경찰관의 조서 등)

③ 검사 이외의 수사기관이 작성한 피의자신문조서는 적법한 절차와 방식에 따라 작성된 것으로서 공판준비 또는 공판기일에 그 피의자였던 피고인 또는 변호인이 그 내용을 인정할 때에 한하여 증거로 할 수 있다.

나. 피의자 의견 없을 시 그 취지 자필기재, 간인, 기명날인 또는 서명

○ 형사소송법

제244조(피의자신문조서의 작성)

③ 피의자가 조서에 대하여 이의나 의견이 없음을 진술한 때에는 피의자로 하여금 그 취지를 자필로 기재하게 하고 조서에 간인한 후 기명날인 또는 서명하게 한다. → 서명날인 아님(2007. 6. 1. 개정), 그러나 실무상으로는 서명날인, 서명무인을 하고 있음

– 예시

> **문**   피의자는 조서를 열람하였는데 진술한 대로 기재되지 아니하였거나 그 내용 자체가 사실과 다른 부분이 있나요
>
> **답**   없습니다.
>
> 답변 '없습니다' 부분은 공란으로 출력한 후 피의자가 자필로 기재하도록 함

○ 판례: 조서 말미에 기명만 있고 날인 또는 무인이 없거나 간인이 없는 것은 조서의 증거능력이 없음

> 대법원 1999. 4. 13. 선고 99도237 판결
>
> [국가보안법위반(찬양, 고무 등)][공1999.5.15.(82),964]
>
> 【판시사항】
>
> 서명만이 있고 날인이나 간인이 없는 검사 작성의 피고인에 대한 피의자신문조서의 증거능력 유무(소극)
>
> 【판결요지】
>
> 조서 말미에 피고인의 서명만이 있고, 그 날인(무인 포함)이나 간인이 없는 검사

작성의 피고인에 대한 피의자신문조서는 증거능력이 없다고 할 것이고, 그 날인이나 간인이 없는 것이 피고인이 그 날인이나 간인을 거부하였기 때문이어서 그러한 취지가 조서 말미에 기재되었다거나, 피고인이 법정에서 그 피의자신문조서의 임의성을 인정하였다고 하여 달리 볼 것은 아니다.

　　※ 출처: 대법원 1999. 4. 13. 선고 99도237 판결 [국가보안법위반(찬양, 고무 등)] 〉 종합법률정보 판례

○ 판례: 피의자 서명 없는 전화 문답 수사보고서 증거능력 없음

대법원 1999. 2. 26. 선고 98도2742 판결 [사기] [공1999. 4. 15. (80), 692]

【판시사항】

[1] 형사소송법 제314조 소정의 '특히 신빙할 수 있는 상태하에서 행하여진 때'의 의미

[2] 외국에 거주하는 참고인과의 전화 대화 내용을 문답 형식으로 기재한 검찰주사보 작성의 수사보고서의 증거능력

【판결요지】

[1] 원진술자가 사망·질병·외국거주 기타 사유로 인하여 공판정에 출정하여 진술을 할 수 없을 때에는 그 진술 또는 서류의 작성이 특히 신빙할 수 있는 상태하에서 행하여진 경우에 한하여 형사소송법 제314조에 의하여 예외적으로 원진술자의 진술 없이도 증거능력을 가지는바, 여기서 특히 신빙할 수 있는 상태하에서 행하여진 때라 함은 그 진술내용이나 조서 또는 서류의 작성에 허위개입의 여지가 거의 없고 그 진술내용의 신빙성이나 임의성을 담보할 구체적이고 외부적인 정황이 있는 경우를 가리킨다.

[2] 외국에 거주하는 참고인과의 전화 대화 내용을 문답 형식으로 기재한 검찰주사보 작성의 수사보고서는 전문증거로서 형사소송법 제310조의2에 의하여 제311조 내지 제316조에 규정된 것 이외에는 이를 증거로 삼을 수 없는 것인데, 위 수사보고서는 제311조, 제312조, 제315조, 제316조의 적용대상이 되지 아니함이 분명하므로, 결국 제313조의 진술을 기재한 서류에 해당하여야만 제314조의 적용 여부가 문제될 것인바, 제313조가 적용되기 위하여는 그 진술을 기재한 서류

에 그 진술자의 서명 또는 날인이 있어야 한다.

※ 출처: 대법원 1999. 2. 26. 선고 98도2742 판결 [사기] 〉 종합법률정보 판례

[표] 간인 예시

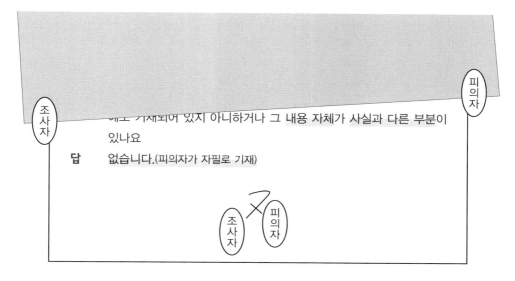

■ 특별사법경찰관리에 대한 검사의 수사지휘 및 특별사법경찰관리의 수사준칙에 관한 규칙 [별지 제21호서식]

위의 조서를 진술인에게	열람하게 하였던 바	진술한 대로 오기나 증감
	읽어준 바	

변경할 것이 전혀 없다고 말하므로 간인한 후 서명날인하게 한다.

	진 술 자	

년   월   일

(기관명)

2) 특별사법경찰관 ㉑

3) 특별사법경찰리 ㉑

210mm×297mm[백상지(80g/㎡)]

■ 특별사법경찰관리에 대한 검사의 수사지휘 및 특별사법경찰관리의 수사준칙에 관한 규칙 [별지 제22호서식]

통역인을 통하여 본인에게	열람하게 하였던 바	진술한 대로 오기나 증감
	읽어준 바	

변경할 것이 전혀 없다고 말하므로, 통역인과 같이 간인한 후 서명날인하게 하다.

	통 역 인	
	진 술 자	

년   월   일

(기관명)

4) 특별사법경찰관   인

5) 특별사법경찰리   인

210mm×297mm[백상지(80g/㎡)]

다. 통역인 관련 규정

○ (경찰청)범죄수사규칙 제40조(통역과 번역의 경우의 조치)

① 경찰관은 수사상 필요에 의하여 통역인을 위촉하여 그 협조를 얻어서 조사하였을 때에는 피의자신문조서나 진술조서에 그 사실과 통역을 통하여 열람하게 하거나 읽어주었다는 사실을 적고 통역인의 기명날인 또는 서명을 받아야 한다.

② 경찰관은 수사상 필요에 의하여 번역인에게 피의자 그 밖의 관계자가 제출한 서면 그 밖의 수사자료인 서면을 번역하게 하였을 때에는 그 번역문을 기재한 서면에 번역한 사실을 적고 번역인의 기명날인을 받아야 한다.

○ (경찰청)범죄수사규칙 제217조(통역인의 참여)

① 경찰관은 외국인인 피의자 및 그 밖의 관계자가 한국어에 능통하지 않는 경우에는 통역인으로 하여금 통역하게 하여 한국어로 피의자신문조서나 진술조서를 작성하여야 하며 특히 필요한 때에는 외국어의 진술서를 작성하게 하거나 외국어의 진술서를 제출하게 하여야 한다.

② 경찰관은 외국인이 구술로써 고소·고발이나 자수를 하려 하는 경우에 한국어에 능통하지 않을 때의 고소·고발 또는 자수인 진술조서는 제1항의 규정에 준하여 작성하여야 한다.

○ 통역인 운영규정(대검찰청예규) 제7조(통역의 공정성·중립성)

① 검사 또는 검찰청 직원은 통역인을 통해 외국인을 조사하는 경우 다음 각 호의 사항을 준수하여야 하고, 통역인으로부터 별지 제3호 '서약서'를 받아 기록에 편철하여야 한다.

    1. 외국인 피의자나 참고인을 신문하는 과정에서 통역인에게 친밀감을 표시하는 등 통역인이 수사기관의 편에 있다는 인상을 줄 수 있는 행위를 삼가야 한다.

    2. 통역인에게 사건이나 피의자에 대한 가치 판단을 요구하는 등 중립성을 저해할 수 있는 행위를 삼가야 한다.

    3. 그 밖에 통역의 공정성 및 중립성을 담보할 수 있도록 최선을 다하여야 한다.

③ 통역인은 별지 제3호 '서약서'에 서명 또는 날인하고, 조사를 받는 외국인에게 그 취지를 설명하여야 한다.

서식 ▶ 통역인 서약서

[별지 제3호]

서약서

본인은 다음의 사항을 서약합니다.

○ 통역인으로서 중립을 유지하고, 양심에 따라 성실히 통역하겠습니다.

○ 통역인으로서 통역의 공정성을 의심받을 행동을 하지 않겠습니다.

○ 통역인으로서 통역 과정에서 알게 된 수사사항 등 비밀을 타인에게 누설하거나 직무 외의 목적으로 사용하지 않겠습니다.

통역인   ㊞

라. 수사과정확인서

○ 형사소송법 제244조의4(수사과정의 기록)

① 검사 또는 사법경찰관은 피의자가 조사장소에 도착한 시각, 조사를 시작하고 마친 시각, 그 밖에 조사과정의 진행경과를 확인하기 위하여 필요한 사항을 피의자신문조서에 기록하거나 별도의 서면에 기록한 후 수사기록에 편철하여야 한다.

② 제244조 제2항 및 제3항은 제1항의 조서 또는 서면에 관하여 준용한다.

제244조(피의자신문조서의 작성)

② 제1항의 조서는 피의자에게 열람하게 하거나 읽어 들려주어야 하며, 진술한 대로 기재되지 아니하였거나 사실과 다른 부분의 유무를 물어 피의자가 증감 또는 변경의 청구 등 이의를 제기하거나 의견을 진술한 때에는 이를 조서에 추가로 기재하여야 한다. 이 경우 피의자가 이의를 제기하였던 부분은 읽을 수 있도록 남겨두어야 한다. 〈개정 2007.6.1.〉

③ 피의자가 조서에 대하여 이의나 의견이 없음을 진술한 때에는 피의자로 하여금 그 취지를 자필로 기재하게 하고 조서에 간인한 후 기명날인 또는 서명하게 한다. 〈개정 2007.6.1〉

(조사과정 자체에 대한 이의제기, 의견진술과 자필 기재)

③ 제1항 및 제2항은 피의자가 아닌 자를 조사하는 경우에 준용한다.

○ 특별사법경찰수사규칙 제43조(수사과정의 기록)

① 특별사법경찰관은 법 제244조의4에 따라 조사(신문, 면담 등 명칭을 불문한다. 이하 이 조에서 같다) 과정의 진행경과를 다음 각 호의 구분에 따른 방법으로 기록해야 한다.

    1. 조서를 작성하는 경우: 조서에 기록(별지 제15호서식의 수사 과정 확인서에 기록한 후 조서의 끝부분에 편철하는 것을 포함한다)

    2. 조서를 작성하지 않는 경우: 별지 제16호서식의 수사 과정 확인서에 기록한 후 수사기록에 편철

② 제1항에 따라 조사과정의 진행경과를 기록할 때에는 다음 각 호의 구분에 따

른 사항을 구체적으로 적어야 한다.

   1. 조서를 작성하는 경우에는 다음 각 목의 사항

     가. 조사대상자가 조사장소에 도착한 시각

     나. 조사의 시작 및 종료 시각

     다. 조사대상자가 조사장소에 도착한 시각과 조사를 시작한 시각에 상당한 시간적 차이가 있는 경우에는 그 이유

     라. 조사가 중단되었다가 재개된 경우에는 그 이유와 중단 시각 및 재개 시각

   2. 조서를 작성하지 않는 경우에는 다음 각 목의 사항

     가. 조사대상자가 조사장소에 도착한 시각

     나. 조사대상자가 조사장소를 떠난 시각

     다. 조서를 작성하지 않는 이유

     라. 조사 외에 실시한 활동

     마. 변호인 참여 여부

* 수사과정 확인서는 피의자신문조서, 참고인진술조서, 피의자·참고인 진술서 등 모든 조서 및 진술서 작성 시 적용되는 것임

○ 수사과정확인서의 역할

  − 인권침해 방지 내지는 조서 작성의 임의성 여부를 결정하는 데 중요한 역할을 한다.

  − 조서 분량은 적은데 조사 시간이 긴 경우 자백 강요 등 의심을 받을 수 있고, 조사 시간에 비교하여 조서 분량이 너무 많을 경우에는 조서 조작, 즉 임의성을 의심받을 수 있다.

  − 조사 장소 도착 시각과 조사 시작 시각이 많이 차이가 날 경우에도 그 사이에 피의자의 인권을 침해한 것은 아닌지 의심받을 수 있다.

■ 특별사법경찰관리에 대한 검사의 수사지휘 및 특별사법경찰관리의 수사준칙에 관한 규칙 [별지 제15호서식]

수사 과정 확인서(조서를 작성하는 경우)

구분	내용
1. 조사 장소에 도착한 시각	
2. 조사 시작 시각 및 종료 시각	□ 시작 시각: □ 종료 시각:
3. 조사 대상자가 조사장소에 도착한 시각과 조사를 시작한 시각에 상당한 시간적 차이가 있는 경우 그 이유	
4. 조사가 중단되었다가 재개된 경우에는 그 이유와 중단 시각 및 재개 시각	□ 중단 시각: □ 재개 시각: □ 이유:
5. 조서 열람 시작 시각 및 종료시각	□ 시작시각: □ 종료시각:
6. 조사과정 기재사항에 대한 이의제기나 의견 진술 여부 및 그 내용	피의자 등 조사대상자가 자필로 기재
	. . .

특별사법경찰관   는(은)   를(을) 조사한 후, 위와 같은 사항에 대해
로(으로)부터 확인받음

확 인 자 :   ㉑
특별사법경찰관 :   ㉑

210mm×297mm[백상지(80g/㎡)]

■ 특별사법경찰관리에 대한 검사의 수사지휘 및 특별사법경찰관리의 수사준칙에 관한 규칙 [별지 제16호서식]

수사 과정 확인서(조서를 작성하지 않는 경우)

구 분		내 용
관련사건	피의자	
	사건번호	
	죄명	
피조사자 · 피면담자	성명(생년월일)	
	사건과의 관계	
	연락처	
수사경과	조사장소 도착 시각	
	조사장소 떠난 시각	
	조서 미작성 이유	
	조사 외 실시 활동	
	변호인 참여 여부	

2. 특별사법경찰관은 위 피조사(면담)자를 조사한 후, 위와 같은 사항에 대해 피조사(면담)자
로부터 확인받음.

년   월   일

확인자   ㉙
특별사법경찰관   ㉙

210mm×297mm[백상지(80g/㎡)]

7. 제2회, 제3회, 피의자신문조서

서식 피의자신문조서(제○○회)

■ 특별사법경찰관리에 대한 검사의 수사지휘 및 특별사법경찰관리의 수사준칙에 관한 규칙 [별지 제18호서식]

피의자신문조서(제   회)

피의자

위의 사람에 대한   피의사건에 관하여   .   .   .   에서 특별사법경찰관
          는(은) 특별사법경찰리   를(을) 참여하게 한 후, 피의자에 대하여 다시 아
래의 권리들이 있음을 알려주고 이를 행사할 것인지 그 의사를 확인한다.

> 1. 귀하는 일체의 진술을 하지 아니하거나 개개의 질문에 대하여 진술을 하지 아니
>   할 수 있습니다.
> 2. 귀하가 진술을 하지 아니하더라도 불이익을 받지 아니합니다.
> 3. 귀하가 진술을 거부할 권리를 포기하고 행한 진술은 법정에서 유죄의 증거로 사
>   용될 수 있습니다.
> 4. 귀하가 신문을 받을 때에는 변호인을 참여하게 하는 등 변호인의 조력을 받을 수
>   있습니다.

문   피의자는 위와 같은 권리들이 있다는 것에 대하여 고지를 받았는가요?
답
문   피의자는 진술거부권을 행사할 것인가요?
답
문   피의자는 변호인의 조력을 받을 권리를 행사할 것인가요?
답

이에 특별사법경찰관은 피의사실에 관하여 다음과 같이 피의자를 신문하다.

210mm×297mm[백상지(80g/㎡)]

○ 예시(2회 피의자신문조서 시작)

문 진술인이 피의자 △△△이며, 전회 모두 사실대로 진술하였나요

답 예, 제가 △△△이며 지난번에 모두 사실대로 진술하였습니다.

이하 피의자를 부른 이유에 대해 문답한다.

문 피의자는 전회에 ~~라 하였는데, 그 진술이 사실인가요

답 ~~

문 달리 확인한 바에 의하면 ~~

답 ~~

문 피의자가 달리 제출할 유리한 증거나 더 할 말이 있나요

답

문 피의자는 조서를 열람하였는데, 진술한 대로 기재되어 있지 않거나 그 내용 자체가 사실과 다른 부분이 있나요

답 없습니다.(피의자 자필로 기재)

＋ 말미 서식에 기명날인 또는 서명 ＋ 수사과정확인서

8. 피의자신문조서 작성 기본틀

가. 인정신문
'갑' 서식대로 기재

나. 진술거부권 고지
'을' 서식에 기재

다. 범죄사실 외 일반사항 신문
○ 피의자는 형사처벌이나 기소유예 처벌을 받은 사실이 있나요
○ 피의자의 학력은 어떤가요
○ 피의자의 경력은 어떤가요
○ 피의자의 병역관계는 어떤가요
○ 피의자는 국가로부터 상훈, 포장, 기장, 연금을 받은 사실이 있나요
○ 피의자는 어떤 종교를 믿고 있나요(일반경찰은 조사함)
○ 피의자의 가족관계는 어떤가요
○ 피의자의 재산상황 및 월수입은 어떤가요
○ 피의자의 건강상태는 어떤가요
* '정당이나 사회단체에 가입한 사실이 있나요'라는 내용을 물어보는 것은 특별사법경
  찰수사규칙에는 규정되어 있지 않음
* 기타 물어보지 않아도 되는 사항
  - 피의자의 주량은 얼마나 되나요(음주로 인해 발생한 사건이 아니면 물어볼 필요
    없음)
  - 담배를 피우나요
  - 취미와 특기는 무엇인가요
  - 혈액형은 무엇인가요
  - 믿고 있는 종교, 마약을 복용한 사실이 있나요(이 항목은 물어보더라도 범죄통
    계원표 작성에만 참고하고, 피의자신문조서에는 기재하지 않음)

라. 범죄사실 관련

○ 고소사건 피의자신문

– 피의자는 고소인 ○○○을 알고 있나요

(고소사건은 '피의자는 고소인 ○○○을 알고 있나요' 질문으로 시작 / 만일에 고소사건이 피의자의 직업과 관련이 있을 때에는 "피의자는 어떤 일을 하고 있나요"라고 먼저 물어본 다음에 "피의자는 고소인 ○○○을 알고 있나요"로 이어감)

– 피의자는 고소인으로부터 돈을 받은 사실이 있나요

○ 인지사건 / 직업과 관련된 범죄(명령조항, 금지조항 위반 사건)

– 피의자는 어떤 일을 하고 있나요

– 사업장 시설 규모, 종업원 수, 매출 현황, 이익금은 어떻게 되나요

– 피의자는 위와 같이 영업을 하며 ~한 위반행위를 한 사실이 있나요

○ 인지사건 / 직업과 관련 없는 범죄

– 피의자는 ~한 행위를 한 사실이 있나요

○ 행정조사원, 감시원 등 고발사건

– 피의자는 어떤 일을 하고 있나요

– 사업장 시설 규모, 매출 현황, 이익금은 어떻게 되나요

– 의자는 위와 같이 영업을 하며 ~한 위반행위를 하여 적발당한 사실이 있나요

○ 이하 직업 관련이든 아니든 공통, 이하 6하 원칙에 의해 문답

– 언제(부터), 어디서, 어떠한 위반행위를, 누구와 함께, 어떤 방법으로 했는지, 왜 그랬는지, 현재는 어떻게 하고 있는지 등

– 그와 같이 조사하면서 범죄성립요건(구성요건해당성, 위법성조각사유, 책임조각사유), 미수범, 공범, 경합범, 즉시범, 계속범, 포괄일죄 여부도 함께 조사

마. 정상관계, 이익진술

○ 유리한 진술 및 정황

– 피의자가 달리 제출할 유리한 증거나 더 할 말이 있나요

바. 열람, 이의제기, 의견진술

○ 이의제기 및 의견진술

　　– 피의자는 조서를 열람하였는데 피의자가 진술한 대로 기재되지 아니하였거나 사실과 다른 부분이 있나요(이 부분은 미리 기재하고 '답'란은 공란으로 놓아두고 출력하여 피의자에게 읽어보게 한 후 이의 없으면 '답'란에 피의자 자필로 '없습니다'로 기재하도록 함)

사. 기명날인 또는 서명, 간인

아. 수사과정확인서도 피의자신문조서에 편철, 간인

9. 피의자신문조서 작성 시나리오 예시

출석요구를 받은 피의자 김갑을이 사무실 문을 열고 들어온다.

수사관은 자리에서 일어나 환한 미소로 친한 친구를 30년 만에 만나듯 엄청 반갑게 맞이한다.

수사관　김갑을 씨인가요?

피의자　예, 김갑을입니다.

수사관　어서 오세요! 제가 김갑을 씨를 오시라고 출석요구서를 보냈던 박병정 수사관입니다. 반갑습니다.

이때 수사관과 피의자가 동성(同姓)이라면 악수를 청하기도 한다.

피의자　(이에 응한다.)

수사관　이쪽으로 앉으시기 바랍니다.

의자를 가리키며 앉을 것을 권한다.

　　　　　　오시느라고 수고 많으셨습니다. 먼저 신분증 확인을 하겠습니다. 신분증 좀 보여 주시기 바랍니다.

　　　　　　신분증은 사본하고 돌려 드리겠습니다.

신분증을 받아 사본 후 돌려준다.

수사관　차 한잔하실까요? 생수, 오렌지 주스가 있는데 어떤 걸로 드릴까요?

피의자　괜찮습니다.

수사관　그래도 오시느라 고생하셨는데 시원한 생수 한 잔 드리겠습니다.

피의자가 사양해도 생수 등 음료를 컵에 따라 건네준다. 「설득의 6법칙」 중 '상호성의 원칙'을 상기한다.

피의자　감사합니다.

수사관　오늘 날씨가 화창해서 다행이네요. 오시는 데 어려움은 없으셨나요?

피의자　…

수사관　지금 살고 계시는 데가 ~이지요? 그쪽에 벚꽃이 많이 피기로 유명하던데 올해는 어땠나요?

날씨, 건강, 운동 등 누구나 해당되는 공통주제로 가벼운 대화를 이어 나가며 3분 내지 5분 정도 라포형성을 한다.

> **수사관** 요즘 사업은 어떠신가요? 많이 힘드시지요? 나아지셔야 할 텐데 걱정입니다.

'힘드시지요?'라는 위로는 피의자가 수사관을 믿을 수 있게 하는 중요한 말이다.

(잠시 숨을 고르고)

> **수사관** 마음이 진정되었나요? 이제 조사에 들어가도 될까요?
> 오늘 오시라고 한 이유는 출석요구서에도 기재되어 있듯이 위험물 제조소를 허가 없이 설치한 사안과 관련해서 조사하려고 하는 것입니다.
>
> **피의자** 예, 알겠습니다.
>
> **수사관** 호칭은 어떻게 할까요? '김갑을 씨'라고 해도 될까요?
>
> **피의자** 예, 좋습니다.
>
> **수사관** 먼저 조사에 함께 참여할 이경신 수사관을 소개합니다.

이때 참여 수사관도 간단한 인사를 나눈다.

이어서 조사에 들어간다. 수사과정 확인서를 출력하여 조사장소, 도착시간 등을 기재해 나간다.

> **수사관** 오늘 이 사무실에 몇 시에 도착하셨지요? 오전 10시에 도착하신 게 맞지요? 조사 시작시간은 10시 10분입니다. 그렇지요?

피의자신문조서 갑지서식에 따라 피의자의 성명, 주민등록번호, 직업, 주거, 등록기준지 등을 물어보고 서식에 기재한다.

> **수사관** 피의자의 성명은 어떤가요/주민등록번호는 어떻게 되나요...

그리고 진술거부권, 변호인조력권 등 권리를 고지하고 피의자로부터 답변란에 자필로 "예", "아니요", "아니요" 등 답변 내용을 기재하도록 한다.

> **수사관** 조사에 들어가기에 앞서 이번 사건에 대해 하시고 싶은 말씀이 있나요?
>
> **피의자** 제가 말이에요...

피의자가 하고 싶어 하는 이야기를 먼저 들어 보면 자백을 하는지, 부인을 하는지, 아니면 어떤 변명을 하는지 등 조사 방향을 가늠할 수 있고, 피의자의 이야기를 먼저 들어 줌으로써 조사를 좀 더 원활하게 진행할 수 있을 것이다. 먼저 들어 주지 않으면 피의자는 조사자의 질문과는 관계 없이 자신이 하고 싶은 말을 먼저 하려고 해 충돌이 발생할 수도 있을 것이다.

수사관　　대화 내용 메모 좀 하겠습니다.

이후 조사자는 피의자와 사건과 관련된 대화를 하며 문답을 하면서 바로 피의자신문조서 서식에 기록하기보다는 우선 메모하고 어느 정도 조사가 이루어진 후 메모한 것을 바탕으로 조서를 작성하는 게 적절할 것이다.

그리고 조사 순서도 구성요건(처벌조항 문구)에 해당하는지 물어보고 6하 원칙으로 풀어 나간다고 해서 반드시 '언제, 어디서, 누가, 무엇을, 어떻게, 왜' 순서대로 물어 볼 것은 아니고 상황에 맞게 순서와 관계 없이 조사한 다음에, 피의자신문조서 작성 시에는 순서대로 정리, 기재하면 된다.

기록하면서 보완할 점은 다시 물어본다.

수사관　　... 그 장소가 구체적으로 어디라고 했지요?

피의자　　...

그러면서 조서를 정리하면서 전과 사실, 학력, 경력 등도 물어본다.

수사관　　지금까지 대화한 내용을 조서에 기록 좀 하겠습니다.

수사관　　형사처벌과 기소유예 처분을 받은 사실이 있나요

수사관　　학력은 어떤가요

...

조사를 마쳤으면 피의자에게도 정상을 참작할 만한 사유와 증거가 있는지 물어본다.

수사관　　피의자가 달리 제출할 유리한 증거나 더 할 말이 있나요

피의자　　다시는 이런 일이 없도록 할 테니 선처하여 주시기 바랍니다.

조사를 마치면 조서를 출력하여 피의자에게 읽어 보도록 하고 피의자가 진술한 대로 기재되어 있는지 그 진술 내용 자체는 사실인지 물어본다.

수사관　　피의자는 조서를 열람하였는데 피의자가 진술한 대로 기재되어 있지 아 니 하거나 그 진술 내용 자체가 사실과 다른 부분이 있나요

피의자　　없습니다.

답변 부분은 공란으로 두고 출력하였다가 피의자가 자필로 기재하도록 한다.

이후 말미조서에 피의자가 서명 날인 또는 무인하고, 간인하도록 하고 조사를 마친다.

그리고 수사과정 확인서 나머지 부분도 기재하고, 피의자로부터 확인 서명 날인 또는 무인을 받는다. 수사과정확인서 6번 '조사과정 기재사항에 대한 이의제기나 의견진술 여부 및 그 내용'은 피의자가 자필로 '없음' 등으로 기재하도록 한다.

조사를 마치면 수사자료표 작성을 위해 피의자의 동의를 받고 지문을 채취한다.

피의자를 돌려보낼 때에는 그냥 보내지 말고 차를 한잔 더 권하며 "조사받느라 수고 많았습니다. 필요하면 다시 또 부를 수도 있을 것입니다. 앞으로 이 사건은 검찰로 송치되어 검찰이나 법원으로부터 벌금을 내라든지 재판을 받으러 나오라는 등 연락이 올 것입니다."는 사실을 알려 주고, "앞으로는 법을 위반하지 마시고 사업 잘 되시길 바랍니다."는 등 덕담으로 마무리한다.

(다툼이 있었을 경우) 피의자를 돌려보낼 때는 그냥 보내지 말고 차를 한잔 더 권하며 "조사받느라 수고 많으셨습니다.", "조사 도중에 서로 의견이 달라 언성도 높이고 얼굴을 붉히기도 했는데 김갑을 씨도 아시겠지만 조사자가 개인적인 감정에서 그런 것은 아니고 실체적 진실을 확인하기 위한 과정에서 서로 의견 차이로 그런 것이니 이해하시기 바랍니다."라는 말로 악화된 감정을 풀어 주는 게 적절할 것이다.

이어서 마무리로 "필요하면 다시 또 부를 수도 있을 것입니다. 앞으로 사건은 검찰로 송치할 것이고, 검찰이나 법원으로부터 벌금을 내라든지 재판을 받으러 나오라는 등 연락이 올 것입니다."는 사실을 알려 주고, "앞으로는 법을 위반하지 말고 사업 잘 되시길 바란다."는 등 덕담으로 마무리한다.

10. 피의자 신문 방법

가. 수사관의 자세

○ 인권존중, 비밀엄수, 명예보호

   - 형사소송법 제198조(준수사항)

   ② 검사·사법경찰관리와 그 밖에 직무상 수사에 관계있는 자는 피의자 또는 다른 사람의 인권을 존중하고 수사과정에서 취득한 비밀을 엄수하며 수사에 방해되는 일이 없도록 하여야 한다.

   - 특별사법경찰수사규칙 제5조(수사사건의 공개금지 등)

   ① 특별사법경찰관리는 범죄를 수사할 때에는 기밀을 엄수해야 하며, 수사의 모든 과정에서 피의자와 사건관계인의 사생활의 비밀을 보호하고 그들의 명예나 신용이 훼손되지 않도록 노력해야 한다.

   ② 특별사법경찰관리는 수사 관련 사항, 피의자와 사건관계인의 개인정보, 그 밖에 직무상 알게 된 사실을 누설(구체적 사건의 수사와 관련하여 수사권한이나 수사지휘 권한이 없는 상급자에게 누설하는 것을 포함)해서는 안 된다.

   - 인권보호수사규칙(법무부령) 제4조(차별의 금지)

   합리적 이유 없이 피의자 등 사건관계인의 성별, 종교, 나이, 장애, 사회적 신분, 출신지역, 인종, 국적, 외모 등 신체조건, 병력(病歷), 혼인 여부, 정치적 의견 및 성적(性的) 지향 등을 이유로 차별하여서는 아니 된다.

○ 공정한 수사 / 수사회피

   - 인권보호수사규칙 제5조(공정한 수사)

   ① 검사는 객관적인 입장에서 공정하게 예단이나 편견 없이 중립적으로 수사해야 하고, 주어진 권한을 자의적으로 행사하거나 남용해서는 안 된다. → 특별사법경찰 준용

   - 특별사법경찰수사규칙 제8조(회피)

   특별사법경찰관리는 피의자나 사건관계인과 친족관계 또는 이에 준하는 관계가 있거나 그 밖에 수사의 공정성을 의심받을 염려가 있는 사건에 대해서는 소속기관의 장의 허가를 받아 그 수사를 회피해야 한다.

나. 피의자신문 시 유의사항

○ 일반론

- 인권보호수사규칙 제42조(피의자의 조사)

  피의자를 조사하는 경우에는 다음 각 호의 사항을 지켜야 한다.

  1. 피의자가 출석한 경우 지체 없이 조사하고, 부득이한 사유로 조사의 시작이 늦어지거나 조사를 하지 못하는 경우에는 피의자에게 그 사유를 설명해야 한다.

  2. 조사 중 폭언, 강압적이거나 모멸감을 주는 언행, 정당한 사유 없이 피의자의 다른 사건이나 가족 등 주변 인물에 대한 형사처벌을 암시하는 내용의 발언 또는 공정성을 의심받을 수 있는 언행을 해서는 안 된다.

  3. 피의자에게 피의사실에 대하여 해명할 기회를 충분히 주고, 피의자가 제출하는 자료를 정당한 사유 없이 거부해서는 안 된다.

  4. 분쟁을 종국적으로 해결하고 피의자 등 사건관계인 모두의 권익에 도움이 되는 경우에는 형사조정을 권유할 수 있다.

  5. 검사는 피의자가 출석했으나 조서를 작성하지 않은 경우라도 피의자가 조사 장소에 도착하고 떠난 시각, 그사이 조사 장소에서 있었던 상황 등을 별도의 서면에 기재하여 수사기록에 편철해야 한다.

  6. 피의자가 기억을 환기하기 위해 수기로 메모하는 것을 허용해야 한다. 다만, 조사과정에서 현출(現出)된 타인의 진술 등 공범의 도피, 증거인멸, 수사기밀 누설 등의 우려가 있거나 제3자의 사생활의 비밀과 평온 또는 생명·신체의 안전 등을 침해할 우려가 있는 내용은 제외한다.

- 인권보호수사규칙 제47조(휴식시간 부여 등) → 특별사법경찰 준용

  ① 검사는 조사에 장시간이 소요되는 경우에는 특별한 사정이 없는 한 조사 도중에 최소한 2시간마다 10분 이상의 휴식시간을 주어야 한다.

  ② 피의자가 조사 도중에 휴식시간을 요청하는 때에는 그때까지 조사에 소요된 시간, 피의자의 건강상태 등을 고려하여 적정하다고 판단될 경우 이를 허락하여야 한다.

  ③ 검사는 조사 중인 피의자의 건강상태에 이상이 발견된 때에는 의사의 진

료를 받게 하거나 휴식을 취하게 하는 등 필요한 조치를 해야 한다.

④ 제1항부터 제3항까지의 규정은 피내사자, 피해자, 참고인 등 다른 사건관계인을 조사하는 경우에 준용한다.

– 수사관이 피의자의 전신을 볼 수 있도록(태도 관찰) 피의자를 책상 앞이 아닌 옆쪽으로 앉도록 함

– 책상 위에 기록물을 쌓아 놓아 수사관이 해당 사건에 대해 많이 알고 있다는 것을 암시해 줄 필요가 있음

– 특별사법경찰수사규칙 제42조(자료·의견의 제출기회 보장)

① 특별사법경찰관은 피의자 또는 사건관계인을 조사하기에 앞서 조사 대상자에게 조사의 경위 및 이유를 설명해야 하고, 유리한 자료를 제출할 기회를 주거나, 조사 대상자로부터 피의사실에 대한 의견 및 조사 요구 사항 등을 들을 수 있다.

② 특별사법경찰관은 조사과정에서 피의자, 사건관계인 또는 그 변호인이 사실관계 등의 확인을 위해 자료를 제출하는 경우 그 자료를 수사기록에 편철한다.

③ 특별사법경찰관은 조사를 종결하기 전에 피의자, 사건관계인 또는 그 변호인에게 자료 또는 의견을 제출할 의사가 있는지를 확인하고, 자료 또는 의견을 제출받은 경우에는 해당 자료 및 의견을 수사기록에 편철한다.

– 특별사법경찰수사규칙 제38조(심야조사 제한)

① 특별사법경찰관은 조사, 신문, 면담 등 그 명칭을 불문하고 피의자나 사건관계인에 대해 오후 9시부터 오전 6시까지 사이에 조사(이하"심야조사"라 한다)를 해서는 안 된다. 다만, 이미 작성된 조서의 열람을 위한 절차는 자정 이전까지 진행할 수 있다.

② 제1항에도 불구하고 다음 각 호의 어느 하나에 해당하는 경우에는 심야조사를 할 수 있다. 이 경우 심야조사의 사유를 조서에 명확하게 적어야 한다.

　　1. 피의자를 체포한 후 48시간 이내에 구속영장의 청구 또는 신청 여부를 판단하기 위해 불가피한 경우

　　2. 공소시효가 임박한 경우

3. 피의자나 사건관계인이 출국, 입원, 원거리 거주, 직업상 사유 등 재출석이 곤란한 구체적인 사유를 들어 심야조사를 요청한 경우(변호인이 심야조사에 동의하지 않는다는 의사를 명시한 경우는 제외한다)로서 해당 요청에 상당한 이유가 있다고 인정되는 경우

- 특별사법경찰수사규칙 제39조(장시간 조사 제한)

① 특별사법경찰관은 조사, 신문, 면담 등 그 명칭을 불문하고 피의자나 사건관계인을 조사하는 경우에는 대기시간, 휴식시간, 식사시간 등 모든 시간을 합산한 조사시간(이하 "총조사시간"이라 한다)이 12시간을 초과하지 않도록 해야 한다. 다만, 다음 각 호의 어느 하나에 해당하는 경우에는 예외로 한다.

1. 피의자나 사건관계인의 서면 요청에 따라 조서를 열람하는 경우

2. 제38조제2항 각 호의 어느 하나에 해당하는 경우

② 특별사법경찰관은 특별한 사정이 없으면 총조사시간 중 식사시간, 휴식시간 및 조서의 열람시간 등을 제외한 실제 조사시간이 8시간을 초과하지 않도록 해야 한다.

③ 특별사법경찰관은 피의자나 사건관계인에 대한 조사를 마친 때부터 8시간이 지나기 전에는 다시 조사할 수 없다. 다만, 제1항제2호에 해당하는 경우에는 예외로 한다.

- 특별사법경찰수사규칙 제40조(휴식시간 부여)

① 특별사법경찰관은 조사에 상당한 시간이 소요되는 경우에는 특별한 사정이 없으면 피의자 또는 사건관계인에게 조사 도중에 최소한 2시간마다 10분 이상의 휴식시간을 주어야 한다.

② 특별사법경찰관은 조사 도중 피의자, 사건관계인 또는 그 변호인으로부터 휴식시간의 부여를 요청받았을 때에는 그때까지 조사에 소요된 시간, 피의자 또는 사건관계인의 건강상태 등을 고려해 적정하다고 판단될 경우 휴식시간을 주어야 한다.

③ 특별사법경찰관은 조사 중인 피의자 또는 사건관계인의 건강상태에 이상 징후가 발견되면 의사의 진료를 받게 하거나 휴식하게 하는 등 필요한 조치를 해야 한다.

○ 임의성 확보 / 자백 시 유의사항

  – 헌법 제12조

    ⑦ 피고인의 자백이 고문·폭행·협박·구속의 부당한 장기화 또는 기망 기타의 방법에 의하여 자의로 진술된 것이 아니라고 인정될 때 또는 정식재판에 있어서 피고인의 자백이 그에게 불리한 유일한 증거일 때에는 이를 유죄의 증거로 삼거나 이를 이유로 처벌할 수 없다.

  – 형사소송법 제309조(강제 등 자백의 증거능력)

    피고인의 자백이 고문, 폭행, 협박, 신체구속의 부당한 장기화 또는 기망, 기타의 방법으로 임의로 진술한 것이 아니라고 의심할 만한 이유가 있는 때에는 이를 유죄의 증거로 하지 못한다.

  – 형사소송법 제310조(불이익한 자백의 증거능력)

    피고인의 자백이 그 피고인에게 불이익한 유일의 증거인 때에는 이를 유죄의 증거로 하지 못한다.

  – 인권보호수사규칙 제3조(가혹행위 등의 금지)

    ① 어떠한 경우에도 피의자 등 사건관계인에게 고문 등 가혹행위를 하여서는 아니 된다.

    ② 검사는 가혹행위로 인하여 임의성을 인정하기 어려운 자백을 증거로 사용하여서는 아니 된다. 진술거부권을 고지받지 못하거나 변호인과 접견·교통이 제한된 상태에서 한 자백도 이와 같다.

  – (경찰청) 범죄수사규칙 제63조(임의성의 확보)

    ① 경찰관은 조사를 할 때에는 고문, 폭행, 협박, 신체구속의 부당한 장기화 그 밖에 진술의 임의성에 관하여 의심받을 만한 방법을 취하여서는 아니 된다.

    ② 경찰관은 조사를 할 때에는 희망하는 진술을 상대자에게 시사하는 등의 방법으로 진술을 유도하거나 진술의 대가로 이익을 제공할 것을 약속하거나 그 밖에 진술의 진실성을 잃게 할 염려가 있는 방법을 취하여서는 아니 된다.

○ 판례: 임의성 / 자백 관련

대법원 198. 6. 25. 선고 85도691 판결 [뇌물수수][공1985.8.15.(758),1088]

【판시사항】

공동피고인의 자백의 증거능력

【판결요지】

공동피고인의 자백은 이에 대한 피고인의 반대신문권이 보장되어 있어 증인으로 신문한 경우와 다를 바 없으므로 독립한 증거능력이 있다.

※ 출처: 대법원 1985. 6. 25. 선고 85도691 판결 [뇌물수수] 〉 종합법률정보 판례

대법원 1997. 6. 27. 선고 95도1964 판결

[특정경제범죄가중처벌등에관한법률위반(수재등)·금융실명거래및비밀보장에관한긴급재정경제명령위반·사문서위조·위조사문서행사][집45(2)형,814;공1997.8.1.(39),2221]

【판시사항】

[2] 잠을 재우지 아니한 상태에서 이루어진 자백에 대하여 임의성이 없다고 본 사례

【판결요지】

[2] 피고인의 검찰에서의 자백은 피고인이 검찰에 연행된 때로부터 약 30시간 동안 잠을 재우지 아니한 채 검사 2명이 교대로 신문을 하면서 회유한 끝에 받아낸 것으로 임의로 진술한 것이 아니라고 의심할 만한 이유가 있는 때에 해당한다고 보아, 형사소송법 제309조의 규정에 의하여 그 피의자신문조서는 증거능력이 없다고 본 사례.

※ 출처: 대법원 1997. 6. 27. 선고 95도1964 판결 [특정경제범죄가중처벌등에관한법률위반(수재등)·금융실명거래및비밀보장에관한긴급재정경제명령위반·사문서위조·위조사문서행사] 〉 종합법률정보 판례

대법원 1985. 12. 10. 선고 85도2182, 85감도313 판결

[특정범죄가중처벌등에관한법률위반·보호감호][공1986.2.1.(769),282]

【판시사항】

자백이 기망에 의한 것이어서 증거능력이 없다고 판단한 사례

【판결요지】

피고인의 자백이 심문에 참여한 검찰주사가 피의사실을 자백하면 피의사실 부분은 가볍게 처리하고 보호감호의 청구를 하지 않겠다는 각서를 작성하여 주면서 자백을 유도한 것에 기인한 것이라면 위 자백은 기망에 의하여 임의로 진술한 것이 아니라고 의심할 만한 이유가 있는 때에 해당하여 형사소송법 제309조 및 제312조 제1항의 규정에 따라 증거로 할 수 없다.

※ 출처: 대법원 1985. 12. 10. 선고 85도2182, 85감도313 판결
[특정범죄가중처벌등에관한법률위반·보호감호] 〉 종합법률정보 판례

대법원 2010. 7. 22. 선고 2009도1151 판결 [상해치사][공2010하,1689]

【판시사항】

[1] 자백의 신빙성 유무에 관한 판단 기준

[2] 형사재판에서 공소사실에 대한 증명책임의 소재(=검사) 및 유죄를 인정하기 위한 증거의 증명력

[3] 여러 정황에 비추어 피고인들의 검찰에서의 각 자백진술은 그 신빙성이 의심스럽다고 하면서 피고인들에 대한 상해치사의 공소사실에 대하여 무죄를 선고한 원심판단을 수긍한 사례

【판결요지】

[1] 검찰에서의 피고인의 자백이 법정진술과 다르다거나 피고인에게 지나치게 불리한 내용이라는 사유만으로는 그 자백의 신빙성이 의심스럽다고 할 수는 없는 것이고, 자백의 신빙성 유무를 판단할 때에는 자백의 진술 내용 자체가 객관적으로 합리성을 띠고 있는지, 자백의 동기나 이유가 무엇이며, 자백에 이르게 된 경위는 어떠한지 그리고 자백 이외의 정황증거 중 자백과 저촉되거나 모순되는 것이 없는지 하는 점 등을 고려하여 피고인의 자백에 형사소송법 제309조에 정한 사유 또는 자백의 동기나 과정에 합리적인 의심을 갖게 할 상황이 있었는지

를 판단하여야 한다.

[2] 형사재판에서 공소가 제기된 범죄사실에 대한 증명책임은 검사에게 있고, 유죄의 인정은 법관으로 하여금 합리적인 의심을 할 여지가 없을 정도로 공소사실이 진실한 것이라는 확신을 가지게 하는 증명력을 가진 증거에 의하여야 하므로, 그와 같은 증거가 없다면 설령 피고인에게 유죄의 의심이 간다 하더라도 피고인의 이익으로 판단할 수밖에 없다.

[3] 피고인들이 제1심 공판 이후 일관되게 범행을 부인하고 있고, 수사과정에서 다른 피고인들이 이미 범행을 자백한 것으로 오인하거나, 검사가 선처받을 수도 있다고 말하여 자백한 것으로 보이는 점 등 여러 정황에 비추어 피고인들의 검찰에서의 각 자백진술은 그 신빙성이 의심스럽다고 하면서 피고인들에 대한 상해치사의 공소사실에 대하여 무죄를 선고한 원심판단을 수긍한 사례

※ 출처: 대법원 2010. 7. 22. 선고 2009도1151 판결 [상해치사] 〉 종합법률정보 판례

대법원 2011. 10. 27. 선고 2009도1603 판결 [강간치사·살인][공2011하,2470]

【판시사항】

[1] 재심이 개시된 사건에서 재심대상판결 당시 법령이 변경된 경우, 법원이 범죄사실에 대하여 적용하여야 할 법령(=재심판결 당시의 법령) 및 법령 해석 기준 시기(=재심판결 당시)

[2] 피고인이 피의자신문조서에 기재된 진술의 임의성을 다투면서 허위 자백이라고 주장하는 경우, 진술의 임의성 및 신빙성 유무 판단 방법

[3] 피고인이 검사 이전 수사기관에서 가혹행위로 인하여 임의성 없는 자백을 한후 검사 조사단계에서도 임의성 없는 심리상태가 계속되어 자백 강요행위 없이동일한 내용의 자백을 한 경우, 검사 앞에서의 자백의 임의성 유무(소극)

[4] 피고인의 초등학생(여, 10세) 강간치사 공소사실을 유죄로 인정한 재심대상판결에 대하여 재심이 개시된 사안에서, 피고인은 경찰 조사단계에서 가혹행위로 임의성 없는 자백을 한 후 검사 조사단계에서도 임의성 없는 심리상태가 계속되어 동일 내용의 자백을 한 것으로 보아야 한다는 이유로, 공소사실을 자백하는

내용의 검사 작성 제1, 2회 피의자신문조서가 증거능력이 없다고 본 원심판단을 수긍한 사례.

[5] 피고인의 초등학생(여, 10세) 강간치사 공소사실을 유죄로 인정한 재심대상판결에 대하여 재심이 개시된 사안에서, 피고인의 자백 등 공소사실에 부합하는 주된 증거는 증거능력이 없거나 신빙성이 없고, 나머지 증거들은 모두 공소사실에 대한 직접적인 증거가 될 만한 내용이 아니라는 이유로, 공소사실에 부합하는 증거들을 모두 배척하고 무죄를 인정한 원심판단을 수긍한 사례

【판결요지】

[1] 재심이 개시된 사건에서 범죄사실에 대하여 적용하여야 할 법령은 재심판결 당시의 법령이고, 재심대상판결 당시의 법령이 변경된 경우 법원은 범죄사실에 대하여 재심판결 당시의 법령을 적용하여야 하며, 법령을 해석할 때에도 재심판결 당시를 기준으로 하여야 한다.

[2] 피고인이 피의자신문조서에 기재된 피고인 진술의 임의성을 다투면서 그것이 허위자백이라고 주장하는 경우, 법원은 구체적인 사건에 따라 피고인의 학력, 경력, 직업, 사회적 지위, 지능 정도, 진술 내용, 피의자신문조서의 경우 조서 형식 등 제반 사정을 참작하여 자유로운 심증으로 진술이 임의로 된 것인지를 판단하되, 자백의 진술 내용 자체가 객관적인 합리성을 띠고 있는가, 자백의 동기나 이유 및 자백에 이르게 된 경위는 어떠한가, 자백 외 정황증거 중 자백과 저촉되거나 모순되는 것이 없는가 하는 점 등을 고려하여 신빙성 유무를 판단하여야 한다.

[3] 피고인이 검사 이전 수사기관에서 고문 등 가혹행위로 인하여 임의성 없는 자백을 하고 그 후 검사 조사단계에서도 임의성 없는 심리상태가 계속되어 동일한 내용의 자백을 하였다면, 검사 조사단계에서 고문 등 자백 강요행위가 없었다고 하여도 검사 앞에서의 자백도 임의성 없는 자백이라고 보아야 한다.

[4] 피고인의 초등학생(여, 10세) 강간치사 공소사실을 유죄로 인정한 재심대상판결에 대하여 재심이 개시된 사안에서, 피고인이 검찰에서 피의자신문을 받을 당시 공소사실에 대하여 자백을 하였으나, 자백에 이르게 된 경위와 검찰 자백의

내용 등 제반 사정을 모두 종합할 때, 피고인은 경찰 조사단계에서 고문 등 가혹행위로 인하여 임의성 없는 자백을 하고 그 후 검사 조사단계에서도 임의성 없는 심리상태가 계속되어 동일한 내용의 자백을 한 것으로 보아야 한다는 이유로, 공소사실을 자백하는 내용의 검사 작성 제1, 2회 피의자신문조서는 증거능력이 없다고 본 원심판단을 수긍한 사례.

[5] 피고인의 초등학생(여, 10세) 강간치사 공소사실을 유죄로 인정한 재심대상판결에 대하여 재심이 개시된 사안에서, 공소사실에 부합하는 주된 증거인 공소사실을 자백하는 내용의 검사 작성 제1, 2회 피의자신문조서는 증거능력이 없고, '범행현장에서 발견된 연필과 머리빗이 피고인의 것이고, 피고인의 팬티에 혈흔이 있었다'는 관련자들 각 진술은 신빙성이 없는 것으로 보아야 하며, 나머지 관련자들의 경찰 진술, 검찰 진술 또는 증언이나 나머지 증거들은 모두 공소사실에 대한 직접적인 증거가 될 만한 내용이 아니라는 이유로, 공소사실에 부합하는 증거들을 모두 배척하고 무죄를 인정한 원심판단을 수긍한 사례.

※ 출처: 대법원 2011. 10. 27. 선고 2009도1603 판결 [강간치사·살인] 〉 종합법률정보 판례

* 영화 '7번방의 선물' 제작의 동기가 되었던 사건임

대법원 1999. 11. 12. 선고 99도3801 판결

[군용물특수절도(인정된 죄명: 야간주거침입군용물절도)·군용물절도(일부 인정된 죄명: 군용물절도미수)·강도음모·강도예비·초병수소이탈·상관공연모욕·폭력행위등처벌에관한법률위반·폭행·횡령][공1999.12.15.(96),2570]

【판시사항】

[1] 피고인이 피의자신문조서에 기재된 진술과 공판기일에서의 진술에 대하여 임의성을 부인하면서 허위의 자백이라고 다투는 경우, 법원의 판단 방법

【판결요지】

[1] 피고인이 피의자신문조서에 기재된 피고인의 진술 및 공판기일에서의 피고인의 진술의 임의성을 다투면서 그것이 허위의 자백이라고 다투는 경우 법원은 구체적인 사건에 따라 피고인의 학력, 경력, 직업, 사회적 지위, 지능정도, 진술

의 내용, 피의자신문조서의 경우 그 조서의 형식 등 제반 사정을 참작하여 자유로운 심증으로 위 진술이 임의로 된 것인지의 여부를 판단하고, 자백의 진술내용 자체가 객관적인 합리성을 띠고 있는가, 자백의 동기나 이유 및 자백에 이르게 된 경위는 어떠한가, 자백 외의 정황증거 중 자백과 저촉되거나 모순되는 것이 없는가 하는 점 등을 고려하여 그 신빙성 여부를 판단하여야 한다.

※ 출처: 대법원 1999. 11. 12. 선고 99도3801 판결 [군용물특수절도(인정된 죄명:야간주거침입군용물절도)·군용물절도(일부 인정된 죄명 : 군용물절도미수)·강도음모·강도예비·초병수소이탈·상관공연모욕·폭력행위등처벌에관한법률위반·폭행·횡령] 〉 종합법률정보 판례

다. 공범 조사 – 대질신문

○ 형사소송법 제245조(참고인과의 대질)

검사 또는 사법경찰관이 사실을 발견함에 필요한 때에는 피의자와 다른 피의자 또는 피의자 아닌 자와 대질하게 할 수 있다.

○ (경찰청) 범죄수사규칙 제66조(대질조사 시 유의사항)

경찰관은 대질신문을 하는 경우에는 사건의 특성 및 그 시기와 방법에 주의하여 한쪽이 다른 한쪽으로부터 위압을 받는 등 다른 피해가 발생하지 않도록 하여야 한다.

○ (경찰청) 범죄수사규칙 제67조(공범자의 조사)

경찰관은 공범자에 대한 조사를 할 때에는 분리조사를 통해 범행은폐 등 통모를 방지하여야 하며, 필요시에는 대질신문 등을 할 수 있다.

○ 인권보호수사규칙 제48조(자백의 증명력 판단 시 유의사항)

① 검사는 피의자의 자백이 경험법칙에 위배되는 등 합리성이 의심되는 경우에는 자백하게 된 경위를 살펴 그 신빙성 유무를 검토해야 한다.

② 공범의 진술이 피의자의 혐의를 인정할 유일한 증거인 경우에는 그 증명력 판단에 더욱 신중해야 한다.

○ 특별사법경찰수사규칙 제47조(사건관계인의 조사)

③ 특별사법경찰관은 피의자와 사건관계인의 대질조사는 불가피한 사정이 있

고 사건관계인이 동의한 경우에만 할 수 있다.

○ 제2회 피의자신문조서 제목 옆에 (대질)이라고 기재

    – 대질 당사자 동시 입실 조사 → 편파수사 우려 차단

    – 대질조사 중 어느 일방의 진술 제지 자제

    – 반드시 자신이 진술한 부분만 열람(간인도 피의자는 전부, 피의자 외에 대질 조사
      에 참여한 자는 자신이 진술한 부분에 대해서만 간인함)

    – 대질조사 진술자 전원을 상대로 기명날인 또는 서명을 받고, 수사과정확인서
      를 작성, 조서에 편철, 간인

○ 예시

(동시 입장 후 조사)/대질신문은 통상적으로 1회 피의자신문 이후 즉 2회, 3회에 이루어진다. 따라서 피의자 인적사항, 신분증 확인은 1회 신문 시 이미 이루어졌으므로 다시 확인할 필요는 없다. 참고인에 대해서도 마찬가지이다.

  문   진술인이 피의자 홍○○인가요

  답   예, 제가 홍○○입니다.

이때 특별사법경찰관은 피의자의 옆에 앉아 있던 참고인(고소인, 고발인, 목격자, 제보자 등)에게 문답하다.

  문   진술인이 고소인 김○○인가요

  답   예, 제가 고소인 김○○입니다.

이때 특별사법경찰관은 피의자에게 문답하다.

  문   피의자는 지난 회 진술에서 ~에 대해 어떤 진술을 했었나요

  답   (피의자 답변 기재)

이때 특별사법경찰관은 고소인에게 문답하다.

  문   피의자의 진술에 대해 어떤가요

  답   (고소인 답변 기재)

이때 특별사법경찰관은 피의자에게 문답하다.

  문   고소인의 진술에 대해 어떤가요

  답   (피의자 답변 기재)

조사자는 누구의 진술에 모순이 있는지, 각자 주장이 증거관계와 어떤 모순이 있는지 등 파악, 어느 정도 정리가 되면

이때 특별사법경찰관은 피의자에게 문답하다.

　문　지금까지 피의자와 고소인의 진술을 종합하면 피의자가 ~ 했던 것이 아닌가요

　답　(피의자 답변 기재)

(피의자 조사 중 대질자 입실)

이때 특별사법경찰관은 대기실에서 대기 중이던 고소인 김○○를 입실시키고 문답하다.

　문　진술인이 고소인 김○○인가요

　답　네, 여기 주민등록증을 제출하겠습니다.

이때 특별사법경찰관은 고소인이 제출하는 주민등록증을 받아 본인임을 확인한 후, 사본하여 본건 조서 뒤에 편철하기로 하고 피의자에게 문답하다.

　문　피의자는 ~~ 점에 대해 뭐라고 하였나요

　답　(답변 기재)

이때 특별사법경찰관은 고소인에게 문답하다.

　문　피의자의 진술에 대해 어떤가요

　답　~~

이때 사법경찰관은 피의자에게 문답하다.

　문　고소인의 진술에 대해 어떤가요

　답　(답변 기재)

이하 동일

○ 대질신문을 마칠 때

이때 특별사법경찰관은 고소인에게 문답하다.

　문　참고로 더 할 말이 있나요

답 (답변 기재)

이때 특별사법경찰관은 피의자에게 문답하다.

문 피의자가 달리 제출할 유리한 증거나 더 할 말이 있나요

답 (답변 기재)

이때 특별사법경찰관은 고소인에게 문답하다.

문 고소인은 조서를 열람하였는데 고소인이 진술한 대로 기재되어 있지 아니하거나 그 진술 내용 자체가 사실과 다른 부분이 있나요

답 없습니다.(공란으로 출력 후 고소인이 자필로 기재)

이때 특별사법경찰관은 피의자에게 문답하다.

문 피의자는 조서를 열람하였는데 피의자가 진술한 대로 기재되어 있지 않거나 진술한 내용 자체가 사실과 다른 부분이 있나요

답 없습니다.(공란으로 출력 후 피의자가 자필로 기재)

라. 범죄사실 신문 시 유의사항

○ (경찰청) 범죄수사규칙 제73조(피의자신문조서 등 작성 시 주의사항)

　① 경찰관은 피의자신문조서와 진술조서를 작성할 때에는 다음 각 호의 사항에 주의하여야 한다.

　　1. 형식에 흐르지 말고 추측이나 과장을 배제하며 범의 착수의 방법, 실행행위의 태양, 미수·기수의 구별, 공모사실 등 범죄 구성요건에 관한 사항에 대하여는 특히 명확히 기재할 것

　　2. 필요할 때에는 진술자의 진술 태도 등을 기입하여 진술의 내용뿐 아니라 진술 당시의 상황을 명백히 알 수 있도록 할 것

○ (경찰청) 범죄수사규칙 제68조(증거의 제시)

　－ 경찰관은 조사과정에서 피의자에게 증거를 제시할 필요가 있는 때에는 적절한 시기와 방법을 고려하여야 하며, 그 당시의 피의자의 진술이나 정황 등을 조서에 적어야 한다.

○ 범죄사실 신문(訊問, Iterrogation) 시 유의사항

- 호칭은 통상적으로 'ㅇㅇㅇ씨'로, 조서에는 '피의자'로 기재
- 문장은 질문이든 답변이든 경어 사용
- 질문은 짧고, 답변은 길게: 질문 길고 답변이 짧으면 유도신문 느낌, 임의성 의심
- 처음 질문은 개방형으로 "그날 어떤 일이 있었나요"
- 질문에서 조서에 물음표는 하지 않음 (답변에서는 마침표는 찍음)
- 법률적 용어는 피하고, 진술자가 사용하는 언어를 기재하고, 진술 취지를 명백히 하고, 체험 사실, 추측 의견, 타인으로부터 전해 들은 사실 확실하게 구분
- 진술 요지 그대로 기재, 이치에 맞지 않더라도 내용을 임의로 변경하면 안 됨 (조서 신빙성)
- 공범의 모의, 대화 내용, 범죄현장 관련 진술은 구체적으로 묻고 답변하는 내용 전부를 그대로 기재
- 피의자가 사용하는 특이한 말은 조서에 그대로 기재하고 나서, 그 의미를 되물어 봄
- 부인하다가 자백 등 진술 내용에 변화가 있을 때는 왜 그와 같이 변화가 있게 되었는가를 묻고 그에 대한 납득할 수 있는 대답을 조서에 기재
- 진술은 구체적이어야 한다. 막연하거나 추상적인 내용의 자백은 피의자가 후일 공판 과정에서 부인할 경우 신빙성이 없는 것으로 배척될 염려가 있음
- 가급적이면 "~한 것이 사실인가요"라고 물어야지 "~한 기억이 나는가요?" 등 기억 여부를 물으면 피의자가 '기억'을 핑계로 거짓말을 할 우려가 있다.

> **문** 그날 밤 피해자와 말다툼을 하였는지 기억이 나는가요(부적절)/물음표 생략
> **답** 아니오.
> **문** 그날 밤 피해자와 말다툼을 하지 않았나요(적절)/물음표 생략
> **답** 내가 기억하는 한 아니에요.

- 자백 내용 중에 범죄를 직접 저지르지 않았다면 알 수 없는 범행 도구의 구입 및 소재, 장물의 은닉 또는 처분 등에 관한 진술이 포함되어 있고, 이러한 사실은 수사기관이 미처 알지 못하던 내용들로서, 보강증거에 의해 자백 내용

과 일치하는 정황증거가 수집된 경우 신빙성이 매우 높을 것임

마. 범죄사실은 6하 원칙으로 신문

○ 주체(누가)

　－ 구성요건이 신분관계를 요하는 경우 신분관계 확인

　－ 공범 관계 확인

○ 일시, 장소

　－ 적용법조, 죄수, 공소시효 기산점, 관할권 유무, 알리바이

○ 객체(무엇을)

　－ 객체 명확히, 재산 관련 종류, 수량, 가격 등 구체화

○ 수단, 방법(어떻게)

　－ 범행 준비 과정, 범행 사용 물건 입수 경로, 실행 방법

　－ 피해상황, 위험 정도, 파급 효과

○ 원인, 동기(왜)

　－ 정상 참작 관련, 범죄예방 기초자료, 진술 신빙성

○ 범행 후의 태도

　－ 범행 취득 물건 소비 여부, 처분 등 증거인멸 방법

　－ 범행 후의 행동

○ 정상관계 : 범죄 후 정황(피해변상 등)

바. 범죄사실 신문 방법

○ 혐의사실이 형법 or 특별법의 어느 처벌조항(명령, 금지조항 위반)에 해당하는지 확인

　－ 명령조항: ~하여야 한다. / 금지조항: ~해서는 아니 된다.

　－ 처벌조항: ~(명령, 금지조항) 위반한 자는~ 징역 ~

○ 피의자에게 처벌조항(명령조항, 금지조항 위반) 규정의 문구 그대로 물어봄

　－ 처벌조항(명령조항, 금지조항 위반사항)의 내용을 '구성요건'이라고 하며

　－ '그대로 물어본다'는 것은 '구성요건에 해당하는지' 확인한다는 뜻임(구성요건

해당성)

- 다시 말하면, 피의자신문은 피의자가 어떤 죄명의 처벌조항에 해당하는 행위를 했는지를 확인하는 것임

- 대부분 그 처벌조항의 문구를 그대로 묻는 것으로 신문이 시작됨

- 이후 6하 원칙으로 그 내용을 구체적으로 확인하는 과정을 거침(범죄 구성요건 요소를 물어봄)

    이때 범죄성립요건(구성요건해당성, 위법성조각사유, 책임조각사유), 미수범, 공범(공동정범, 교사범, 방조범, 간접정범), 경합범(실체적 경합, 상상적 경합), 즉시범, 계속범, 포괄일죄에 해당하는지도 함께 조사

* 죄명이 어떻든 조사하는 방식은 같다.

* 소방시설 관리인 미선임, 농수산물 원산지 거짓표시, 일반음식점 미신고 영업 등 행정사범 대부분은 피의자의 직업이나 하는 일과 관련된 범죄인데 이 경우에는 먼저 피의자는 어떤 일을 하고 있는지, 그 범죄와 관련된 사업 내용(사업 내용, 시설, 규모, 종업원수, 월 매출, 연간 매출 등)부터 파악한 후 처벌조항을 물어본다.

○ 일단 전체적으로 처음부터 끝까지 신문을 하고 요점 메모, 그 뒤 조서작성에 들어가 신문 순서, 구성요건 등을 고려하여 처음부터 다시 피의자에게 확인해 가면서 답변 내용을 기재한다(대검찰청, 2013년, 특별사법경찰 수사실무 98쪽).

사. 부인조서 작성

○ 부인조서 작성 요령

- 우선 피의자의 태도나 이미 수집된 증거에 비추어 피의자 진술의 진실성 여부를 대충 간파해야 함

- 피의자의 진술이 허위임이 틀림없는 경우라도 부인한 사실 자체를 우선 힐난할 것이 아니라, 반박자료를 수집할 수 있는지 여부를 즉시 검토

- 반박자료가 수집되면 피의자에게 다시 추궁

    자백을 받기 위함일 뿐만 아니라 다시 무슨 변명을 하는가를 확인하기 위해서도 필요

- 부인하는 피의자에 대한 신문은 '부인 → 반박자료 수집 → 모순 노정(露呈)의

과정'을 통하여 진행

- 부인한 피의자가 자백하는 경우 부인한 사유와 자백의 동기, 심경의 변화, 진술의 진실성 확인 검토 등 상세한 사항을 조서상에 나타내 주어야 함

(대검찰청, 2013년, 특별사법경찰 수사실무 99쪽)

* 가급적이면 피의자가 부인하지 않도록 처음부터 라포 형성을 하고 진술, 물증 등 범죄를 입증할 증거자료가 이미 갖추어져 있음을 비추어 준다. 그리고 부인을 한다고 해서 바로 반박 증거를 들이대고 추궁하기보다는 어떤 내용을 부인하는 것인지 충분히 들어 주고 나서 그 진술 내용이 사실인지, 거짓 진술은 아닌지 확인한 후 반박 증거를 제시한다.

아. 양벌규정

피의자신문 범죄성립 양벌규정

피의자		자백	부인	수사자료표	범죄통계원표는 모두 작성
행위자		피의자 신문조서	피의자 신문조서	작성함	
1) 법인의 대표자					
2) 법인 or 개인의 대리인, 사용인					
3) 그 밖의 종업원					
양벌	법원	관계자 진술서	관계자 진술조서	미작성	
	개인	진술서	피의자 신문조서	작성함	

대검 기획 150-9247 (1981. 9. 1.) / 대검 정책기획과-5315 (2008. 7. 18.)

1) 법인의 대표이사가 잘못했을 때

대표이사만 피신, 법인 처벌여부 결정

2) 법인의 종업원이 잘못했을 때

종업원 피신

작은 회사는 대표이사 참고인 조사, 양벌 결정

큰 회사는 종업원을 관리감독하는 총무과장, 총무임원등 관계자 참고인 조사, 양벌 결정

3) 개인 대표(사장)이 잘못했을 때

개인 피신, 개인만 처벌(양벌규정 없음)

4) 개인의 종업원이 잘못했을 때

종업원 피신, 개인 피신, 개인 양벌 결정

○ 양벌에 대한 공통규정

    – 제△△조(양벌규정) 법인의 대표자나 법인 또는 개인의 대리인, 사용인, 그 밖의 종업원이 그 법인 또는 개인의 업무에 관하여 제○○조부터 제○○조까지의 어느 하나에 해당하는 위반행위를 하면 그 행위자를 벌하는 외에 그 법인이나 개인에게도 해당 조문의 벌금형을 과(科)한다. 다만, 법인 또는 개인이 그 위반행위를 방지하기 위하여 해당 업무에 관하여 상당한 주의와 감독을 게을리하지 아니한 경우에는 그러하지 아니하다.

○ 양벌에 대한 범죄사실 작성요령

    – 위 밑줄 친 '법인', '법인 또는 개인'을 피의자로 바꿔주면 된다.

    – 범죄사실 작성 예시

[범죄사실]

피의자 김갑을은 주식회사 대박의 대표자인 사람이고, 피의자 주식회사 대박은 ~~을 목적으로 설립된 법인이다.

1. 피의자 김갑을

    (범죄사실 기재)

2. 피의자 주식회사 대박

    피의자는 피의자의 대표자인 김갑을이 피의자의 업무에 관하여 위 '1'항 기재와 같이 위반행위를 하였다.

＊ 양벌규정 범죄사실은 죄명, 범죄사실과 관계 없이 '대표자인 김갑을' 부분만을 '대리인인 김갑을', '사용인인 김갑을', '종업원인 김갑을'로 상황에 맞게 동일한 방법으로 작성한다.

○ 양벌규정 수사업무 관련 지시

    – 양벌규정상 법인의 형사책임 규명 방식 관련 업무 지시(대검 정책기획과–5315, 2008. 7. 18.)

    – 양벌규정에 의해 법인이 종업원의 행위에 대해 책임을 질 경우, 법인의 대표이사가 피의자로 입건되어 책임을 부담하는 것이 아니라 '법인' 자체가 피의자로 입건되어 책임을 부담하는 것임

- 법인의 선임감독상의 과실과 관련, 반드시 대표이사의 과실이 필요조건이 되는 것은 아니고, 대표이사 외 해당 업무 분야별 책임자(예컨대, 지역별로 가동 중인 공장의 종업원이 저지른 위반행위에 대해서는 당해 공장장인 간부급 임원)의 과실 유무가 중요한 것이 될 수 있음
- 과거에는 사실상 무과실책임으로 양벌규정이 적용되어 왔으므로, 형식적으로 대표이사를 상대로 조사하는 것이 의미 있을 수 있었으나, 현재는 책임주의에 의해 법인을 입건할 경우, 당해 위반행위와 직접 관련 있는 책임자를 상대로 조사하는 것이 더욱 의미 있음
- 조사의 방식에 있어서도 법인을 입건하는 것이지 자연인인 대표이사나 간부급 임원 자체를 입건하는 것이 아니므로, 과실 유무 규명에 장애가 없는 한도에서 가급적 진술서 활용 등을 통한 서면 조사를 활용하는 것도 바람직함

○ 양벌규정으로 처벌되는 피의자에 대한 조사 간소화 지침(대검 기획 61010-787, 1996. 7. 26.)
- 개인이 양벌규정에 따라 처벌받는 경우
  실제 행위자의 진술 등에 의하여 범죄사실이 전부 인정되고, 피의자가 전부 자백하는 경우 피의자신문조서 생략하고 자필 진술서로 대체
  이때도 피의자에 대한 수사자료표는 생략할 수 없음
  피의자가 부인하는 경우, 기존대로 피신 작성
- 법인이 양벌규정에 따라 처벌받는 경우
  기존의 방식에 따라 등기부등본과 법인 관계자의 진술서를 활용하되, 부인하는 경우 또는 진술서로 법인의 감독의무를 증명하는 데 부족한 경우에는 법인 관계자 등에 대한 진술조서를 작성하여야 함

○ 개인사업체 사장이 불법행위를 했을 경우 양벌규정 해당 여부
- 양벌규정은 그 처벌대상이 '법인의 대표자나 법인 또는 개인의 대리인, 사용인, 그 밖의 종업원이 그 법인 또는 개인의 업무에 관하여 제△△부터 제△△조까지의 어느 하나에 해당하는 위반행위를 하면 그 행위자를 벌하는 외에 그 법인이나 개인에게도 해당 조문의 벌금형을 과(科)한다.'고 규정되어 있음
- 따라서 개인사업체의 사장의 행위는 양벌규정 자체에 해당되지 않아 사장 개

인에 대해서만 입건하면 됨

  – 법인의 경우에는 대표자가 양벌규정에 해당하는 불법행위를 하면 대표이사 개인 자체와 법인을 둘 다 처벌함

* 사용인(使用人): 다른 사람에게 부림을 받는 사람
* 인지사건에서 실무상으로는 법인이나 개인 대표자의 혐의가 인정되지 아니할 경우에는 입건하지 않고 행위자만 입건함(수사보고서로 입건하지 않은 사유 기재, 첨부)
○ 행위자 피의자신문조서 작성 시

> **문** 피의자는 이와 같은 위반행위를 하는데 있어 (또는 개인)으로부터 상당한 주의와 감독을 받은 사실이 있나요

○ 행위자를 감독하는 법인 관계자에 대한 참고인 진술조서 / 개인에 대한 피의자 신문조서(또는 참고인 진술조서) 작성 시

> **문** 피의자가 이와 같은 위법행위를 하는 데 있어 법인(또는 개인)에서는 상당한 주의와 감독을 한 사실이 있나요

자. 양벌규정 관련 판례

(최근 선고일자순)

> 대법원 2000. 10. 27. 선고 2000도3570 판결
> [약사법위반][공2000.12.15.(120),2485]
> 【판시사항】
> 법인이 아닌 약국을 실질적으로 경영하는 약사가 다른 약사를 고용하여 그 고용된 약사를 명의상의 개설약사로 등록하게 해두고 약사 아닌 종업원을 직접 고용하여 영업하던 중 그 종업원이 약사법위반 행위를 한 경우, 약사법 제78조의 양벌규정상의 형사책임의 주체(=실질적 경영자)
> 【판결요지】
> 법인이 아닌 약국에서의 영업으로 인한 사법상의 권리의무는 그 약국을 개설한

약사에게 귀속되므로 대외적으로 그 약국의 영업주는 그 약국을 개설한 약사라고 할 것이지만, 그 약국을 실질적으로 경영하는 약사가 다른 약사를 고용하여 그 고용된 약사를 명의상의 개설약사로 등록하게 해두고 실질적인 영업약사가 약사 아닌 종업원을 직접 고용하여 영업하던 중 그 종업원이 약사법위반 행위를 하였다면 약사법 제78조의 양벌규정상의 형사책임은 그 실질적 경영자가 지게 된다.

대법원 2011.9.8. 선고 2010도14475 판결
[저작권법위반·저작권법위반방조][공2011하,2172]
【판시사항】
[1] 친고죄 제외사유를 규정한 저작권법 제140조 단서 제1호에서 '상습적으로'의 의미와 판단 기준 및 같은 법 제141조 양벌규정을 적용할 때 친고죄 해당 여부를 판단하는 기준
[2] 생략
【판결요지】
[1] 저작권법 제140조 본문에서는 저작재산권 침해로 인한 같은 법 제136조 제1항의 죄를 친고죄로 규정하면서, 같은 법 제140조 단서 제1호에서 영리를 위하여 상습적으로 위와 같은 범행을 한 경우에는 고소가 없어도 공소를 제기할 수 있다고 규정하고 있는데, 같은 법 제140조 단서 제1호가 규정한 '상습적으로'라고 함은 반복하여 저작권 침해행위를 하는 습벽으로서 행위자의 속성을 말하고, 이러한 습벽 유무를 판단할 때에는 동종 전과가 중요한 판단자료가 되나 범행의 횟수, 수단과 방법, 동기 등 제반 사정을 참작하여 저작권 침해행위를 하는 습벽이 인정되는 경우에는 상습성을 인정하여야 한다. 한편 같은 법 제141조의 양벌규정을 적용할 때에는 행위자인 법인의 대표자나 법인 또는 개인의 대리인·사용인 그 밖의 종업원의 위와 같은 습벽 유무에 따라 친고죄 해당 여부를 판단하여야 한다.
[2] 생략

대법원 2011.7.14. 선고 2009도5516 판결

[개발제한구역의지정및관리에관한특별조치법위반][미간행]

【판시사항】

[1] 생략

[2] 구 개발제한구역의 지정 및 관리에 관한 특별조치법 제32조 '양벌규정'이 적용되기 위한 요건 및 구체적인 사안에서 법인이 상당한 주의 또는 관리감독 의무를 게을리하였는지 판단하는 기준

[3] 갑 법인의 사용인인 피고인 을이 공동피고인들과 공모하여 개발제한구역 내에서 무허가 비닐하우스를 신축하였다고 하여 구 개발제한구역의 지정 및 관리에 관한 특별조치법 위반으로 기소된 사안에서, 갑 법인의 주의의무 내용이나 그 위반 여부를 살피지 아니한 채 같은 법 제32조 양벌규정을 적용하여 갑 법인을 처벌한 원심판결에 사업주 책임에 관한 법리오해 또는 심리미진의 잘못이 있다고 한 사례

[생략]

형벌의 자기책임원칙에 비추어 볼 때 위 양벌규정은 법인이 사용인 등에 의하여 위반행위가 발생한 그 업무와 관련하여 상당한 주의 또는 관리감독 의무를 게을리한 때에 한하여 적용된다고 봄이 상당하고, 구체적인 사안에서 법인이 상당한 주의 또는 관리감독 의무를 게을리하였는지 여부는 당해 위반행위와 관련된 모든 사정, 즉 당해 법률의 입법 취지, 처벌 조항 위반으로 예상되는 법익 침해의 정도, 그 위반행위에 관하여 양벌규정을 마련한 취지 등은 물론 위반행위의 구체적인 모습과 그로 인하여 실제 야기된 피해 또는 결과의 정도, 법인의 영업 규모 및 행위자에 대한 감독가능성 또는 구체적인 지휘감독 관계, 법인이 위반행위 방지를 위하여 실제 행한 조치 등을 전체적으로 종합하여 판단하여야 한다(대법원 2010. 2. 25. 선고 2009도5824 판결, 대법원 2010. 9. 9. 선고 2008도7834 판결 등 참조).

따라서 법 제32조의 양벌규정에 기하여 피고인 2 재단법인에 책임을 묻기 위해서는 피고인 2 재단법인의 직원수 등 규모와 직원들에 대한 지휘·감독의 체계, 특히 피고인 1의 직책과 권한 및 그 직무수행에 대한 피고인 2 재단법인의 지휘·

감독의 정도, 실제 이 사건 비닐하우스의 설치와 관련하여 피고인 2 재단법인이 피고인 1로부터 보고받은 내용과 이를 통하여 피고인 2 재단법인이 법 위반의 점에 관하여 인식하였을 가능성, 평소 피고인 2 재단법인이 직원들에 의한 법규 위반행위를 방지하기 위하여 취해 온 조치, 피고인 1의 법 위반의 점에 관하여 사후 시정조치에 이르게 된 과정과 그에 나타난 피고인 2 재단법인의 태도 등을 종합적으로 살펴 피고인 2 재단법인이 피고인 1의 위반행위에 관하여 상당한 주의 또는 관리감독 의무를 게을리하였는지 여부를 심리·판단할 필요가 있다.

그럼에도 불구하고 원심은 피고인 1이 법 제30조 제1호의 위반행위를 하였다는 이유만으로 피고인 2 재단법인의 주의의무 내용이나 그 위반 여부에 관하여 나아가 살피지 아니한 채 위 양벌규정을 적용하여 피고인 2 재단법인을 처벌한 제1심판결을 그대로 유지하였으니, 원심판결에는 법 제32조의 양벌규정에 따른 사업주의 책임에 관한 법리를 오해하거나 필요한 심리를 다하지 아니한 잘못이 있고 이는 판결 결과에 영향을 미쳤음이 분명하다.

대법원 2010.9.30. 선고 2009도3876 판결
[폐기물관리법위반·대기환경보전법위반][미간행]
【판시사항】
[1] 폐기물관리법 제67조 제1항에서 '양벌규정'을 둔 취지 및 '법인 대표자'의 법규위반행위에 대한 '법인' 책임의 법적 성격(=법인의 직접책임)
[2] 폐기물관리법 제67조 제1항의 양벌규정 중 '법인의 대표자' 관련 부분은 대표자의 책임을 요건으로 법인을 처벌하는 것이므로, 위 규정에 근거한 형사처벌이 형벌의 자기책임원칙에 반하여 헌법에 위배된다고 볼 수 없다고 한 사례
[생략]
【이 유】
상고이유를 살펴본다.

1. 폐기물관리법 제67조 제1항(이하 '이 사건 법률조항'이라 한다)은 법인의 대표자가 그 법인의 업무에 관하여 제63조부터 제66조까지의 규정에 따른 위반행위

를 하면 그 행위자를 벌할 뿐만 아니라 그 법인도 해당 조문의 벌금형을 과한다고 규정하여 법인의 대표자가 그 업무와 관련하여 위반행위를 저지른 경우 그 법인에 대하여도 처벌하는 양벌규정을 두고 있다.

폐기물관리법에서 위와 같이 양벌규정을 따로 둔 취지는, 이 사건 법률조항이 적용되는 위반행위는 통상 개인적인 차원보다는 법인의 업무와 관련하여 반복적·계속적으로 이루어질 가능성이 크다는 점을 감안하여, 법인의 대표자가 그 업무와 관련하여 위반행위를 저지른 경우에는 그 법인도 형사처벌 대상으로 삼음으로써 위와 같은 위반행위 발생을 방지하고 위 조항의 규범력을 확보하려는 데 있다.

또한, 법인은 기관을 통하여 행위하므로 법인이 대표자를 선임한 이상 그의 행위로 인한 법률효과는 법인에게 귀속되어야 하고, 법인 대표자의 범죄행위에 대하여는 법인 자신이 책임을 져야 하는바, 법인 대표자의 법규위반행위에 대한 법인의 책임은 법인 자신의 법규위반행위로 평가될 수 있는 행위에 대한 법인의 직접책임으로서, 대표자의 고의에 의한 위반행위에 대하여는 법인 자신의 고의에 의한 책임을, 대표자의 과실에 의한 위반행위에 대하여는 법인 자신의 과실에 의한 책임을 지는 것이다(헌법재판소 2010. 7. 29. 선고 2009헌가25 전원재판부 결정 참조).

따라서 이 사건 법률조항 중 법인의 대표자 관련 부분은 대표자의 책임을 요건으로 하여 법인을 처벌하는 것이므로 위 양벌규정에 근거한 형사처벌이 형벌의 자기책임원칙에 반하여 헌법에 위배된다고 볼 수 없다.

대법원 2010.9.9. 선고 2008도7834 판결
[산업안전보건법위반·업무상과실치사][공2010하,1943]
【판시사항】
[1] 구 산업안전보건법 제67조 제1호, 제23조 제3항에 따라 '사업주'에 대하여 안전상의 조치의무를 다하지 않은 책임을 묻기 위한 요건
[2] 구 산업안전보건법 제71조의 양벌규정에 의하여 '사업자가 아닌 행위자'도 같

은 법 제68조 제1호, 제29조 제2항에 정하여진 벌칙규정의 적용 대상이 되는지 여부(적극)

[3] 구 산업안전보건법 제71조의 '양벌규정'이 적용되기 위한 요건 및 구체적인 사안에서 '법인'이 상당한 주의 또는 관리감독 의무를 게을리하였는지 여부의 판단 기준

【판결요지】

[1] 구 산업안전보건법(2007. 5. 17. 법률 제8475호로 개정되기 전의 것)은 제23조 제1항에서 사업주의 안전상의 조치의무를 규정하면서 제71조에서 사업주가 아닌 자에 의하여 위 법 위반행위가 이루어진 경우에도 사업주를 처벌할 수 있도록 규정하고 있으므로, 위 법 제67조 제1호, 제23조 제3항 위반죄는 사업주가 자신이 운영하는 사업장에서 산업안전기준에 관한 규칙이 정하고 있는 안전조치를 하지 않은 채 제23조 제3항에 규정된 안전상의 위험이 있는 작업을 하도록 지시하거나 그 안전조치를 하지 않은 상태에서 위 작업이 이루어지고 있다는 사실을 알면서도 이를 방치하는 등 그 위반행위가 사업주에 의하여 이루어졌다고 인정되는 경우에 한하여 성립하는 것이지, 단지 사업주의 사업장에서 위와 같은 위험성이 있는 작업이 필요한 안전조치를 하지 않은 채 이루어졌다는 사실만으로 성립하는 것은 아니다.

[2] 구 산업안전보건법(2007. 5. 17. 법률 제8475호로 개정되기 전의 것) 제68조 제1호, 제29조 제2항에 정하여진 벌칙 규정의 적용 대상은 사업자임이 규정 자체에 의하여 명백하나, 한편 위 법 제71조는 법인의 대표자 또는 법인이나 개인의 대리인, 사용인(관리감독자를 포함한다) 기타 종업원이 그 법인 또는 개인의 업무에 관하여 제67조 내지 제70조의 위반행위를 한 때에는 그 행위자를 벌하는 외에 그 법인 또는 개인에 대하여도 각 본조의 벌칙규정을 적용하도록 양벌규정을 두고 있고, 이 규정의 취지는 각 본조의 위반행위를 사업자인 법인이나 개인이 직접 하지 아니하는 경우에는 그 행위자나 사업자 쌍방을 모두 처벌하려는 데에 있으므로, 이 양벌규정에 의하여 사업자가 아닌 행위자도 사업자에 대한 각 본조의 벌칙규정의 적용 대상이 된다.

[3] 형벌의 자기책임원칙에 비추어 보면, 위반행위가 발생한 그 업무와 관련하여

법인이 상당한 주의 또는 관리감독 의무를 게을리한 때에 한하여 구 산업안전보건법(2007. 5. 17. 법률 제8475호로 개정되기 전의 것) 제71조의 양벌규정이 적용된다고 보아야 하며, 구체적인 사안에서 법인이 상당한 주의 또는 관리감독 의무를 게을리하였는지 여부는 당해 위반행위와 관련된 모든 사정 즉, 당해 법률의 입법취지, 처벌조항 위반으로 예상되는 법익 침해의 정도, 그 위반행위에 관하여 양벌규정을 마련한 취지 등은 물론 위반행위의 구체적인 모습과 그로 인하여 실제 야기된 피해 또는 결과의 정도, 법인의 영업 규모 및 행위자에 대한 감독가능성 또는 구체적인 지휘감독 관계, 법인이 위반행위 방지를 위하여 실제 행한 조치 등을 전체적으로 종합하여 판단하여야 한다.

대법원 2009.6.11. 선고 2008도6530 판결 [자동차관리법위반][공2009하,1153]

【판시사항】

[1] 지방자치단체가 양벌규정에 의한 처벌대상이 되는 법인에 해당하는지 여부 및 법령상 지방자치단체의 장이 처리하도록 규정하고 있는 사무가 자치사무인지 기관위임사무인지 여부의 판단 방법

[2] 지방자치단체 소속 공무원이 지정항만순찰 등의 업무를 위해 관할관청의 승인 없이 개조한 승합차를 운행함으로써 구 자동차관리법을 위반한 사안에서, 해당 지방자치단체가 구 자동차관리법 제83조의 양벌규정에 따른 처벌 대상이 될 수 없다고 한 사례

【판결요지】

[1] 국가가 본래 그의 사무의 일부를 지방자치단체의 장에게 위임하여 처리하게 하는 기관위임사무의 경우 지방자치단체는 국가기관의 일부로 볼 수 있고, 지방자치단체가 그 고유의 자치사무를 처리하는 경우 지방자치단체는 국가기관의 일부가 아니라 국가기관과는 별도의 독립한 공법인으로서 양벌규정에 의한 처벌 대상이 되는 법인에 해당한다. 또한, 법령상 지방자치단체의 장이 처리하도록 하고 있는 사무가 자치사무인지, 기관위임사무에 해당하는지 여부를 판단하는 때에는 그에 관한 법령의 규정 형식과 취지를 우선 고려하여야 하며, 그 외에도 그 사무

의 성질이 전국적으로 통일적인 처리가 요구되는 사무인지 여부나 그에 관한 경비부담과 최종적인 책임귀속의 주체 등도 아울러 고려하여 판단하여야 한다.

[2] 지방자치단체 소속 공무원이 지정항만순찰 등의 업무를 위해 관할관청의 승인 없이 개조한 승합차를 운행함으로써 구 자동차관리법(2007. 10. 17. 법률 제8658호로 개정되기 전의 것)을 위반한 사안에서, 지방자치법, 구 항만법(2007. 8. 3. 법률 제8628호로 개정되기 전의 것), 구 항만법 시행령(2007. 12. 31. 대통령령 20506호로 개정되기 전의 것) 등에 비추어 위 항만순찰 등의 업무가 지방자치단체의 장이 국가로부터 위임받은 기관위임사무에 해당하여, 해당 지방자치단체가 구 자동차관리법 제83조의 양벌규정에 따른 처벌대상이 될 수 없다고 한 사례

대법원 2009.5.28. 선고 2009도988 판결

[건설산업기본법위반·배임증재(추가)][공2009하,1063]

【판시사항】

[1] 건설산업기본법 제95조의2 위반죄의 주체 및 처벌대상 행위

[2] 건설산업기본법 제98조 제2항의 양벌조항으로 발주자 등의 사용인 등이 배임수증재적 명목으로 재물 또는 재산상의 이익을 취득하거나 그와 같은 명목으로 이를 공여하는 행위를 처벌할 수 있는지 여부(소극)

【판결요지】

[1] 생략

[2] 건설산업기본법 제98조 제2항의 양벌조항에 의하여 발주자 등의 대표자, 대리인·사용인 기타 종업원도 위 법 제38조의2와 제95조의2에 의한 처벌대상이 될 수 있으나, 발주자 등이 스스로 영득하기 위한 명목으로 재물 또는 재산상의 이익을 취득하거나 그와 같은 명목으로 이를 공여하는 행위와 사용인 등이 배임수증재적 명목으로 재물 또는 재산상의 이익을 취득하거나 그와 같은 명목으로 이를 공여하는 행위는 그 본질, 성격과 내용을 전혀 달리하는 별개의 행위이므로, 양벌조항을 매개로 삼아 전자의 행위를 처벌하는 조항으로 후자의 행위까지 처벌하는 것은 새로운 구성요건을 창출하는 것이어서 허용될 수 없다.

대법원 2009.2.12. 선고 2008도9476 판결

[건축법위반·공중위생관리법위반][미간행]

【판시사항】

[1] 구 건축법상 처벌의 대상이 되는 건축물의 '용도변경행위'의 범위

[2] 구 건축법 제81조 제2항의 양벌규정이 행위자의 처벌규정이자 그 위반행위의 이익귀속주체인 업무주에 대한 처벌규정인지 여부(적극)

[3] 생략

[생략]

【이 유】

피고인들의 상고이유를 함께 판단한다.

1. 건축법 위반 부분에 관하여

　　가. 생략

　　나. 그러나 직권으로 살피건대, 피고인 1, 2의 위 용도변경행위에 대하여 구
　　건축법 제78조, 제14조 위반죄로 의율한 원심의 조치는 다음과 같은 이유에서
　　수긍하기 어렵다.

구 건축법 제78조, 제14조의 벌칙규정의 적용대상은 건축주, 공사시공자 등 일정한 업무주로 한정하고 있는 반면에, 같은 법 제81조 제2항의 양벌규정은 업무주가 아니면서 당해 업무를 실제로 집행하는 자가 있는 때에 위 벌칙 규정의 실효성을 확보하기 위하여 그 적용대상자를 당해 업무를 실제로 집행하는 자에게까지 확장함으로써, 그러한 자가 당해 업무집행과 관련하여 위 벌칙규정의 위반행위를 한 경우 위 양벌규정에 의하여 처벌할 수 있도록 한 행위자의 처벌규정임과 동시에 그 위반행위의 이익귀속주체인 업무주에 대한 처벌규정이라고 할 것이다(대법원 1999. 7. 15. 선고 95도2870 전원합의체 판결, 대법원 2005. 12. 22. 선고 2003도3984 판결 등 참조).

그런데 이 사건 공소사실과 원심이 인정한 사실관계에 의하더라도, 피고인 1은 피고인 학교법인이 설치·운영하는 ○○대학의 학장, 피고인 2는 위 ○○대학의 총무처장일 뿐이고 구 건축법 제78조의 적용대상인 '건축물을 용도변경한 건축

주'인 지위에 있지 아니하므로, 위 피고인들의 위 용도변경행위와 관련하여서는 직접 구 건축법 제78조, 제14조 위반죄로 처벌할 수는 없고, 구 건축법 제81조 제2항에 의하여 비로소 같은 법 제78조, 제14조의 적용 대상이 될 뿐이라고 할 것이다.

그럼에도 불구하고, 원심은 위 피고인들의 이 부분 공소사실에 대하여 그 처벌규정인 구 건축법 81조 제2항을 적용하지 아니한 채 곧바로 같은 법 제78조, 제14조 위반으로만 의율하고 말았으니, 원심판결에는 구 건축법 제78조, 제14조 벌칙규정의 적용대상 또는 구 건축법상의 양벌규정에 관한 법리를 오해한 위법이 있고, 이러한 위법은 판결에 영향을 미쳤음이 분명하므로, 위 피고인들에 대한 건축법 위반죄를 유죄로 인정한 원심판결은 파기를 면할 수 없다고 할 것이다.

대법원 2008. 3. 27. 선고 2008도89 판결 [공중위생관리법위반][공2008상,641]

【판시사항】

[3] 공중위생영업의 신고의무자인 '영업을 하는 자'의 의미

【판결요지】

[3] 공중위생영업의 신고의무는 '공중위생영업을 하고자 하는 자'에게 부여되어 있고, 여기서 '영업을 하는 자'란 영업으로 인한 권리의무의 귀속주체가 되는 자를 의미하므로, 영업자의 직원이나 보조자의 경우에는 영업을 하는 자에 포함되지 않는다.

대법원 2007.12.28. 선고 2007도8401 판결

[폐기물관리법위반·관세법위반·식품위생법위반][공2008상,192]

【판시사항】

[1] 구 폐기물관리법의 양벌규정이 사업장폐기물배출자와 당해 업무를 실제로 집행하는 행위자의 처벌규정인지 여부(적극) 및 '당해 업무를 실제로 집행하는 자'의 의미

[2] 주한미군 부평교역처 보급창의 폐기물처리업무를 담당하는 직원이 적법한

신고절차 없이 미허가·미신고의 폐기물처리업자에게 사업장폐기물을 처리하게 한 사안에서, 위 직원은 구 폐기물관리법 제62조의 양벌규정이 적용되는 대리인·사용인 기타의 종업원에 해당한다고 본 사례

【판결요지】

[1] 구 폐기물관리법(2007. 1. 3. 법률 제8213호로 개정되기 전의 것) 제62조의 양벌규정은, 사업장폐기물배출자가 아니면서 당해 업무를 실제로 집행하는 자가 있을 때 위 벌칙규정의 실효성을 확보하기 위하여 그 적용대상자를 당해 업무를 실제로 집행하는 자까지 확장함으로써 그러한 자가 당해 업무집행과 관련하여 위 벌칙규정의 위반행위를 한 경우 위 양벌규정에 의하여 처벌할 수 있도록 한 행위자의 처벌규정임과 동시에 그 위반행위의 이익귀속주체인 사업장폐기물배출자에 대한 처벌규정이다. 여기서 '당해 업무를 실제로 집행하는 자'란 그 법인 또는 개인의 업무에 관하여 자신의 독자적인 권한이 없이 오로지 상급자의 지시에 의하여 단순히 노무제공을 하는 것에 그치는 것이 아니라, 적어도 일정한 범위 내에서는 자신의 독자적인 판단이나 권한에 의하여 그 업무를 수행할 수 있는 자를 의미한다.

[2] 주한미군 부평교역처 보급창의 폐기물처리업무를 담당하는 직원이 적법한 신고절차 없이 미허가·미신고의 폐기물처리업자에게 사업장폐기물을 처리하게 한 사안에서, 위 직원은 위 보급창의 일반적인 통제·감독을 받으면서도 폐기물처리에 관한 어느 정도의 독자적 권한이 있으므로, 구 폐기물관리법(2007. 1. 3. 법률 제8213호로 개정되기 전의 것) 제62조의 양벌규정이 적용되는 대리인·사용인 기타의 종업원에 해당한다고 본 사례

대법원 2007.11.29. 선고 2007도7920 판결 [식품위생법위반][미간행]

【판시사항】

[1] 식품위생법 제79조에 정한 양벌규정의 취지

[2] 종업원이 무허가 유흥주점 영업을 할 당시 식품영업주가 교통사고로 입원하고 있었다는 사유만으로 양벌규정에 따른 책임을 면할 수는 없다고 한 사례

【이 유】

상고이유를 판단한다.

식품위생법(이하 '법'이라 한다) 제79조는 법인의 대표자나 법인 또는 개인의 대리인·사용인 기타의 종업원이 그 법인 또는 개인의 업무에 관하여 법 제74조 내지 제77조의 위반행위를 한 때에는 그 행위자를 벌하는 외에 그 법인이나 개인에 대하여도 해당 각조의 벌금형을 과하도록 하는 양벌규정으로서 식품영업주의 그 종업원 등에 대한 감독 태만을 처벌하려는 규정인바 (대법원 1977. 5. 24. 선고 77도412 판결 참조), 피고인의 종업원인 공소외인이 이 사건 무허가 유흥주점 영업을 할 당시 피고인이 교통사고로 입원하고 있었다는 사유만으로 위 양벌규정에 따른 식품영업주로서의 감독태만에 대한 책임을 면할 수는 없다고 할 것이므로, 원심이 피고인의 식품영업주로서의 책임을 인정하여 위 양벌규정에 따라 피고인에게 벌금을 부과한 것은 정당하고, 거기에 상고이유의 주장과 같은 채증법칙 위배, 식품위생법에 관한 법리오해 등의 위법이 없다.

대법원 2007. 10. 26. 선고 2006도7280 판결 [자동차관리법위반][미간행]

【판시사항】

자동차관리법 제13조 제5항에 따라 자동차말소등록의 통지를 받고 자동차등록증·등록번호판 및 봉인을 반납하여야 하는 의무를 부담하는 '당해 자동차를 소유하여 온 자'가 법인인 경우, 같은 법 제82조 제2호 위반죄의 주체(=법인의 대표자)

[중간 생략]

【이 유】

상고이유를 판단한다.

법인은 사법상의 권리의무의 주체가 될 수 있음은 별론으로 하더라도 법률에 명문의 규정이 없는 한 그 범죄능력은 없고 그 법인의 업무는 법인을 대표하는 자연인인 대표기관의 의사결정에 따른 대표행위에 의하여 실현될 수밖에 없다고 할 것인바, 자동차관리법 제13조 제5항의 규정에 의하여 시·도지사로부터 등록된 자동차에 관한 직권 말소등록의 통지를 받고 당해 자동차의 자동차등록증·

등록번호판 및 봉인을 반납하여야 하는 의무를 부담하는 "당해 자동차를 소유하여 온 자"가 법인인 경우에는 자연인인 대표기관이 그 업무를 수행하는 것이므로 같은 법 제82조 제2호에서 '제13조 제5항의 규정에 위반하여 정당한 사유 없이 등록번호판 및 봉인을 반납하지 아니한 자'라 함은 법인의 대표기관인 자연인을 의미한다고 할 것이다.

이러한 법리 및 기록에 의하여 살펴보면, 피고인이 성전기업 주식회사의 실질적 대표자로서 이 사건 자동차관리법 제82조 제2호 위반죄에 대한 형사책임을 진다고 판단한 원심의 조치는 옳고, 거기에 채증법칙 위배로 인한 사실오인이나 자동차관리법 제82조 제2호 위반죄의 주체에 관한 법리오해 등의 위법이 없다.

대법원 2007.8.23. 선고 2005도4471 판결

[주식회사의외부감사에관한법률위반][집55(2)형,823;공2007.9.15.(282),1494]

【판시사항】

[3] 합병으로 소멸한 법인이 양벌규정에 따라 부담하던 형사책임이 합병 후 존속회사에 승계되는지 여부(소극)

【판결요지】

[3] 회사합병이 있는 경우 피합병회사의 권리·의무는 사법상의 관계나 공법상의 관계를 불문하고 모두 합병으로 인하여 존속하는 회사에 승계되는 것이 원칙이지만, 그 성질상 이전을 허용하지 않는 것은 승계의 대상에서 제외되어야 할 것인바, 양벌규정에 의한 법인의 처벌은 어디까지나 형벌의 일종으로서 행정적 제재처분이나 민사상 불법행위책임과는 성격을 달리하는 점, 형사소송법 제328조가 '피고인인 법인이 존속하지 아니하게 되었을 때'를 공소기각결정의 사유로 규정하고 있는 것은 형사책임이 승계되지 않음을 전제로 한 것이라고 볼 수 있는 점 등에 비추어 보면, 합병으로 인하여 소멸한 법인이 그 종업원 등의 위법행위에 대해 양벌규정에 따라 부담하던 형사책임은 그 성질상 이전을 허용하지 않는 것으로서 합병으로 인하여 존속하는 법인에 승계되지 않는다.

대법원 2007.8.23. 선고 2007도3787 판결 [도로법위반][미간행]

【판시사항】

[1] 도로법 제86조에 정한 '법인 또는 개인'의 의미

[2] 도로법 제86조에 정한 '사용인 기타의 종업원'의 의미

【이 유】

상고이유를 본다.

도로법 제86조 소정의 '법인 또는 개인'이라 함은 단지 형식상의 명의자를 의미하는 것이 아니라 자기의 계산으로 사업을 경영하는 실질적 경영귀속주체를 말하고 (대법원 1992. 11. 10. 선고 92도2034 판결, 대법원 2006. 9. 8. 선고 2006도2755 판결 등 참조), 위 법조에 정한 '사용인 기타의 종업원'이라 함은 법인 또는 개인과 정식으로 고용계약을 체결하고 근무하는 자뿐만 아니라 법인 또는 개인의 대리인, 사용인 등이 자기의 업무보조자로서 사용하면서 직접 또는 간접으로 법인 또는 개인의 통제·감독 아래에 있는 자도 포함된다고 할 것이다(대법원 2003. 6. 10. 선고 2001도2573 판결 참조).

대법원 2006.2.24. 선고 2003도4966 판결

[방문판매등에관한법률위반][공2006.4.1.(247),547]

【판시사항】

[2] 양벌규정인 구 방문판매 등에 관한 법률 제63조에서의 '법인의 사용인'의 범위

[3] 구 방문판매 등에 관한 법률의 양벌규정의 적용에 있어서 다단계판매원이 다단계판매업자의 사용인에 해당하는지 여부(적극)

【판결요지】

[2] 구 방문판매 등에 관한 법률(2002. 3. 30. 법률 제6688호로 전문 개정되기 전의 것) 제63조에서 말하는 '법인의 사용인'에는 법인과 정식 고용계약이 체결되어 근무하는 자뿐만 아니라 그 법인의 업무를 직접 또는 간접으로 수행하면서 법인의 통제·감독 하에 있는 자도 포함된다.

[3] 다단계판매업의 영업태양 및 다단계판매업자와 다단계판매원 사이의 관계에

비추어 볼 때, 다단계판매원이 하위판매원의 모집 및 후원활동을 하는 것은 실질적으로 다단계판매업자의 관리 아래 그 업무를 위탁받아 행하는 것으로 볼 수 있어, 다단계판매업자가 상품의 판매 또는 용역의 제공에 의한 이익의 귀속주체가 된다고 할 것이므로, 다단계판매원은 다단계판매업자의 통제·감독을 받으면서 다단계판매업자의 업무를 직접 또는 간접으로 수행하는 자로서, 적어도 구 방문판매 등에 관한 법률(2002. 3. 30. 법률 제6688호로 전문 개정되기 전의 것)의 양벌규정의 적용에 있어서는 다단계판매업자의 사용인의 지위에 있다고 봄이 상당하다.

대법원 2006. 2. 24. 선고 2005도7673 판결 [저작권법위반][미간행]

【판시사항】

[1] 양벌규정에 의한 영업주의 처벌에 있어서 종업원의 범죄성립이나 처벌을 요하는지 여부(소극)

[중간 생략]

【이 유】

1. 양벌규정에 의한 영업주의 처벌에 관하여

양벌규정에 의한 영업주의 처벌은 금지위반행위자인 종업원의 처벌에 종속하는 것이 아니라 독립하여 그 자신의 종업원에 대한 선임감독상의 과실로 인하여 처벌되는 것이므로 종업원의 범죄성립이나 처벌이 영업주 처벌의 전제조건이 될 필요는 없다(대법원 1987. 11. 10. 선고 87도1213 판결 참조).

따라서 영업주인 피고인에 대하여만 공소가 제기된 이 사건 공소사실을 유죄로 인정한 원심판결에는 양벌규정에 관한 법리를 오해하는 등의 위법이 없다.

대법원 2005.11.25. 선고 2005도6455 판결 [청소년보호법위반][미간행]

【판시사항】

[1] 청소년유해업소의 업주로부터 위임을 받은 종업원이 업무와 관련하여 청소년을 고용한 경우, 그 종업원과 업주가 모두 청소년보호법 제50조 제2호의 적용 대상이 되는지 여부(적극)

[중간생략]

【이 유】

1. 청소년보호법 제50조 제2호, 제24조 제1항은 청소년을 고용한 청소년유해업소의 업주를 3년 이하의 징역이나 2천만 원 이하의 벌금에 처하도록 규정하고 있고, 같은 법 제54조(양벌규정)는 개인의 대리인, 사용인 기타 종업원이 개인의 업무에 관하여 같은 법 제50조 등의 죄를 범한 때에는 행위자를 벌하는 외에 개인에 대하여도 각 해당 조의 벌금형을 과하도록 규정하고 있는바, 위 양벌규정은 벌칙규정의 실효성을 확보하기 위하여 그 행위자와 업주 쌍방을 모두 처벌하려는 데에 그 취지가 있다고 할 것이므로(대법원 1999. 7. 15. 선고 95도2870 전원합의체 판결, 2004. 5. 14. 선고 2004도74 판결 등 참조), 청소년유해업소의 업주로부터 위임을 받은 종업원이 업무와 관련하여 청소년을 고용하였다면 그 종업원과 업주는 모두 청소년보호법 제50조 제2호의 적용대상이 된다고 할 것이다.

원심은, 그 채용 증거들에 의하여, 피고인이 운영하는 유흥주점의 종업원인 공소외인이 손님들의 흥을 돋우기 위하여 2회에 걸쳐 속칭 보도방으로부터 소개받은 청소년들을 고용한 사실을 인정한 다음, 위 양벌규정을 적용하여 피고인을 유죄로 인정하였는바, 위에서 본 법리 및 기록에 비추어 살펴보면, 원심의 위와 같은 사실인정 및 판단은 정당한 것으로 수긍할 수 있고, 거기에 상고이유로 주장하는 바와 같은 청소년보호법상의 고용에 관한 법리오해나 청소년보호법 제54조의 해석적용에 관한 법령위반 등의 위법이 없다.

대법원 2005. 11. 10. 선고 2004도2657 판결

[도로법위반][집53형,579; 공2005.12.15.(240),1997]

【판시사항】

[1] 지방자치단체가 도로법 제86조의 양벌규정의 적용대상이 되는 법인에 해당하는지 여부(한정 적극)

[2] 지방자치단체 소속 공무원이 압축트럭 청소차를 운전하여 고속도로를 운행하던 중 제한축중을 초과 적재 운행함으로써 도로관리청의 차량운행 제한을 위

반한 사안에서, 해당 지방자치단체가 도로법 제86조의 양벌규정에 따른 처벌대상이 된다고 한 사례

【판결요지】

[1] 헌법 제117조, 지방자치법 제3조 제1항, 제9조, 제93조, 도로법 제54조, 제83조, 제86조의 각 규정을 종합하여 보면, 국가가 본래 그의 사무의 일부를 지방자치단체의 장에게 위임하여 그 사무를 처리하게 하는 기관위임사무의 경우에는 지방자치단체는 국가기관의 일부로 볼 수 있는 것이지만, 지방자치단체가 그 고유의 자치사무를 처리하는 경우에는 지방자치단체는 국가기관의 일부가 아니라 국가기관과는 별도의 독립한 공법인이므로, 지방자치단체 소속 공무원이 지방자치단체 고유의 자치사무를 수행하던 중 도로법 제81조 내지 제85조의 규정에 의한 위반행위를 한 경우에는 지방자치단체는 도로법 제86조의 양벌규정에 따라 처벌대상이 되는 법인에 해당한다.

[2] 지방자치단체 소속 공무원이 압축트럭 청소차를 운전하여 고속도로를 운행하던 중 제한축중을 초과 적재 운행함으로써 도로관리청의 차량운행제한을 위반한 사안에서, 해당 지방자치단체가 도로법 제86조의 양벌규정에 따른 처벌대상이 된다고 한 사례

대법원 2004. 9. 24. 선고 2004도4066 판결
[지방세법위반][공2004.11.1.(213),1785]

【판시사항】

[1] 법인이 조세를 체납한 경우 그 대표자도 책임을 지는지 여부(적극)

[2] 조세범처벌법에 의한 고발의 경우 이른바 '고소·고발 불가분원칙'이 적용되는지 여부(소극)

[3] 피고발인을 법인으로 명시한 다음, 이어서 법인의 등록번호와 대표자의 인적사항을 기재한 고발장의 표시를 자연인인 개인까지를 피고발자로 표시한 것이라고 볼 수는 없다고 한 사례

【판결요지】

[1] 회사의 대표이사는 법인의 기관으로서 현실적으로 납세 등의 행위를 하는 자이고, 회사가 세금을 체납한 경우에는 법인의 대표자로서 현실적으로 체납행위를 한 자라 할 것이어서 조세범처벌법 제3조에 의하여 자연인인 그 대표자는 행위자로서의 같은 법 제10조의 책임을 면할 수 없다.

[2] 조세범처벌법 제6조는 조세에 관한 범칙행위에 대하여는 원칙적으로 국세청장 등의 고발을 기다려 논하도록 규정하고 있는바, 같은 법에 의하여 하는 고발에 있어서는 이른바 고소·고발 불가분의 원칙이 적용되지 아니하므로, 고발의 구비 여부는 양벌규정에 의하여 처벌받는 자연인인 행위자와 법인에 대하여 개별적으로 논하여야 한다.

[3] 피고발인을 법인으로 명시한 다음, 이어서 법인의 등록번호와 대표자의 인적사항을 기재한 고발장의 표시를 자연인인 개인까지를 피고발자로 표시한 것이라고 볼 수는 없다고 한 사례

대법원 2003. 9. 2. 선고 2003도3073 판결
[도로법위반][집51(2)형,500;공2003.10.1.(187),1989]

【판시사항】

지입차주의 도로법위반행위에 대하여 지입회사가 양벌규정에 의하여 처벌되는지 여부(적극)

【판결요지】

화물자동차운송사업면허를 가진 운송사업자와 실질적으로 자동차를 소유하고 있는 차주간의 계약으로 외부적으로는 자동차를 운송사업자 명의로 등록하여 운송사업자에게 귀속시키고 내부적으로는 각 차주들이 독립된 관리 및 계산으로 영업을 하며 운송사업자에 대하여는 지입료를 지불하는 운송사업형태(이른바 지입제)에 있어, 그 지입차주가 세무관서에 독립된 사업자등록을 하고, 지입된 차량을 직접 운행·관리하면서 그 명의로 화물운송계약을 체결하였다고 하더라도, 그 자동차가 지입회사의 소유로 등록되어 있고, 지입회사만이 화물자동차운송사업면허를 가지고 있는 이상, 지입차주는 객관적 외형상으로 보아 그 차량의 소유

자인 지입회사와의 위탁계약에 의하여 그 위임을 받아 운행·관리를 대행하는 지위에 있는 자로서 도로법 제86조에서 정한 "대리인·사용인 기타의 종업원"에 해당한다.

대법원 2003. 6. 10. 선고 2001도2573 판결

[도시계획법위반][공2003.7.15.(182),1554]

【판시사항】

[1] 구 도시계획법 제93조 소정의 '사용인 기타의 종업원'에 토지의 임차인도 포함되는지 여부(소극)

【판결요지】

[1] 이른바 양벌규정인 구 도시계획법(2000. 1. 28. 법률 제6243호로 전문 개정되기 전의 것) 제93조에서 정한 '사용인 기타의 종업원'에는 법인 또는 개인과 정식으로 고용계약을 체결하고 근무하는 자뿐만 아니라 법인 또는 개인의 대리인, 사용인 등이 자기의 업무보조자로서 사용하면서 직접 또는 간접으로 법인 또는 개인의 통제·감독 아래에 있는 자도 포함된다고 보아야 하지만, 토지의 소유자가 토지를 임차하여 사용하는 사람에 대하여 소유자로서의 권리를 행사할 수 있다는 이유만으로 토지의 임차인을 그 토지 소유자의 사용인 기타의 종업원에 해당한다고 볼 수는 없다.

대법원 2000. 10. 27. 선고 2000도3570 판결

[약사법위반][공2000.12.15.(120),2485]

【판시사항】

법인이 아닌 약국을 실질적으로 경영하는 약사가 다른 약사를 고용하여 그 고용된 약사를 명의상의 개설약사로 등록하게 해두고 약사 아닌 종업원을 직접 고용하여 영업하던 중 그 종업원이 약사법위반 행위를 한 경우, 약사법 제78조의 양벌규정상의 형사책임의 주체(=실질적 경영자)

【판결요지】

법인이 아닌 약국에서의 영업으로 인한 사법상의 권리의무는 그 약국을 개설한 약사에게 귀속되므로 대외적으로 그 약국의 영업주는 그 약국을 개설한 약사라고 할 것이지만, 그 약국을 실질적으로 경영하는 약사가 다른 약사를 고용하여 그 고용된 약사를 명의상의 개설약사로 등록하게 해두고 실질적인 영업약사가 약사 아닌 종업원을 직접 고용하여 영업하던 중 그 종업원이 약사법위반 행위를 하였다면 약사법 제78조의 양벌규정상의 형사책임은 그 실질적 경영자가 지게 된다.

대법원 1996. 3. 12. 선고 94도2423 판결

[저작권법위반][집44(1)형,971;공1996.5.1.(9),1321]

【판시사항】

친고죄의 경우 양벌규정에 의하여 처벌받는 자에 대하여 별도의 고소를 요하는지 여부(소극)

【판결요지】

고소는 범죄의 피해자 또는 그와 일정한 관계가 있는 고소권자가 수사기관에 대하여 범죄사실을 신고하여 범인의 처벌을 구하는 의사표시이므로, 고소인은 범죄사실을 특정하여 신고하면 족하고 범인이 누구인지 나아가 범인 중 처벌을 구하는 자가 누구인지를 적시할 필요도 없는바, 저작권법 제103조의 양벌규정은 직접 위법행위를 한 자 이외에 아무런 조건이나 면책조항 없이 그 업무의 주체 등을 당연하게 처벌하도록 되어 있는 규정으로서 당해 위법행위와 별개의 범죄를 규정한 것이라고는 할 수 없으므로, 친고죄의 경우에 있어서도 행위자의 범죄에 대한 고소가 있으면 족하고, 나아가 양벌규정에 의하여 처벌받는 자에 대하여 별도의 고소를 요한다고 할 수는 없다.

대법원 1996. 2. 23. 선고 95도2083 판결

[건설기계관리법위반(인정된 죄명 중기관리법위반)][공1996.4.15.(8),1173]

【판시사항】

[1] 구 중기관리법 제36조에 의하여 중기소유자가 아닌 행위자도 중기소유자에 대한 각 본조의 벌칙규정의 적용대상이 되는지 여부(적극)

[2] 회사의 관리과장에게 구 중기관리법 위반의 책임을 인정한 사례

【판결요지】

[1] 구 중기관리법(1993. 6. 11. 법률 제4561호 건설기계관리법으로 전문 개정되기 전의 것) 제34조 제3호, 제12조 제4항 소정의 벌칙규정의 적용대상은 중기의 소유자임이 그 규정 자체에 의하여 명백하나, 한편 같은 법 제36조는 법인의 대표자, 법인 또는 자연인의 대리인·사용인 기타 종업원이 법인 또는 자연인의 업무에 관하여 제32조 내지 제35조의 규정에 해당하는 행위를 한 경우에는 그 행위자를 벌하는 외에 그 법인 또는 자연인에 대하여도 각 본조의 벌금형을 과하도록 양벌규정을 두고 있고, 이 규정의 취지는 각 본조의 위반행위를 중기소유자인 법인이나 개인이 직접 하지 않은 경우에도 그 행위자와 중기소유자 쌍방을 모두 처벌하려는 데에 있으므로, 이 양벌규정에 의하여 중기소유자가 아닌 행위자도 중기소유자에 대한 각 본조의 벌칙규정의 적용대상이 된다.

[2] 회사 소속 중기 등의 관리에 대한 전반적인 업무를 담당하고 있는 관리과장은 비록 위 중기 등이 지입된 것으로서 지입차주가 있다고 하더라도, 위 중기의 법적인 관리책임자인 회사의 중기관리에 대한 업무담당자로서 구 중기관리법 위반 행위자라는 이유로 원심이 구 중기관리법 위반의 죄책을 물은 것을 수긍한 사례

대법원 1995.7.28. 선고 94도3325 판결

[자동차운수사업법위반][공1995.9.1.(999),3029]

【판시사항】

양벌규정인 자동차운수사업법 제74조를 법인격 없는 사단이나 그 구성원 개개인에 적용할 수 있는지 여부

【판결요지】

자동차운수사업법 제72조 제5호는 같은 법 제58조의 규정에 의한 허가를 받지 아니하고 자가용자동차를 유상으로 운송용에 제공하거나 임대한 자를 처벌한다

고 규정하고, 같은 법 제74조는 이른바 양벌규정으로서 "법인의 대표자나 법인 또는 개인의 대리인, 사용인 기타의 종업원이 그 법인 또는 개인의 업무와 관련하여 같은 법 제72조의 위반행위를 한 때에는 행위자를 벌하는 외에 그 법인 또는 개인에 대하여도 각 해당 조항의 벌금형에 처한다"고 규정하고 있을 뿐이고 법인격 없는 사단에 대하여서도 위 양벌규정을 적용할 것인가에 관하여는 아무런 명문의 규정을 두고 있지 아니하므로, 죄형법정주의의 원칙상 법인격 없는 사단에 대하여는 같은 법 제74조에 의하여 처벌할 수 없고, 나아가 법인격 없는 사단에 고용된 사람이 유상운송행위를 하였다 하여 법인격 없는 사단의 구성원 개개인이 위 법 제74조 소정의 "개인"의 지위에 있다 하여 처벌할 수도 없다.

대법원 1995.5.26. 선고 95도230 판결
[산업안전보건법위반][공1995.7.1.(995),2307]
【판시사항】
양벌규정인 산업안전보건법 제71조에 의하여 사업자가 아닌 행위자도 벌칙규정의 적용대상이 되는지 여부
【판결요지】
산업안전보건법 제67조 제1호, 제23조 제1항, 제69조 제4호, 제42조 제1항 소정의 벌칙규정의 적용대상은 사업자임이 그 규정 자체에 의하여 명백하나, 한편 같은 법 제71조는 법인의 대표자 또는 법인이나 개인의 대리인, 사용인(관리감독자를 포함한다), 기타 종업원이 그 법인 또는 개인의 업무에 관하여 제67조 내지 제70조의 위반행위를 한 때에는 그 행위자를 벌하는 외에 그 법인 또는 개인에 대하여도 각 본조의 벌칙규정을 적용하도록 양벌규정을 두고 있고, 이 규정의 취지는 같은 법 제67조 내지 제70조의 위반행위를 사업자인 법인이나 개인이 직접하지 않은 경우에는 그 행위자와 사업자 쌍방을 모두 처벌하려는 데에 있으므로, 이 양벌규정에 의하여 사업자가 아닌 행위자도 사업자에 대한 각 같은 법 제67조 제1호, 제69조 제4호 벌칙규정의 적용대상이 된다.

대법원 1993.5.14. 선고 93도344 판결

[증권거래법위반][공1993.7.15.(948),1763]

【판시사항】

법인의 대리인, 사용인 등이 법인과의 고용계약관계 없이 사용하는 보조자도 증권거래법 제215조 제2항 소정의 "법인의 종업원"에 포함되는지 여부(적극)

【판결요지】

증권거래법 제215조 제2항(양벌규정) 소정의 법인의 종업원에는 법인과 정식의 고용계약이 체결되어 근무하는 자뿐만 아니라 법인의 대리인, 사용인 등이 자기의 보조자로서 사용하고 있으면서 직접 또는 간접으로 법인의 통제·감독하에 있는 자도 포함한다.

대법원 1992.11.10. 선고 92도2324 판결

[중기관리법위반][공1993.1.1.(935),163]

【판시사항】

가. 양벌규정인 중기관리법 제36조에 의하여 중기소유자가 아닌 행위자도 중기소유자에 대한 각 본조의 벌칙규정의 적용대상이 되는지 여부(적극)

나. 회사 소유 중기의 관리를 사원이 담당하고 있다면 그 관리에 직접 관여하지 아니한 대표이사는 위 법 위반행위의 행위자라 할 수 없다고 본 사례

【판결요지】

가. 중기관리법 제36조의 규정취지는 각 본조의 위반행위를 중기소유자인 법인이나 개인이 직접 하지 않은 경우에도 그 행위자와 중기소유자 쌍방을 모두 처벌하려는 데에 있으므로, 이 양벌규정에 의하여 중기소유자가 아닌 행위자도 중기소유자에 대한 각 본조의 벌칙규정의 적용대상이 된다.

나. 회사 소유 중기의 관리를 사원이 담당하고 있다면 그 관리에 직접 관여하지 아니한 대표이사는 위 법 위반행위의 행위자라 할 수 없다고 본 사례.

【이 유】

[생략]

원심이 적법히 확정한 바와 같이 공소외 1주식회사가 콘크리트 제품의 제조, 판매를 목적으로 하는 회사로서 약 30여 명의 사원이 근무하고 있는바, 이 사건 당시 이 사건 중기를 비롯한 위 회사 소속 차량의 관리는 관리과 사원인 공소외 2가 담당하고 있었고, 피고인은 공소외 1 주식 회사의 대표이사로서 위 중기의 관리에 직접 관여하지 아니하였다면, 위 회사 대표이사인 피고인은 이 사건 중기관리법 위반행위의 행위자라 할 수 없을 것이므로 원심이 같은 취지에서 피고인에 대하여 무죄를 선고한 것은 정당하고, 거기에 소론과 같은 중기관리법위반죄에 관한 법리오해의 위법이 있다 할 수 없다.

[생략]

대법원 1987.11.10. 선고 87도1213 판결
[미성년자보호법위반][집35(3)형,747;공1988.1.1.(815),120]

【판시사항】

가. 미성년자보호법 제4조 제2항의 영업자에 영업주의 고용인도 포함되는지 여부

나. 종업원의 동법 위반죄의 구성요건상 자격흠결과 양벌규정에 의한 영업주의 범죄성립 여부

다. 타인이 고용한 종업원의 위법행위로 인한 영업주의 양벌규정에 의한 범죄성립 여부

라. 종업원의 위법행위의 동기가 영업주의 책임에 영향을 미치는지 여부

【판결요지】

가. 미성년자보호법 제4조 제1, 2항, 제2조 제1항 제3호와 제7조의 규정을 종합하면 위 제4조 제2항의 영업자에는 영업주가 아닌 영업주의 대리인, 사용인 기타 종업원 등 고용인도 포함된다.

나. 양벌규정에 의한 영업주의 처벌은 금지위반행위자인 종업원의 처벌에 종속하는 것이 아니라 독립하여 그 자신의 종업원에 대한 선임감독상의 과실로 인하여 처벌되는 것이므로 영업주의 위 과실책임을 묻는 경우 금지위반행위자인 종업원에게 구성요건상의 자격이 없다고 하더라도 영업주의 법죄성립에는 아무런

지장이 없다.

다. 종업원 등의 행정법규위반행위에 대하여 양벌규정으로 영업주의 책임을 묻는 것은 종업원 등에 대한 영업주의 선임감독상의 과실책임을 근거로 하는 것이며 그 종업원은 영업주의 사업경영과정에 있어서 직접 또는 간접으로 영업주의 감독통제 아래 그 사업에 종사하는 자를 일컫는 것이므로 영업주 스스로 고용한 자가 아니고 타인의 고용인으로서 타인으로부터 보수를 받고 있다 하더라도 객관적 외형상으로 영업주의 업무를 처리하고 영업주의 종업원을 통하여 간접적으로 감독통제를 받는 자라면 위에 포함된다.

라. 객관적 외형상으로 영업주의 업무에 관한 행위이고 종업원이 그 영업주의 업무를 수행함에 있어서 위법행위를 한 것이라면 그 위법행위의 동기가 종업원 기타 제3자의 이익을 위한 것에 불과하고 영업주의 영업에 이로운 행위가 아니라 하여도 영업주는 그 감독해태에 대한 책임을 면할 수 없다.

대법원 1983.3.22. 선고 81도2545 판결
[무역거래법위반][공1983.5.15.(704),766]
【판시사항】
가. 양벌규정에 의한 법인의 처벌과 범의
나. 암묵리에 행하여진 범의의 상통과 공동정범
다. 실행행위를 분담하지 아니한 법인의 사용인이 소속된 법인의 죄책
라. 생략
【판결요지】
가. 무역거래법 제34조의 양벌규정에 의하여 법인이 처벌을 받는 경우, 범죄의 주관적 구성요건으로서의 범의는 실지 행위자인 동법인의 사용인에게 정당한 절차를 거치지 아니하고 수입을 한다는 인식이 있으면 족하다.
나. 공동정범이 성립하기 위하여는 반드시 공범자간에 사전모의가 있어야 하는 것은 아니며 암묵리에 서로 협력하여 공동의 범의를 실현하려는 의사가 상통하면 족하다.

다. 양벌규정에 의하여 법인이 처벌받는 경우에 법인의 사용인들이 범죄행위를 공모한 후 일방법인의 사용인이 그 실행행위에 직접 가담하지 아니하고 다른 공모자인 타법인의 사용인만이 분담실행한 경우에도 그 법인은 공동정범의 죄책을 면할 수 없다.

라. 생략

대법원 1984.10.10. 선고 82도2595 전원합의체 판결

[배임][집32(4)형,530;공1984.12.1.(741)1816]

【판시사항】

타인의 사무를 처리할 의무의 주체가 법인인 경우 그 법인의 대표기관이 배임죄의 주체가 될 수 있는지 여부(적극)

【판결요지】

다수의견: 형법 제355조 제2항의 배임죄에 있어서 타인의 사무를 처리할 의무의 주체가 법인이 되는 경우라도 법인은 다만 사법상의 의무주체가 될 뿐 범죄능력이 없는 것이며 그 타인의 사무는 법인을 대표하는 자연인인 대표기관의 의사결정에 따른 대표행위에 의하여 실현될 수밖에 없어 그 대표기관은 마땅히 법인이 타인에 대하여 부담하고 있는 의무내용 대로 사무를 처리할 임무가 있다 할 것이므로 법인이 처리할 의무를 지는 타인의 사무에 관하여는 법인이 배임죄의 주체가 될 수 없고 그 법인을 대표하여 사무를 처리하는 자연인인 대표기관이 바로 타인의 사무를 처리하는 자 즉 배임죄의 주체가 된다.

차. 행정사범 조사 시 유의사항

○ 법률의 부지

  – 행위자가 자기가 무엇을 하고 있는가 하는 것은 알고 있으나, 자기행위를 법적으로 금지하고 있는 금지규범의 존재를 알지 못하고 행위한 경우를 법률의 부지라고 한다(위키백과).

○ 법률의 부지 문단 예시

문	피의자는 왜 허가를 받지 아니하고 산지를 전용하게 되었나요
답	허가를 받아야 한다는 사실을 알지 못했기 때문입니다.

○ 법률의 부지 판례

※ 출처: 대법원 홈페이지(대국민서비스−정보−판결서 인터넷 열람−열람 신청하기)

2024. 06. 12. 대전지방법원 [2024고정219] 전기공사업법위반

[형사]

1. 피고인 A 피고인 A을 벌금 500만 원에 처한다. 피고인 A이 위 벌금을…

2. 판단

피고인들 및 변호인의 위 주장은 전기공사업법상 전기공사업 등록이 없이도 이 사건 전기공사업을 해도 되는 것으로 오인하였다는 것으로 이는 단순한 법률의 부지에 해당한다.

그런데 형법 제16조에 자기의 행위가 법령에 의하여 죄가 되지 아니한 것으로 오인한 행위는 그 오인에 정당한 이유가 있는 때에 한하여 벌하지 아니한다고 규정하고 있는 것은 단순한 법률의 부지의 경우를 말하는 것이 아니고 일반적으로 범죄가 되는 행위이지만 자기의 특수한 경우에는 법령에 의하여 허용된 행위로서 죄가 되지 아니한다고 그릇 인식하고 그와 같이 그릇 인식함에 있어 정당한 이유가 있는 경우에는 벌하지 아니한다는 취지이고(대법원 1985. 4. 9. 선고 85도25 판결 등 참조), 단순한 법률의 부지는 범죄의 성립에는 영향이 없다(대법원 2006. 1. 13. 선고 2005도8873 판결 등 참조).

한편 피고인들이 전기공사업법상 전기공사업 등록을 하지 아니한 채 이 사건 전기공사업을 영위한다는 사실에 대한 인식을 가지고 있었던 이상 판시 범행에 대한 고의는 인정되는 것으로 피고인들에게 각 판시 전기공사업법위반죄가 성립함에는 아무런 지장이 없고, 피고인들이 그와 같이 그릇 인식함에 있어 정당한 이유가 있다고 인정할 만한 자료 또한 부족하다. 따라서 피고인들 및 변호인의 주장은 이유 없어 받아들이지 않는다.

2023.11.23. 서울중앙지방법원 [2022노2812] 공인중개사법위반

[형사] 피고인의 항소를 기각한다.

⑤ 피고인은 시설권리금컨설팅업 부동산개발, 매매, 분양을 목적으로 D㈜로 사업등록을 하여 위 회사의 명의로 실질상 이 사건 상가점포에 관한 중개 수수료가 포함된 금원(세금계산서에는 '컨설팅'으로 표시)을 지급받은 후 전자세금계산서를 발행하였다(수사기록 제1권 제210쪽). 따라서 피고인은 이 사건 상가 권리 양수·양도 계약을 중개할 당시 계속 반복할 의사로 중개행위를 함으로써 부동산 중개를 업으로 하였다고 봄이 타당하다. 피고인은 이 사건 행위를 권리금 컨설팅을 한다는 의도로 한 것이어서 업으로 한 것이 아니라고 주장하나, 이는 단순한 법률의 부지에 해당하는 것이므로 이를 근거로 피고인의 고의를 부인할 수도 없다.

○ 법률의 착오 판례

　　– 예를 들어 '피의자가 "담당 공무원에게 허가를 받아야 하는지, 허가 없이 해도 되는지 물어 보니 허가 없이 해도 된다고 해서 그렇게 따른 것이다" 등으로 변명할 때'에는 그 진위 여부를 확인하여 위법성조각사유인 '정당행위' 내지는 책임조각사유인 '법률의 착오' 등에 해당하는지 살펴보아야 함

대법원 1993. 9. 14. 선고 92도1560 판결 [산림법위반][공1993.11.1.(955),2838]

【판시사항】

가. 국토이용관리법 제27조 제1항 제3호 및 관광진흥법 제26조 제10호에 의하여 산림법 제90조의 적용이 배제되기 위한 요건

나. 허가를 담당하는 공무원이 허가를 요하지 않는다고 잘못 알려 준 것을 믿은 경우 자기의 행위가 죄가 되지 않는 것으로 오인한 데 정당한 이유가 있는지 여부

【판결요지】

가. 국토이용관리법 제27조 제1항 제3호에 의하여 산림법 제90조의 적용이 배제되기 위하여는 같은 법 제14조의2 제1항 제7호에 따라 교통부장관 및 지방자치단체장에 의한 관광진흥법의 규정에 따른 관광지 조성 계획이 수립되어 있어야 하고 또 관광진흥법 제26조 제10호에 의하여 위 산림법의 적용이 배제되기 위하

여도 관광진흥법 제23조, 제24조 등에 따라 교통부장관에 의하여 관광지 등으로 지정되고 관할 도지사에 의하여 그 조성 계획이 수립되어 위 계획이 교통부장관에 의하여 승인되어 있어야 한다.

나. 행정청의 허가가 있어야 함에도 불구하고 허가를 받지 아니하여 처벌대상의 행위를 한 경우라도 허가를 담당하는 공무원이 허가를 요하지 않는 것으로 잘못 알려 주어 이를 믿었기 때문에 허가를 받지 아니한 것이라면 허가를 받지 않더라도 죄가 되지 않는 것으로 착오를 일으킨 데 대하여 정당한 이유가 있는 경우에 해당하여 처벌할 수 없다.

※ 출처: 대법원 1993. 9. 14. 선고 92도1560 판결 [산림법위반] 〉 종합법률정보 판례

대법원 1983. 2. 22. 선고 81도2763 판결

[양곡관리법위반(변경된죄명:식품위생법위반)][공1983.4.15.(702),613]

【판시사항】

가. 최종 소비자들이 가져온 볶은 쌀등을 빻아서 미싯가루를 만들어 준 행위가 식품위생법 제22조 소정의 식품가공업에 해당하는지 여부(적극)

나. 형법 제16조 소정의 정당한 이유가 있다고 본 사례

【판결요지】

가. 식품위생법 제1조, 제2조 제1항 및 동법의 기타 규정취지를 종합고찰하여 보면 동법 제44조 제1항, 제23조 제1항, 제22조, 동법시행령(1981.4.2. 대통령령 제10268호로 개정되기 전의 것) 제9조 제36호 등에서 가리키는 식품이란 의약으로 섭취하는 것을 제외한 모든 음식물을 말한다고 해석하여야 할 것인바, 미싯가루를 만들어서 소비하고자 하는 사람들이 물에 씻어 오거나 볶아온 쌀, 보리, 콩 등을 빻아서 미싯가루를 만들어 준 피고인의 소위는 식품위생법 제22조 제1항 및 동법시행령 제9조 제36호 소정의 식품가공업에 해당한다.

나. 피고인이 1975.4.1자 서울특별시 공문, 1975.12.3자 동시의 식품제조허가 지침, 동시의 1976.3.29자 제분업소허가권 일원화에 대한 지침 및 피고인이 가입되어 있는 서울시 식용유협동조합 도봉구 지부의 질의에 대한 도봉구청의

1977.9.1자 질의회시 등의 공문이 곡물을 단순히 볶아서 판매하거나 가공위탁자
로부터 제공받은 고추, 참깨, 들깨, 콩등을 가공할 경우 양곡관리법 및 식품위생
법상의 허가대상이 아니라는 취지이어서 사람들이 물에 씻어 오거나 볶아온 쌀
등을 빻아서 미싯가루를 제조하는 행위에는 별도의 허가를 얻을 필요가 없다고
믿고서 미싯가루 제조행위를 하게 되었다면, 피고인은 자기의 행위가 법령에 의
하여 죄가 되지 않는 것으로 오인하였고 또 그렇게 오인함에 어떠한 과실이 있음
을 가려낼 수 없어 정당한 이유가 있는 경우에 해당한다.

※ 출처: 대법원 1983. 2. 22. 선고 81도2763 판결
[양곡관리법위반(변경된죄명:식품위생법위반)] 〉 종합법률정보 판례

카. 피의자 신문 예시

* 범죄성립요건, 기수·미수, 공범, 경합범, 즉시범, 계속범, 포괄일죄 규정 참고하면서
조사

○ 형법 제250조(살인, 존속살해)

① 사람을 살해한 자는 사형, 무기 또는 5년 이상의 징역에 처한다.

문 피의자는 사람을 살해한 사실이 있나요

문 언제 살해했나요

문 어디서 살해했나요

문 누구를 살해했나요

문 누구와 함께 살해했나요(공범이 있다면 이어서 공모경위를 물어봄)

문 어떤 방법으로 살해했나요

문 왜 살해했나요

문 피해자를 죽인 이후 사체는 어떻게 처리했나요

문 피해자가 피의자 또는 배우자의 직계존속인가요

문 유족과 합의한 사실이 있나요

○ 형법 제329조(절도)

타인의 재물을 절취한 자는 6년 이하의 징역 또는 1천만 원 이하의 벌금에 처한다.

> **문** 피의자는 다른 사람의 물건을 훔친 사실이 있나요
>
> **문** 언제 훔쳤나요
>
> **문** 어디에서 훔쳤나요
>
> **문** 어떤 물건을 훔쳤나요
>
> **문** 누구와 함께 훔쳤나요
>
> **문** 어떤 방법으로 훔쳤나요
>
> **문** 왜 훔쳤나요
>
> **문** 훔친 물건을 어떻게 하였나요
>
> **문** 피해자와 친족관계가 있는가요
>
> **문** 합의한 사실이 있나요

○ 소방기본법위반

　– 유의사항: 구급대원 폭행사건은 아래 소개한 대법원 2023도17122, 수원지방법원 2023노3014 판결에 의해 소방기본법이 이닌 119구조·구급에 관한 법률을 적용해야 함

제16조(소방활동)

① 소방방재청장 등은 화재, 재난·재해, 그 밖의 위급한 상황이 발생하였을 때에는 소방대를 현장에 신속하게 출동시켜 화재진압과 인명구조·구급 등 소방에 필요한 활동을 하게 하여야 한다.

② 누구든지 정당한 사유 없이 제1항에 따라 출동한 소방대의 화재진압 및 인명구조·구급 등 소방활동을 방해하여서는 아니 된다.

제50조(벌칙)

다음 각 호의 어느 하나에 해당하는 사람은 5년 이하의 징역~

1. 제16조제2항을 위반하여 다음 어느 하나에 해당하는 행위를 한 사람

　다. 출동한 소방대원에게 폭행 또는 협박을 행사하여 화재진압, 인명구조, 구급활동을 방해하는 행위

> **문** 피의자는 출동한 소방대원을 폭행(또는 협박)한 사실이 있나요
>
> **문** 언제, 어디서, 누구를 폭행하였나요
>
> **문** 누구와 함께 폭행하였나요
>
> **문** 어떻게 폭행하였나요
>
> **문** 왜 폭행하였나요(정당한 사유가 있는지 확인)
>
> **문** 그 이후 처리 과정은 어떤가요
>
> **문** 피의자의 위와 같은 행위로 ○○○의 ~ 구급활동이 ~ 방해되었다고 하는데 어떤가요
>
> **문** 합의한 사실이 있나요

○ 119구조·구급에관한법률위반

제5조(다른 법률과의 관계) 구조·구급활동에 관하여 다른 법률에 특별한 규정이 있는 경우를 제외하고는 이 법에서 정하는 바에 따른다.

제13조(구조·구급활동)

① 소방청장등은 위급상황이 발생한 때에는 구조·구급대를 현장에 신속하게 출동시켜 인명구조, 응급처치 및 구급차 등의 이송, 그 밖에 필요한 활동을 하게 하여야 한다. 〈개정 2014. 11. 19., 2017. 7. 26., 2020. 10. 20.〉

② 누구든지 제1항에 따른 구조·구급활동을 방해하여서는 아니 된다.

제28조(벌칙) 정당한 사유 없이 제13조제2항을 위반하여 구조·구급활동을 방해한 자는 5년 이하의 징역 또는 5천만원 이하의 벌금에 처한다. 〈개정 2017. 12. 26.〉

> **문** 소방청장등은 위급상황이 발생한 때에는 구조·구급대를 현장에 신속하게 출동시켜 인명구조, 응급처치 및 구급차등의 이송, 그 밖에 필요한 활동을 하게 하여야 하는데, 피의자는 정당한 사유 없이 이에 따른 구조·구급활동을 방해한 사실이 있나요
>
> **문** 언제 구조·구급활동을 방해했나요
>
> **문** 어디에서 구조·구급활동을 방해했나요
>
> **문** 누구를, 무엇을 대상으로 구조·구급활동을 방해했나요

문	어떤 방법으로 구조·구급활동을 방해했나요
문	왜 구조·구급활동을 방해했나요(정당한 사유가 없었다는 점 조사)
문	피해 구급대원과 합의한 사실이 있나요

* 아래 2심 판결은 2024. 4. 12. 대법원(2023도17122)에서 그대로 확정되었음

2023.11.01. 수원지방법원 [2023노3014] 소방기본법위반

[형사] 검사의 항소를 기각한다.

1. 항소이유 요지(법률위반, 양형부당)

피고인의 방해 행위에 대하여는 119구조·구급에관한법률위반죄 이외에 소방기본법위반죄도 성립한다. 형(벌금 500만 원에 집행유예 1년)의 양정이 가벼워 부당하다.

2. 판단

가. 법률위반 주장에 대한 판단

원심은 판시 기재와 같은 이유로 피고인의 방해 행위에 대하여 119구조·구급에관한법률위반죄가 성립하는 이상 별도로 소방기본법위반죄가 성립하지는 않는다고 판단하였다.

119구조·구급에 관한 법률 제5조는 "구조·구급활동에 관하여 다른 법률에 특별한 규정이 있는 경우를 제외하고는 이 법에서 정하는 바에 따른다."고 규정하고 있다. 이 사건 공소사실은 피고인이 119구급대 소속 소방공무원의 구조구급활동을 방해했다는 것으로 위 규정에서 말하는 '구조구급활동'과 관련된 것이다. 반면 이 사건 공소장 적용법조로 기재된 소방기본법 제50조 제1호 다목, 제16조 제2항은 119구조·구급대 소속 여부를 불문하고 소방공무원 일반에 적용되는 것으로 위 규정에서 말하는 '다른 법률의 특별한 규정'이라고 볼 수 없다.

119구급대 소속 소방공무원의 구조구급활동을 방해했다는 것을 공소사실 자체로 명확히 확인할 수 있는 이 사건 공소사실에 대하여는 위 규정에 따라 119구조·구급에 관한 법률 제28조, 제13조 제2항이 정한 바에 따르는 것이 맞다. 기록을 살펴보면 원심 판단은 옳고 그 판단에 법률을 위반하여 판결에 영향을 미친 위법이 없다.

○ 농수산물의원산지표시에관한법률위반 / 죄명은 띄어 쓰지 않고 붙여 씀

제6조(거짓 표시 등의 금지)

① 누구든지 다음 각 호의 행위를 하여서는 아니 된다.

1. 원산지 표시를 거짓으로 하거나 / 이를 혼동하게 할 우려가 있는 표시를 하는 행위

2. 원산지 표시를 혼동하게 할 목적으로 그 표시를 손상·변경하는 행위

3. 원산지를 위장하여 판매하거나, 원산지 표시를 한 농수산물이나 그 가공품에 다른 농수산물이나 가공품을 혼합하여 판매하거나 판매할 목적으로 보관이나 진열하는 행위제14조(벌칙) 제6조 제1항을 위반한 자는 7년 이하의 ~

제17조(양벌규정) 법인의 대표자나 법인 또는 개인의 대리인, 사용인, 그 밖의 종업원이 그 법인 또는 개인의 업무에 관하여 제14조부터 제16조까지의 어느 하나에 해당하는 위반행위를 하면 그 행위자를 벌하는 외에 그 법인이나 개인에게도 해당 조문의 벌금형을 과(科)한다. 다만, 법인 또는 개인이 그 위반행위를 방지하기 위하여 해당 업무에 관하여 상당한 주의와 감독을 게을리하지 아니한 경우에는 그러하지 아니하다.

문 피의자는 어떤 일을 하고 있나요

문 위 영업장의 영업 규모는 어떤가요

문 피의자는 위와 같이 영업을 하며 농수산물 등에 원산지 표시를 거짓으로 한 사실이 있나요

문 언제 원산지를 거짓으로 표시했나요

문 어디에서 원산지를 거짓으로 표시하였나요

문 어떤 농수산물의 원산지를 거짓으로 표시했나요

문 누구와 함께하였나요

문 어떤 방법으로 원산지를 거짓으로 표시하였나요

문 원산지를 거짓으로 표시한 농수산물을 판매한 내역은 어떤가요

문 왜 이와 같은 행위를 하였나요

> **문** (법인의 대표자나 법인 또는 개인의 대리인, 사용인, 그 밖의 종업원인 경우)
> 피의자는 위와 같은 행위를 하는데 있어 법인(또는 개인 사장)으로부터 상
> 당한 주의와 감독을 받은 사실이 있나요
> **문** 현재도 위와 같은 방법으로 영업을 하고 있나요

타. 신문 중 문답 외 상황 기록

○ 조사자와 피의자 간의 문답 외에 문답으로 나타내기 곤란한 어떤 행동이 있을
경우에는 다음과 같이 서술식으로 기재함

○ 피의자로부터 신분 확인을 위해 주민등록증을 제출받았을 때

> **문** 진술인이 피의자 홍길동인가요
> **답** 예, 제가 홍길동입니다. 여기 주민등록증(또는 자동차운전면허증)을 제출하
> 겠습니다.
> 이때 사법경찰관은 피의자로부터 주민등록증을 제출받아 본인임을 확인한 후,
> 앞뒷면을 사본하여 본건 조서 뒤에 편철하기로 하고 계속 문답하다.

○ 피의자로부터 자료를 제출받았을 때

> **문** ~
> **답** 제 진술을 입증할 수 있는 자료를 제출하겠습니다.
> 이때 특별사법경찰관은 피의자가 제출하는 ~ 자료를 받아, 그 내용을 검토한 후
> (자료가 몇 페이지 안 될 때에는) 본건 조서 말미에 편철하기로 하고 계속 문답하
> 다. (자료가 양이 많을 때에는) 수사보고서를 작성하여 본건 수사기록에 편철하기
> 로 하고 계속 문답하다.

○ 피의자에게 증거자료를 제시할 때

> **문** 피의자는 이와 같은 증거가 있는데도 계속 부인하는가요
> 이때 사법경찰관은 사건 당시 피의자가 피해자를 폭행하는 장면이 담겨 있는

> CCTV를 캡처한 화면(기록 00쪽)을 피의자에게 열람시킨바,
>
> **답** ~

○ 피의자가 조사자의 신문에 아무런 답변이 없을 때

> **문** 피의자가 ~ 사실인가요
>
> 이때 피의자는 고개를 숙인 채 한숨을 쉬며 아무런 답변을 하지 못하다.

○ 조사 중 피의자 태도 기재

> **문** 피의자는 계속 부인하고 있지만, 현재 피의자의 모습은 입술이 바짝 마른 상태로 안면에 경련을 일으키는 등 안절부절못하고 있는데, 이러한 태도를 보면 피의자가 본건 범행을 저지른 것이 확실한 것으로 보이는데 어떤가요
>
> 이때 피의자는 입술이 바짝 마른 상태에서 얼굴 안면에 경련을 일으키며 아무런 대답을 하지 못하다.

○ 피의자로부터 증거물을 임의제출 받았을 때

> **문** 피의자가 위조한 주민등록증은 어디에 있나요
>
> **답** 제가 지금 가지고 있는데 제출하겠습니다.
>
> 이때 특별사법경찰관은 피의자가 임의로 제출하는 위조된 주민등록증을 받아 검토한 후 이를 영장 없이 압수하다. (별도로 압수조서를 작성하지 않아도 됨)

○ 형사소송법 제218조(영장에 의하지 아니한 압수)
  - 검사, 사법경찰관은 피의자 기타 인의 유류한 물건이나 소유자, 소지자 또는 보관자가 임의로 제출한 물건을 영장 없이 압수할 수 있다.
○ 특별사법경찰수사규칙 제70조(압수조서의 작성)
  ① 특별사법경찰관은 증거물이나 몰수할 물건을 압수한 때에는 압수조서와 압수목록을 작성하여야 한다.

② 압수조서에는 압수의 일시·장소, 압수의 경위 등을, 압수목록에는 압수물건의 품종·수량 등 특징을 각각 구체적으로 기재하여야 한다.

③ 제1항의 경우 피의자신문조서·진술조서·검증조서 또는 실황조사서에 압수의 취지를 기재함으로써 압수조서를 갈음할 수 있다.

④ 특별사법경찰관이 「형사소송법」 제218조에 따라 유류한 물건 또는 임의로 제출하는 물건을 압수한 때에는 제1항 내지 제3항을 준용한다.

파. 수사서류 정리

○ 정확성과 진술의 임의성 확보

– 맞춤법, 띄어쓰기 유의(국립국어원 홈페이지 등 활용)

– 일상용어로 된 쉬운 문구를 사용

– 사투리·약어·은어 등은 괄호를 하고 간단한 설명

– 지명·인명 등 혼동 우려 → 한자·로마자 등 기입

– 외국어, 학술용어는 괄호를 하고 간단한 설명

– 복잡한 사항은 항목을 나누어 기술

(인정하는 사실), (다투는 사실)

(2022. 4. 11. 무보험 운행의 점), (2022. 5. 9. 무보험 운행의 점)

(피해자 갑에 대하여), (피해자 을에 대하여)

1), 2), 3) … 등 사안에 따라 적절하게 소제목 활용

○ 통역 위촉 시 → 통역을 통한 열람, 읽어주었다는 취지 기재 → 통역인의 기명날인 또는 서명

○ 외국어 기재 서류는 번역문 첨부

– 번역 시 → 그 번역문을 기재한 서면에 번역인 기명날인

– 특별사법경찰수사규칙 제106조(외국어로 된 서면) 특별사법경찰관은 외국어로 작성된 서류에는 번역문을 첨부해야 한다.

하. 문자의 삽입, 삭제

○ (경찰청) 범죄수사규칙 제42조(문자의 삽입·삭제)

① 경찰관은 수사서류를 작성할 때에는 임의로 문자를 고쳐서는 아니 되며, 다음 각 호와 같이 고친 내용을 알 수 있도록 하여야 한다.

　　1. 문자를 삭제할 때에는 삭제할 문자에 두 줄의 선을 긋고 날인하며 그 왼쪽 여백에 "몇자 삭제"라고 적되 삭제한 부분을 해독할 수 있도록 자체를 존치하여야 함

　　2. 문자를 삽입할 때에는 행의 상부에 삽입할 문자를 기입하고 그 부분에 날인하여야 하며 그 왼쪽 여백에 "몇 자 추가"라고 적음

　　3. 1행 중에 두 곳 이상 문자를 삭제 또는 삽입하였을 때에는 각 자수를 합하여 "몇 자 삭제" 또는 "몇 자 추가"라고 기재

　　4. 여백에 기재할 때에는 기재한 곳에 날인하고 "몇 자 추가"라고 적음

② 피의자신문조서와 진술조서의 경우 문자를 삽입 또는 삭제하였을 때에는 "몇 자 추가" 또는 "몇 자 삭제"라고 적고 그곳에 진술자로 하여금 날인 또는 무인하게 하여야 한다.

＊ 실무상 '몇 자 추가', '몇 자 삭제'라는 글자는 수사관이 조서 서식 왼쪽 여백에 기재하고 그곳에 수사관의 도장을 날인하고, '∨' 표시하고 글자를 추가한 부분, 두 줄로 긋고 삭제한 부분에는 피의자 등 조사 대상자의 도장을 날인하거나 무인한다.

○ 새로 한 줄을 써 넣었으면 '가1행', 한 줄을 지웠으면 '삭1행'

○ 지우고 새로 쓴 글자 숫자가 같으면 '정3자'(예시: '고무신' → '운동화')

11. 피의자신문조서 예시

가. 대검 방침 – 서술식 조서 적극 활용

○ 2015. 2. 10. 대검 정책기획과, 「서술식 조서 적극 활용 ~ 시행」 지시

○ '문답식 조서 작성 관행'의 문제점

- 상세한 문답식 기술 방식은 진술이 도출되는 과정이 상세히 현출됨으로써 진술의 신빙성이 높아지고 입증취지에 반하는 진술을 탄핵하는 데 유리하나 그 작성에 많은 시간과 노력이 소요됨

- 다툼 없이 인정되는 내용 등 상세한 문답이 필요 없는 부분은 그 입증취지에 부합하는 내용을 정리하여 서술식으로 기술하는 것만으로도 충분하므로 문답식 기술이 불필요

* 문답식 조서의 경우, 사건 흐름에 따른 전체적인 진술이 아니라 질문에 대한 답변만을 듣게 되어 피조사자의 진술을 중간에 끊게 되고, 조사자가 '손은 키보드, 눈은 모니터'에 집중하여 피조사자의 태도, 언동 등을 관찰하기 어려움

서술식 조서의 경우, 피조사자로부터 사건에 대한 전체적인 내용을 청취한 후 정리하게 되므로 피조사자에 대한 관찰과 사건 쟁점 파악이 용이하고, 조사과정에 대한 만족도 증가 효과 기대

조서양식	활용 사안 예시
서술식	증거 명백하거나 자백하는 기소 사건 등 - 음주, 무면허 사건 등
병행식	부인 사건 - 서술식: 사경 수사 관련 의견(체포·구속 적법절차 준수와 인권침해 여부, 사경 피신 수정 후 첨부·간인 등 포함), 다툼없는 사실, 범죄사실 인부, 쟁점에 관한 피조사자 주장 등을 사전 인터뷰를 통해 서술식으로 정리 - 문답식: 치열하게 다투거나 쟁점 부분은 상세한 문답식으로 정리

나. 피의자신문조서 작성 예시(서술식, 문답식)

* 아래 예시에서 구급대원 폭행사건은 죄명을 '119구조·구급에관한법률위반'으로 변경·작성함

■ 특별사법경찰관리에 대한 검사의 수사지휘 및 특별사법경찰관리의 수사준칙에 관한 규칙 [별지 제17호서식(갑)]

피 의 자 신 문 조 서

피의자 **김갑을**

위의 사람에 대한　　　　　**소방기본법위반**　　　　　피의사건에 관하여

　　　2025.　　1.　　3.　　　○○ 소방서 201호 조사실　　에서

　　　　　　　　　특별사법경찰관　**소방위　　박병정**　　　는(은)

　　　　　　　　　특별사법경찰리　**소방사　　이무기**　　　를(을)

참여하게 하고, 아래와 같이 피의자임에 틀림없음을 확인하다.

문 답	피의자의 성명, 주민등록번호, 직업, 주거, 등록기준지 등을 말하십시오. 성명은　　　　　　　(　　　　　　　) 주민등록번호는　　　　　　　　　　　직업은 주거는 등록기준지는 직장 주소는 연락처는　　　자택 전화　　　　　　휴대전화 　　　　　　　직장 전화　　　　　　전자우편 　　　　　　　(e-mail) 입니다.

특별사법경찰관은 피의사건의 요지를 설명하고 사법경찰관의 신문에 대하여 「형사소송법」 제244조의3에 따라 진술을 거부할 수 있는 권리 및 변호인의 참여 등 조력을 받을 권리 가 있음을 피의자에게 알려주고 이를 행사할 것인지 그 의사를 확인하다.

210mm×297mm[백상지(80g/㎡)]

진술거부권 및 변호인 조력권 고지 등 확인

1. 귀하는 일체의 진술을 하지 아니하거나 개개의 질문에 대하여 진술을 하지 아니할 수 있습니다.
2. 귀하가 진술을 하지 아니하더라도 불이익을 받지 아니합니다.
3. 귀하가 진술을 거부할 권리를 포기하고 행한 진술은 법정에서 유죄의 증거로 사용될 수 있습니다.
4. 귀하가 신문을 받을 때에는 변호인을 참여하게 하는 등 변호인의 조력을 받을 수 있습니다.

문 피의자는 위와 같은 권리들이 있다는 것에 대하여 고지를 받았는가요

답 예 (피의자 자필 기재)
/ 경찰관이 기재했다면 그 옆에 피의자 기명날인(무인) 또는 서명(이하 동일)

문 피의자는 진술거부권을 행사할 것인가요?

답 아니요 (피의자 자필)

문 피의자는 변호인의 조력을 받을 권리를 행사할 것인가요?

답 아니요 (피의자 자필)

이에 특별사법경찰관은 피의사실에 관하여 다음과 같이 피의자를 신문하다.

210mm×297mm[백상지(80g/㎡)]

문 진술인이 피의자 홍길동인가요

답 네, 제가 홍길동입니다. 여기 주민등록증을 제출하겠습니다.

이때 특별사법경찰관은 피의자가 제출하는 주민등록증을 받아 본인임을 확인한 후, 사본하여 본건 조서 말미에 편철하기로 하고 계속 문답하다.

문 피의자는 형사처벌을 받은 사실이 있나요

답 예, 특수절도죄로 실형을 선고받은 사실이 있습니다.

문 피의자에 대한 범죄경력 조회서와 구치소에 확인한 바에 의하면 피의자는 '2016. 11. 20. 서울중앙지방법원에서 특수절도죄로 징역 8월을 선고받고 2017. 5. 21. 안양교도소에서 집행을 마치고 출소'한 것으로 나타나는데, 맞나요

답 예, 맞습니다.

문 피의자의 학력은 어떤가요

답 1985년 세계대학교 법학과 4년을 졸업하였습니다.

문 피의자의 경력관계는 어떤가요

답 약 10년 동안 개인으로 인테리어업을 했습니다.

문 피의자의 병역관계는 어떤가요

답 1982년에 육군 병장으로 만기제대했습니다.

문 국가로부터 훈장, 포장, 기장, 연금을 받은 사실이 있나요

답 없습니다.

문 ~~피의자는 어떤 종교를 믿고 있나요~~

답 ~~믿고 있는 종교는 없습니다.~~

문 피의자의 가족관계는 어떤가요

답 주거지에서 처 김○○(47세, 무직), 아들 김△△(23세, 대학생)과 함께 생활하고 있습니다.

문 피의자의 재산 정도 및 월수입은 어떤가요

답 아파트 전세보증금 1억 원 외에 별다른 재산은 없고, 막노동을 하여 월 150만 원 정도 수입으로 살고 있습니다.

문 건강상태는 어떤가요

답 이상 없습니다.

문 피의자는 출동한 소방대원을 폭행한 사실이 있나요

답 예, 그런 사실이 있습니다.

문 언제, 어디서, 누구를 폭행하였나요

답 2022. 4. 13. 21:00경 제가 살고 있는 서울 중랑구 상봉동 129 좋은아파트 ▽동 앞에 정차해 있던 구급차 안에서 성명을 모르는 남자 소방대원 한 명을 때렸습니다.

문 누구와 함께 폭행했나요

답 저 혼자 그랬습니다.

문 어떻게 폭행하였나요

답 저의 오른손 주먹으로 소방대원의 얼굴 부분을 서너 차례 때렸습니다.

문 위와 같이 폭행하게 된 경위는 어떤가요

답 그날 저녁에 제가 술에 취해 집에 들어와 처와 다투다가 화가 나서 안방에 있는 화장대 거울을 왼손 주먹으로 치다가 다쳐 피가 많이 흘러 제 처가 119에 신고하여 구급차가 출동하였고, 소방대원이 안방으로 들어와 저를 부축해서 구급차로 옮겨 갔는데 구급차 안에서 제가 가지 않겠다고 반항하다가 때리게 된 것입니다.

문 처와는 왜 다투게 되었나요

답 제 처가 사치가 심한 편인데 그날도 백화점에서 비싼 옷을 사다가 안방 화장대 쪽에 놓은 것을 보고 분수에 맞게 살라고 하며 다투게 되었던 것입니다.

문 처와 다투었는데 왜 피의자를 도와주려는 구급대원에게 반항하고 폭행한 것인가요

답 제 처와 좀 더 이야기를 하려고 했는데 구급차에 태워 술에 취한 상태에서 순간적으로 화가 나서 때렸습니다.

문 구급대원의 입장에서는 피의자가 피를 많이 흘리고 있어 위급한 상황이라 빨리 치료를 받게 해야 하지 않았나요

답 예, 맞습니다.

문 피의자가 피해자를 폭행한 이후 상황은 어떠했나요

답 소방대원의 입술에서 피가 났고, 당시 저의 왼손에서도 피가 너무 많이 흘러

그 구급차에서 다른 소방대원으로부터 응급조치를 받고, 함께 그 구급차를 타고 부근에 있는 ○○병원 응급실로 가서 각자 치료를 받았습니다.

문 피해자의 진술에 의하면 "피의자로부터 폭행을 당하고 그 과정에서 약 20여 분간 구급활동의 방해를 받았다"고 하는데 어떤가요

답 예, 그렇습니다. 제가 구급대원을 때리고 난리를 피운 것이 약 20분 정도 되는데, 제가 잘못했습니다.

문 피해자인 소방대원은 피의자로부터 맞아 입술에 피가 났고 앞 윗니 두 개가 흔들리는 등 피해를 보았다는데 어떤가요

이때 특별사법경찰관은 피해자의 피해 부위 사진, 피해자가 제출한 상해진단서를 피의자에게 열람시킨바(기록 00~00쪽)

답 예, 모두 제가 잘못하여 발생한 일로 인정하겠습니다.

문 피해자와 합의한 사실이 있나요

답 없습니다.

문 피의자가 달리 제출할 유리한 증거나 더 할 말이 있나요

답 저를 위해서 출동하여 도와주었는데 오히려 피해를 입히게 되어 소방대원에게 죄송합니다.

문 피의자는 조서를 열람하였는데 그 내용 가운데 진술한 대로 기재되지 아니하였거나 사실과 다른 부분이 있는가요

답 없습니다.(자필기재)

■ 특별사법경찰관리에 대한 검사의 수사지휘 및 특별사법경찰관리의 수사준칙에 관한 규칙 [별지 제21호서식]

위의 조서를 진술인에게	열람하게 하였던 바	진술한 대로 오기나 증감

변경할 것이 전혀 없다고 말하므로 간인한 후 서명날인하게 한다.

	진 술 자	

년   월   일

(기관명)

특별사법경찰관   ㉑
특별사법경찰리   ㉑

210mm×297mm[백상지(80g/㎡)]

수사 과정 확인서(조서를 작성하지 않는 경우)

구 분	내 용
1. 조사 장소에 도착한 시각	
2. 조사 시작 시각 및 종료 시각	☐ 시작 시각: ☐ 종료 시각:
3. 조사 대상자가 조사장소에 도착한 시각과 조사를 시작한 시각에 상당한 시간적 차이가 있는 경우 그 이유	피의자가 자료를 가져 오지 않았다며 사무실로부터 자료를 받는데 시간을 지체하였음
4. 조사가 중단되었다가 재개된 경우에는 그 이유와 중단 시각 및 재개 시각	☐ 중단 시각: ☐ 재개 시각: ☐ 이유: 점심시간
5. 조서 열람 시작 시각 및 종료 시각	☐ 시작시각: ☐ 종료시각:
6. 조사과정 기재사항에 대한 이의제기나 의견 진술 여부 및 그 내용	해당사항 없음(피의자 자필 기재) 수사관의 조사 태도가 너무 고압적이고 불친절하였음

. . .

특별사법경찰관　　　　　　는(은)　　　　　　를(을) 조사한 후, 위와 같은 사항에 대해 로(으로)부터 확인받음

확 인 자　　　　　㊞
특별사법경찰관　　　　　㊞

210mm×297mm[백상지(80g/㎡)]

〈인정신문, 진술거부권 고지, 말미, 수사과정확인서 부분은 동일하므로 생략〉

문 피의자는 출동한 구급대원을 정당한 사유 없이 폭행하여 소방활동을 방해한 사실이 있는가요

답 그런 사실 없습니다.

(또는)

문 피의자는 출동한 구급대원을 폭행한 사실이 있나요

답 그런 사실 없습니다.

문 피의자는 2024. 8. 13. 21:00경 피의자가 살고 있는 서울 중랑구 상봉동 129 좋은아파트 ○동 앞에 정차해 있던 구급차 안에서 구급활동을 하던 남자 소방대원 한 명을 폭행한 사실이 있지 않은가요

답 그런 사실 없습니다.

문 피의자가 그 시간에 그 구급차 안에 있었던 것은 사실인가요

답 네, 그것은 사실입니다. 그러나 그곳에서 누구를 때린 일은 없습니다.

* [몰랐나요 / 기억나지 않나요] 등 부정형 질문은 하지 않음

문 피의자는 그 시간에 왜 구급차 안에 있었나요

답 그날 저녁에 제가 술이 취해 집에 들어와 처와 다투다가 제가 화장대 거울을 왼손 주먹으로 쳐서 깨뜨렸는데 그때 제 손을 다쳐 피가 많이 흘러 처가 119에 신고하여 출동한 소방대원의 부축을 받고 구급차에 오르게 되었던 것입니다.

문 처와는 왜 다투게 되었나요

답 제 처가 사치가 심한 편인데 그날도 백화점에서 비싼 옷을 사다가 안방 화장대 쪽에 놓은 것을 보고 분수에 맞게 살라고 하며 다투게 되었던 것입니다.

문 피의자를 부축했던 그 소방대원은 구급차 안에서 응급조치를 하는데 갑자기 피의자로부터 주먹으로 자신의 얼굴을 여러 차례 맞았다는데 사실이 아닌가요

답 아닙니다. 저는 때린 사실이 없습니다.

문 피의자는 사실대로 진술하면 처벌을 받을 것이 두려워 거짓말을 하고 있는 것이 아닌가요

답　아닙니다. 저는 사실대로 이야기할 뿐입니다.

이때 특별사법경찰관은 피의자와 대질심문을 하기 위해 대기실에서 대기 중이던 피해자 방아무개를 입실시키고 피해자에게 문답하다.

문　진술인이 피해자인 소방대원 방아무개인가요

답　예, 제가 지난번에 피해자 조사를 받은 일이 있는 방아무개입니다.

문　피의자는 사건 당시 구급차에 오른 것은 맞지만 진술인을 폭행한 사실은 없다고 하는데 어떤가요

답　제가 맞은 것이 사실입니다. 당시 제가 맞아서 피해를 입은 사진 2장과 상해진단서 1부를 제출하겠습니다. 지난번에 진술할 때에는 준비가 되지 않아 미처 제출하지 못했던 자료들입니다. (필요하면 당시 상황을 구체적으로 진술 받음)

이때 특별사법경찰관은 진술인이 제출하는 피해 사진 2장과 상해진단서 1부를 받아 피의자에게도 열람시킨 후, 본건 수사기록에 편철하기로 하고 피의자에게 문답하다.

문　피해자의 진술대로 피의자가 위와 같이 폭행한 것이 사실이 아닌가요

답　아닙니다. 저는 때린 사실이 없습니다.

문　그러면 피해자인 구급대원이 피의자에게 폭행을 당한 사실도 없는데 거짓말을 하고 있다는 것인가요

답　그것은 저는 모르겠습니다.

문　피의자는 구급대원이 제출하는 피해 사진과 상해진단서도 모두 거짓이라는 것인가요

답　아무튼 저는 모르는 일입니다.

문　피의자는 지금 계속 부인하고는 있지만 입술이 하얗게 말라 있고, 그다지 덥지 않은데도 식은땀을 흘리고 있는 것은 처벌이 두려워 거짓말을 하고 있기 때문으로 보이는데 어떤가요

이때 피의자는 고개를 떨구고 한숨을 쉬며 아무런 답변을 하지 못하다. (또는) 이때 피의자는 고개를 숙인 채 한숨을 쉬며 아무런 대답을 하지 않다.

문　이와 같은 증거가 있는데도 부인하는가요

이때 특별사법경찰관은 구급차 안에 설치되어 있는 CCTV에 녹화되어 있던 폭행 장면을 캡처한 사진(기록 00쪽)을 피의자에게 열람시킨바, 피의자는 자세히 보더니

답 예, 사진을 보니 제가 소방대원을 때린 것이 맞습니다.

문 계속 부인하다가 이제 와서 폭행한 사실을 시인하는 이유는 무엇인가요

답 저는 당시 구급대원과 둘만 있었고 다른 사람은 본 일은 없었기 때문에 계속 부인하면 처벌을 받지 않을 줄 알았는데, CCTV 사진을 보니 부인했다가는 더 큰 처벌을 받을 것 같아 시인하게 되었습니다. 제가 때린 것이 맞습니다.

문 그러면 구체적으로 어떻게 폭행했다는 것인가요

답 제가 오른손 주먹으로 구급대원의 얼굴을 서너 번 때렸습니다.

문 왜 폭행하게 되었나요

답 별다른 이유는 없었고, 술에 취한 상태에서 제 처와 다투며 기분이 나빠진 상태에서 때리게 되었습니다.

문 피해자의 진술에 의하면 "피의자로부터 폭행을 당하고 그 과정에서 약 20여 분간 구급활동의 방해를 받았다"고 하는데 어떤가요

답 예, 그렇습니다. 제가 구급대원을 때리고 난리를 피운 것이 약 20분 정도 되는데, 제가 잘못했습니다.

문 피의자의 평소 주량은 어느 정도 되는가요

답 소주 한 병 정도 마십니다.

문 피의자는 당시 술을 어느 정도 마셨나요

답 저 혼자 동네 앞 슈퍼에서 소주 두 병을 마셨습니다.

문 피해자와 합의한 사실이 있는가요

답 아직 하지 못했는데 합의하도록 노력하겠습니다.

문 피의자가 달리 제출할 유리한 증거나 더 할 말이 있는가요

답 없습니다.

문 피의자는 조서를 열람하였는데 그 내용 가운데 진술한 대로 기재되지 아니하였거나 사실과 다른 부분이 있는가요

답 없습니다. (자필기재)

문답식, 완전 부인 / 소방기본법위반

〈인정신문, 진술거부권 고지, 형사처벌, 학력, 경력, 말미 수사과정확인서 부분은 동일하므로 생략〉

문 피의자는 출동한 구급대원을 때린 사실이 있나요

답 그런 사실 없습니다.

문 피의자는 어디에 살고 있다고 했나요

답 서울 중랑구 상봉동 129 좋은아파트 ○동 ○○○호에 살고 있습니다.

문 피의자는 2024. 8. 13. 21:00경 피의자가 살고 있는 좋은아파트 ○동 앞에 정차해 있던 구급차 안에서 구급대원을 때린 사실이 있지 않나요

답 그날 술에 많이 취해 있었기 때문에 무슨 일이 있었는지 기억나지 않습니다.

문 피의자가 그 시간에 그 구급차 안에 있었던 것은 사실인가요

답 술에 취해 있었기 때문에 기억나지 않습니다.

문 그날 피의자가 살고 있는 좋은아파트 ○동 ○○○호에 구급대원이 들어 가서 피의자를 부축하여 내려와 위 구급차에 함께 타게 되었는데 사실이 아닌가요

답 술에 취해 있었기 때문에 기억나지 않습니다.

문 피의자를 부축했던 그 소방대원은 구급차 안에서 피의자의 왼손등을 지압하고 붕대를 감는 등 응급조치를 하다가 피의자로부터 오른손 주먹으로 자기 얼굴을 서너 차례 맞았다는데 사실이 아닌가요

답 술에 취해 있었기 때문에 기억나지 않습니다.

문 피의자는 그날 저녁에 어떤 일이 있었나요

답 술에 취해 있었기 때문에 기억나지 않습니다.

문 피의자는 그날 저녁에 왼손등을 많이 다쳤지요

답 그날은 술에 취해 몰랐었습니다.

문 그러면 언제 알았나요

답 다음 날 아침에 눈을 뜨니 병원 입원실에서 왼손에 붕대가 감겨 있는 것을 보고 알았습니다.

문 다음 날 아침에 눈을 뜨기 전까지는 자신이 왼손등을 다친 사실을 알지 못했다

는 것인가요

답 예, 알지 못했습니다.

문 아무리 술에 취했었다고 해도 다음 날 아침이나 되어서야 자신이 왼손등을 다친 것을 알았다는 것은 일반적으로 좀 이상하지 않은가요

답 아무튼 저는 다음 날 아침에 알았습니다.

문 사건 당일 119로 구급 요청을 한 피의자 처의 진술에 의하면 "남편은(피의자는) 그날 20:00경 술에 취해 집에 들어와 제가 그날 백화점에서 사다 놓은 원피스 한 벌이 안방 화장대 위에 놓여 있는 것을 보더니 '옷을 또 샀냐, 사치가 심하다'는 등 저와 다투다가 남편이 갑자기 안방에 있는 화장대 거울을 왼손 주먹으로 쳐서 깨뜨렸는데 그때 남편이 왼손등을 다쳐 피가 많이 흘러 놀래서 119에 신고하게 되었습니다"라는데 어떤가요

답 기억나지 않습니다.

문 피의자는 계속 술에 취해 있어 사건 당시 아무런 기억도 나지 않는다고 변명하고 있는데, 처벌을 가볍게 받으려고 하거나 아니면 사실대로 이야기하면 처벌이 무거워질 것이 두려워 거짓말을 하고 있는 것이 아닌가요

답 아닙니다. 정말 술에 취해 있었기 때문에 기억을 하지 못하는 것입니다.

문 피의자는 술에 취해 있어 아무런 기억을 하지 못한다고 하면, 술에 취해 있지 않은 상태에서 구급활동을 하던 피해자의 진술은 모두 사실이겠지요

답 그것은 모르겠습니다.

문 피의자는 주량은 어느 정도인가요

답 소주 한병 정도 마십니다.

문 그날 술은 어디서 마셨나요

답 제가 중랑구 중화동에서 인테리어 가게를 하는데 가게 앞에 있는 호프집에서 제 종업원 두명과 함께 마셨습니다.

문 어떤 것을 안주로 하여 술은 얼마나 마셨나요

답 너무 많이 마셔 기억나지 않습니다.

문 술값은 누가 계산했나요

답 그때는 몰랐는데 나중에 병원에서 제 바지 호주머니를 뒤져 보니 신용카드 영

수증이 있어 제가 계산한 것을 그때 알았습니다.

문 영수증을 제출할 수 있나요

답 필요 없을 것 같아 병원에 있으면서 찢어 버렸습니다.

문 호프집 상호와 연락처는 어떻게 되나요

답 잘 기억나지 않습니다.

문 자신이 운영하는 인테리어 가게 앞에 있는 호프집이라면서 상호가 기억나지 않는다는 것이 말이 되나요

답 관심이 없어 알지 못합니다

문 종업원 두 명의 연락처는 어떻게 되나요

답 종업원 연락처는 왜 묻습니까

문 피의자는 술을 너무 많이 마셔 그날 무슨 일이 있었는지 아무런 기억도 나지 않는다고 하는데, 종업원들을 상대로 피의자와 함께 술을 마셨던 것이 사실인지, 피의자가 정말 아무런 기억도 하지 못할 정도로 술을 마셨었는지 그날 술 마실 때의 상황이 어떠했었는지 확인해 보아야 할 것이 아닌가요

답 이 사건은 제 개인적인 일로 창피한데 종업원 연락처는 알려 드릴 수 없습니다.

문 피의자는 함께 술을 마셨다는 종업원들을 상대로 확인을 하면 아무런 기억이 나지 않는다는 피의자의 진술이 거짓이라는 것이 드러날 것이 두려워 연락처를 알려 주지 않는 것으로 보이는데 어떤가요

답 아닙니다. 말씀드린 이유 그대로입니다

문 피의자는 담배를 피나요

답 예, 피웁니다

문 하루에 어느 정도 피나요

답 한 갑 정도 핍니다.

문 피의자는 사건 당일 구급차 안에서 담배를 피우려고 했지요

답 술에 취해 있었기 때문에 기억나지 않습니다

문 피해자인 구급대원의 진술에 의하면 피해자가 피의자로부터 맞게 된 이유가 구급차 안에서 담배를 피우지 못하게 했기 때문이라는데 어떤가요

답 기억나지 않습니다.

문 피의자는 기억나지 않는다고 하나, 피해자의 진술에 의하면 피의자는 구급차까지 따라온 피의자의 처에게 "내 양복 상의 왼쪽에 담배와 라이터가 있는데 빨리 가지고 오라"고 했고 그래서 피의자의 처가 담배와 라이터를 가져다주었다는데 어떤가요

답 기억나지 않습니다.

문 피의자가 정말로 그날 술에 취해 아무런 기억도 나지 않을 정도로 인사불성이었다면 피의자의 처에게 담배가 어디에 있는지 정확히 이야기할 수 있었겠나요

이때 피의자는 한숨을 쉬며 고개를 숙이고 아무런 대답을 하지 않다.

문 피해자의 진술에 의하면 "피의자는 담뱃갑을 보고 '세 개밖에 없네'라고 했다"는데 인사불성인 사람이 어떻게 담배 개수를 정확히 셀 수 있었겠나요

답 저는 그런 말을 했는지 기억나지 않습니다.

문 피해자의 진술에 의하면 피의자는 술에 취한 사람 같지 않게 자연스럽게 담배를 꺼내 물고 라이터를 켰다는데 어떤가요

답 아무튼 저는 기억나지 않습니다

문 피의자는 평소에 아스피린을 복용하는가요

답 예, 혈압이 조금 높은데 주변에서 아스피린이 좋다고 하여 몇 개월 전부터 복용하고 있습니다.

문 피해자의 진술에 의하면 맞기 전에 피해자가 지혈을 하는데 피의자로부터 "평소에 아스피린을 복용하는데 지혈이 잘 될지 모르겠다"는 이야기를 했다는데 어떤가요

답 기억나지 않습니다

문 피의자가 이야기해 주지 않았더라면 피해자가 위와 같은 내용을 어떻게 알 수 있었을까요

이때 피의자는 고개를 숙이고 아무런 대답을 하지 않다.

문 피의자가 인사불성일 정도 술에 취해 있었다면 위와 같은 이야기를 할 수 있었겠나요

답 아무튼 기억나지 않습니다

문 피해자는 구급차 안에서의 화재 위험 등으로 피의자가 담배 피우려는 것을 말

리다가 피의자로부터 오른손 주먹으로 얼굴을 서너 차례 맞아 입술에 피가 흐르고 앞니 두 개가 흔들리는 상처를 입었다며 상해진단서와 피해 부위 사진을 제출했는데 어떤가요

이때 특별사법경찰관은 피의자에게 피해자가 제출한 상해진단서(기록 00쪽)와 피해 부위 사진 2장(기록 00쪽)을 피의자에게 열람시킨바

답 모르겠습니다.

문 피해자가 거짓말을 할 이유가 있다고 보는가요

답 모르겠습니다. 아무튼 저는 기억나지 않습니다.

문 피해자는 피의자로부터 맞는 등 피해를 당하면서 약 20분간 구급활동이 지체되는 등 소방 활동이 방해를 받았다는데 어떤가요

답 모르겠습니다

문 피해자와 합의한 사실이 있나요

답 없습니다

문 피의자가 달리 제출할 유리한 증거나 더 할 말이 있나요

답 없습니다

문 피의자는 조서를 열람하였는데 피의자가 진술한 대로 기재되어 있지 않거나 사실과 다른 내용이 있나요

답 없습니다. (자필로)

예시 문답식, 자백 / 위험물안전관리법위반

○ 위험물안전관리법 벌칙

제36조(벌칙) 다음 각 호의 어느 하나에 해당하는 자는 1천500만 원 이하의 벌금에 처한다. 〈개정 2014.12.30., 2016.1.27., 2017.3.21.〉

　　1. 제5조제3항제1호의 규정에 따른 위험물의 저장 또는 취급에 관한 중요기준에 따르지 아니한 자

제5조(위험물의 저장 및 취급의 제한)

　　③ 제조소등에서의 위험물의 저장 또는 취급에 관하여는 다음 각 호의 중요 기준 및 세부기준에 따라야 한다. 〈개정 2008.2.29, 2013.3.23, 2014.11.19, 2016.1.27, 2017.7.26〉

　　　　1. 중요기준: 화재 등 위해의 예방과 응급조치에 있어서 큰 영향을 미치거나 그 기준을 위반하는 경우 직접적으로 화재를 일으킬 가능성이 큰 기준으로서 행정안전부령이 정하는 기준

위험물안전관리법 시행규칙

[시행 2017.12.29.] [행정안전부령 제32호, 2017.12.29., 일부개정]

제49조(제조소등에서의 위험물의 저장 및 취급의 기준) 법 제5조제3항의 규정에 의한 제조소등에서의 위험물의 저장 및 취급에 관한 기준은 별표 18과 같다.

○ 피의자신문조서 작성

〈인정신문, 진술거부권 고지, 형사처벌, 학력, 경력, 말미, 수사과정확인서 부분은 동일하므로 생략〉

　문　　피의자는 어떤 일을 하고 있나요

　답　　2022. 1.경부터 경기 용인시 용인동 100에 있는 주식회사 ▲▲▲의 대표이사로 근무하고 있습니다.

　문　　위 주식회사 ▲▲▲의 실제 경영자는 누구인가요

　답　　제가 대표이사로 실제 경영하고 있습니다.

　문　　주식회사 ▲▲▲는 어떤 사업을 하고 있나요

답 화학제품 제조, 가공 및 판매업을 하고 있습니다.(구체적으로 기재) 여기 법인 등기사항전부증명서를 제출하겠습니다.

이때 특별사법경찰관은 피의자가 제출하는 위 등기사항전부증명서를 받아 검토한 후 본건 조서 말미에 편철하기로 하고 계속 문답하다.

문 시설 및 사업 규모는 어떤가요(구체적으로 기재)

답 토지 3,000㎡, 그 위에 150㎡ 되는 사무실, 500㎡ 되는 공장시설, 그리고 가로, 세로, 높이 각 2m로 8,000ℓ를 저장할 수 있는 옥내 저장고 각 한 동씩이 있으며, 직원은 사장 포함 모두 5명, 월 매출(얼마), 연간 매출(얼마)입니다.

문 주식회사 ▲▲▲에서는 위와 같은 사업을 하며 어떤 위험물을 저장, 취급하고 있나요

답 제4류 제1석유류 △△△를 저장, 취급하고 있습니다.

문 위 위험물에 대해 허가 받은 수량은 어떻게 되나요

답 지정수량인 200ℓ의 10배인 2,000ℓ를 저장할 수 있도록 허가받았습니다.

문 그 허가 받은 관련서류가 있나요

답 예, 위험물제조소 등 완공검사필증을 제출하겠습니다.

이때 특별사법경찰관은 피의자로부터 위 서류를 받아 피의자의 진술과 일치한 것을 확인한 후 이를 사본하여 본건 조서 말미에 편철하기로 하고 계속 문답하다.

문 위 위험물은 어디에 저장, 취급하고 있나요

답 앞에 말씀드린 옥내 저장고에 저장, 취급하고 있습니다.

문 피의자는 위와 같이 제4류 제1석유류 △△△를 저장, 취급하며 허가받은 수량을 초과하여 저장하였다가 중요기준 위반으로 적발된 사실이 있나요

답 예, 그런 사실이 있습니다.

문 언제 적발되었나요

답 2024. 12. 15. 15:00경 적발되었습니다.

문 어디서 적발되었나요

답 사업장인 경기 용인시 용인동 100에 있는 주식회사 ▲▲▲ 옥내 저장소에서 적발되었습니다.

문 어떤 내용을 적발되었나요

답 제4류 제1석유류 △△△를 저장, 취급하며 허가받은 지정수량의 17.06배에 달하는 3,412ℓ를 저장하였다가 소방점검공무원에게 적발되었습니다.

문 지정수량의 10배인 2,000ℓ까지 저장할 수 있는데 1,412ℓ를 초과하여 저장했다는 것인가요

답 예, 그렇습니다.

문 당시 현장을 촬영한 사진이 이와 같은가요

이때 특별사법경찰관은 피의자에게 위 사진(기록 00~00쪽)을 열람시킨바

답 예, 맞습니다.

문 어떤 방법으로 초과하여 저장하였나요

답 (피의자 답변 기재)

문 왜 초과하여 저장하였나요

답 (피의자 답변 기재)

문 피의자는 이와 같은 위반행위를 하는데 있어 법인인 주식회사 ▲▲▲로부터 상당한 주의와 감독을 받은 사실이 있나요

답 없습니다.

문 피의자가 달리 제출할 유리한 증거나 더 할 말이 있나요

답 다시는 이런 일이 없도록 할 테니 선처하여 주시기 바랍니다.

문 피의자는 조서를 열람하였는데 피의자가 진술한 대로 기재되어 있지 않거나 그 진술 내용이 사실과 다른 부분이 있나요

답 (공란으로 비워 두었다가 피의자가 열람한 후 '없습니다' 자필로 기재)

예시 문답식, 자백/농수산물의원산지표시에관한법률위반

○ 사건 요약

부진시는 중국산과 미국산 쌀로 만든 일명 '술떡'을 국내산 쌀로 만들었다고 속여 판매한 혐의(농수산물 원산지 표시에 관한 법률 위반)로 떡 가공공장 대표 김갑을(56세)을 구속했다.

김갑을은 2021년 7월부터 2022년 6월까지 중국산과 미국산 쌀 456톤으로 떡을 만들고 포장박스에는 '멥쌀 85%(국산), 찹쌀 15%(국산)'로 표시하는 방법으로 원산지 표시를 위반했다.

이 떡은 8억 7천만 원어치로 천진 지역 떡 판매업소 80여 곳과 전국 20개 중간 상인을 통해 팔려나갔다.

○ 피의자신문조서 작성

〈인정신문, 진술거부권, 변호인 조력권 고지 확인서 생략〉

(변호인 참여 시)

이때 특별사법경찰관은 피의자의 변호인으로 참여 신청을 한 김말동 변호사에 대하여 변호인참여신청서, 변호인선임서 및 변호사의 신분증으로 피의자의 변호인임을 확인한 후 참여시키고 피의자에 대하여 아래와 같이 문답하다.

문 피의자가 김갑을인가요

답 예, 제가 김갑을입니다. 여기 주민등록증을 제출하겠습니다.

이때 사법경찰관은 피의자가 제출하는 주민등록증을 받아 본인임을 확인한 후 이를 사본하여 본건 조서 말미에 편철하기로 하고 계속 문답하다.

문 피의자는 형사처벌이나 기소유예 처분을 받은 사실이 있나요

답 없습니다. 또는 절도죄로 실형을 선고받은 사실이 있습니다.

문 범죄경력조회 등으로 확인한 바에 의하면 피의자는 2004. 12. 23. 인천지방법원 부천지원에서 절도죄로 징역 1년을 선고받고 2005. 10. 3. 안양교도소에서 형기를 종료하고 출소한 것으로 나타나는데 사실인가요

답 예, 맞습니다.

문 피의자의 학력은 어떤가요

답 1977. 2.경 부진시에 있는 부진고등학교를 졸업하였습니다.

문 피의자의 경력은 어떤가요

답 5년 전부터 현재 하고 있는 떡집을 운영하고 있으며, 그 이전에는 10년 정도
건설회사에 다닌 경력이 있습니다.

문 피의자의 병역관계는 어떤가요

답 1982. 5.경 육군 병장 만기제대했습니다.

~~**문** 피의자는 어떤 종교를 믿고 있나요~~

~~**답** 특별히 믿고 있는 종교는 없습니다.~~

문 피의자는 국가로부터 훈장, 포장, 기장, 연금을 받은 사실이 있나요

답 없습니다.

문 피의자는 가족관계는 어떤가요

답 처 김미숙(52세, 무직), 딸 김예쁜(22세, 대3)이 있습니다.

문 피의자의 재산상황 및 월수입은 어떤가요

답 현재 살고 있는 집, 시가 2억 원 상당의 25평형 연립주택 한 채와 현재 운영
하고 있는 음식점에서 월 350만 원 정도 수입을 올리고 있습니다.

문 피의자의 건강상태는 어떤가요

답 특별히 아픈데 없이 건강한 편입니다.

문 피의자는 어떤 일을 하고 있나요

답 2020년부터 부진시 원앙구 파랑새동 200-1에서 '수리술떡'이라는 상호로 떡
가공공장을 운영하고 있습니다.

문 피의자가 운영하는 수리술떡의 시설 규모, 종업원 현황, 매출 현황은 어떤가요

답 바닥면적 300㎡, 연면적 500㎡, 지상 2층으로 1층에는 공장이 있고, 2층은
사무실로 사용하고 있으며, 대형 냉장고 2대, 냉동고 1대와 떡 생산 자동화
시설이 갖추어져 있고, 종업원은 10명이며, 연간 5억 원 상당 매출을 올리고
있는 개인업체입니다.

문 주로 어떤 떡을 생산, 판매하고 있으며 거래처는 어디인가요

답 생산, 판매하는 떡 종류는 30여 가지인데, 그 가운데 술떡의 매출이 50% 정

도 차지하고 있고, 판매처는 천진 지역 소매 떡집 80군데와 20여 군데 전국 중간 상인들입니다.

문 피의자는 위와 같이 수리술떡을 운영하며 떡 재료의 원산지를 거짓으로 표시하여 적발당한 사실이 있나요

답 예, 그런 사실이 있습니다.

문 어떤 내용으로 적발당했나요

답 2024. 6. 28. 수리술떡 공장 사무실에서 중국산 쌀과 미국산 쌀로 술떡을 만들고 포장박스에는 멥쌀과 찹쌀 모두 국내산이라고 거짓으로 표시하였다는 내용으로 원산지표시 조사공무원에게 적발된 것입니다.

문 피의자가 적발 당시 조사공무원에게 제출한 확인서가 바로 이것인가요

이때 특별사법경찰관은 피의자에게 확인서(기록 24쪽)를 열람시킨바

답 예, 맞습니다.

문 피의자는 언제, 어디에서, 어떤 농수산물의 원산지를 거짓으로 표시하였나요

답 2023. 7. 경부터 2024. 6. 28. 단속될 때까지 제가 운영하는 '수리술떡' 떡 가공공장에서 술떡에 원산지를 거짓으로 표시했습니다.

문 어떤 방법으로 거짓으로 표시하였나요

답 술떡을 중국산 쌀과 미국산 쌀로 만들었으나 포장지에는 '멥쌀 85%(국산), 찹쌀 15%(국산)'로 원산지를 거짓으로 표시했습니다.

문 누구와 함께하였나요

답 저 혼자 했습니다. 제가 실질적인 경영자로 모든 것이 저의 지시로 제가 한 것입니다.

문 구체적으로 원산지 표시를 어떻게 거짓으로 하였나요

답 가로 20㎝, 세로 15㎝ 크기의 1회용 도시락 용기에 동그란 모양의 술떡을 다섯 개씩 두 줄로 넣어 랩으로 포장하고 그 위에 가로세로 각각 5㎝ 크기의 스티커에 '멥쌀 85%(국산), 찹쌀 15%(국산), 제조 및 판매 수리술떡, 연락처 031-111-1111'로 기재하였습니다. 그리고 이 용기를 100개씩 넣은 박스에도 그 박스 자체에 가로, 세로 각각 20㎝ 정도 되는 크기로 같은 내용으로 인쇄하여 거짓으로 표시하였습니다.

문 원산지를 거짓으로 표시했다는 스티커와 박스가 바로 이것인가요

이때 특별사법경찰관은 술떡에 부착되어 있는 스티커와 같은 내용이 인쇄되어 있는 박스를 촬영한 사진(기록 38, 39쪽)을 피의자에게 열람시킨바

답 예, 맞습니다.

문 1회용 용기에 부착한 스티커와 같은 내용이 기재된 박스는 어떻게 구했나요

답 수리술떡 공장에서 100m 떨어져 있는 '우리인쇄'라는 곳에 의뢰해서 만들었습니다.

문 우리인쇄에 스티커와 박스 인쇄를 의뢰했던 현황이 바로 이것인가요

이때 특별사법경찰관은 우리인쇄로부터 제출받은 인쇄 의뢰 현황서를 피의자에게 열람시킨바

답 예, 맞습니다.

문 인쇄 의뢰 현황서에는 2023. 7.경부터 2024. 6. 28.까지 스티커 16만 장, 박스 1,600개를 의뢰했던 것으로 나타나는데 사실인가요

답 예, 맞습니다.

문 위와 같이 원산지를 거짓으로 표시한 술떡은 어떻게 하였나요

답 '왔다 떡집' 등 천진 지역 떡 판매업소 80여 곳과 '한국 떡도매' 등 전국 20개 중간 상인에게 팔았습니다.

문 얼마나 팔았나요

답 2023. 7.경부터 2024. 6. 28.까지 술떡 10개들이 용기 한 개에 5천 원씩 합계 8억 7,000만 원 정도 팔았습니다.

문 그 판매 자료가 바로 이것인가요

이때 특별사법경찰관은 수리술떡에서 위 기간 동안 술떡을 판매한 거래처, 거래명세표, 거래현황 등 자료 사본(기록 51~58쪽)을 피의자에게 열람시킨바

답 예, 맞습니다.

문 8억 7천만 원 상당을 팔았다고 했는데, 떡을 만드는데 들어간 쌀의 분량은 어느 정도인가요

답 456톤 정도 됩니다.

문 구입처에서도 원산지가 거짓으로 표시되었다는 사실을 알고 구입하였나요

답   아닙니다. 구입처에는 비밀로 했기 때문에 국산으로 알고 구입했습니다.

문   중국산 쌀과 미국산 쌀로 만든 것과는 판매 가격 차이는 어떻게 되나요

답   중국산 쌀과 미국산 쌀로 만들었다고 표시하였다면 10개들이 용기 한 개당 3
     천 원 정도 받았을 것입니다

문   3천 원짜리를 원산지를 국산으로 거짓 표시하여 5천 원씩 받았다는 것인가요

답   예, 그렇습니다.

문   피의자는 중국산 쌀과 미국산 쌀은 어디에서 구했나요

답   명성시에 있는 '모든수입쌀상회'에서 구입했습니다.

문   위 모든수입쌀상회로부터 구입한 내역이 이것인가요

이때 특별사법경찰관은 모든 수입쌀상회로부터 제출받은 거래내역 현황을 피의자에
게 열람시킨바

답   예, 맞습니다.

문   얼마나 구입하였나요

답   2023. 7.경부터 적발된 2024. 6. 28.경까지 모두 456톤 정도 구입했습니다.

문   명성시는 부진시와는 상당히 떨어져 있는데, 가까운 곳에서 구입하지 않고
     굳이 그 먼 곳에서 구입하였나요

답   가까운 곳에서 구입하면 원산지를 속인다는 것이 금방 탄로가 날 수 있기 때
     문에 일부러 멀리에서 구입한 것입니다.

문   수입쌀 운송 수단은 어떻게 이용하였나요

답   수리술떡 공장에 8톤 트럭이 한 대 있어 그 트럭을 이용했습니다.

문   수리술떡 경리부에서 작성한 교통비 지급에 대한 증빙자료를 보면 부진시 요
     금소를 통과한 시간이 대부분이 새벽 3시경 전후로 나타나는데, 수입산 쌀을
     구입한다는 그 자체를 숨기기 위해 이와 같이 심야 시간대를 이용한 것으로
     보이는데 어떤가요

이때 피의자는 한숨을 쉬며 고개를 떨구고 아무런 답변을 하지 않다.

문   피의자는 수입산 쌀이라고 표시했으면 용기 한 개당 3,000원 받을 것을 국산
     이라고 거짓으로 표시하여 5,000씩 받았고 모두 8억 7,000만 원 어치를 팔았
     다고 했는데, 이와 같은 판매 과정에서 피의자는 모두 3억 200만 원 상당의

부당이득을 취한 것으로 나타나는데 어떤가요

이때 특별사법경찰관은 피의자와 함께 계산해 본바

답   예, 맞습니다.

문   피의자는 왜 위와 같은 행위를 한 것인가요

답   국산쌀을 사용할 경우에는 원가가 비싸 남는 것이 없고, 수입산을 사용하면 잘 팔리지 않아 원산지를 거짓으로 표시하게 되었습니다.

문   수리술떡에서는 20여 가지 떡을 만든다고 했는데 술떡 외 다른 떡에도 원산지를 거짓으로 표시한 것이 아닌가요

답   아닙니다. 술떡에만 그렇게 했습니다.

문   굳이 술떡에만 원산지를 거짓으로 표시한 별다른 이유가 있나요

답   술떡에는 약간 막걸리 냄새가 배어 있기 때문에 쌀의 맛을 구분하기 어렵기 때문에 그렇게 했습니다.

문   피의자가 달리 제출할 유리한 증거나 더 할 말이 있나요

답   다시는 이런 일이 없도록 할 테니 선처하여 주시기 바랍니다.

문   피의자는 조서를 열람하였는데, 피의자가 진술한 대로 기재되어 있지 않거나, 진술한 내용 자체가 사실과 다른 부분이 있나요

답   없습니다.(피의자 자필)

예시 문답식, 자백 / 농수산물의원산지표시에관한법률위반

〈인정신문, 진술거부권 고지, 말미, 수사과정확인서 부분은 동일하므로 생략〉

문　피의자가 홍길동인가요

답　예, 제가 홍길동입니다. 여기 주민등록증을 제출하겠습니다.

이때 특별사법경찰관은 피의자가 제출하는 주민등록증을 받아 본인임을 확인한 후, 사본하여 본건 조서 말미에 편철하기로 하고 계속 문답하다.

문　피의자는 형사처벌이나 기소유예 처분을 받은 사실이 있나요

답　예, 올해 사기죄로 실형을 선고받은 외에 20여 회에 걸쳐 형사처벌을 받은 사실이 있습니다.

문　범죄경력조회 결과 및 구치소에 확인한 바에 의하면 피의자는 2011. 3. 1. 수원지방법원에서 사기죄로 징역 6월을 선고받고, 2011. 7. 23. 안양교도소에서 형의 집행을 종료한 것으로 나타나는데 사실인가요

답　예, 그렇습니다.

문　피의자의 학력은 어떤가요

답　1979. 2.경 ○○시에 있는 △△고등학교를 졸업하였습니다.

문　피의자의 경력은 어떤가요

답　20여 년간 중소형 마트의 내부시설 설비공사업을 하였습니다.

문　피의자의 병역관계는 어떤가요

답　1983. 8.경 육군 병장 만기제대했습니다.

문　국가로부터 훈장, 포장, 기장, 연금을 받은 사실이 있나요

답　없습니다.

~~**문**　피의자는 어떤 종교를 믿고 있나요~~

~~**답**　믿고 있는 종교는 없습니다.~~

문　피의자의 가족관계는 어떤가요

답　주거지에서 처 김○○(47세, 무직), 아들 김△△(23세, 대학생)과 함께 생활하고 있습니다.

문　피의자의 재산 정도 및 월수입은 어떤가요

답 현재 살고 있는 단독주택 시가 2억 원 외에 별다른 재산은 없고, 마트를 운영하여 월 300만 원 정도의 수입으로 살고 있습니다.

문 건강상태는 어떠한가요

답 이상 없습니다.

문 피의자는 어떤 일을 하고 있는가요

답 2021. 11. 10.경부터 경기 수원시 수원구 수원동 900-1에서 '대박마트'라는 상호로 마트를 운영하고 있습니다.

문 위 '대박마트'의 사업자등록증이 이와 같은가요

이때 특별사법경찰관은 기록 00쪽에 편철되어 있는 사업자등록증 사본을 피의자에게 열람시킨바

답 예, 맞습니다.

문 사업자등록증 명의는 이말숙으로 되어 있는데 어떻게 된 것인가요

답 이말숙은 종업원인 이무기의 누나인데, 제가 국세청에 세금을 납부하지 못한 부분이 있어 할 수 없이 종업원의 가족 명의를 빌린 것으로 '대박마트'의 실제 운영자는 제가 맞습니다.

문 '대박마트'의 시설 규모, 매출, 종업원 현황은 어떤가요

답 영업장은 약 290㎡이며, 하루 매출액은 평균 500만 원 정도 되며, 종업원은 7명이 근무하고 있습니다.

문 대박마트에서는 어떤 물건을 판매하고 있는가요

답 채소, 과일, 육류, 생선과 일반 생활용품을 판매하고 있습니다.

문 육류를 판매하는 시설 및 규모는 어떤가요

답 마트 한쪽 구석 약 5평 정도 되는 곳에 냉장고, 육절기, 골절기 등의 시설을 갖추고 직원 1명이 판매하는데 하루 평균 50만 원의 매출을 올리고 있습니다.

문 피의자는 위와 같이 대박마트를 운영하며 농수산물의 원산지를 거짓으로 표시하였다가 단속을 당한 사실이 있는가요

답 예, 그런 사실이 있습니다.

문 언제, 어디서, 누구로부터 단속을 당한 것인가요

답 2024. 4. 27. 대박마트 영업장에서 단속원으로부터 단속을 당했습니다.

행정조사원으로부터 적발통보 등 수사의뢰가 아닌, 수사관이 자체적으로 인지한
사건의 경우

문 피의자는 위와 같이 대박마트를 운영하며 농수산물의 원산지를 거짓으로
표시한 사실이 있나요

답 예, 그런 사실이 있습니다.

문 어떤 농수산물의 원산지를 거짓으로 표시하였나요

답 미국산 소고기의 원산지를 국내산으로 표시하였습니다.

이하 아래와 같음

문 어떤 농수산물의 원산지를 거짓으로 표시하였나요

답 미국산 소고기의 원산지를 국내산으로 표시하였습니다.

문 원산지를 국내산으로 거짓 표시한 기간은 어떻게 되나요

답 2021. 11. 10.경부터 단속을 당한 2024. 4. 27.경까지 원산지 표시를 거짓으
로 했습니다.

문 어디에서 위와 같이 거짓으로 표시했나요

답 앞에서 말씀드린 제가 운영하는 대박마트 육류판매 코너에서 그랬습니다.

문 어떤 방법으로 원산지 표시를 거짓으로 했나요

답 진열대에 '원산지：국내산 한우'라고 표시한 가로 20㎝ 세로 10㎝ 정도 크기
의 플라스틱 명판을 세워 놓았고, 진열대 안에 있는 고기 랩포장지에도 '원
산지：국내산'이라는 표시가 포함되어 있는 바코드를 붙여 놓았습니다.

문 당시 원산지를 거짓으로 표시한 소고기 진열대 플라스틱 명판과 랩 포장지에
붙어 있던 바코드가 바로 이것인가요

이때 특별사법경찰관은 피의자에게 적발 당시 행정조사원이 촬영했던 위 사진(기록
00~00쪽)들을 피의자에게 열람시킨바

답 예, 맞습니다.

문 누구와 함께하였나요

답 저 혼자 했습니다.

문 위와 같이 미국산 소고기를 국내산으로 거짓으로 표시하여 판매한 내역은 어

떤가요

답 2021. 11. 17.경부터 단속을 당한 2024. 4. 27.경까지 미국산 소고기 알목심 총 512.14kg을 kg당 평균 10,250원에 구입하여 국산 한우불고기로 kg당 평균 20,000원에 판매하였습니다.

문 누구에게 판매하였나요

답 마트에 찾아오는 손님들에게 판매한 것으로 누구인지 특정하기는 어렵습니다.

문 미국산 소고기 알목심은 어디에서 구입하였나요

답 화성시에 있는 ABC푸드 등 6개 업체로부터 구입하였습니다.

문 구입가와 판매가, 이익금은 얼마나 되는가요

답 앞에서 말씀드린 대로 미국산 소고기 알목심 총 512.14kg을 kg당 평균 10,250원 합계 5,249,435원에 구입하여, 국산 한우불고기로 kg당 평균 20,000원 합계 10,242,800원에 팔았으며, 500만 원 정도의 이익을 얻었습니다.

문 미국산 소고기 알목심을 구입할 당시 원산지 표시는 어떻게 되어 있었나요

답 거래명세표와 물품 박스에 미국산 소고기로 표시되어 있었습니다.

문 피의자가 위와 같이 거래했던 자료가 이것인가요

이때 특별사법경찰관은 단속 당시 피의자로부터 임의제출 받았던 식육거래내역서 대장, 거래내역서 등 자료 사본(기록 00~00쪽)을 피의자에게 열람시킨바

답 예, 맞습니다.

문 2024. 4. 27. 단속 시 피의자가 작성한 확인서가 이것인가요

이때 특별사법경찰관은 피의자에게 확인서(기록 00쪽)를 열람시킨바

답 네, 맞습니다. 모두 사실대로 작성했던 것입니다.

문 피의자는 왜 위와 같은 행위를 하였나요

답 전반적으로 마트 운영이 어렵다 보니 이익금을 조금이라도 더 내보려는 욕심에서 그랬던 것입니다.

문 현재 대박마트에서 소고기를 어떻게 판매하고 있나요

답 단속당한 이후로는 원산지를 제대로 표시하여 판매하고 있습니다.

문 피의자가 달리 제출할 유리한 증거나 더 할 말이 있는가요

답 다시는 이런 일이 없도록 할 테니 한 번만 선처하여 주시기 바랍니다.

문 피의자는 조서를 열람하였는데 그 내용 가운데 진술한 대로 기재되지 아니하였거나 사실과 다른 부분이 있나요

답 없습니다. (자필 기재)

〈인정신문, 진술거부권 고지, 말미, 수사과정확인서 부분은 동일하므로 생략〉

1. 저는 2011. 3. 1. 수원지방법원에서 사기죄로 징역 6월을 선고받고, 2011. 7. 23. 안양교도소에서 형의 집행을 종료하고 출소한 사실이 있는 외 20여 회에 걸쳐 형사처벌을 받은 사실이 있습니다.

1. 저는 1979. 2.경 구리시에 있는 △△고등학교를 졸업하였고, 이후 20여 년간 중소형 마트의 내부시설 설비공사업을 한 경력이 있습니다.

1. 1983. 8.경 육군 병장으로 만기제대했으며 국가로부터 훈장, 포장, 기장, 연금을 받은 사실은 없고, 믿고 있는 종교도 없습니다.

1. 가족으로는 주거지에서 처 김00(47세, 무직), 아들 김△△(23세, 대학생)과 함께 생활하고 있고, 재산은 현재 살고 있는 단독주택 시가 2억 원 외에 별다른 재산은 없고, 마트를 운영하여 월 300만 원 정도의 수입으로 살고 있습니다.

1. 건강상태는 양호한 편입니다.

1. 저는 2021. 11. 10.경부터 경기 수원시 수원구 수원동 900-1에서 '대박마트'라는 상호로 마트를 운영하고 있습니다.

1. 사업자등록중에 대표자 명의는 제가 아닌 이말숙으로 되어 있는데 그 사유는 이말숙은 종업원인 이무기의 누나인데, 제가 국세청에 세금을 납부하지 못한 부분이 있어 할 수 없이 종업원의 가족 명의를 빌린 것으로 '대박마트'의 실제 운영자는 제가 맞습니다.

1. '대박마트'의 영업장은 바닥은 약 290㎡이며, 하루 매출액은 평균 500만 원 정도 되며, 종업원은 7명이 근무하고 있으며 채소, 과일, 육류, 생선과 일반 생활용품을 판매하고 있습니다.

1. 육류를 판매하는 시설 및 규모는 마트 한쪽 구석 약 5평 정도 되는 곳에 냉장고, 육절기, 골절기 등의 시설을 갖추고 직원 1명이 판매하는데 하루 평균 50만 원의 매출을 올리고 있습니다.

1. 저는 위와 같이 대박마트를 운영하면서 2024. 4. 27. 위 대박마트 영업장에서 소고기의 원산지를 거짓으로 표시했다는 이유로 단속원으로부터 단속을 당한 일이

있습니다.

1. 그 내용은 2021. 11. 17.경부터 단속을 당한 2024. 4. 27.경까지 진열대에 '한우불고기', '원산지 : 국내산한우'라고 표시한 것입니다.

1. 위와 같이 거짓으로 표시하여 2021. 11. 17.경부터 단속을 당한 2024. 4. 27.경까지 미국산 소고기 알목심 총 512.14kg을 kg당 평균 10,250원에 구입하여 국산 한우불고기로 kg당 평균 20,000원에 마트에 찾아오는 불특정 손님들에게 판매하였습니다.

1. 미국산 소고기 알목심은 화성시에 있는 ABC푸드 등 6개 업체로부터 구입하였는데 거래명세표와 물품 박스에 미국산 소고기로 표시되어 있었습니다.

1. 미국산 소고기 알목심 총 512.14kg을 kg당 평균 10,250원 합계 5,249,435원에 구입하여, 국산 한우불고기로 kg당 평균 20,000원 합계 10,242,800원에 팔았으며, 500만 원 정도의 이익을 얻었습니다.

1. 저는 단속원에게 식육거래내역서 대장, 거래내역서 등 자료를 임의로 제출한 바 있습니다. 그리고 2024. 4. 27. 단속당할 때 위와 같은 내용으로 자필 확인서를 제출한 일도 있습니다.

1. 제가 위와 같이 원산지를 거짓으로 표시하게 된 이유는 전반적으로 마트 운영이 어렵다 보니 이익금을 조금이라도 더 내보려는 욕심에서 그랬던 것입니다.

1. 단속당한 이후로는 원산지를 미국산으로 제대로 표시하여 판매하고 있습니다.

이때 특별사법경찰관은 피의자에게 다음과 같이 문답하다.

문　피의자가 달리 제출할 유리한 증거나 더 할 말이 있는가요

답　다시는 이런 일이 없도록 할 테니 한 번만 선처하여 주시기 바랍니다.

문　피의자는 조서를 열람하였는데 그 내용 가운데 진술한 대로 기재되지 아니하였거나 사실과 다른 부분이 있나요

답　없습니다. (자필 기재)

예시 문답식, 자백 / 식품위생법위반

〈인정신문, 진술거부권, 변호인 조력권 고지 확인서 생략〉

(변호인 참여 시)

이때 특별사법경찰관은 피의자의 변호인으로 참여신청을 한 김말동 변호사에 대하여 변호인참여신청서, 변호인선임서 및 변호사 신분증으로 피의자의 변호인임을 확인(신분증 사본 조서 말미 편철), 참여시키고 피의자에 대하여 아래와 같이 문답하다.

문 피의자는 형사처벌이나 기소유예 처분을 받은 사실이 있나요

답 없습니다.

문 피의자의 학력은 어떤가요

문 피의자의 경력은 어떤가요

문 피의자의 병역관계는 어떤가요

~~문 피의자는 어떤 종교를 믿고 있나요~~

문 피의자는 국가로부터 훈장, 포장, 기장 또는 연금을 받은 사실이 있나요

문 피의자의 가족관계는 어떤가요

문 피의자의 재산상황, 월수입은 어떤가요

문 피의자의 건강상태는 어떤가요

문 피의자는 어떤 일을 하고 있나요

답 2020. 2.경부터 경기 용인시 기흥구 언남동 39에서 주식회사 병정식품유통이라는 상호로 반찬류 식품 제조 가공업을 하고 있습니다.

문 위 병정식품유통의 사업 규모는 어떤가요

답 (공장, 사무실 면적 / 시설 / 종업원 수 / 생산 품목 / 매출처, 월, 연간 매출액 등 기재)

문 피의자는 위와 같이 반찬류 식품을 제조, 가공하며 제조연월일과 유통기한은 어떻게 표시하고 있나요

답 (품목별 실제 유통기한 및 표시 방법 기재)

문 피의자는 위와 같이 제조연월일과 유통기한을 표시하는 데 있어 이를 사실과 다르게 표시한 일이 있나요

답 예, 그런 일이 있습니다.

문 제조연월일과 유통기한을 사실과 다르게 표시한 내역은 어떤가요

답 2024. 1. 1.경 대형마트인 □□, △△, ○○점에 납품하는 된장깻잎의 유통기한이 다가와서 제조일자를 '2024. 1. 1.'로 표시한 라벨지를 새로 부착한 것을 비롯하여 그 무렵부터 2024. 8. 25.까지 총 222회에 걸쳐 합계 890개의 제조일자를 허위로 표시한 라벨지를 부착하였습니다.

문 위 라벨지가 바로 이것인가요

이때 특별사법경찰관은 병정식품유통으로부터 압수한 위 라벨지 사진(기록 24쪽)을 피의자에게 열람시킨바

답 예, 맞습니다.

문 허위로 표시한 라벨지를 구체적으로 어떤 방법으로 부착하였나요

답 기존의 라벨지를 떼어 내고 납품일자 무렵에 제조한 것처럼 제조일자를 기재한 라벨지를 새로 부착하였습니다. (가능한 자세히 기재)

문 기존의 라벨지를 떼어 내고 새로 부착하는 작업을 하는 과정이 이와 같은가요

이때 특별사법경찰관은 위 과정을 촬영한 사진(기록 25쪽)을 피의자에게 열람시킨바

답 예, 맞습니다.

문 제조일자를 허위로 표시한 라벨지를 총 222회에 걸쳐 합계 890개 부착하였다고 했는데 그 구체적인 내역은 어떻게 확인하였나요

답 거래처에서 발주한 발주서, 거래처에 납품한 거래명세표 등 자료를 보고 확인하였는데 틀림없습니다.

문 총 222회, 890개를 부착한 내역이 이와 같은가요

이때 특별사법경찰관은 피의자와 함께 정리한 위 내역서를 피의자에게 열람시킨바

답 예, 맞습니다.

이때 특별사법경찰관은 위 내역서를 본 건 조서 말미에 편철하기로 하고 계속 문답하다.

문 위 890개에 대한 매출액은 얼마나 되나요

답 약 1억 원 정도 됩니다.

문 왜 위와 같은 행위를 하게 되었나요

답 반찬을 만들어 유통기한이 지나기 전에 바로바로 납품이 되어야 하는데 계약

이 미루어지는 등 사유로 납품이 늦어지게 되면 유통기한이 다가오게 되고, 이러면 거래처에서 받으려고 하지 않아 폐기해야 되는데 그렇게 되면 손해가 너무 커지게 되기 때문입니다.

문 피의자는 위와 같은 행위를 하는 데 있어 법인으로부터 상당한 주의나 감독을 받은 사실이 있나요

답 없습니다.

문 현재도 제조일자, 유통기한을 사실과 달리 표시하고 있나요

답 아닙니다. 2024. 8. 15. 단속된 이후로는 제대로 표시하고 있습니다.

문 피의자가 달리 제출할 유리한 증거나 더 할 말이 있나요

답 다시는 이런 일이 없도록 할 테니 선처하여 주시기 바랍니다.

문 피의자는 조서를 열람하였는데, 피의자가 진술한 대로 기재되지 아니하였거나, 진술한 그 내용 자체가 사실과 다른 부분이 있나요

답 없습니다.(피의자가 자필로 기재)

〈인정신문, 진술거부권 및 변호인 조력권 고지 확인서, 형사처벌, 학력, 경력 등은 생략〉

문 피의자는 어떤 일을 하고 있나요

답 강원도에 있는 산림 일대를 돌아다니면서 약초를 캐다가 약종상 등에 판매하는 일을 3년째 하고 있습니다.

문 피의자가 운영하는 사업장이 별도로 있나요

답 별도로 가게는 없고 집에서 씻고 말리는 등 손질을 하여 서울 경동시장에 있는 약종상 등에 직접 가지고 가서 판매하고 있습니다.

문 피의자가 거래하는 약종상의 상호는 어떻게 되나요

답 '▽▽ 약초' 등 세 군데와 거래를 하고 있습니다.

문 위와 같이 약초를 캐서 매년 얼마나 벌고 있나요

답 매년 수입이 달라서 일정하지 않으나 2016년에는 약 3천만 원 정도 벌었습니다.

문 피의자는 위와 같이 약초를 캐는 데 있어, 관할 관청의 허가 없이 국유림에서 약초를 캐고, 이를 소유자의 허락 없이 가져간 사실이 있나요

답 예, 그런데 캐서 배낭에 담아 놓기는 했는데 현장에서 단속되어 가져오지는 못했습니다.

문 언제, 어디서, 어떤 약초를 캤나요

답 2024. 5. 5. 16:00경인데, 장소는 평창군 봉평면이라고만 알고 있고 지번은 모릅니다. 그리고 이곳에서 산당귀를 캐다가 단속이 되었습니다.

문 피의자가 단속된 장소가 평창군 봉평면 홍정리 산 1번지로 확인되는데 어떤가요

이때 특별사법경찰관은 피의자에게 위 산림의 지도(기록 00쪽)를 피의자에게 열람시킨바

답 아마 맞을 것입니다.

문 피의자가 캔 산당귀는 어느 정도 되나요

답 쌀 한가마니 정도니까 약 80kg 정도 됩니다.

문 산당귀 80kg이면 시가가 얼마나 되나요

답 kg 당 ○○ 정도 되니까 600만 원 정도 됩니다.

문 피의자는 누구와 함께 산당귀를 캤나요

답 저 혼자 캤습니다.

문 어떤 방법으로 캤나요

답 산당귀는 뿌리를 주로 사용하는 약초이기 때문에 우선 산당귀 주변의 나무나 줄기들을 낫으로 정리를 한 다음 야전삽을 이용해 산당귀 뿌리 주변의 흙을 파헤친 후 호미를 이용하여 뿌리가 다치지 않도록 캐어 내면 됩니다.(구체적으로)

문 당시 피의자가 산당귀를 캤던 현장이 이와 같은가요

이때 특별사법경찰관은 피의자가 단속 당시 약초를 캔 장소의 사진(기록 00쪽)을 보여주면서 (현장, 배낭, 도구 등 어떤 사진인지, 사진 내용을 자세하게 기재)

답 예, 이곳이 단속 당시 약초를 캤던 장소가 맞습니다.

문 위 현장 사진에 대해 설명할 수 있나요

답 제가 위 장소에서 산당귀를 캔 다음 용량이 50ℓ인 배낭 두 개에 담아서 가지고 가려는데 특별사법경찰관이 신분증을 제시하면서 단속을 나왔다고 했습니다. 그러면서 그분들이 바로 위 장소에서 캔 산당귀를 제가 파낸 장소에 놓고 현장 사진도 찍었습니다.

문 위와 같이 약초를 캔 시간은 얼마나 걸렸나요

답 위 산 밑에 음식점에서 아침을 먹고 올라가서 위 단속 장소 부근에서 산당귀를 캤기 때문에 약 6~7시간 정도 캤을 겁니다.

문 현장 사진을 보면, 배낭 두 개가 가득 찰 정도로 상당히 많은 양의 산당귀를 캤는데, 위 산당귀 이외에 다른 임산물은 캐지 않았나요

답 예, 산당귀만 캤습니다.

문 산당귀만 캔 별다른 이유가 있나요

답 (피의자 변명 기재)

문 배낭 두 개에 담겨 있던 산당귀는 어떻게 되었나요

답 단속 당시 현행범으로 체포되면서 산당귀를 담은 배낭뿐만 아니라 산당귀를 캘 때 사용한 호미, 야전삽, 낫도 모두 압수당했습니다.

문   이것이 피의자가 산당귀를 캘 때 사용한 호미, 야전삽, 낫이 맞나요

이때 특별사법경찰관은 단속 당시 촬영한 사진(기록 00쪽)을 보여주면서

답   예, 제가 위 도구를 이용하여 산당귀를 캔 것이 맞습니다.

문   피의자는 왜 관할 관청의 허가 없이 함부로 산당귀를 캐서 가져간 것인가요

답   저는 허가를 받고 약초를 캐야 되는지 몰랐습니다.

문   피의자는 위 산 주변에서 임산물을 함부로 캐면 처벌받는다는 현수막을 못
        봤나요

이때 피의자는 고개를 숙이며 아무런 대답을 하지 않다.

문   피의자는 약초 캐는 일을 3년이나 해 왔고, 언론에서도 함부로 임산물을 캐
        면 처벌받는다는 방송이나 보도도 하고 있기 때문에 피의자가 몰랐다는 것은
        말이 되지 않는데 어떤가요

답   (피의자가 머뭇거리다가) 죄송합니다. 처벌받는다는 것을 잘 알고 있었습니다.
        그러나 특별한 기술도 없고 해서 먹고살기 위해 할 수 없이 이렇게 불법으로
        약초를 캐게 된 것입니다.

문   피의자가 달리 제출할 유리한 증거나 더 할 말이 있나요

답   다시는 이런 일이 없도록 할 테니 선처하여 주시기 바랍니다.

문   피의자는 조서를 열람하였는데, 피의자가 진술한 대로 기재되어 있지 않거
        나, 그 내용 가운데 사실과 다른 부분이 있나요

답   없습니다.(자필로 기재)

서술식, 자백 / 산림자원의조성및관리에관한법률위반

〈인정신문, 진술거부권 및 변호인 조력권 고지 확인서, 형사처벌, 학력, 경력 등은 생략〉

1. 저는 강원도에 있는 산림 일대를 다니며 약초를 캐다가 약종상 등에 판매하는 일을 하고 있습니다.

1. 저는 별도로 가게는 없고 캐온 약초를 집 앞마당에서 씻고 말리는 등 손질을 하여 서울 경동시장에 있는 '경동약초' 등 세 군데 단골 약종상 등에 제가 직접 가지고 가서 판매하고 있습니다.

1. 이렇게 해서 벌어들이는 돈은 매년 일정하지 않은데, 작년 즉 2013년에는 3천만 원 정도 벌었습니다.

1. 저는 이렇게 약초를 캐는 일을 하다가 국유림에서 지방산림청장의 허가 없이 약초를 캐서 가져가려다가 체포되었습니다.

1. 그 내용은 2024. 5. 5. 16:00경인데 평창군 봉평면 산 1번지 국유림에서 당귀를 쌀 한 가마니 80㎏ 정도 캔 것입니다. 시가로는 600만 원 정도 됩니다.

1. 제가 당귀를 캤던 정확한 지번은 알지 못했는데 조사 과정에서 조사관으로부터 들어 알게 되었습니다.

1. 함께 간 사람 없이 저 혼자 캤으며 호미, 야전삽 그리고 낫을 이용해서 캤습니다.

1. 이렇게 캐는 데 걸린 시간은 두 시간 정도 됩니다. 그날 산에 올라가기 전에 그 밑에 있는 음식점에서 점심을 먹고 올라가 바로 캐기 시작했습니다.

1. 제가 당귀를 캐고 커다란 배낭 두 개에 나누어 담아 떠나려고 몇 발자국 옮기다가 걸렸는데, 조사관이 그 당시 장면을 촬영한 사진, 압수당한 산당귀, 야전삽, 호미, 낫을 보여주었는데 다 맞습니다.

1. 이런 일을 하게 된 이유는 (피의자 변명 기재)

이때 특별사법경찰관은 피의자에게 아래와 같이 문답하다.

　문　피의자가 달리 제출할 유리한 증거나 더 할 말이 있나요

　답　다시는 이런 일이 없도록 할 테니 선처하여 주시기 바랍니다.

　문　피의자는 조서를 열람하였는데, 피의자가 진술한 대로 기재되어 있지 않거나, 그 내용 가운데 사실과 다른 부분이 있나요

　답　없습니다. (자필로 기재)

○ 범죄사실

　산지전용을 하려는 자는 그 용도를 정하여 대통령령으로 정하는 산지의 종류 및 면적 등의 구분에 따라 산림청장 등의 허가를 받아야 한다.

　그럼에도 불구하고 피의자는 산림청장 등의 허가를 받지 아니하고 2024. 10. 3.경부터 2024. 10. 15.경까지 사이에 강원도 원주시 ▽▽동 ▽▽번지에 있는 준보전산지인 국유림을 농지 용도로 사용하기 위해 굴삭기 등으로 절토, 성토하는 등 약 500㎡의 산지를 전용하였다.

○ 피의자신문조서 작성

문　피의자는 산림청장 등의 허가를 받지 아니하고 산지를 전용한 사실이 있나요

답　예, 그런 사실이 있습니다.

문　허가를 받지 아니하고 산지를 전용한 시기는 어떻게 되나요

답　2024. 10. 3.경부터 2024. 10. 15.경까지입니다.

문　허가를 받지 아니하고 산지를 전용한 장소는 어떻게 되나요

답　강원도 원주시 ○○동에 있는 임야인데 그 번지는 모르겠습니다.

문　관련 공무원이 현장조사를 하여 확인한 바로는 강원도 원주시 ○○동 ○○번지로 나타나는데 어떤가요

이때 특별사법경찰관은 피의자에게 구글맵에서 출력한 사건현장 지도(기록 00쪽)와 임야도(기록 00쪽), 사건현장 사진(기록 00~00쪽)을 열람시킨바

답　예, 맞습니다.

문　위 산지는 준보전산지로 국유림인데 어떤가요

답　준보전산지인지는 알지 못했고 국유림인 것은 알고 있었습니다.

문　어떤 방법으로 산지를 전용했나요

답　굴삭기로 임야를 파는 등의 방법으로 했습니다.

문　굴삭기는 피의자가 직접 운전하였나요

답　아닙니다. 굴삭기 운영업체에 의뢰해서 했습니다.

문　굴삭기 기사나 운영업체에서도 피의자가 허가를 받지 아니하고 국유림의 산

	지를 전용한다는 사실을 알고 있었나요
답	몰랐을 것입니다. 국유림과 제 소유 임야가 붙어 있어 굴삭기 기사에게는 제 것을 정리하는 것이라고 했기 때문입니다.
문	허가 없이 산지를 전용한 면적은 어떻게 되나요
답	약 500㎡ 정도 되는 것으로 알고 있습니다.
문	피의자는 왜 이와 같이 허가를 받지 아니하고 산지를 전용하게 되었나요
답	제가 포도나무 과수원을 하고 있는데 생산량을 늘리기 위해 국유림까지 손을 대게 되었습니다.
문	복구에 필요한 비용은 2,500만 원으로 조사되었는데 복구는 했나요

이때 특별사법경찰관은 실황조사서에 편철되어 있는 '복구비용 산출서'(기록 00쪽)를 피의자에게 열람시킨바

답	앞으로 관할 국유림관리소와 상의하여 복구할 예정입니다.
문	피의자가 달리 제출할 유리한 증거나 더 할 말이 있나요
답	다음부터는 이런 일이 없도록 할 테니 선처하여 주시기 바랍니다.
문	피의자는 조서를 열람하였는데 피의자가 진술한 대로 기재되어 있지 아니하거나 그 진술 내용 자체가 사실과 다른 부분이 있나요
답	없습니다. (피의자 자필로 기재)

문답식, 자백 / 산림보호법위반

○ 범죄사실

피고인은 2024. 2. 17. 10:00경 피고인 소유의 전북 부안군 C에서 폐비닐을 정리하면서 담배를 피우게 되었다.

당시는 날씨가 추워 건조하고 주변에 산림이 있었으므로 이러한 경우 담배 불씨가 튀지 않도록 하여 산불을 미연에 방지하여야 할 주의의무가 있었다.

그럼에도 불구하고 피고인은 이를 게을리한 채 담배를 피우면서 담배 불씨가 주변에 튀게 한 과실로 위 담배 불씨가 피해자 D가 관리하는 E, 피해자 F 소유의 G, 피해자 H 소유의 I에 옮겨붙게 하여 약 500㎡의 산림을 소훼하였다.

○ 피의자신문조서 작성

〈인정신문, 진술거부권 및 변호인 조력권 고지 확인서, 형사처벌, 학력, 경력 등은 생략〉

문 피의자는 산에 불을 낸 사실이 있나요

답 예, 실수로 불을 낸 일이 있습니다.

문 언제 불을 냈나요

답 2024. 2. 17. 10:00경입니다.

문 어디서 불을 냈나요

답 제가 일하고 있는 전북 부안군 C 밭에서입니다.

문 불을 낸 장소가 이와 같은가요

이때 특별사법경찰관은 피의자에게 위 장소에 대한 항공사진(기록 00쪽)을 열람시킨바

답 예, 맞습니다.

문 어떻게 불을 내게 되었나요

답 고추밭에 씌워 놓았던 폐비닐을 걷어 정리하면서 담배를 피웠는데 담배를 다 피우고 재를 털어냈는데 그 불씨가 주변에 떨어져 말라 있던 나뭇잎에 옮겨붙으며 불이 났습니다.

문 담뱃재를 어떻게 털어냈는데 불이 붙었나요

답 담뱃불을 끄지 않은 상태에서 담배를 엄지와 중지로 잡고 검지 끝으로 재를 탁 튕기며 털어냈습니다.

문 통상적으로 담배꽁초를 신발로 비벼 완전히 꺼 불이 나지 않도록 해야 하지 않나요

답 예, 그렇게 하든지 아무튼 완전히 끄고 버렸어야 했는데 제가 실수했습니다.

문 화재 현장에서 발견된 담배꽁초에 대한 DNA 감식 결과로 피의자의 DNA와 일치하는 것으로 나타났는데 어떤가요

이때 특별사법경찰관은 위 감식결과서(기록 00쪽)를 피의자에게 열람시킨바

답 예, 인정하겠습니다.

문 현장에 피의자 외에 다른 사람도 있었나요

답 제 집사람이 있었습니다. 함께 일하고 있었으니까요.

문 그날 날씨는 어떠했나요

답 춥고 건조하고 바람이 좀 부는 편이었습니다.

문 건조하고 바람이 불었다면 담배꽁초를 잘못 다루면 불이 날 수 있을 것이라고 예상할 수 있었을 텐데 더욱 조심했어야 하는 것이 아닌가요

답 예, 그렇습니다. 제가 잘못했습니다.

문 불을 낸 피의자의 입장에서는 어떻게 했으면 불이 나지 않게 할 수 있었을까요

답 앞에서 말씀해 주신 대로 제가 담배꽁초를 신발로 비벼 끄던지 물을 붓던지 해서 완전히 끄고 버렸으면 불이 나지 않았을 것입니다.

문 이와 같이 불이 붙어 그 결과는 어떠했나요

답 주변 임야 100평 정도가 탄 것으로 알고 있습니다.

문 화재 진압 후 실황 조사한 결과에 의하면 피해자 D가 관리하는 E, 피해자 F 소유의 G, 피해자 H 소유의 I 합계 약 500㎡의 임야가 불에 탄 것으로 확인되었는데 어떤가요

이때 특별사법경찰관은 피의자에게 실황조사서에 첨부된 임야도(기록 00쪽), 현장 피해사진(기록 00~00쪽)을 피의자에게 열람시킨바

답 예, 맞습니다.

문 피의자는 피해자 D, E, F, H를 알고 있나요

답 같은 마을 사람들로 알고 지내는 사이입니다.

문 위 피해자들과 어떤 감정 등 사유가 있어 피의자가 일부러 불을 낸 것은 아닌가요

답 아닙니다. 절대 그렇지 않습니다. 모두 이웃으로 사이좋게 지내고 있으며 제가 일부러 불을 낸 것이 아닙니다.

문 피의자는 불을 내고 나서 어떤 조치를 했나요

답 처음에는 저와 집사람이 불을 끄기 위해 주변에 있던 삽으로 내리치고 했는데 도저히 감당이 되지 않을 정도로 불이 커져 제가 가지고 있던 휴대폰으로 119 신고를 했습니다. 그래서 소방서와 산림청에서 출동하여 불을 껐습니다.

문 산불 발생부터 소방서, 산림청에서 진화까지 시간은 얼마나 걸렸나요

답 30분 정도 걸린 것 같습니다.

문 피해자들이 피해를 본 부분에 있어 합의한 사실이 있나요

답 저도 충격을 받았고 피해를 입혔다는 자책감에 많이 힘든데 빠른 시일 내에 피해보상도 하고 복구도 하겠습니다.

문 피의자가 달리 제출할 유리한 증거나 더 할 말이 있나요

답 피해자들에게 죄송하고 앞으로는 이런 일이 없도록 할 테니 선처해 주시기 바랍니다.

문 피의자는 조서를 열람하였는데 피의자가 진술한 대로 기재되어 있지 않거나 그 진술 내용이 사실과 다른 부분이 있나요

답 없습니다. (피의자 자필로 기재)

예시 문답식, 자백 / 목재의지속가능한이용에관한법률위반

○ 벌칙조항

제24조(목재생산업의 등록 등)

① 목재생산업을 경영하려는 자는 대통령령으로 정하는 기준에 따라 주된 사무소의 소재지를 관할하는 특별자치시장·특별자치도지사 또는 시장·군수·구청장(자치구의 구청장을 말한다. 이하 "시장·군수·구청장"이라 한다)에게 등록하여야 한다. 이 경우 시장·군수·구청장은 그 자에게 등록증을 발급하여야 한다.

제45조(벌칙)

① 다음 각 호의 어느 하나에 해당하는 자는 3년 이하의 징역 또는 3천만 원 이하의 벌금에 처한다. 〈개정 2016. 12. 2., 2017. 3. 21., 2018. 2. 21., 2019. 12. 3.〉

　　　10. 제24조제1항을 위반하여 목재생산업의 등록을 하지 아니하고 목재생산업을 경영한 자

○ 범죄사실

목재생산업을 경영하려는 자는 대통령령으로 정하는 기준에 따라 주된 사무소의 소재지를 관할하는 특별자치시장·특별자치도지사 또는 시장·군수·구청장에게 등록하여야 한다.

그럼에도 불구하고 피고인은 관할관청에 등록하지 아니하고 2021. 5. 12.경부터 2022. 10. 26.까지 서울 용산구 ○○동 ○○번지에서 E라는 상호로 입목벌채, 제재 및 유통을 하여 목재생산업을 경영하였다.

○ 피의자신문조서 작성

문　피의자는 어떤 일을 하고 있나요

답　서울 용산구 ○○동 ○○번지에서 E이라는 상호로 입목벌채, 제재 및 유통을 하는 목재생산업을 경영하고 있습니다.

문　E업체의 규모는 어떤가요

답　5평 사무실과 30평 정도 되는 공장에서 제재 기계를 갖추고 있으며 종업원은 5명이고 연간 매출은 5억 원 정도 됩니다.

문   E업체의 입목벌채, 제재 및 유통 과정은 어떤가요

답   산주와 입목벌채 계약을 하고 관할 관청의 허가를 받아 벌채를 한 후 이를 공장으로 가져와 제재를 하고 거래처에 판매하고 있습니다.

문   피의자는 이와 같은 업체를 경영하며 관할관청에 등록을 하였나요

답   등록하지 못했습니다.

문   왜 등록을 하지 못했나요

답   등록을 하려면 원목 관련 기술자격이나 교육을 이수한 사람을 고용해야 하는데 형편이 넉넉지 않아 고용하지 못해 등록할 여건을 갖추지 못했습니다.

문   등록하지 않고 목재생산업을 경영한 기간은 얼마나 되나요

답   2021. 5. 12.경 개업을 했는데 그때부터 적발당한 2022. 10. 26.까지 경영했습니다.

문   피의자가 행정조사공무원에게 적발 당시 작성해 주었던 확인서가 바로 이것인가요

이때 특별사법경찰관은 적발 당시 피의자 명의로 작성된 확인서(기록 00쪽)를 피의자에게 열람시킨바

답   예, 맞습니다.

문   피의자가 거래한 내역서가 바로 이것인가요

이때 특별사법경찰관은 적발 당시 행정조사공무원이 E업체로부터 제출받았던 거래명세표 사본(기록 00~00쪽)을 피의자에게 열람시킨바

답   예, 맞습니다.

문   E업체 사무실, 공장 등 현황이 이와 같은가요

이때 특별사법경찰관은 적발 당시 행정조사공무원이 촬영했던 사무실, 공장 등 관련 사진(기록 00~00쪽)을 피의자에게 열람시킨바

답   예, 맞습니다.

문   피의자가 관할관청에 등록을 하지 않고 목재생산업을 하며 판매한 내역은 어떤가요

답   2021. 5. 12.경부터 2022. 10. 26.경까지 7억 원 정도 됩니다.

문   피의자는 현재도 E업체를 경영하고 있나요

답 예, 그렇습니다.

문 그러면 아직도 관할관청에 등록 없이 목재생산업을 하고 있나요

답 적발되고 나서 바로 인적 요건을 갖추어 2019. 11. 7.경 목재생산업 등록을
했습니다. 그 증거로 등록증을 제출하겠습니다.

이때 특별사법경찰관은 피의자로부터 목재생산업 등록증을 받아 검토한 후 본건 조
서 말미에 편철하기로 하고 계속 문답하다.

문 피의자가 달리 제출할 유리한 증거나 더 할 말이 있나요

답 다시는 이런 일이 없도록 할 테니 선처하여 주시기 바랍니다.

문 피의자는 조서를 열람하였는데 피의자가 진술한 대로 기재되어 있지 아니하
거나 피의자가 진술한 그 내용 자체가 사실과 다른 부분이 있나요

답 없습니다.(피의자 자필로 기재)

문답식, 자백 / 목재의지속가능한이용에관한법률위반

○ 범죄사실

산림청장이 대통령령으로 정하는 목재제품에 대하여 규격과 품질 기준을 고시한 목재제품을 생산한 자 또는 수입한 자는 해당 목재제품을 판매·유통하려는 경우에는 한국임업진흥원 등에 의뢰하여 미리 규격·품질검사를 실시하여 해당 목재제품이 규격·품질 기준에 적합한 것임을 스스로 확인하여야 하며, 이에 따른 규격·품질검사를 받지 아니한 목재제품을 판매·유통하거나, 통관하거나 또는 규격·품질 기준에 적합하지 아니한 목재제품을 판매·유통하거나 통관하여서는 아니 된다.

그럼에도 불구하고 피의자는 미리 위와 같은 규격·품질검사를 받지 아니하고 2019. 2. 1. 강원도 ○○시에 있는 C에게 차량을 이용하여 배송하는 방법으로 성형목탄(제품명: 바&타) 50,000kg을 00원에 판매·유통한 것을 비롯하여 별지 기재와 같이 그때부터 같은 해 10. 18.까지 20회에 걸쳐 합계 294,800kg, 000원 상당의 성형목탄(제품명: 바&타)을 판매·유통하였다.

이로써 피의자는 규격·품질검사를 받지 아니한 목재제품인 성형목탄을 판매·유통하였다.

○ 피의자신문조서 작성

문 피의자는 어떤 일을 하고 있나요

답 2021. 3.경부터 경기 수원시 팔달구 ○○동 ○○○에 있는, 성형목탄 등 목재제품의 생산, 판매를 목적으로 설립된 주식회사 대박목재의 대표이사로 일하고 있습니다.

문 회사의 규모는 어떤가요

답 지상2층 연면적 ○○평으로 시가 0억 상당의 목재생산 공장 건물과 0억 상당의 목재가공 기계, 종업원 ○○명이며 연매출 0억 원 정도 됩니다.

문 목재제품 생산, 판매 과정은 어떤가요

답 ○○ 등 목재상으로부터 원목 등 재료를 구입하여 성형목탄으로 가공하여 제품명을 '바&타'로 하여 20여 군데 거래처에 판매하고 있습니다.

문 주식회사 대박목재에서는 어떤 목재제품을 생산, 판매, 유통하는가요

답 구이용, 산업용, 착화용 성형목탄을 생산, 판매, 유통하고 있습니다.

문 주식회사 대박목재에서 생산, 판매, 유통하고 있는 성형목탄(성형숯)은 산림청장이 규격과 품질 기준을 고시한 목재제품에 해당하나요

답 예, 그렇습니다.

문 이와 같은 제품은 목재의지속가능한이용에관한법률에 따라 판매, 유통하기 전에 임업진흥원 등에 규격, 품질검사를 받도록 규정되어 있나요

답 예, 그렇습니다.

문 피의자는 주식회사 대박목재에서 생산한 성형목탄을 임원진흥원 등으로부터 규격, 품질검사를 받지 아니하고 판매, 유통한 사실이 있나요

답 예, 그런 사실이 있습니다.

문 그와 같이 판매, 유통한 기간은 어떻게 되나요

답 2024. 2.경부터 2024. 10. 18. 적발 당일까지 팔았습니다.

문 그 기간 동안 어느 거래처에 얼마나 팔았나요

답 20여 군데 거래처에 000원 정도 팔았는데 구체적인 것은 거래명세표를 보아야 할 것 같습니다.

문 피의자가 2024. 10. 18. 행정조사공무원에게 적발될 당시 제출했던 거래명세표(기록 00~00쪽)가 바로 이것인가요

이때 특별사법경찰관은 피의자에게 위 거래명세표(기록 00~00쪽)를 열람시킨바

답 예, 그렇습니다. 컴퓨터에 저장되어 있는 것을 출력, 제출한 바 있습니다.

문 위 거래명세표를 정리하면 2019. 2. 1. 강원도 ○○시(이하 주소 생략)에 있는 C에게 성형목탄(제품명: 바&타) 50,000kg을 00원에 판매·유통한 것을 비롯하여 그때부터 같은 해 10. 18.까지 20회에 걸쳐 합계 294,800kg, 000원 상당의 성형목탄(제품명: 바&타)을 판매·유통한 것으로 나타나는데 어떤가요

이때 특별사법경찰관은 위 거래명세표를 근거로 정리한 판매, 유통내역서를 피의자에게 열람시키고 거래명세표와 대조시킨바

답 예, 맞습니다.

이때 특별사법경찰관은 위 판매, 유통내역서를 본건 조서 말미에 편철하기로 하고

계속 문답하다.

문   어디에서, 어떤 방법으로 판매, 유통하였나요

답   먼저 전화로 주문을 받고 구체적인 주문 내역은 이메일로 받아 주식회사 대박목재에서 차량으로 거래처까지 배송해 주는 방법으로 팔았습니다.

문   왜 규격, 품질검사를 받지 아니하고 판매, 유통하게 되었나요

답   ~ 사유로 규격, 품질검사를 받지 못했습니다.

문   현재는 어떻게 판매, 유통하고 있나요

답   규격, 품질검사를 받기 위한 준비를 하고 있고 판매는 중단한 상태입니다.

문   피의자가 달리 제출할 유리한 증거나 더 할 말이 있나요

답   다시는 이런 일이 없도록 할 테니 선처하여 주시기 바랍니다.

문   피의자는 조서를 열람하였는데 피의자가 진술한 대로 기재되어 있지 아니하거나 진술 내용 그 자체가 사실과 다른 부분이 있나요

답   없습니다.(피의자가 자필로 기재함)

문 피의자는 소△△ 40수1111 자동차를 알고 있나요

답 예, 제 소유로 명의로 등록되어 있으며 제가 운행하고 있는 자동차입니다.

문 위 소△△ 자동차에 대해 의무보험에 가입하지 아니한 사실이 있나요

답 예, 2023. 9.경부터 2024. 2.경까지 1년여 동안 의무보험에 가입하지 못했던 사실이 있습니다.

문 왜 가입하지 않았나요

답 당시 경제적으로 형편이 너무 어려웠기 때문에 가입하지 못했습니다.

문 피의자는 위와 같이 의무보험에 가입하지 아니하고 소△△ 자동차를 운행한 사실이 있나요

답 예, 그런 사실이 있습니다.

문 의무보험에 가입하지 아니하고 운행한 구체적인 내역은 어떤가요

답 그것은 잘 기억나지 않습니다.

문 국토교통부 자료에 의하면 피의자는 ① 2023. 9. 28. 12:44경 대구 동구 효목동 효목보성아파트 부근 도로에서, ② 같은 해 10. 15. 22:19경 대구 동구 용호삼거리에서, ③ 같은 달 10. 25. 14:40경 입석네거리 현풍곰탕집 앞에서, ④ 2024. 2. 18. 06:31경 경부고속도로 부산 방면 19.2㎞ 지점에서, ⑤ 같은 달 26. 강원 영월 38번 국도 연당역 앞에서, 위 소△△ 자동차를 운행하다가 적발된 것으로 나타나는데 어떤가요

이때 특별사법경찰관은 국토교통부 자료(기록 00쪽)을 피의자에게 열람시킨바

답 예, 맞습니다.

문 피의자는 위와 같은 의무보험에 가입하지 아니하고 자동차를 운행한 이유는 무엇인가요

답 사업을 하는데 여기저기 다녀야 하는데 대중교통을 이용하려면 시간도 많이 걸리고 그렇다고 매번 택시를 타고 다닐 수도 없었기 때문이었습니다.

문 지금도 의무보험에 가입하지 아니하고 위 소△△ 자동차를 운행하고 있나요

답 아닙니다. 현재는 의무보험에 가입되어 있습니다.

문 피의자가 달리 제출할 유리한 증거나 더 할 말이 있나가요.

답 죄송합니다. 제가 형편이 어려운 관계로 보험에 가입하지 않은 채 자동차를 운행하였는데, 이번에 한하여 최대한 선처 부탁드립니다.

문 피의자는 조서를 열람하였는데 조서에 진술한 대로 기재되지 아니하였거나 진술한 내용이 사실과 다른 부분이 있나요

답 없습니다.(자필 기재)

문 피의자는 의무보험에 가입하지 아니한 채 자동차를 운행한 적이 있나요

답 아니오, 없습니다.

문 피의자는 91라12♣♣호 '가나다' 승용차를 보유한 사실이 없는가요.

답 제가 2023. 6.경까지 타고 다닌 것은 맞지만, 그 이후로 현재까지 그 차량을 운행한 사실이 없습니다.

문 피의자는 2023. 10. 5. 경부고속도로 부산 방면 19.2㎞ 지점에서 보험에 가입 되지 아니 한 '가나다' 91라12♣♣호 승용차를 운행한 사실이 있는가요

답 아닙니다. 제가 운행하지 않았습니다.

문 '가나다' 91라12♣♣호 승용차의 등록명의자가 현재까지 피의자의 명의로 되어 있는데, 위 차량을 운행한 사실이 없다는 것인가요.

답 저는 위 승용차를 2018. 5. 30.까지 보유하고 있다가 2018. 6. 5.경 친구 ○○○에게 팔았는데 ○○○가 이전등록을 하지 않아 등록명의가 제 이름으로 남아 있을 뿐이며, 위 일시경에는 위 차량을 운행하지 않았습니다.

문 매수인 ○○○의 연락처를 아는가요.

답 휴대전화번호가 010-2174-××××입니다.

이때 특별사법경찰관은 피의자가 알려준 ○○○의 휴대전화로 연락을 하여 피의자의 주장대로 위 차량을 매수한 사실이 있는지 문의한바, ○○○는 2008. 6. 5.경 피의자에게 300만 원을 주고 위 차량을 매수한 사실이 있는데 회사업무가 바빠서 위차량의 명의이전을 현재까지 하지 못했다면서 조만간 명의이전을 하겠다는 진술을 청취하다.

문 피의자는 현재 다른 차량을 운행하고 있나요

답 2023. 3. 말경 지방에 있는 공사판을 다니기 위하여 중고차량을 구입하여 운행하고 있습니다.

문 보험에는 가입하였는가요.

답 ♣♣ 생명에 종합보험을 가입하였습니다.

문 지금까지의 피의자의 진술을 종합하여 보면, 피의자는 본건 피의차량인 91라

12♧♧호 '가나다' 승용차의 공부상 소유자로서 2018. 6. 5.경까지 위 차량을 운행한 사실이 있으나, 그 후 경제적인 문제로 위 차량을 ○○○에게 판매한 후 위 차량을 운행한 사실이 없으며, 다만 위 차량에 대한 명의가 ○○○의 앞으로 이전되지 않았을 뿐이라는 취지로 주장하는 것인가요.

답 네, 그렇습니다.

문 피의자가 달리 제출할 유리한 증거나 더 할 말이 있나요

답 없습니다.

문 피의자는 조서를 열람하였는데 조서에 진술한 대로 기재되지 아니하였거나 진술 내용이 사실과 다른 부분이 있는가요

답 없습니다.(자필 기재)

문답식(2회 피신), 부인 후 자백 / 자동차손해배상보장법위반

문 피의자가 김△△이며 전회 모두 사실대로 진술했나요

답 예, 제가 김△△이며 지난번에 모두 사실대로 진술했습니다.

문 피의자는 전회 조사 당시 본건 범죄사실 발생일자인 2008. 10. 15.경에는 본건 피의차량을 운행한 사실이 없다고 진술하였지요

답 예, 그렇습니다.

문 피의자의 범칙금 발부 현황을 살펴보면, 2023. 9. 20. 주정차위반으로 범칙금 3만 원을, 2023. 10. 23. 차선위반으로 범칙금 5만 원을 납부한 내역이 있는데 사실인가요

답 예, 그렇습니다.

문 피의자는 위 차량을 2023. 6. 5.경 ○○○에게 매도하였음에도 어떤 경위로 '가나다' 91라12♧♧호 자동차를 계속 운행한 것인가요.

이때 특별사법경찰관은 동대문경찰서 교통지도계에서 모사전송하여 준 피의자의 범칙금 발부 현황을 열람시킨바

답 (피의자는 한참 동안 머뭇거리다가) 죄송합니다. 제가 착각을 한 것 같습니다. 사실은 제 친구 ○○○에게 위 차량을 매도한 것은 사실이지만 제가 지방에 있는 공사판에 가기 위해서는 자동차가 필요한데 당시 제가 자동차가 없어 친구 ○○○에게 부탁하여 여러 번 운행을 한 적이 있습니다. 아마 그때도 제가 대구에 있는 공사판에 가기 위하여 운행을 한 것 같습니다.

문 그렇다면, 피의자는 2023. 10. 5. 경부고속도로 부산 방면 19.2.㎞ 지점에서 위 자동차를 운행한 것이 맞나요

답 예, 맞습니다.

문 피의자는 위 자동차를 매수인 ○○○에게 매도한 후 위 자동차의 명의가 ○○○에게 이전되었다는 것을 확인하였는가요.

답 명의이전이 안 된 것으로 알고 있었습니다.

문 그렇다면, 본건 발생 당시 위 자동차가 의무보험에 가입되지 않은 상태였다는 것을 알고 있었나요

답 예, 제가 자동차를 ○○○에게 매도하기 전인 2021. 12.경부터 저의 경제적인 문제 때문에 의무보험에 가입되지 않은 상태였고, 그와 같은 상태로 자동차를 ○○○에게 매도하였는데, 그 후 제가 ○○○에게 물어보니 ○○○ 역시 의무보험에 가입하지 않았다고 하였습니다. 그래서 자동차가 의무보험에 가입되지 않은 상태인 것을 알면서도 운행하였습니다.

문 피의자가 달리 제출할 유리한 증거나 더 할 말이 있나요

답 죄송합니다. 선처 부탁드립니다.

문 피의자는 조서를 열람하였는데 피의자가 진술한 대로 기재되어 있지 않거나 그 진술 내용이 사실과 다른 부분이 있나요

답 없습니다.(피의자 자필)

문 피의자는 의무보험에 가입하지 아니한 채 자동차를 운행한 적이 있나요

답 아니오, 없습니다.

문 피의자는 91라12♣♣호 '가나다' 자동차를 보유한 사실이 없는가요.

답 제가 2022. 6.경까지 타고 다닌 것은 맞지만, 그 이후로 현재까지 그 자동차를 운행한 사실은 없습니다.

문 피의자는 2022. 10. 5. 경부고속도로 부산 방면 19.2 km 지점에서 위 '가나다' 91라12♣♣호 자동차를 운행하지 않았나요

답 그런 사실 없습니다.

문 '가나다' 91라12♣♣호 자동차의 등록명의자가 현재까지 피의자의 명의로 되어 있는데 위 자동차를 운행한 사실이 없다는 것인가요

답 저는 그 자동차를 2022. 5. 30.까지 보유하고 있었는데, 그 당시 제가 운영하던 회사가 부도가 나면서 금전적인 문제로 인하여 사채를 빌려 쓰는 과정에서 위 차량을 사채업자에게 담보로 넘겨주었습니다. 그 후에 채무를 갚지 못하게 되어 결국 그 자동차를 되찾아 오지 못하게 되었고, 그 이후로 그 자동차를 보유하거나 운행한 사실은 전혀 없습니다.

문 피의자가 사채업자에게 위 차량을 담보로 넘겨준 시기가 언제인가요.

답 정확한 날짜까지는 기억나지 않지만, 제 회사가 부도난 것이 2008. 6.경이었으니까 위 차량을 넘겨준 것도 그때쯤일 것입니다.

문 피의자로부터 자동차를 넘겨받은 사채업자의 인적사항 및 연락처를 알고 있나요

답 아니오, "김사장"이라고만 불렀는데 이름은 모르겠습니다. 당시에는 연락처를 기재해 놓았었는데, 이미 1년 전 일인 데다가, 제가 돈도 갚지 못하고 부도가 나서 경황도 없었던 때였기 때문에 연락처를 기재해 놓은 자료를 잃어버렸습니다. 그래서 지금은 "김사장"과 연락도 할 수 없고, 자동차를 누가 실제로 보유하고 있는지도 모릅니다.

문 위 차량을 "김사장"에게 넘겨줄 당시 명의이전은 하지 않았는가요.

답 예, 명의이전을 해주지 않은 상태로 자동차를 넘겨주었습니다.

문 위 차량에 대한 범칙금 발부현황을 보면 강대성이라는 사람이 2008. 9. 10. 주
정차위반으로 범칙금 3만 원을 납부한 사실을 확인할 수 있는데, 피의자는 위
강대성을 알고 있는가요.

답 아니오, 처음 듣는 이름입니다. 전혀 모르는 사람입니다.

문 피의자는 본건 발생일인 2022. 10. 5. 직전, 직후에 도로교통법위반죄 혹은 교
통사고처리특례법위반죄 등으로 처벌받은 사실이 있나요

답 없습니다. 자동차를 넘겨준 이후로 한동안 자동차를 운전하질 못했습니다. 교
통사고와 관련한 전과는 없습니다.

문 그렇다면 피의자가 현재 운행하고 있는 자동차는 있나요

답 예, 지금은 12가3456호 '라마바' 승용차를 운행하고 있는데, 2023. 2. 초순경
위 승용차를 구입하여 의무보험에 가입한 후 타고 다닙니다.

문 지금까지의 피의자의 진술을 종합하여 보면, 피의자는 본건 자동차를 보유한
사실은 있으나, 2022. 6.경 "김사장"이라는 사채업자에게 사채를 빌리는 과정
에서 본건 자동차를 담보로 제공하였으며, 그 후 위 자동차를 되찾지 못하여
위 자동차를 실제로 보유하지도, 운행하지도 않았다는 취지로 주장하는 것인
가요.

답 예, 맞습니다.

문 피의자가 달리 제출할 유리한 증거나 더 할 말이 있나요

답 제가 하지도 않은 일로 억울하게 피해를 입지 않았으면 좋겠습니다.

문 피의자는 조서를 열람하였는데 진술한 대로 기재되지 아니하였거나 진술 내용
이 사실과 다른 부분이 있는가요

답 없습니다.(자필 기재)

〈인정신문, 진술거부권 고지 및 말미 수사과정확인서 부분은 동일하므로 생략〉

1. 저는 2011. 3. 1. 수원지방법원에서 사기죄로 징역 6월을 선고받고, 2011. 7. 23. 안양교도소에서 형의 집행을 종료하고 출소한 사실이 있는 외 20여 회에 걸쳐 형사처벌을 받은 사실이 있습니다.

1. 저는 1979. 2.경 구리시에 있는 △△고등학교를 졸업하였고, 이후 20여 년간 중소형 마트의 내부시설 설비공사업을 한 경력이 있습니다.

1. 1983. 8.경 육군 병장으로 만기제대했으며 국가로부터 훈장, 포장, 기장, 연금을 받은 사실은 없고, 믿고 있는 종교도 없습니다.

1. 가족으로는 주거지에서 처 김○○(47세, 무직), 아들 김△△(23세, 대학생)과 함께 생활하고 있고, 재산은 현재 살고 있는 단독주택 시가 2억 원 외에 별다른 재산은 없고, 마트를 운영하여 월 300만 원 정도의 수입으로 살고 있습니다.

1. 건강상태는 양호한 편입니다.

1. 저는 2020. 11. 10.경부터 2024. 3. 2.까지 경기 시흥시 시흥동 100-10 시화공단 1바 111에서 'AB기계'라는 상호로 자동차부품 제조, 판매업을 한 사실이 있습니다.

1. 'AB기계' 규모는 약 15평 정도 되는 공장에서 종업원 2명을 두고 연간 5천만 원 정도 매출을 올리다가 경기 부진으로 2022. 3. 2. 폐업했습니다.

1. 저는 위와 같이 'AB기계'를 운영하면서 잡부로 일하던 종업원 박병정에게 월급과 퇴직금을 지급하지 못한 사실이 있습니다.

1. 박병정은 2022. 11. 1.경부터 2024. 2. 28.까지 월급으로 200만 원을 받고 일했는데 2023. 6.경부터 9개월치 월급 합계 1,800만 원과 퇴직금 400만 원을 지급하지 못했습니다.

1. 지급하지 못한 이유는 거래처의 부도로 거래 관계가 끊겨 매출이 전혀 없어 저 역시 폐업을 할 수밖에 없었기 때문입니다.

1. 저도 형편이 너무 좋지 않아 박병정에게 월급과 퇴직금을 지급할 수 없었습니다.

1. 박병정과는 지급기일을 연장하는 등 합의한 사실은 없습니다.

이때 특별사법경찰관은 피의자에게 다음과 같이 문답하다.

문 피의자가 달리 제출할 유리한 증거나 더 할 말이 있는가요

답 제가 고의로 지급하지 않는 것도 아니고 형편상 어쩔 수 없이 그렇게 된 것이니 선처하여 주시기 바랍니다.

문 피의자는 조서를 열람하였는데 그 내용 가운데 진술한대로 기재되지 아니하였거나 사실과 다른 부분이 있나요

답 없습니다.(자필 기재)

예시 문답식, 자백 / 병역법위반

○ 범죄사실

대학교 휴학생 김모(23) 씨는 2024. 7. 12. 21:00경 인천 중구 한 공원에서 미리 구입한 작두를 이용해 자신의 오른손 새끼손가락을 잘랐다. 병든 홀어머니와 함께 살고 있고, 결핵 판정으로 건강이 좋지 않아 학업이 늦어진 김 씨는 군 입대를 하면 어머니가 홀로 남겨지게 되고, 학업 시간을 허비하게 된다는 생각에 손가락과 병역 의무를 맞바꾸려 했던 것이다. 게다가 3년 전 불의의 사고로 이미 손가락 하나가 절단된 김 씨에게 손가락 한 개가 더 없으면 신체등위 4급 판정을 받아 현역 입대를 하지 않아도 되는 상황이었다.

○ 피의자신문조서 작성 예시

〈인정신문, 진술거부권 및 변호인 조력권 고지 확인서, 말미 수사과정확인서 생략〉

(변호인 참여 시)

이때 특별사법경찰관은 피의자의 변호인으로 참여신청을 한 김말동 변호사에 대하여 변호인참여신청서, 변호인선임서 및 변호사 신분증으로 피의자의 변호인임을 확인(신분증 사본 조서말미 편철), 참여시키고 피의자에 대하여 아래와 같이 문답하다.

문　　피의자가 김갑을인가요

답　　예, 제가 김갑을입니다. 여기 주민등록증을 제출하겠습니다.

이때 사법경찰관은 피의자가 제출하는 주민등록증을 받아 본인임을 확인한 후 이를 사본하여 본건 조서 말미에 편철하기로 하고 계속 문답하다.

문　　피의자는 형사처벌이나 기소유예 처분을 받은 사실이 있나요

답　　없습니다. or 싸워서 벌금을 낸 일이 있습니다.

문　　범죄경력조회 등으로 확인한 바에 의하면 피의자는 2019. 12. 23. 인천지방법원 부천지원에서 폭행죄로 벌금 50만 원을 선고받은 것으로 나타나는데 사실인가요

답　　예, 맞습니다.

문　　피의자의 학력은 어떤가요

답	2024. 3. 경에 한국대학교 경제학과 3학년에 다니다가 휴학했습니다.
문	피의자의 경력은 어떤가요
답	학교에 다니다가 휴학한 후 피자집에서 아르바이트를 해오고 있는 외에는 별다른 경력은 없습니다.
문	피의자의 병역관계는 어떤가요
답	아직 군대에 가지 않았는데 이번 사건으로 어떻게 될지 모르겠습니다.
~~문~~	~~피의자는 어떤 종교를 믿고 있나요~~
~~답~~	~~특별히 믿고 있는 종교는 없습니다.~~
문	피의자는 국가로부터 훈장, 포장, 기장, 연금을 받은 사실이 있나요
답	없습니다.
문	피의자는 가족관계는 어떤가요
답	어머니 김미숙(47세, 식당 종업원)과 함께 살고 있습니다.
문	피의자의 재산상황 및 월수입은 어떤가요
답	학생으로서 별다른 재산은 없으면 피자집에서 아르바이트하며 월 70만 원 정도 벌고 있습니다.
문	피의자의 건강상태는 어떤가요
답	특별히 아픈데 없이 건강한 편입니다.
문	피의자는 자신의 신체를 손상시킨 사실이 있나요
답	예, 그런 사실이 있습니다.
문	언제, 어디서, 어느 부위를 손상시켰나요
답	2024. 7. 12. 21:00경 인천 중구에 있는 공원에서 제 오른손 새끼손가락을 잘랐습니다.
문	손가락은 엄지부터 순서대로 검지, 중지, 약지, 소지라고 하는데 '새끼손가락'이라 함은 소지를 말하는가요
답	예, 그렇습니다.
문	'인천 중구에 있는 공원'이라고 했는데 구체적으로 어느 공원, 어느 장소를 말하는가요
답	월미공원으로 알고 있고, 공원 입구에서 오른쪽으로 200m쯤에 작은 숲이 있

는데, 그 숲 안에서 그랬습니다.

문 누구와 함께 잘랐나요

답 저 혼자 그랬습니다.

문 어떻게 잘랐나요

답 제가 미리 작은 작두를 준비해 갔는데, 공원에 있는 벤치 위에 작두를 벌려 놓은 상태에서 그 사이에 제 오른손 새끼손가락을 집어넣고 왼손으로 작두 한쪽을 힘껏 내려서 잘랐습니다.

문 한 번에 잘리던가요

답 예, 한 번에 되지 않으면 다시 또 작두로 내리쳐야 하는데 그러면 너무 고통 이 심할 것 같아 정신을 집중해서 한 번에 끝낼 수 있도록 순간적으로 힘을 모아 힘껏 내리쳤습니다.

문 손가락에는 마디가 세 개 있는데 새끼손가락 어느 부위를 잘랐나요

답 둘째 마디 중간 부분을 잘랐습니다.

문 둘째 마디 중간 부분을 자른 별다른 이유가 있나요

답 그 부분이 가장 약하고 자르기 편할 것 같아 그랬습니다.

문 그 부분이 가장 약하다는 것은 어떻게 알게 되었나요

답 인터넷에서 검색해서 알게 되었습니다.(자세하게)

문 자른 손가락은 어떻게 했나요

답 자르고 바로 공원 풀숲에 버렸습니다.

문 작두는 어떻게 구했나요

답 돌아가신 아버지께서 사용하신 것으로 오래전부터 집에 있던 것입니다.

문 손가락을 자른 다음, 작두는 어떻게 하였나요

답 집에 보관하고 있다가 경찰에 압수당했습니다.

문 피의자가 손가락을 자르는 데 사용했던 작두가 바로 이것인가요

이때 특별사법경찰관은 피의자로부터 압수한 작두를 피의자에게 제시한바

답 예, 맞습니다.

(임의제출 시)

> **문** 손가락을 자른 다음, 작두는 어떻게 하였나요
>
> **답** 집에 가져와 보관하고 있었는데, 경찰에서 출석할 때 가지고 오라고 해서 지금 여기 가지고 왔는데 제출하겠습니다.
>
> 이때 특별사법경찰관은 피의자가 임의로 제출하는 위 작두를 받아 살펴본 다음, 형사소송법 제218조에 따라 영장 없이 이를 압수하고 피의자에게 계속 문답하다. (위 문구로 압수조서 대체)

문 오른손 새끼손가락은 왜 잘랐나요(목적)

답 군대에 가지 않으려고 잘랐습니다.

문 오른손 새끼손가락이 없으면 군대에 가지 않는다는 것은 어떻게 알게 되었나요

답 손가락 두 개가 없으면 신체등위 4급 판정을 받아 현역 입대를 하지 않아도 된다고 친구들로부터 듣기도 했고, 인터넷을 뒤져 확인하기도 했습니다.(구체적으로 자세하게)

문 위와 같은 이야기는 언제, 어디서, 어떤 친구들로부터 들었나요

답 제가 학교 휴학하기 전에 같은 과 친구들한테 들었는데 친구 이름을 여기서 말씀 드리기는 곤란합니다.

문 인터넷 어디에서 위와 같은 내용을 확인하였나요

답 포털 사이트에서 '군대 가지 않는 방법'으로 검색하면 그 방법을 알려 주는 곳이 여러 군데 있습니다.

(피의자의 인터넷 로그 기록 등 증거자료가 있으면 이를 가지고 추궁)

문 피의자는 "손가락 두 개가 없으면"이라고 했는데, 왜 오른손 새끼손가락 한 개만 잘랐나요

답 제 오른손을 보시면 아시겠지만, 가운뎃손가락(중지)과 새끼손가락(소지) 사이에 있는 손가락(약지)은 이미 잘려 있었습니다.

문 약지가 이미 잘린 경위는 어떤가요

답 아버지가 제가 중학교 3학년 때 돌아가셔서 집안이 어려워졌는데 고등학교 들어가기 전에 몇 달 동안 동네 공장이 다니게 되었습니다. 금속공장이었는데 기

계를 잘못 다루어 손가락이 잘리게 되었습니다.

문 오른손 새끼손가락을 자른 후 치료는 어떻게 받았나요

답 손가락을 자르고 바로 그 근처에 있는 '왔다 외과병원'으로 가서 지혈 등 치료를 받았습니다.

문 피의자가 당시 치료를 받았다는 진료 기록 내용이 바로 이것인가요

이때 특별사법경찰관은 '왔다 외과병원'으로부터 압수한 피의자 진료기록 사본(기록 54~55쪽)을 피의자에게 열람시킨바

답 예, 제가 진료기록 내용을 일일이 알아보기는 어렵지만 그 병원에서 진료받았던 것은 사실입니다.

문 피의자가 위와 같이 작두로 손가락을 자르고 병원에서 치료를 받고 하는 과정을 알고 있는 사람이 있나요

답 저 혼자는 무서워서 제 친구 한 명을 데리고 가서 옆에서 지켜봐 달라고 했는데, 그 친구가 보았고 병원에도 함께 갔었습니다.

문 그 친구의 이름과 연락처는 어떻게 되는가요

답 성은 목씨, 이름은 격자이고 연락처는 010-××××-××××입니다.

문 피의자는 왜 위와 같은 행위를 하게 되었나요

답 아버지가 일찍 돌아가시고 어머니와 외아들인 저 둘이 살고 있는데 어머니가 그동안 식당에 다니면서 아침부터 밤늦게까지 힘들게 일하셔서 그런지 일 년 전부터 위암에 걸려 많이 고생하고 계시고, 의사로부터도 오래 사시기 힘들 것 같다는 이야기를 듣게 되었습니다. 그리고 저 또한 공장 다닐 때 무리해서 그런지 결핵이 있어 학업도 늦어지게 되었는데 제가 군대에 가게 되면 어머니를 돌볼 사람도 없고, 또 그 사이에 혼자 계시다가 돌아가실 수도 있다는 생각도 들고, 늦어진 제 학업도 만회하려면 군대에 가지 않는 수밖에 없다는 생각에 그 방법을 찾다 보니 이렇게 되었습니다.

문 피의자가 달리 제출할 유리한 증거나 더 할 말이 있나요

답 한순간에 잘못된 생각으로 범죄자가 되었습니다. 뼈저리게 반성하고 후회하고 있고, 또 제가 이번 일로 구속이라도 되면 어머니는 어떻게 될까 걱정이 태산입니다. 앞으로는 법을 어기는 일이 없도록 성실하게 살아갈 것이니 부디 이번

에 한하여 선처해 주시기 바랍니다. 참고로 저와 어머니 둘이 살고 있다는 주민등록등본과 어머니가 아프시다는 것을 나타내 주는 어머니에 대한 의사소견서를 제출하겠습니다.

이때 특별사법경찰관은 피의자가 제출하는 위 자료를 받아 검토한 후 본건 조서 말미에 편철하고 조사를 마치다.

문   피의자는 조서를 열람하였는데, 피의자가 진술한 대로 기재되어 있지 않거나, 진술한 내용 자체가 사실과 다른 부분이 있나요

답   없습니다.(피의자 자필)

〈인정신문, 진술거부권 고지, 말미 수사과정확인서 부분은 동일하므로 생략〉

문 피의자가 김갑을인가요

답 예, 제가 김갑을입니다. 여기 주민등록증을 제출하겠습니다.

이때 특별사법경찰관은 피의자가 제출하는 주민등록증을 받아 본인임을 확인한 후 사본하여 본건 조서 말미에 편철하기로 하고 계속 문답하다.

문 피의자는 형사처벌을 받은 사실이 있나요

답 절도죄로 실형을 선고받고 복역한 일이 있습니다.

문 범죄경력조회서 및 구치소에 확인한 바에 의하면 피의자는 2005. 1. 31. 서울 중앙지방법원에서 절도죄로 징역 1년을 선고받고, 2005. 10. 31. 안양교도소 에서 형의 집행을 마치고 출소한 것으로 나타나는데 맞는가요

답 예, 그렇습니다.

문 피의자의 학력은 어떤가요

답 1993. 2. 경 백두산상고를 졸업하였습니다.

문 피의자의 경력은 어떤가요

답 마장동 및 가락동 축산물판매 회사에서 경리 업무를 8년 정도 본 외에는 별다 른 경력은 없습니다.

문 피의자의 병역관계는 어떤가요

답 1996. 8. 경 육군 병장으로 만기제대하였습니다.

문 피의자는 국가로부터 훈장, 기장, 포장, 연금을 받은 사실이 있나요

답 없습니다.

~~**문** 피의자는 어떤 종교를 믿고 있나요~~

~~**답** 믿고 있는 종교는 없습니다.~~

문 피의자의 가족관계는 어떤가요

답 주거지에서 2017. 1. 1. 결혼한 베트남 출신인 처 짠티박히엔(23세, 무직)과 함 께 살고 있습니다.

문 피의자의 재산 정도 및 월수입은 어떤가요

답 현재 살고 있는 다세대 주택 전세보증금 5,000만 원 외에 별다른 재산은 없으며, 회사를 다니며 받는 월급 150만 원으로 생활하고 있습니다.

문 피의자는 외국인을 입국시키기 위해서 거짓으로 사증을 신청한 사실이 있나요

답 네, 그런 사실이 있습니다.

문 언제, 어디에서, 어떤 외국인을 입국시키기 위해 신청했던 것인가요

답 제가 직접 신청한 것이 아니라서 자세한 내용은 알지 못하나, 어떤 베트남 남자를 제 처의 아버지, 즉 저의 장인으로 해서 제가 초청하는 형식으로 했던 일이 있습니다.

문 그 구체적인 경위는 어떤가요

답 2024. 10. 초순경 제 처로부터 "동네에 알고 지내는 베트남 출신 언니가 '한국에 들어오고 싶어 하는 베트남 남자가 있는데 내 아빠인 것처럼 하고 남편 명의로 초청해 주면 400만 원을 주겠다'고 하는데 어떻게 할까"라는 이야기를 듣고 그 당시 생활이 너무 어려워 그렇게 하자고 동의했습니다. 그래서 제 명의로 초청하는 데 필요하다는 제 주민등록증과 인감도장을 처에게 건네주었고, 처는 그것을 그 '아는 베트남 언니'에게 주었습니다.

문 그 '아는 베트남 언니'에게는 언제, 어디에서 건네주었나요

답 하루 뒤인 2024. 10. 초순경 저의 집 주변에 있는 공원에서 만나 주었다고 처로부터 들었습니다.

문 '아는 베트남 언니'의 이름과 연락처는 어떻게 되나요

답 제 처로부터 '연'이라고 들었는데 정확한 이름은 잘 모르겠으며 연락처도 모릅니다.

문 피의자는 위 '연'이라는 여자가 조사를 받게 되면 피의자의 또 다른 범행이 드러날 것이 두려워 이름과 연락처를 알지 못한다고 거짓말을 하고 있는 것이 아닌가요

답 아닙니다. 정말 모릅니다.

문 그 이후에는 어떻게 진행되었나요

답 저의 주민등록증과 인감도장을 건네주고 나서 2024. 11. 초순경 그 '연'이라는 여자가 어떤 베트남 남자를 저의 집 부근에 있는 커피숍에 데리고 와서 "도와

주어 잘 오게 되었다"며 인사를 시켜 한번 본 일이 있고 그 이후에는 두 사람 모두 만나거나 연락한 일은 없습니다.

문 '연'이라는 여자의 인상착의는 어떠했나요

답 20대 중반에 키는 158㎝ 정도, 날씬한 편이고 단발머리에 얼굴이 동그스름하고 귀여운 인상이었는데 왼쪽 뺨에 1㎝ 정도의 둥글고 검은 점이 있었습니다.

문 2024. 10. 17. 주호치민 대한민국 총영사관에 신청인 짠투언(JRAN TUAN AN) 명의로 접수된 사증발급신청서에 첨부되어 있는 초청장과 신원보증서를 보면 2024. 10. 15.자로 작성한 것으로 되어 있고, 초청인과 보증인으로 피의자의 성명과 인장이 날인되어 있는데 피의자가 직접 작성한 것인가요

이때 특별사법경찰관은 기록 00~00쪽에 편철되어 있는 위 사증발급신청서(단기종합, C3)와 그 첨부서류인 짠투언(JRAN TUAN AN) 명의 여권, 피의자 명의 초청장과 신원보증서 사본을 피의자에게 열람시킨바

답 신청서에 있는 사진을 보니 '연'이라는 여자와 함께 찾아와 인사했던 그 남자가 맞는데, 초청인과 보증인에 기재된 내용은 제가 직접 작성한 것은 아니고, 찍혀 있는 도장은 제 것이 맞습니다.

문 피의자의 처인 짠티박히엔이 작성한 것은 아닌가요

답 아닙니다. 제 처가 작성한 것도 아니고 아마 '연'이라는 여자나 그 여자와 연결된 다른 사람이 작성한 것으로 보입니다.

문 피의자는 '연'으로부터 어떤 대가를 받았나요

답 400만 원을 받기로 하고 시작했는데, 2024. 10. 초순경 처음 주민등록증과 인감도장을 건네줄 때 제 처가 '연'으로부터 100만 원을 받았고, 2024. 11. 초순경 그 '연'이라는 여자가 어떤 베트남 남자를 데리고 와서 "도와주어 잘 오게 되었다"며 인사시켜 주는 자리에서 나머지 300만 원을 받았습니다.

문 어떤 돈으로 받았나요

답 모두 5만 원짜리 현금이었습니다.

문 짠투언(JRAN TUAN AN)은 2024. 11. 1. 입국한 것으로 나타나는데 그 이후 행적은 어떤가요

답 돈 벌러 왔다고 했는데 불법체류 하다가 적발되어 베트남으로 돌아갔다는 이

야기를 제 처로부터 들은 일이 있고 한국에 체류하면서 어떤 일을 했는지, 어떻게 생활했는지에 대해서는 모르고 있습니다.

문   피의자는 왜 본건과 같은 행위를 하게 되었나요

답   앞에서 말씀드린 바와 같이 경제적으로 어려워서 그랬습니다.

문   피의자가 달리 제출할 유리한 증거나 더 할 말이 있나요

답   다음부터는 이런 일이 없도록 할테니 한 번만 선처해 주시기 바랍니다.

문   피의자는 조서를 열람하였는데 그 내용 가운데 진술한 대로 기재되지 아니하였거나 사실과 다른 부분이 있는가요

답   없습니다.(자필로)

문답식, 자백 / 살인

○ 범죄사실

　김갑을(42세)은 2024년 12월 11일 오후 4시경 부전시 만미구 중앙동의 모성 고등학교 인근 주택가 이면도로에서 이웃집에 사는 이병정(39세)을 칼로 수차례 찔러 살해하였다.

　김갑을은 당일 오후 3시 40분경 자신의 렉서스 승용차를 집 앞에 주차한 뒤 20분간 차량 안에서 기다리고 있다가 옆집 빌라 건물에서 나오는 이병정을 흉기로 살해한 것으로 드러났다. 칼에 찔린 이병정은 그 자리에서 사망했다. 주민 신고를 받고 출동한 경찰은 김갑을을 현행범으로 체포했다. 검거 당시 김갑을은 넥타이를 맨 양복 차림으로 현장에서 달아나지 않았다. 김갑을은 경찰에서 "3개월 전부터 주차 시비로 악감정이 쌓였다"고 진술했다.

　경찰은 이들이 사건 당일에는 주차 시비가 없었지만 김갑을이 흉기를 미리 준비한 점 등으로 미뤄 평소 감정이 좋지 않던 이병정을 계획적으로 살해한 것으로 보고 있다.

○ 피의자신문조서 작성 예시

〈인정신문, 진술거부권 및 변호인 조력권 고지 확인서, 말미 수사과정 확인서 생략〉

(변호인 참여 시)

이때 특별사법경찰관은 피의자의 변호인으로 참여신청을 한 김말동 변호사에 대하여 변호인참여 신청서, 변호인선임서 및 변호사 신분증으로 피의자의 변호인임을 확인(신분증 사본 조서 말미 편철), 참여시키고 피의자에 대하여 아래와 같이 문답하다.

문　　피의자가 김갑을인가요

답　　예, 제가 김갑을입니다. 여기 주민등록증을 제출하겠습니다.

이때 사법경찰관은 피의자가 제출하는 주민등록증을 받아 본인임을 확인한 후 이를 사본하여 본건 조서 말미에 편철하기로 하고 계속 문답하다.

문　　피의자는 형사처벌이나 기소유예 처분을 받은 사실이 있나요

답　　없습니다. (또는) 절도죄로 실형을 선고 받은 사실이 있습니다.

문 범죄경력조회 등으로 확인한 바에 의하면 피의자는 2004. 12. 23. 인천지방 법원 부천지원에서 절도죄로 징역 1년을 선고받고 2005. 10. 3. 안양교도소 에서 형기를 종료하고 출소한 것으로 나타나는데 사실인가요

답 예, 그렇습니다.

문 피의자의 학력은 어떤가요

답 1991. 2.경 임계시에 있는 천진고등학교를 졸업하였습니다.

문 피의자의 경력은 어떤가요

답 대학교를 졸업하고 현재 다니는 회사에서 근무하고 있는 외에 별다른 경력은 없습니다.

문 피의자의 병역관계는 어떤가요

답 1994. 5.경 육군 병장 만기제대했습니다.

문 피의자는 어떤 종교를 믿고 있나요

답 특별히 믿고 있는 종교는 없습니다.

문 피의자는 국가로부터 훈장, 포장, 기장, 연금을 받은 사실이 있나요

답 없습니다.

문 피의자는 가족관계는 어떤가요

답 처 김미숙(40세, 무직), 딸 김예쁜(14세, 중2)이 있습니다.

문 피의자의 재산상황 및 월수입은 어떤가요

답 현재 살고 있는 집, 시가 2억 원 상당의 25평형 연립주택 한 채와 회사에서 월 350만 원 정도 급여를 받고 있습니다.

문 피의자의 건강상태는 어떤가요

답 특별히 아픈데 없이 건강한 편입니다.

문 피의자는 사람을 살해한 사실이 있나요

답 예, 그런 사실이 있습니다.

문 언제 살해했나요

답 2024년 12월 11일 오후 4시경 살해했습니다.

문 어디에서 살해했나요

답 제가 살고 있는 연립주택 앞 도로에서 살해했습니다.

문 누구를 살해했나요

답 옆 동에 사는 남자를 살해했습니다.

문 피의자는 앞에 진술에서 살고 있는 주거는, 임계시 만미구 중앙동 23-3 대박빌라 2동 201호라고 했는데 그 앞 도로에서 살해했다는 것인가요

답 예, 그렇습니다.

문 남자를 살해했다고 했는데 구체적으로 누구를 말하는가요

답 제가 살고 있는 대박빌라 2동 옆에 1동이 있는데 1동에 살고 있는 30대 후반의 남자인데 이름은 모릅니다.

문 피의자가 살해했다는 피해자인 남자가 바로 이 사람인가요

이때 사법경찰관은 피해자 이병정의 사진을 피의자에게 제시한바

답 예, 맞습니다.

문 피해자는 '대박빌라 1동 301호, 39세 이병정'으로 확인되었는데 어떤가요

답 수사기관에서 그 남자의 신원을 확인하였다면 맞을 것이라고 생각합니다.

문 피의자는 누구와 함께 피해자를 살해했나요

답 저 혼자 살해했습니다.

문 어떻게 살해했나요

답 칼로 찔렀습니다.

문 어떤 칼로 찔렀나요

답 칼날의 길이는 20cm 정도로 한쪽은 톱니로 되어 있고 한쪽은 날이 서 있는 칼로 10cm 정도 손잡이가 있는, 정글칼이라고도 부르는 것입니다.

문 그 정글칼은 어떻게 했나요

답 사건 당일 경찰이 현장에서 압수했습니다.

문 그 정글칼이 바로 이것인가요

이때 사법경찰관은 체포 현장에서 피의자로부터 압수한 위 정글칼을 피의자에게 제시한 바

답 예, 맞습니다.

(임의제출의 경우 압수수색검증영장은 필요 없으나 압수조서와 목록은 작성해야 하는데 아래 문구로 압수조서를 대체함)

> **문** 피의자는 피해자를 칼로 찔렀다고 했는데 그 칼은 어디에 있나요
>
> **답** 지금 제가 가지고 있는데 제출하겠습니다.
>
> 이때 특별사법경찰관은 피의자가 임의로 제출하는 칼을 받아 살펴본 후 형사소송법 제218조에 의해 이를 영장 없이 압수하고 압수목록을 작성한 후 조서 말미에 편철하다.

문 그 칼로 구체적으로 어떻게 찔렀나요

답 오른손으로 칼을 잡고 이병정에게 다가가서 마주 서 있는 이병정의 갈비뼈 왼쪽 아래 부위를 아래쪽에서 위쪽 방향으로 향하여 찔렀습니다.

문 위와 같이 피해자를 칼로 찌른 구체적인 과정은 어떤가요

답 그날 오후 3시 40분경 저의 렉서스 승용차로 친지 결혼식에 다녀와서 집 앞에 주차시키고 나서 복잡한 시내를 다녀와서 그런지 좀 피곤해서 차 안에서 눈을 감고 음악을 들으며 쉬고 있다가 눈을 떠 보니 대박빌라 1동에서 피해자가 나오는 것이 보였습니다. 그동안 주차 때문에 서로 다투며 감정이 많이 상해 있었는데 피해자를 보는 순간, 우발적으로 화가 치밀어 올라 저도 모르게 뛰쳐나가 그런 행동을 하게 되었습니다.

문 우발적으로 화가 나서 그런 것이 아니고 피해자를 살해하기 위해 미리 준비하고 있었던 것이 아닌가요

답 아닙니다. 순간적으로 화가 나서 그렇게 된 것입니다.

문 칼은 어떻게 준비하였나요

답 차 안에 있던 것입니다.

문 칼은 어떻게 구했나요

답 3년 전에 등산할 때 사용하기 위해 집 부근에 있는 등산용품점에서 샀던 것입니다.

문 피해자를 살해하기 위해 구입했던 것이 아닌가요

답 아닙니다.

문 등산용으로 구입했다며 그날은 어떻게 그 칼이 차 안에 있었나요

답 등산용으로 구입했지만 등산 다니며 사용할 일이 거의 없어 호신용으로 차 안

에 넣어 두었던 것입니다.

문 호신용으로 평소에 차 안에 넣어 두었던 것이 아니라 피해자를 살해하기 위해 미리 가지고 있었던 것이 아닌가요

답 아닙니다.

문 피의자는 사실대로 진술하면 처벌이 무거워질 것이 두려워 거짓말을 하고 있는 것이 아닌가요

답 아닙니다. 사실입니다.

문 피의자는 처음부터 피해자를 살해하기 위해 칼을 준비하고 피해자가 나오기를 기다리고 있었던 것이 아닌가요

답 아닙니다.

문 피의자는 평소에 칼을 호신용으로 차 안에 넣어 두고 있었다고 했는데, 피의자의 처의 진술에 의하면 그 칼은 평소에 집 안 벽장에 넣어 두고 있었는데 사건 당일 예식장에 갔다가 돌아와 갑자기 피의자가 칼을 꺼내 나갔다고 하는데, 어떻게 된 것인가요

이때 피의자는 한숨을 쉬며 고개를 숙이고 아무런 답변을 하지 않다.

문 목격자의 진술에 의하면 사건 발생 전에 피의자는 렉서스 승용차 안에서 누구를 기다리는 듯이 1동 현관 쪽을 계속 바라보고 있었다고 하는데 어떤가요

이때 피의자는 왼쪽 뺨에 경련을 일으키며 아무런 대답을 하지 않다.

문 피의자는 미리 준비하여 계획적으로 죽였다고 하면 처벌이 무거워질 것이 두려워 처벌을 조금이라도 가볍게 받기 위해 우발적으로 살해한 것이라고 계속 거짓말을 하고 있는 것이 아닌가요

이때 피의자는 갑자기 오른쪽 다리를 떨면서 아무런 대답을 하지 않다.

문 피의자는 왜 피해자를 살해하게 되었나요

답 제가 살고 있는 동네가 주차 장소가 부족하여 항상 주차 문제 때문에 동네 사람들 간에 다툼이 잦은 곳으로, 3개월 전에 평소 제가 주차시켜 놓는 자리에 피해자가 주차시켜 놓아 시비가 붙었는데, 그때 제 처가 보고 있었는데 저보다 나이가 몇 살 어려 보이는 피해자로부터 갖은 쌍욕을 다 들었으나 저는 맞서 싸우기에 겁도 나고 해서 별다른 대응도 못 하고 자존심이 무척 상한 일이 있

었습니다. 그 일이 있고 나서도 몇 차례 다툼이 있었는데 그때마다 욕을 해대서 감정이 매우 상한 상태에서 이번 일이 발생한 것입니다.

문 피해자가 피의자에게 욕을 하는 등 함부로 대했다는 것을 목격한 사람이 있나요

답 제 처가 보았습니다.

문 피해자를 살해한 후 그 사체는 어떻게 하였나요

답 경찰이 출동하여 저는 현장에서 체포되고, 피해자는 119구급차가 출동하여 싣고 갔습니다.

문 유족과 합의한 사실이 있나요

답 없습니다.

문 피의자가 달리 제출할 유리한 증거나 더 할 말이 있나요

답 피해자가 제 처가 보는 앞에서 저에게 망신을 주지 않았다면, 저 또한 어찌 되었건 조금 더 참았다면 이런 일이 없었을 텐데, 차라리 빨리 이사를 가버릴걸, 이런저런 모든 것이 후회스럽고 피해자에게도 죄송하고, 유족에게도 죄송할 따름입니다.

문 피의자는 조서를 열람하였는데, 피의자가 진술한 대로 기재되어 있지 않거나, 진술한 내용 자체가 사실과 다른 부분이 있나요

답 없습니다. (피의자 자필)

○ 벌칙조항

제106조(벌칙)

① 다음 각 호의 어느 하나에 해당하는 자는 3년 이하의 징역 또는 3천만 원 이하의 벌금에 처한다.

　　　3. 제40조제1항부터 제3항까지, 제43조 또는 제51조제1항에 따른 허가를 받지 아니하거나 등록을 하지 아니하고 수산업을 경영한 자

제40조(허가어업)

③ 일정한 수역을 정하여 어구를 설치하거나 무동력어선, 총톤수 5톤 미만의 동력어선을 사용하는 어업(이하 "구획어업"이라 한다)을 하려는 자는 어선·어구 또는 시설마다 시장·군수·구청장의 허가를 받아야 한다. 다만, 해양수산부령으로 정하는 어업으로 시·도지사가 「수산자원관리법」 제36조 및 제38조에 따라 총허용어획량을 설정·관리하는 경우에는 총톤수 8톤 미만의 동력어선에 대하여 구획어업 허가를 할 수 있다.

○ 피의자신문조서 작성 예시

문　　진술인이 피의자 김갑을인가요

답　　네, 제가 홍길동입니다. 여기 주민등록증을 제출하겠습니다.

이때 특별사법경찰관은 피의자가 제출하는 주민등록증을 받아 본인임을 확인한 후, 사본하여 본건 조서 말미에 편철하기로 하고 계속 문답하다.

문　　피의자는 형사처벌을 받은 사실이 있나요

답　　예, 특수절도죄로 실형을 선고받은 사실이 있습니다.

문　　피의자에 대한 범죄경력 조회서와 구치소에 확인한 바에 의하면 피의자는 '2020. 11. 20. □□ 법원에서 특수절도죄로 징역 8월을 선고받고 2021. 5. 21. ▽▽ 교도소에서 집행을 마치고 출소'한 것으로 나타나는데, 맞나요

답　　예, 맞습니다.

문　　피의자의 학력은 어떤가요

답　　1985년 세계대학교 법학과 4년을 졸업하였습니다.

문 피의자의 경력관계는 어떤가요

답 약 10년 동안 개인으로 수산업을 했습니다.

문 피의자의 병역관계는 어떤가요

답 1982년에 육군 병장으로 만기제대했습니다.

문 국가로부터 훈장, 포장, 기장, 연금을 받은 사실이 있나요

답 없습니다.

문 피의자의 가족관계는 어떤가요

답 주거지에서 처 김○○(47세, 무직), 아들 김△△(23세, 대학생)과 함께 생활하고 있습니다.

문 피의자의 재산 정도 및 월수입은 어떤가요

답 아파트 전세보증금 1억 원 외에 별다른 재산은 없고, 막노동을 하여 월 150만 원 정도 수입으로 살고 있습니다.

문 건강상태는 어떤가요

답 이상 없습니다.

문 피의자는 어떤 일을 하고 있나요

답 (답변 기재)

문 일정한 수역을 정하여 어구를 설치하거나 무동력어선, 총톤수 5톤 미만의 동력어선을 사용하는 어업을 하려는 자는 어선·어구 또는 시설마다 시장·군수·구청장의 허가를 받아야 하는데, 피의자는 이와 같은 허가를 받지 아니하고 수산업을 경영한 사실이 있나요

답 예, 그런 사실이 있습니다.

문 어업을 한 시기는 언제인가요

답 2024. 3. 14. 09:00경입니다. (업으로 한 기간 구체적으로 조사)

문 어디에서 어업을 하였나요

답 전남 해남군 현산면 두모리 방조제 앞 해상입니다.

문 어떤 방법으로 어업을 하였나요

답 약 0.25ha(100×25)의 구획된 수면에 호망 4틀을 설치하였습니다.

문 그 결과는 어떠했나요

답   실뱀장어 52마리를 포획했습니다.

문   당시 상황이 이와 같은가요

이때 특별사법경찰관은 피의자에게 기록 00~00쪽 현장 사진을 열람시킨바

답   예, 맞습니다.

문   포획한 실뱀장어 52마리는 어떻게 처리했나요

답   (답변 기재)

문   이와 같이 허가를 받지 아니하고 수산업을 경영하게 된 이유는 무엇인가요

답   (답변 기재)

문   피의자가 달리 제출할 유리한 증거나 더 할 말이 있나요

답   다시는 이런 일이 없도록 할 테니 선처하여 주시기 바랍니다.

문   피의자는 조서를 열람하였는데 그 내용 가운데 진술한 대로 기재되지 아니하였거나 사실과 다른 부분이 있는가요

답   없습니다.(피의자 자필)

서술식, 자백 / 수산업법위반

〈인정신문, 진술거부권 고지, 형사처벌, 학력, 경력, 수사과정확인서 부분은 동일하므로 생략〉

저는 어떤 일을 하고 있습니다.

저는 일정한 수역을 정하여 어구를 설치하거나 무동력어선, 총톤수 5톤 미만의 동력어선을 사용하는 어업을 하려는 자는 어선·어구 또는 시설마다 시장·군수·구청장의 허가를 받아야 하는데, 피의자는 이와 같은 허가를 받지 아니하고 수산업을 경영한 사실이 있습니다.

1. 위와 같이 어업을 한 시기는 2024. 3. 14. 09:00경입니다.

1. 어업을 한 장소는 전남 해남군 현산면 두모리 방조제 앞 해상입니다.

1. 어업은 약 0.25ha(100×25)의 구획된 수면에 호망 4틀을 설치하였습니다.

1. 그 결과 실뱀장어 52마리를 포획했습니다.

이때 특별사법경찰관은 피의자에게 기록 00~00쪽 현장사진을 열람시키다.

1. 포획한 실뱀장어 52마리는 ~하게 처리했습니다.

1. 이와 같이 허가를 받지 아니하고 수산업을 경영하게 된 이유는 ~ 때문이었습니다.

이때 특별사법경찰관은 피의자에게 다음과 같이 문답하다.

   문   피의자가 달리 제출할 유리한 증거나 더 할 말이 있나요

   답   다시는 이런 일이 없도록 할 테니 선처하여 주시기 바랍니다.

   문   피의자는 조서를 열람하였는데 피의자가 진술한 대로 기재되어 있지 않거나 그 진술 내용이 사실과 다른 부분이 있나요

   답   (공란으로 비워 두었다가 피의자가 열람한 후 '없습니다' 자필로 기재)

〈인정신문, 진술거부권 고지, 형사처벌, 학력, 경력, 수사과정확인서 부분은 동일하므로 생략〉

문 피의자가 김갑을인가요

답 네, 제가 김갑을입니다. 여기 주민등록증을 제출하겠습니다.

이때 특별사법경찰관은 피의자가 제출하는 주민등록증을 받아 본인임을 확인한 후, 사본하여 본건 조서 말미에 편철하기로 하고 계속 문답하다.

문 피의자는 형사처벌을 받은 사실이 있나요

답 예, 올해 사기죄로 실형을 선고받은 외에 20여 회에 걸쳐 형사처벌을 받은 사실이 있습니다.

문 범죄경력조회 결과 및 구치소에 확인한 바에 의하면 피의자는 2011. 3. 1. 수원지방법원에서 사기죄로 징역 6월을 선고받고, 2011. 7. 23. 안양교도소에서 형의 집행을 종료한 것으로 나타나는데 사실인가요

답 예, 그렇습니다.

문 피의자의 학력은 어떤가요

답 1979. 2.경 ○○시에 있는 □□고등학교를 졸업하였습니다.

문 피의자의 경력은 어떤가요

답 20여 년간 중소형 마트의 내부시설 설비공사업을 하였습니다.

문 피의자의 병역관계는 어떤가요

답 1983. 8.경 육군 병장 만기제대했습니다.

문 국가로부터 훈장, 포장, 기장, 연금을 받은 사실이 있나요

답 없습니다.

문 ~~피의자는 어떤 종교를 믿고 있나요~~(2021.1.1. 특사경 수사준칙에서 '생략')

답 ~~믿고 있는 종교는 없습니다.~~

문 피의자의 가족관계는 어떤가요

답 주거지에서 처 김○○(47세, 무직), 아들 김△△(23세, 대학생)과 함께 생활하고 있습니다.

문 피의자의 재산 정도 및 월수입은 어떤가요

답 현재 살고 있는 단독주택 시가 2억 원 외에 별다른 재산은 없고, 마트를 운영하여 월 300만 원 정도의 수입으로 살고 있습니다.

문 건강상태는 어떤가요

답 이상 없습니다.

문 피의자는 어떤 일을 하고 있나요

답 (상호, 위치, 사업장 면적, 시설물, 종업원 수, 연간 매출액 등 기재) 여기 사업자등록증을 제출하겠습니다.

이때 특별사법경찰관은 피의자가 제출하는 사업자등록증을 받아 검토한 후 이를 사본하여 본건 조서 말미에 편철하기로 하고 계속 문답하다.

문 식물신품종 보호법 관련 규정에 따라 출원공개된 품종이나 종자산업법 관련 규정에 품종목록에 등재된 품종을 제외하고, 품종의 종자를 생산하거나 수입하여 판매하려는 자는 농림축산식품부장관에게 해당 종자를 정당하게 취득하였음을 입증하는 자료(농림축산식품부령으로 정하는 작물에 한정한다)와 종자시료를 첨부하여 신고하여야 하지요

답 예, 그렇습니다.

문 그럼에도 피의자는 이를 위반하여 신고하지 아니하고 품종의 종자를 생산하거나 수입하여 판매하거나 또는 거짓으로 신고한 사실이 있나요

답 예, 버섯을 수입했는데 신고하지 않고 판매한 사실이 있습니다.

문 어떤 버섯을 수입했나요

답 표고버섯으로 품종이 C인 종자를 수입했습니다.

문 언제, 누구로부터, 얼마나 수입했나요

답 2024. 8. 초순경 중국 상하이에 있는 □□ 유한회사로부터 2만 개를 수입하였습니다.

문 이와 같이 수입한 표고버섯을 판매한 구체적인 내역은 어떻게 되나요

답 2024. 8. 27. 강원 영월군 B에 있는 제가 운영하는 표고버섯 재배 사업장에서 충남 홍성군 ○○에서 D 농장을 운영하는 김△△에게 표고버섯 종자 1천 개를 개당 2천 원 합계 200만 원에 판매한 것을 비롯하여 그때부터 2018. 9. 10.경까지 사이에 10회에 걸쳐 총 18,144개를 개당 2천 원 총합계 36,288,000원 상

당을 판매했습니다.

문 위와 같이 거래했다는 판매장부가 있나요

답 예, 판매장부를 가지고 왔는데 보여 드리겠습니다.

이때 특별사법경찰관은 피의자로부터 판매장부를 받아 해당 부분을 사본하고, 판매장부는 피의자에게 돌려준 후 피의자에게 문답하다.

문 판매는 주로 어떤 방법으로 이루어졌나요

답 제가 D로부터 전화주문을 받아 그 주문 물량만큼 포장, 정리하여 D의 농장으로 배달해 주었습니다. 그리고 그 대금은 제 명의 신한은행 예금계좌로 송금받았습니다.

문 신한은행 예금계좌 거래내역 중 해당 부분 자료가 있나요

답 예, 신한은행 예금계좌 거래내역서에서 해당부분 거래내역서를 제출하겠습니다.

이때 특별사법경찰관은 피의자가 임의로 제출하는 거래내역서를 받아 검토한 후 본건 조서 말미에 편철하기고 하고 계속 문답하다.

문 피의자는 왜 중국으로부터 수입한 버섯 종자에 대해 신고하지 아니하고 판매하게 되었나요

답 (피의자 답변 내용 기재)

문 피의자가 달리 제출할 유리한 증거나 더 할 말이 있는가요

답 다시는 이런 일이 없도록 할 테니 한 번만 선처하여 주시기 바랍니다.

문 피의자는 조서를 열람하였는데 그 내용 가운데 진술한 대로 기재되지 아니하였거나 사실과 다른 부분이 있나요

답 없습니다.(자필 기재)

문답식, 자백 / 식물신품종보호법위반
〈인정신문, 진술거부권 고지, 말미 수사과정확인서 부분은 동일하므로 생략〉

문 피의자가 홍길동인가요

답 네, 제가 홍길동입니다. 여기 주민등록증을 제출하겠습니다.

이때 특별사법경찰관은 피의자가 제출하는 주민등록증을 받아 본인임을 확인한 후, 사본하여 본건 조서 말미에 편철하기로 하고 계속 문답하다.

문 피의자는 형사처벌을 받은 사실이 있나요

답 예, 올해 사기죄로 실형을 선고받은 외에 20여 회에 걸쳐 형사처벌을 받은 사실이 있습니다.

문 범죄경력조회 결과 및 구치소에 확인한 바에 의하면 피의자는 2011. 3. 1. 수원지방법원에서 사기죄로 징역 6월을 선고받고, 2011. 7. 23. 안양교도소에서 형의 집행을 종료한 것으로 나타나는데 사실인가요

답 예, 그렇습니다.

문 피의자의 학력은 어떤가요

답 1979. 2.경 ○○시에 있는 △△고등학교를 졸업하였습니다.

문 피의자의 경력은 어떤가요

답 20여 년간 중소형 마트의 내부시설 설비공사업을 하였습니다.

문 피의자의 병역관계는 어떤가요

답 1983. 8.경 육군 병장 만기제대했습니다.

문 국가로부터 훈장, 포장, 기장, 연금을 받은 사실이 있나요

답 없습니다.

문 ~~피의자는 어떤 종교를 믿고 있나요~~(2021.1.1. 특사경 수사준칙에서 '생략')

답 ~~믿고 있는 종교는 없습니다.~~

문 피의자의 가족관계는 어떤가요

답 주거지에서 처 김○○(47세, 무직), 아들 김△△(23세, 대학생)과 함께 생활하고 있습니다.

문 피의자의 재산 정도 및 월수입은 어떤가요

답 현재 살고 있는 단독주택 싯가 2억 원 외에 별다른 재산은 없고, 마트를 운영하여 월 300만 원 정도의 수입으로 살고 있습니다.

문 건강상태는 어떤가요

답 이상 없습니다.

문 피의자는 어떤 일을 하고 있나요

답 (상호, 위치, 사업장 면적, 시설물, 종업원 수, 연간 매출액 등 기재), 여기 사업자등록증을 제출하겠습니다.

이때 특별사법경찰관은 피의자가 제출하는 사업자등록증을 받아 검토한 후 이를 사본하여 본건 조서 말미에 편철하기로 하고 계속 문답하다.

문 피의자는 고소인 ○○○을 알고 있나요

답 저는 고소인 ○○○이 누구인지 모릅니다.

문 피의자는 블루베리 신품종인 F 품종을 증식, 생산, 조제한 사실이 있나요

답 예, 그 품종들은 증식한 사실은 있습니다.

문 언제 그와 같은 일이 있었나요

답 2024. 3. 경이었습니다.

문 어디에서 증식하였나요

답 제가 운영하고 있는 ~에 있는 '□□ 농원'에서 증식하였습니다.

문 어떤 방법으로 증식하였나요

답 삽목 방식을 통해 증식하였습니다.

문 몇 주나 증식하였나요

답 ○주를 증식하였습니다.

문 이와 같이 증식한 블루베리는 어떻게 처리하였나요

답 그 무렵 모두 팔았습니다.

문 판매한 구체적인 내역은 어떻게 되나요

답 판매일지가 있는데 제출하겠습니다.

이때 특별사법경찰관은 피의자가 제출하는 판매일지를 받아 이를 검토, 사본하여 본건 조서 말미에 편철하기로 하고 계속 문답하다.

문 판매일지를 검토해 보면 2024. 3. 28. 10주를 6만 원에 판매한 것을 비롯하여

그때부터 2024. 5. 31.까지 사이에 9회에 걸쳐 총 100주를 합계 365만 원에 판매한 것으로 나타나는데 사실인가요

답 예, 맞습니다.

문 피의자가 이와 같이 삽목 방식으로 증식하여 판매한 블루베리 신품종인 F 품종은 피의자는 고소인을 알지 못한다고 했지만 고소인인 D 대학교 운영위원회에서 20○○. ○○. ○. ~ 경위로 임시보호권을 보유하게 되었는데, 피의자가 임시보호권을 침해한 것이 아닌가요

답 예, 인정하겠습니다.(부인하면 확보한 증거를 제시하여 추궁)

문 피의자는 왜 이와 같이 고소인의 임시보호권을 침해하게 되었나요

답 (피의자 변명 기재)

문 고소인과 합의한 사실이 있나요

답 없습니다. 합의하도록 노력하겠습니다.

문 피의자가 달리 제출할 유리한 증거나 더 할 말이 있는가요

답 다시는 이런 일이 없도록 할 테니 한 번만 선처하여 주시기 바랍니다.

문 피의자는 조서를 열람하였는데 그 내용 가운데 진술한 대로 기재되지 아니하였거나 사실과 다른 부분이 있나요

답 없습니다.(자필 기재)

문 진술인이 피의자 홍길동인가요

답 네, 제가 홍길동입니다. 여기 주민등록증을 제출하겠습니다.

이때 특별사법경찰관은 피의자가 제출하는 주민등록증을 받아 본인임을 확인한 후, 사본하여 본건 조서 말미에 편철하기로 하고 계속 문답하다.

문 피의자는 형사처벌을 받은 사실이 있나요

답 예, 특수절도죄로 실형을 선고받은 사실이 있습니다.

문 피의자에 대한 범죄경력 조회서와 구치소에 확인한 바에 의하면 피의자는 '2006. 11. 20. 서울중앙지방법원에서 특수절도죄로 징역 8월을 선고받고 2007. 5. 21. 안양교도소에서 집행을 마치고 출소'한 것으로 나타나는데, 맞나요

답 예, 맞습니다.

문 피의자의 학력은 어떤가요

답 1985년 세계대학교 법학과 4년을 졸업하였습니다.

문 피의자의 경력관계는 어떤가요

답 약 10년 동안 개인으로 인테리어업을 했습니다.

문 피의자의 병역관계는 어떤가요

답 1982년에 육군 병장으로 만기제대했습니다.

문 국가로부터 훈장, 포장, 기장, 연금을 받은 사실이 있나요

답 없습니다.

문 ~~피의자는 어떤 종교를 믿고 있나요~~

답 ~~믿고 있는 종교는 없습니다.~~

문 피의자의 가족관계는 어떤가요

답 주거지에서 처 김○○(47세, 무직), 아들 김△△(23세, 대학생)과 함께 생활하고 있습니다.

문 피의자의 재산 정도 및 월수입은 어떤가요

답 아파트 전세보증금 1억 원 외에 별다른 재산은 없고, 막노동을 하여 월 150만 원 정도 수입으로 살고 있습니다.

문 건강상태는 어떤가요

답 이상 없습니다.

문 피의자는 어떤 일을 하고 있나요

답 2017. 2. 1.경부터 대구 ~에 있는 사회복지법인 B 소속의 C센터에서 센터장으로 일하고 있습니다.

문 사회복지법인 B는 어떤 일을 하는 법인인가요

답 (법인 설립 목적, 실제로 어떤 일을 하는지 기재)

문 사회복지법인 B의 규모는 어떤가요

답 (시설 규모, 직원 수, 연간 총 다루는 금액 등 기재)

문 피의자는 사회복지법인 B에서 국가나 지방자치단체로부터 받은 보조금을 목적 외 용도에 사용한 사실이 있나요

답 예, 보조금을 개인채무를 변제하는 데 사용한 사실이 있습니다.

문 어떤 보조금이었나요

답 2024. 3.경 자활근로사업 보조금(보건복지부: 90%, 대구시: 7%, 대구광역시 북구: 3%) 14억 원을 C센터 명의 D은행 E 계좌로 송금받아 관리하고 있던 보조금이었습니다.

문 위 14억 원이 입금되었던 통장내역이 바로 이것인가요

이때 특별사법경찰관은 행정조사 시 행정조사원이 C센터로부터 제출받았던 위 D은행 E계좌의 2024. 3. 14.자 14억 원이 입금된 거래내역이 나타난 통장 사본(기록 00쪽)을 피의자에게 열람시킨바

답 예, 맞습니다.

문 위 14억 원이 자활근로사업 보조금이라는 것을 나타내는 보조금 교부결정서가 바로 이것인가요

이때 특별사법경찰관은 ㅁㅁ 기관으로부터 제출받은 '2024년 C센터 자활근로사업 보조금 교부결정서 사본(기록 00쪽)을 피의자에게 열람시킨바

답 예, 맞습니다.

문 위 보조금은 평상시 누가 어떻게 관리하고 있나요

답 자금담당인 제가 평상시 예금통장을 보관하고 있는 등 관리하고 있습니다.

문 피의자는 보조금을 피의자의 개인채무를 변제하는데 사용했다고 했는데, 피의자가 개인채무를 변제한 내역은 어떤가요

답 2024. 6. 21. 14:00경 제 사무실에서 인터넷뱅킹을 이용하여 채권자인 제 친구 김○○ 명의 H은행 I 계좌로 5,000만 원을 이체했고, 2024. 6. 24. 15:00경 제 사무실에서 인터넷뱅킹을 이용하여 또 다른 채권자인 지인 박△△ 명의 J은행 K계좌로 나머지 1,500만 원을 이체해서 변제했습니다.

문 위와 같이 이체한 거래내역서가 바로 이것인가요

이때 특별사법경찰관은 피의자가 위 2개 계좌로 이체한 내역이 나타나 있는 거래내역서 사본(기록 00쪽)을 피의자에게 열람시킨바

답 예, 맞습니다.

문 보조금은 D은행 E계좌로 입금되었는데, 위 계좌에서 바로 채권자 계좌로 이체했나요

답 아닙니다. D은행 E계좌에서 제 명의 F은행 G계좌로 이체한 다음에 채권자 계좌로 이체했습니다.

문 D은행 E계좌에서 피의자 명의 F은행 G계좌로 언제, 얼마를 이체했나요

답 2024. 6. 20. 15:00경 6,500만 원을 이체했습니다.

문 어떤 방법으로 이체했나요

답 제가 대구 ~에 있는 ○○은행 ○○지점에 가서 입출금전표를 작성, 창구에 제출하는 방법으로 이체했습니다.

문 피의자가 당시 이와 같이 이체하고 은행으로부터 받았던 이체확인증이 바로 이것인가요

이때 특별사법경찰관은 행정조사원이 행정조사 시 피의자로부터 제출받았던 위 이체확인증 사본(기록 00쪽)을 피의자에게 열람시킨바

답 예, 맞습니다.

문 결국 피의자는 법인 예금계좌에서 피의자의 예금계좌로 6,500만 원을 이체하였고, 이 금액을 피의자의 예금계좌에서 채권자 예금계좌로 이체하여 채무금을 변제했다는 것인가요

답 예, 그렇습니다.

문 피의자는 왜 보조금을 그 목적대로 사용하지 않고 개인채무를 변제하는 데 사용하게 되었나요

답 채무금 변제기한이 지났는데도 이를 변제하지 못해 채권자 독촉이 심해 우선 보조금으로 변제하고 나서 다른 사람들로부터 빌려 보조금을 메꿔 놓으려고 했습니다.

문 피의자는 이후 보조금 6,500만 원은 피의자 진술대로 메꿔 놓았나요

답 그게 잘 되지 않아 아직 메꾸지 못했습니다.

문 피의자가 보조금을 개인 채무를 변제하는 데 사용한 사실은 어떻게 적발되었나요

답 구청으로부터 회계감사를 받으며 적발되었습니다.

문 피의자가 달리 제출할 유리한 증거나 더 할 말이 있나요

답 다시는 이런 일이 없도록 할 테니 선처하여 주시기 바랍니다.

문 피의자는 조서를 열람하였는데, 피의자가 진술한 대로 기재되어 있지 않거나, 그 내용 가운데 사실과 다른 부분이 있나요

답 없습니다.(자필로 기재)

다. 피의자신문조서 간이서식 활용

○ (경찰청) 범죄수사규칙 별지 제177호 서식 등에는 절도, 교통사범 등에 대해 피의자신문조서를 간이서식에 의해 작성할 수 있도록 하였다.

○ 특별사법경찰도 산림자원의관리및조성에관한법률위반의 임산물 절취 사건, 자동차손해배상보장법위반의 의무보험 미가입 운행 사건, 자동차관리법위반의 무단방치 사건, 소방시설설치및관리에관한법률위반의 자체점검 미실시 사건 등 사건 내용이 간단하거나 피의자가 다수인데 범죄사실이 동일한 내용에 대해서는 일반경찰과 같이 사건유형에 맞는 적절한 간이서식을 만들어 사용하면 좀 더 신속하고 효율적인 조사를 할 수 있을 것이다.

[별지 제177호서식] 범죄수사규칙

피의자신문조서 (간이절도)

피 의 자 : 피의자성명

위의 사람에 대한 죄명 피의사건에 관하여 0000.00.00. 00:00 조사장소(소속관서＋부서)에서 사법경찰관／리 계급 성명은 사법경찰관／리 ○○ ○○○을 참여하게 하고, 아래와 같이 피의자임에 틀림없음을 확인하다.

피의자의 성명, 주민등록번호, 직업, 주거, 등록기준지 등을 말하십시오.

성명은

주민등록번호는

문   직업은

주거는

답   등록기준지는

직장주소는

연락처는   자택전화   휴대전화

직장전화   전자우편(e-mail)

입니다.

사법경찰관은 피의사건의 요지를 설명하고 사법경찰관의 신문에 대하여 「형사소송법」 제244조의 3의 규정에 의하여 진술을 거부할 수 있는 권리 및 변호인의 참여 등 조력을 받을 권리가 있음을 피의자에게 알려주고 이를 행사할 것인지 그 의사를 확인하다.

210mm × 297mm(백상지 80g/㎡)

진술거부권 및 변호인 조력권 고지 등 확인

1. 귀하는 일체의 진술을 하지 아니하거나 개개의 질문에 대하여 진술을 하지 아니할 수 있습니다.
1. 귀하가 진술을 하지 아니하더라도 불이익을 받지 아니합니다.
1. 귀하가 진술을 거부할 권리를 포기하고 행한 진술은 법정에서 유죄의 증거로 사용될 수 있습니다.
1. 귀하가 신문을 받을 때에는 변호인을 참여하게 하는 등 변호인의 조력을 받을 수 있습니다.

문 피의자는 위와 같은 권리들이 있음을 고지받았는가요

답

문 피의자는 진술거부권을 행사할 것인가요

답

문 피의자는 변호인의 조력을 받을 권리를 행사할 것인가요

답

이에 사법경찰관은 피의사실에 관하여 다음과 같이 피의자를 신문하다.

210mm×297mm[백상지(80g/㎡)]

범 행 일 시	
범 행 장 소	
공 범	
절 취 품	
피 해 자	
범 행 동 기 , 경 위 및 수 단 · 방 법	

210mm × 297mm(백상지 80g/㎡)

장 물 소 지 보 관 여 부	(압수절차)
장 물 처 분 경 위 및 방 법	
피 해 자 와 의 관 계	
검 거 된 경 위	
기 타 유 리 한 자 료	

문

답

문

답

210mm × 297mm(백상지 80g/㎡)

서식 특별사법경찰 자동차 의무보험 미가입 운행 사건 간이 서식 예시

범　행　일　시 (의무보험미가입운행일시)	
범　행　장　소 (운행장소)	
자 동 차　번 호 ,　차 종	
피의자와　자동차의　관계	
의무보험　미가입　운행이유	
이후　의무보험　가입여부	
기타	
정 상 관 계 ,　이 익 진 술	「피의자가 달리 제출할 유리한 증거나 더 할 말이 있는지」 에 대한 답변 기재
이 의 제 기 ,　의 견 진 술	「피의자는 조서를 열람하였는데 피의자가 진술한대로 기재 되어 있지 아니하거나 그 진술 내용 자체가 사실과 다른 부 분이 있는지」에 대한 답변 기재 (피의자가 "없습니다" 등 자필로 기재함)

210mm × 297mm(백상지 80g/㎡)

12. 참고사항

가. 피의자 주거조사서

○ 피의자 주거조사서 양식 통일 사용

- 대검 혁신기획과 – 7342(2004. 11. 16.)

- 국가인권위원회 권고에 따른 '피의자 주거조사서' 통일 사용 지시

- 국가인권위원회

'피의자 주거진술서(조사서)도 피의자신문에 해당하는 것이므로, 작성 전 피의자에게 진술거부권 고지, 국가형벌권의 집행을 위하여 최소한의 내용만 기재'

피 의 자 주 거 조 사 서

❖ 피조사자에게는 헌법 제12조, 형사소송법 제200조 제2항에 의한 진술거부권이 있음

성명			주민등록번호		–		
주민등록지					자택번호	( ) –	
현 거주지					휴대폰	– –	
직장	직장명			전화번호		( ) –	
	소재지			E-mail주소			
소유차량	차종		차량번호			년식	
주거형태	자가(건물 평), 전/월세(보증금 만원, 월 만원)						
소유 재산	부동산						
	동산/기타						
본인부재시 연 락 처	관계	성명	관계	직장명	전화번호	휴대폰	
	부모/형제						
	배우자/자녀						
	친구/기타						
이사 예정 유 무	이사예정일			이사 후 연락처	☎		
	이사예정지						

◎ 작성요령◎

– 조사자가 피조사자에게 물어 직접 워드프로세스에 의한 방법으로 작성

– 작성전 피조사자에게 진술을 거부할 권리가 있음을 고지

– 주소는 번지수를 정확히 기재, 아파트나 다세대주택의 경우 동·호수까지 기재

– 소유재산은 부동산의 경우 물건지 주소, 동산의 경우 동산의 종류 및 가액

※ 본 진술서는 기록 맨 끝 페이지에 편철하고, 불기소의견 송치사건의 경우는 작성 생략

작성일	2013. . .	작성자	사법경찰관(리) 계급 또는 직급:	성명: □

나. 불구속 피의자 신원보증

○ 불구속 피의자 신원보증에 관한 지침
  - 대검 예규 제532호, 2010. 3. 22.
○ 신원보증서 징구 대상
  - 주거가 일정하지 아니한 경우, 기소중지 재기사건인 경우 등 피의자의 출석 담보, 소재 확인 등을 위해 필요하다고 인정되는 경우 징구, 수사기록 편철
○ 보증인의 자격
  - 피의자의 신원을 책임질 수 있을 정도의 사회적 지위가 있는 사람(배우자, 공동피의자는 원칙적 ×)
○ 주민등록등본 등 편철
  - 불구속 피의자는 피의자의 신원을 증명할 수 있는 주민등록증, 기타 각종 증명서의 사본이나 주민등록등·초본을 기록에 편철
○ 신원보증서에 피의자의 상세한 인적사항 기재
  - 주거란에는 사실상 거주지를 기재하되 주민등록상 주소지와 다른 때는 주민등록상 주소지도 병기
  - 세대주가 아니거나 임차인인 경우는 세대주 또는 집주인 이름 병기
  - 피의자 자택, 직장 변화번호가 누락되지 않도록 하고 피의자의 연락처가 없을 때는 연락 가능한 친지 전화번호 기재

신 원 보 증 서

<table>
<tr><td rowspan="6">피
의
자</td><td>등록기준지</td><td colspan="6"></td></tr>
<tr><td>주거</td><td colspan="6"></td></tr>
<tr><td>성명</td><td colspan="2"></td><td>주민등록번호</td><td colspan="3"></td></tr>
<tr><td>직업</td><td></td><td>직장명</td><td></td><td rowspan="3">전화</td><td>자택</td><td></td></tr>
<tr><td rowspan="2">직장소재지</td><td colspan="3" rowspan="2"></td><td>직장</td><td></td></tr>
<tr><td>휴대폰</td><td></td></tr>
</table>

위 사람에 대하여 경찰, 또는 법원으로부터 조사, 재판, 형집행을 위한 출석요구가 있을 때에는 본인이 책임지고 출석시킬 것을 보증합니다.

2013. . .

신원보증인 ㅁ .

<table>
<tr><td rowspan="6">신
원
보
증
인</td><td>주거</td><td colspan="6"></td></tr>
<tr><td>성명</td><td colspan="2"></td><td>주민등록번호</td><td colspan="3"></td></tr>
<tr><td>직업</td><td></td><td>직장명</td><td></td><td rowspan="3">전화</td><td>자택</td><td></td></tr>
<tr><td rowspan="2">직장
소재지</td><td colspan="3" rowspan="2"></td><td>직장</td><td></td></tr>
<tr><td>휴대폰</td><td></td></tr>
</table>

○○ 귀하

13. 수사자료표

○ 수사자료표는「형의 실효 등에 관한 법률」,「지문 및 수사자료표 등에 관한 규정
(경찰청 훈령)」,「지문을 채취할 형사 피의자의 범위에 관한 규칙(법무부령)」을 참
고하여 작성한다.

14. 피의자신문조서 증거능력

312 1,3항	검사, 경찰관 피신	적법철자&방식	법정, 피·변 내용인정		
312 4항	검·경 참고인조서	적법철자&방식	법정, 원진술자 진술 동일	법정, 피·변 원진술자 신문	특신상태
312 5항	피의자, 참고인	수사과정 진술서	위 규정 준용		
313 1항	피의자, 참고인	그 외 진술서	or 진술을 기재한 서류	작, 진 자필 or 서명 날인	
			법정, 성립의 진정 증명	피고인 법정진술 불구	특신상태
313 2항	진술서 작성자	법정, 성립진정부인	객관적 방법 증명 can	단, 피·변 법정, 기재내용 작성자 신문	
314	법정 진술 요구 자	사망, 질병, 불명 …	조서, 서류(작성, 진술	내용 포함 문자, 사진…)	특신상태
316 1항	참고인(조사자)	법정 진술	피고인의 진술을 내용	피고인의 진술이	특신상태
316 2항	참고인	법정 진술	타인의 진술을 내용	원진술자 사망, 질병…	특신상태
318 1항	검사, 피고인	증거 동의	서류 또는 물건	진정한 것 인정	
318 의2	제312조~제316조	증거 no 서류, 물건	법정에서의 진술 증명력	다투기 위한 증거 can	

가. 제308조의2(위법수집증거의 배제)

적법한 절차에 따르지 아니하고 수집한 증거는 증거로 할 수 없다.

[본조신설 2007.6.1.]

나. 제309조(강제등 자백의 증거능력)

피고인의 자백이 고문, 폭행, 협박, 신체구속의 부당한 장기화 또는 기망 기타의 방법으로 임의로 진술한 것이 아니라고 의심할 만한 이유가 있는 때에는 이를 유죄의 증거로 하지 못한다.

[제목개정 1963.12.13.]

다. 제310조(불이익한 자백의 증거능력)

피고인의 자백이 그 피고인에게 불이익한 유일의 증거인 때에는 이를 유죄의 증거로 하지 못한다.

라. 제310조의2(전문증거와 증거능력의 제한)

제311조 내지 제316조에 규정한 것 이외에는 공판준비 또는 공판기일에서의 진술에 대신하여 진술을 기재한 서류나 공판준비 또는 공판기일 외에서의 타인의 진술을 내용으로 하는 진술은 이를 증거로 할 수 없다.

[본조신설 1961.9.1.]

마. 제311조(법원 또는 법관의 조서)

공판준비 또는 공판기일에 피고인이나 피고인 아닌 자의 진술을 기재한 조서와 법원 또는 법관의 검증의 결과를 기재한 조서는 증거로 할 수 있다. 제184조 및 제221조의2의 규정에 의하여 작성한 조서도 또한 같다. 〈개정 1973.1.25., 1995.12.29.〉

[전문개정 1961.9.1.]

바. 제312조(검사 또는 사법경찰관의 조서 등)

① 검사가 피고인이 된 피의자의 진술을 기재한 조서는 적법한 절차와 방식에 따라 작성된 것으로서 피고인이 진술한 내용과 동일하게 기재되어 있음이 공판준비 또는 공판기일에서의 피고인의 진술에 의하여 인정되고, 그 조서에 기재된 진술이 특히 신빙할 수 있는 상태 하에서 행하여졌음이 증명된 때에 한하여 증거로 할 수 있다.

② 제1항에도 불구하고 피고인이 그 조서의 성립의 진정을 부인하는 경우에는 그 조서에 기재된 진술이 피고인이 진술한 내용과 동일하게 기재되어 있음이 영상녹화물이나 그 밖의 객관적인 방법에 의하여 증명되고, 그 조서에 기재된 진술이 특히 신빙할 수 있는 상태 하에서 행하여졌음이 증명된 때에 한하여 증거로 할 수 있다.

③ 검사 이외의 수사기관이 작성한 피의자신문조서는 적법한 절차와 방식에 따라 작성된 것으로서 공판준비 또는 공판기일에 그 피의자였던 피고인 또는 변호인이 그 내용을 인정할 때에 한하여 증거로 할 수 있다.

④ 검사 또는 사법경찰관이 피고인이 아닌 자의 진술을 기재한 조서는 적법한 절차와 방식에 따라 작성된 것으로서 그 조서가 검사 또는 사법경찰관 앞에서 진술한 내용과 동일하게 기재되어 있음이 원진술자의 공판준비 또는 공판기일에서의 진술이나 영상녹화물 또는 그 밖의 객관적인 방법에 의하여 증명되고, 피고인 또는 변호인이 공판준비 또는 공판기일에 그 기재 내용에 관하여 원진술자를 신문할 수 있었던 때에는 증거로 할 수 있다. 다만, 그 조서에 기재된 진술이 특히 신빙할 수 있는 상태하에서 행하여졌음이 증명된 때에 한한다.

⑤ 제1항부터 제4항까지의 규정은 피고인 또는 피고인이 아닌 자가 수사과정에서 작성한 진술서에 관하여 준용한다.

⑥ 검사 또는 사법경찰관이 검증의 결과를 기재한 조서는 적법한 절차와 방식에 따라 작성된 것으로서 공판준비 또는 공판기일에서의 작성자의 진술에 따라 그 성립의 진정함이 증명된 때에는 증거로 할 수 있다.

[전문개정 2007.6.1.]

사. 기타 증거 관련 규정

1) 제307조(증거재판주의)

① 사실의 인정은 증거에 의하여야 한다.

② 범죄사실의 인정은 합리적인 의심이 없는 정도의 증명에 이르러야 한다.

　[전문개정 2007.6.1.]

2) 제308조(자유심증주의) 증거의 증명력은 법관의 자유판단에 의한다

3) 제313조(진술서등)

① 전2조의 규정 이외에 피고인 또는 피고인이 아닌 자가 작성한 진술서나 그 진술을 기재한 서류로서 그 작성자 또는 진술자의 자필이거나 그 서명 또는 날인이 있는 것(피고인 또는 피고인 아닌 자가 작성하였거나 진술한 내용이 포함된 문자·사진·영상 등의 정보로서 컴퓨터용 디스크, 그 밖에 이와 비슷한 정보저장매체에 저장된 것을 포함한다. 이하 이 조에서 같다)은 공판준비나 공판기일에서의 그 작성자 또는 진술자의 진술에 의하여 그 성립의 진정함이 증명된 때에는 증거로 할 수 있다. 단, 피고인의 진술을 기재한 서류는 공판준비 또는 공판기일에서의 그 작성자의 진술에 의하여 그 성립의 진정함이 증명되고 그 진술이 특히 신빙할 수 있는 상태하에서 행하여 진 때에 한하여 피고인의 공판준비 또는 공판기일에서의 진술에 불구하고 증거로 할 수 있다. 〈개정 2016.5.29.〉

② 제1항 본문에도 불구하고 진술서의 작성자가 공판준비나 공판기일에서 그 성립의 진정을 부인하는 경우에는 과학적 분석결과에 기초한 디지털포렌식 자료, 감정 등 객관적 방법으로 성립의 진정함이 증명되는 때에는 증거로 할 수 있다. 다만, 피고인 아닌 자가 작성한 진술서는 피고인 또는 변호인이 공판준비 또는 공판기일에 그 기재 내용에 관하여 작성자를 신문할 수 있었을 것을 요한다. 〈개정 2016.5.29.〉

③ 감정의 경과와 결과를 기재한 서류도 제1항 및 제2항과 같다. 〈신설 2016. 5.29.〉

[전문개정 1961.9.1.]

4) 제314조(증거능력에 대한 예외)

제312조 또는 제313조의 경우에 공판준비 또는 공판기일에 진술을 요하는 자가 사망·질병·외국거주·소재불명 그 밖에 이에 준하는 사유로 인하여 진술할 수 없는 때에는 그 조서 및 그 밖의 서류(피고인 또는 피고인 아닌 자가 작성하였거나 진술한 내용이 포함된 문자·사진·영상 등의 정보로서 컴퓨터용디스크, 그 밖에 이와 비슷한 정보저장매체에 저장된 것을 포함한다)를 증거로 할 수 있다. 다만, 그 진술 또는 작성이 특히 신빙할 수 있는 상태하에서 행하여졌음이 증명된 때에 한한다. 〈개정 2016.5.29.〉

[전문개정 2007.6.1.]

5) 제315조(당연히 증거능력이 있는 서류)

다음에 게기한 서류는 증거로 할 수 있다. 〈개정 2007.5.17.〉

    1. 가족관계기록사항에 관한 증명서, 공정증서등본 기타 공무원 또는 외국공무

       원의 직무상 증명할 수 있는 사항에 관하여 작성한 문서

    2. 상업장부, 항해일지 기타 업무상 필요로 작성한 통상문서

    3. 기타 특히 신용할 만한 정황에 의하여 작성된 문서

6) 제316조(전문의 진술)

  ① 피고인이 아닌 자(공소제기 전에 피고인을 피의자로 조사하였거나 그 조사에 참여

하였던 자를 포함한다. 이하 이 조에서 같다)의 공판준비 또는 공판기일에서의 진술

이 피고인의 진술을 그 내용으로 하는 것인 때에는 그 진술이 특히 신빙할 수 있

는 상태하에서 행하여졌음이 증명된 때에 한하여 이를 증거로 할 수 있다. 〈개

정 2007.6.1.〉

  ② 피고인 아닌 자의 공판준비 또는 공판기일에서의 진술이 피고인 아닌 타인의

진술을 그 내용으로 하는 것인 때에는 원진술자가 사망, 질병, 외국거주, 소재불

명 그 밖에 이에 준하는 사유로 인하여 진술할 수 없고, 그 진술이 특히 신빙할

수 있는 상태하에서 행하여졌음이 증명된 때에 한하여 이를 증거로 할 수 있다.

〈개정 1995.12.29., 2007.6.1.〉

[전문개정 1961.9.1.]

7) 제317조(진술의 임의성)

  ① 피고인 또는 피고인 아닌 자의 진술이 임의로 된 것이 아닌 것은 증거로 할

수 없다.

  ② 전항의 서류는 그 작성 또는 내용인 진술이 임의로 되었다는 것이 증명된 것

이 아니면 증거로 할 수 없다.

  ③ 검증조서의 일부가 피고인 또는 피고인 아닌 자의 진술을 기재한 것인 때에

는 그 부분에 한하여 전2항의 예에 의한다.

8) 제318조(당사자의 동의와 증거능력)

  ① 검사와 피고인이 증거로 할 수 있음을 동의한 서류 또는 물건은 진정한 것으

로 인정한 때에는 증거로 할 수 있다.

② 피고인의 출정 없이 증거조사를 할 수 있는 경우에 피고인이 출정하지 아니한 때에는 전항의 동의가 있는 것으로 간주한다. 단, 대리인 또는 변호인이 출정한 때에는 예외로 한다.

9) 제318조의2(증명력을 다투기 위한 증거)

① 제312조부터 제316조까지의 규정에 따라 증거로 할 수 없는 서류나 진술이라도 공판준비 또는 공판기일에서의 피고인 또는 피고인이 아닌 자(공소제기 전에 피고인을 피의자로 조사하였거나 그 조사에 참여하였던 자를 포함한다. 이하 이 조에서 같다)의 진술의 증명력을 다투기 위하여 증거로 할 수 있다.

② 제1항에도 불구하고 피고인 또는 피고인이 아닌 자의 진술을 내용으로 하는 영상녹화물은 공판준비 또는 공판기일에 피고인 또는 피고인이 아닌 자가 진술함에 있어서 기억이 명백하지 아니한 사항에 관하여 기억을 환기시켜야 할 필요가 있다고 인정되는 때에 한하여 피고인 또는 피고인이 아닌 자에게 재생하여 시청하게 할 수 있다.

[전문개정 2007.6.1.]

10) 제318조의3(간이공판절차에서의 증거능력에 관한 특례)

제286조의2의 결정이 있는 사건의 증거에 관하여는 제310조의2, 제312조 내지 제314조 및 제316조의 규정에 의한 증거에 대하여 제318조제1항의 동의가 있는 것으로 간주한다. 단, 검사, 피고인 또는 변호인이 증거로 함에 이의가 있는 때에는 그러하지 아니하다.

[본조신설 1973.1.25.]

III

형법총칙
(제1조~제40조)

1. 형법총칙 개요

○ 피의자 신문은 형법총칙 규정을 숙지하였음을 전제로 한다.
- 형법총칙 규정 및 용어 가운데 '고의', '미필적 고의', '법률의 부지', '법률의 착오', '적법행위 기대가능성' 등 범죄성립요건과 관련된 용어의 의미를 숙지해야 한다.
- 고의: 형법 제13조, 벌칙조항 문구의 내용을 알면서 이를 행하려는 마음이다. 고의가 없으면 처벌할 수 없다.
- 미필적 고의: 벌칙조항 문구의 내용을 확실하게 알면서 행하려는 마음은 확정적 고의, 즉 일반적인 고의이고, '그럴지도 몰라, 그래도 할 수 없지 뭐'라는 확정적이지 않은 고의를 말한다.
- 법률의 부지: "수산업을 하는데 허가를 받아야 하는지 몰랐어요" 등 규정 자체를 몰랐다고 변명할 경우를 말한다. 법원에서는 단순한 법률의 부지는 "범죄의 성립에 영향이 없다", "고의가 없다고 할 수 없다"는 등의 표현으로 유죄를 선고한다.
- 법률의 착오: 형법 제16조, "원래는 불법인데 나는 괜찮은 줄 알았어요. 담당 공무원이 괜찮다고 했거든요"라고 주장하는 경우이다. 그 진술이 사실이면 처벌할 수 없다.
- 적법행위 기대가능성: 형법 제12조, 멸치잡이 허가를 받았는데 밴댕이 등 다른 어종도 잡았을 경우, 100% 멸치만 잡을 수는 없을 것이다. 즉 법을 지키려고 노력을 해도 지킬 수 없었을 경우 처벌할 수 없다. 다만, 혼획률이 일정 부분을 넘어서면 다른 어종을 잡으려는 고의가 있다고 보아 처벌하기도 한다.
○ 형법 제1조부터 제40조까지 이해할 수 있다면 수사하는 데 지장은 없을 것이다.

2. 형법총칙 조문(제1조~제40조)

제1편 총칙

제1장 형법의 적용범위

제1조(범죄의 성립과 처벌)

① 범죄의 성립과 처벌은 행위 시의 법률에 따른다.

② 범죄 후 법률이 변경되어 그 행위가 범죄를 구성하지 아니하게 되거나 형이 구법(舊法)보다 가벼워진 경우에는 신법(新法)에 따른다.

③ 재판이 확정된 후 법률이 변경되어 그 행위가 범죄를 구성하지 아니하게 된 경우에는 형의 집행을 면제한다.

[전문개정 2020. 12. 8.]

제2조(국내범) 본법은 대한민국 영역 내에서 죄를 범한 내국인과 외국인에게 적용한다.

제3조(내국인의 국외범) 본법은 대한민국 영역 외에서 죄를 범한 내국인에게 적용한다.

제4조(국외에 있는 내국선박 등에서 외국인이 범한 죄) 본법은 대한민국 영역 외에 있는 대한민국의 선박 또는 항공기 내에서 죄를 범한 외국인에게 적용한다.

제5조(외국인의 국외범) 본법은 대한민국 영역 외에서 다음에 기재한 죄를 범한 외국인에게 적용한다.

　1. 내란의 죄

　2. 외환의 죄

　3. 국기에 관한 죄

　4. 통화에 관한 죄

　5. 유가증권, 우표와 인지에 관한 죄

　6. 문서에 관한 죄중 제225조 내지 제230조

　7. 인장에 관한 죄중 제238조

제6조(대한민국과 대한민국국민에 대한 국외범) 본법은 대한민국 영역 외에서 대한민국 또는 대한민국 국민에 대하여 전조에 기재한 이외의 죄를 범한 외국인에게 적용한다. 단 행위지의 법률에 의하여 범죄를 구성하지 아니하거나 소추 또는 형의 집행

을 면제할 경우에는 예외로 한다.

　제7조(외국에서 집행된 형의 산입) 죄를 지어 외국에서 형의 전부 또는 일부가 집행된 사람에 대해서는 그 집행된 형의 전부 또는 일부를 선고하는 형에 산입한다.

　[전문개정 2016. 12. 20.]

　[2016. 12. 20. 법률 제14415호에 의하여 2015. 5. 28. 헌법재판소에서 헌법불합치 결정된 이 조를 개정함.]

　제8조(총칙의 적용) 본법 총칙은 타법령에 정한 죄에 적용한다. 단, 그 법령에 특별한 규정이 있는 때에는 예외로 한다.

제2장 죄

제1절 죄의 성립과 형의 감면

제9조(형사미성년자) 14세 되지 아니한 자의 행위는 벌하지 아니한다.

제10조(심신장애인)

　① 심신장애로 인하여 사물을 변별할 능력이 없거나 의사를 결정할 능력이 없는 자의 행위는 벌하지 아니한다.

　② 심신장애로 인하여 전항의 능력이 미약한 자의 행위는 형을 감경할 수 있다. 〈개정 2018. 12. 18.〉

　③ 위험의 발생을 예견하고 자의로 심신장애를 야기한 자의 행위에는 전2항의 규정을 적용하지 아니한다.

　[제목개정 2014. 12. 30.]

　제11조(청각 및 언어 장애인) 듣거나 말하는 데 모두 장애가 있는 사람의 행위에 대해서는 형을 감경한다.

　[전문개정 2020. 12. 8.]

　제12조(강요된 행위) 저항할 수 없는 폭력이나 자기 또는 친족의 생명, 신체에 대한 위해를 방어할 방법이 없는 협박에 의하여 강요된 행위는 벌하지 아니한다.

　제13조(고의) 죄의 성립요소인 사실을 인식하지 못한 행위는 벌하지 아니한다. 다만, 법률에 특별한 규정이 있는 경우에는 예외로 한다.

　[전문개정 2020. 12. 8.]

제14조(과실) 정상적으로 기울여야 할 주의(注意)를 게을리하여 죄의 성립요소인 사실을 인식하지 못한 행위는 법률에 특별한 규정이 있는 경우에만 처벌한다.

[전문개정 2020. 12. 8.]

제15조(사실의 착오)

① 특별히 무거운 죄가 되는 사실을 인식하지 못한 행위는 무거운 죄로 벌하지 아니한다.

② 결과 때문에 형이 무거워지는 죄의 경우에 그 결과의 발생을 예견할 수 없었을 때에는 무거운 죄로 벌하지 아니한다.

[전문개정 2020. 12. 8.]

제16조(법률의 착오) 자기의 행위가 법령에 의하여 죄가 되지 아니하는 것으로 오인한 행위는 그 오인에 정당한 이유가 있는 때에 한하여 벌하지 아니한다.

제17조(인과관계) 어떤 행위라도 죄의 요소되는 위험발생에 연결되지 아니한 때에는 그 결과로 인하여 벌하지 아니한다.

제18조(부작위범) 위험의 발생을 방지할 의무가 있거나 자기의 행위로 인하여 위험발생의 원인을 야기한 자가 그 위험발생을 방지하지 아니한 때에는 그 발생된 결과에 의하여 처벌한다.

제19조(독립행위의 경합) 동시 또는 이시의 독립행위가 경합한 경우에 그 결과발생의 원인된 행위가 판명되지 아니한 때에는 각 행위를 미수범으로 처벌한다.

제20조(정당행위) 법령에 의한 행위 또는 업무로 인한 행위 기타 사회상규에 위배되지 아니하는 행위는 벌하지 아니한다.

제21조(정당방위)

① 현재의 부당한 침해로부터 자기 또는 타인의 법익(法益)을 방위하기 위하여 한 행위는 상당한 이유가 있는 경우에는 벌하지 아니한다.

② 방위행위가 그 정도를 초과한 경우에는 정황(情況)에 따라 그 형을 감경하거나 면제할 수 있다.

③ 제2항의 경우에 야간이나 그 밖의 불안한 상태에서 공포를 느끼거나 경악(驚愕)하거나 흥분하거나 당황하였기 때문에 그 행위를 하였을 때에는 벌하지 아니한다.

[전문개정 2020. 12. 8.]

제22조(긴급피난)

① 자기 또는 타인의 법익에 대한 현재의 위난을 피하기 위한 행위는 상당한 이유가 있는 때에는 벌하지 아니한다.

② 위난을 피하지 못할 책임이 있는 자에 대하여는 전항의 규정을 적용하지 아니한다.

③ 전조 제2항과 제3항의 규정은 본조에 준용한다.

제23조(자구행위)

① 법률에서 정한 절차에 따라서는 청구권을 보전(保全)할 수 없는 경우에 그 청구권의 실행이 불가능해지거나 현저히 곤란해지는 상황을 피하기 위하여 한 행위는 상당한 이유가 있는 때에는 벌하지 아니한다.

② 제1항의 행위가 그 정도를 초과한 경우에는 정황에 따라 그 형을 감경하거나 면제할 수 있다.

[전문개정 2020. 12. 8.]

제24조(피해자의 승낙) 처분할 수 있는 자의 승낙에 의하여 그 법익을 훼손한 행위는 법률에 특별한 규정이 없는 한 벌하지 아니한다.

제2절 미수범

제25조(미수범)

① 범죄의 실행에 착수하여 행위를 종료하지 못하였거나 결과가 발생하지 아니한 때에는 미수범으로 처벌한다.

② 미수범의 형은 기수범보다 감경할 수 있다.

제26조(중지범) 범인이 실행에 착수한 행위를 자의(自意)로 중지하거나 그 행위로 인한 결과의 발생을 자의로 방지한 경우에는 형을 감경하거나 면제한다.

[전문개정 2020. 12. 8.]

제27조(불능범) 실행의 수단 또는 대상의 착오로 인하여 결과의 발생이 불가능하더라도 위험성이 있는 때에는 처벌한다. 단, 형을 감경 또는 면제할 수 있다.

제28조(음모, 예비) 범죄의 음모 또는 예비행위가 실행의 착수에 이르지 아니한 때

에는 법률에 특별한 규정이 없는 한 벌하지 아니한다.

제29조(미수범의 처벌) 미수범을 처벌할 죄는 각칙의 해당 죄에서 정한다.

[전문개정 2020. 12. 8.]

제3절 공범

제30조(공동정범) 2인 이상이 공동하여 죄를 범한 때에는 각자를 그 죄의 정범으로 처벌한다.

제31조(교사범)

　① 타인을 교사하여 죄를 범하게 한 자는 죄를 실행한 자와 동일한 형으로 처벌한다.

　② 교사를 받은 자가 범죄의 실행을 승낙하고 실행의 착수에 이르지 아니한 때에는 교사자와 피교사자를 음모 또는 예비에 준하여 처벌한다.

　③ 교사를 받은 자가 범죄의 실행을 승낙하지 아니한 때에도 교사자에 대하여는 전항과 같다.

제32조(종범)

　① 타인의 범죄를 방조한 자는 종범으로 처벌한다.

　② 종범의 형은 정범의 형보다 감경한다.

제33조(공범과 신분) 신분이 있어야 성립되는 범죄에 신분 없는 사람이 가담한 경우에는 그 신분 없는 사람에게도 제30조부터 제32조까지의 규정을 적용한다. 다만, 신분 때문에 형의 경중이 달라지는 경우에 신분이 없는 사람은 무거운 형으로 벌하지 아니한다.

[전문개정 2020. 12. 8.]

제34조(간접정범, 특수한 교사, 방조에 대한 형의 가중)

　① 어느 행위로 인하여 처벌되지 아니하는 자 또는 과실범으로 처벌되는 자를 교사 또는 방조하여 범죄행위의 결과를 발생하게 한 자는 교사 또는 방조의 예에 의하여 처벌한다.

　② 자기의 지휘, 감독을 받는 자를 교사 또는 방조하여 전항의 결과를 발생하게 한 자는 교사인 때에는 정범에 정한 형의 장기 또는 다액에 그 2분의 1까지 가

중하고 방조인 때에는 정범의 형으로 처벌한다.

제4절 누범

제35조(누범)

① 금고(禁錮) 이상의 형을 선고받아 그 집행이 종료되거나 면제된 후 3년 내에 금고 이상에 해당하는 죄를 지은 사람은 누범(累犯)으로 처벌한다.

② 누범의 형은 그 죄에 대하여 정한 형의 장기(長期)의 2배까지 가중한다.

[전문개정 2020. 12. 8.]

제36조(판결선고후의 누범발각) 판결선고 후 누범인 것이 발각된 때에는 그 선고한 형을 통산하여 다시 형을 정할 수 있다. 단, 선고한 형의 집행을 종료하거나 그 집행이 면제된 후에는 예외로 한다.

제5절 경합범

제37조(경합범) 판결이 확정되지 아니한 수개의 죄 또는 금고 이상의 형에 처한 판결이 확정된 죄와 그 판결확정전에 범한 죄를 경합범으로 한다. 〈개정 2004. 1. 20.〉

제38조(경합범과 처벌례)

① 경합범을 동시에 판결할 때에는 다음 각 호의 구분에 따라 처벌한다.

    1. 가장 무거운 죄에 대하여 정한 형이 사형, 무기징역, 무기금고인 경우에는 가장 무거운 죄에 대하여 정한 형으로 처벌한다.

    2. 각 죄에 대하여 정한 형이 사형, 무기징역, 무기금고 외의 같은 종류의 형인 경우에는 가장 무거운 죄에 대하여 정한 형의 장기 또는 다액(多額)에 그 2분의 1까지 가중하되 각 죄에 대하여 정한 형의 장기 또는 다액을 합산한 형기 또는 액수를 초과할 수 없다. 다만, 과료와 과료, 몰수와 몰수는 병과(倂科)할 수 있다.

    3. 각 죄에 대하여 정한 형이 무기징역, 무기금고 외의 다른 종류의 형인 경우에는 병과한다.

② 제1항 각 호의 경우에 징역과 금고는 같은 종류의 형으로 보아 징역형으로

처벌한다.

[전문개정 2020. 12. 8.]

제39조(판결을 받지 아니한 경합범, 수개의 판결과 경합범, 형의 집행과 경합범)

① 경합범 중 판결을 받지 아니한 죄가 있는 때에는 그 죄와 판결이 확정된 죄를 동시에 판결할 경우와 형평을 고려하여 그 죄에 대하여 형을 선고한다. 이 경우 그 형을 감경 또는 면제할 수 있다. 〈개정 2005. 7. 29.〉

② 삭제 〈2005. 7. 29.〉

③ 경합범에 의한 판결의 선고를 받은 자가 경합범 중의 어떤 죄에 대하여 사면 또는 형의 집행이 면제된 때에는 다른 죄에 대하여 다시 형을 정한다.

④ 전 3항의 형의 집행에 있어서는 이미 집행한 형기를 통산한다.

제40조(상상적 경합) 한 개의 행위가 여러 개의 죄에 해당하는 경우에는 가장 무거운 죄에 대하여 정한 형으로 처벌한다.

[전문개정 2020. 12. 8.]

3. 형법총칙 판결문 예시

가. 고의(형법 제13조), 미필적 고의

대법원 2019. 3. 28. 선고 2018도16002 전원합의체 판결

[강간(인정된죄명:준강간미수,변경된죄명:준강간)]

【판결요지】

[대법관 권순일, 대법관 안철상, 대법관 김상환의 반대의견]

① 형법 제13조(범의)는 "죄의 성립요소인 사실을 인식하지 못한 행위는 벌하지 아니한다."라고 규정하고 있다. 여기에서 '죄의 성립요소인 사실'이란 형법에 규정된 범죄유형인 구성요건에서 외부적 표지인 객관적 구성요건요소, 즉 행위주체·객체·행위·결과 등을 말한다. 이와 달리 행위자의 내면에 속하는 심리적·정신적 상태를 주관적 구성요건요소라고 하는데, 고의가 대표적인 예이다. 형법 제13조는 고의범이 성립하려면 행위자는 객관적 구성요건요소인 행위주체·객체·행위·결과 등에 관한 인식을 갖고 있어야 한다고 규정하고 있으므로, 구성요건 중에 특별한 행위양태(예컨대 강간죄에서의 '폭행·협박'이나 준강간죄에서의 '심신상실 또는 항거불능의 상태를 이용' 등)를 필요로 하는 경우에는 이러한 사정의 존재까지도 행위자가 인식하여야 한다.

※ 출처: 대법원 2019. 3. 28. 선고 2018도16002 전원합의체 판결
[강간(인정된죄명:준강간미수,변경된죄명:준강간)] 〉 종합법률정보 판례

대법원 2004. 2. 27. 선고 2003도7507 판결

[수질환경보전법위반][공2004.4.1.(199),583]

【판시사항】

[1] 미필적 고의의 요건

[2] 회사의 환경관리책임자에게 폐수배출의 미필적 고의가 있다고 보아 수질환경보전법위반의 공소사실을 유죄로 인정한 원심판결에 대하여 채증법칙 위배 및

법리오해를 이유로 파기한 사례

【판결요지】

[1] 미필적 고의라 함은 결과의 발생이 불확실한 경우 즉 행위자에 있어서 그 결과발생에 대한 확실한 예견은 없으나 그 가능성은 인정하는 것으로, 이러한 미필적 고의가 있었다고 하려면 결과발생의 가능성에 대한 인식이 있음은 물론 나아가 결과발생을 용인하는 내심의 의사가 있음을 요한다.

※ 출처: 대법원 2004. 2. 27. 선고 2003도7507 판결 [수질환경보전법위반] 〉 종합법률정보 판례

2022.04.27. 인천지방법원 [2021고정1684] 폐기물관리법위반

[형사] 피고인은 무죄

1. 공소사실의 요지

피고인은 인천 서구 B에 있는 고물상업체인 C을 운영하는 사람이다.

누구든지 폐기물을 처리하려는 자는 폐기물을 폐기물 처분시설 또는 재활용시설에서 처리하여야 한다.

그럼에도 불구하고 피고인은 2020. 9. 28.경 위 C에서 불상자로부터 지정폐기물인 절연유가 들어 있는 변압변류기를 구입한 후 그때부터 2020. 10. 8.경까지 이를 폐기물 처분시설 또는 재활용시설에 처리하지 않고 위 C 앞 인도에 보관하였다.

2. 판단

피고인은 자신이 보관한 변압변류기에 지정폐기물인 절연유가 들어 있는 사실을 전혀 인식하지 못하였으므로 폐기물관리법위반에 대한 고의가 없었다고 다툰다.

이 사건 폐기물관리법위반의 적용법조에 과실범도 처벌한다는 규정이 없는 이상 피고인에게 고의가 있어야 처벌할 수 있고 피고인의 고의는 합리적 의심의 여지가 없을 정도로 증명되어야 한다.

그런데 검사가 제출한 증거들만으로는 피고인이 변압변류기 내에 지정폐기물인 절연유가 들어 있음을 인식하고서도 이를 보관하였다고….

이전에 **변압변류기를 취급해 본 적이 없어** 변압변류기에 관해 잘 알지 못했던 것으로 보이는 점, 피고인이 변압변류기 내에 절연유가 들어 있어 이를 처리하는 데 **상당한 비용이 소요된다는 것을 알았더라면** 성명불상자로부터 **변압변류기를 구입할 이유는 없었을 것으로 보이는 점**, 피고인이 변압변류기를 매도한 사람이 다시 방문하자 112에 신고한 점 등에 비추어 볼 때, 보관하고 있던 변압변류기에 지정폐기물인 절연유가 들어 있음을 **인식하지 못했다는 피고인의 변소가 사실일 가능성을 배제할 수 없다.**

따라서 피고인에게 폐기물관리법위반에 대한 고의가 있었음이 **합리적 의심의 여지가 없을 정도로 증명되었다고 볼 수 없다.**

3. 결론

그렇다면, 이 사건 공소사실은 범죄의 증명이 없는 경우에 해당하여 형사소송법 제325조 후단에 의하여 피고인에 대하여 무죄를 선고한다….

2020.08.13. 춘천지방법원 원주지원 [2020고정37] 농수산물의원…

[형사] 피고인을 벌금 1,500,000원에 처한다. 피고인이 위 벌금을 납입하지 아니하는 경우 100,000원을…

【범죄사실】

피고인은 원주시 B, C호에 있는 일반음식점 'D'을 운영하는 사람이다.

누구든지 원산지 표시를 거짓으로 하거나 이를 혼동하게 할 우려가 있는 표시를 하는 행위를 하여서는 아니 된다.

그럼에도 불구하고 피고인은 2019. 1. 1.경부터 2019. 4. 2.경까지 위 식당에서 원주시 소재 E에서 구입한 미국산 쌀을 사용하여 불특정 다수의 손님들에게 볶음밥 등으로 조리하여 제공하면서 원산지 표시판에 쌀의 원산지를 '국내산'으로 표시하고, 원주시 소재 F에서 구입한 중국산 배추김치를 불특정 다수의 손님들에게 반찬용으로 제공하면서 원산지 표시판에 배추김치의 원산지를 '국내산'으로 표시하였다.

이로써 피고인은 원산지 표시를 거짓으로 하였다.

【증거의 요지】

1. 피고인에 대한 경찰 피의자신문조서 1. 범죄인지보고 1. – 확인서, – 시정명령서 사본 1. – 증거사진(10매)

피고인과 변호인 주장에 관한 판단

1. 주장의 요지

배추김치의 원산지를 거짓으로 표시한 것은 인정한다.

하지만 쌀의 경우에는 원산지 표시판에 "국내산"이라고 기재되어 있는 부분 위에 "미국산"이라고 기재한 견출지를 붙여 놓았다.

그런데 나중에 견출지가 떨어진 것으로 피고인은 쌀에 대하여 원산지 표시를 거짓으로 한다는 고의가 없었다.

2. 판단

이 법원이 적법하게 채택하여 조사한 증거들에 의하여 인정되는 다음과 같은 사정들을 종합하면, 피고인이 판시 범죄사실과 같이 배추김치는 물론 쌀에 대하여도 원산지 표시를 거짓으로 한 사실 및 이에 대한 피고인의 고의를 인정할 수 있다. 위 주장은 받아들이지 아니한다.

① 피고인은 수사기관에서 조사 당시에는 원산지 표시판에 쌀의 원산지를 "미국산", "국내산"으로 병기하여 표시하였고, 이에 대하여 원산지 표시를 거짓으로 한 사실을 인정하였다.

그런데 이 법정에서는 "국내산"이라고 기재되어 있는 부분 위에 "미국산"이라고 기재한 견출지를 붙여 놓았으나, 나중에 위 견출지가 떨어진 것이라고 주장하고 있다.

한편, 피고인이 자필로 작성하여 2020. 4. 16. 제출한 탄원서에는 쌀의 원산지 표시를 "국내산"과 "미국산"을 같이 표시하였다고 기재되어 있다.

위와 같이 피고인의 진술은 일관되지 않고, 여기에 피고인이 같은 원산지 표지판에 배추김치 또한 원산지를 '국내산'으로 거짓으로 표시한 점 등 고려하면, 피고인이 쌀에 대하여만 견출지를 이용하여 "미국산"으로만 기재하여 원산지 표시를 제대로 하였다고 믿기 어렵다.

② 나아가 설령 피고인의 최초 주장과 같이 피고인이 미국산 쌀을 사용하면서 원산지 표시판에 쌀의 원산지를 "미국산", "국내산"으로 병기하여 표시하였다고 하더라도, 나중에 "미국산"이라고 기재된 견출지가 떨어진 것과 무관하게, 그 자체로 원산지 표시를 거짓으로 하거나 이를 혼동하게 할 우려가 있는 표시를 한 것에 해당하고, 피고인에게는 적어도 이에 대한 미필적 고의가 있었다고 봄이 상당하다.

【법령의 적용】

1. 범죄사실에 대한 해당법조 및 형의 선택

농수산물의 원산지 표시에 관한 법률 제14조 제1항, 제6조 제1항 제1호(포괄하여, 벌금형 선택) 1. 노역장유치 형법 제70조 제1항, 제69조 제2항 1. 가납명령 형사소송법 제334조 제1항….

2021.12.16. 서울동부지방법원 [2021노923] 자동차손해배상보장법위반

검사의 항소를 기각한다.

1. 항소이유의 요지(사실오인)

증거에 의하여 인정되는 이 사건 제반 경위에 비추어 보면, 피고인에게 의무보험 미가입에 대한 미필적 고의가 있었음이 인정된다.

따라서 원심판결에는 사실오인의 위법이 있다.

2. 판단

가. 원심은, 피고인이 이 사건 자동차를 구입하기 4일 전인 2020. 5. 24.경 기존 차량에 대한 보험을 갱신한 점, 피고인이 가입한 보험사 직원은 피고인에게 기존 보험으로 이 사건 자동차에 대해 차량대체를 하면 된다고 설명한 점, 피고인이 2020. 9. 28.경 관할관청으로부터 보험가입촉구서를 받고 곧바로 보험사에 연락하여 차량대체 처리를 한 점, 피고인이 과거 의무보험 미가입 자동차 운행으로 처벌받은 전력이 있는 점 등에 비추어 보면 피고인이 의무보험 미가입 상태로 차량을 운행할 아무런 이유가 없고, 새로 구입한 이 사건 자동차로 차량대체가 자동적으로 이루어지는 것으로 잘못 알고 있었다고

봄이 상당하므로, 검사가 제출한 증거만으로는 피고인의 고의를 인정하기에 부족하다고 판단하였다.

나. 원심의 위와 같은 판단을 기록과 대조하여 면밀히 살펴 보건대, 원심의 판단은 정당한 것으로 수긍할 수 있고, 거기에 검사가 주장하는 바와 같이 사실오인의 위법이 있다고 보이지 않는다. 검사의 주장은 이유 없다.

3. 결론

그렇다면, 검사의 항소는 이유 없으므로 형사소송법 제364조 제4항에 의하여 이를 기각한다.

나. 과실(형법 제14조)

대법원 2018. 5. 11. 선고 2018도2844 판결

[업무상과실치사·업무상비밀누설·의료법위반]〈의사의 과실 존부와 의료법상 사망한 자의 비밀도 보호되는지 여부에 관한 사건〉[공2018상,1121]

【판시사항】

[1] 의료과오사건에서 의사의 과실을 인정하기 위한 요건 및 의사의 과실이 있는지 판단하는 기준 / 의사가 진찰·치료 등의 의료행위를 할 때 요구되는 주의의무의 내용 및 의사에게 진단상 과실이 있는지 판단하는 기준

【판결요지】

[1] 의료과오사건에서 의사의 과실을 인정하려면 결과 발생을 예견할 수 있고 또회피할 수 있었는데도 예견하거나 회피하지 못한 점을 인정할 수 있어야 한다. 의사의 과실이 있는지는 같은 업무 또는 분야에 종사하는 평균적인 의사가 보통 갖추어야 할 통상의 주의의무를 기준으로 판단하여야 하고, 사고 당시의 일반적인 의학 수준, 의료환경과 조건, 의료행위의 특수성 등을 고려하여야 한다.

※ 출처: 대법원 2018. 5. 11. 선고 2018도2844 판결
[업무상과실치사 · 업무상비밀누설 · 의료법위반] 〉 종합법률정보 판례

2022.03.25. 청주지방법원 충주지원 [2021고단166] 산림보호법위반

피고인을 징역 1년에 처한다.

【범죄사실】

피고인은 2021. 3. 23. 충북 충주시 B에서, 헛개나무 조림사업과 관련된 식재작업을 하던 중 담배를 피우고 담배꽁초를 바닥에 버렸다.

누구든지 산림 또는 산림인접지역에서 불을 피우거나 불을 가지고 가는 행위, 담배를 피우거나 담배꽁초를 버리는 행위를 하여서는 아니 되고 당시 피고인이 작업을 하던 곳도 산림지역이었으므로 피고인에게는 담배를 피우거나 담배꽁초를 버리지 않아야 할 주의의무가 있었다.

그럼에도 불구하고 피고인은 이를 게을리한 채 위 산림에서 담배를 피우고 담배꽁초를 그대로 버린 후 현장을 이탈한 과실로, 위 담배꽁초를 통하여 주변 지피물에 발화가 되게 하고, 불길에 산림지역으로 번지게 하여 위 B의 산림 4.4ha를 소훼하였다.

이로써 피고인은 과실로 타인의 산림을 태웠다.

【증거의 요지】

1. 피고인에 대한 경찰피의자신문조서 1. C에 대한 경찰진술조서 1. 산불피해 추정 도면, 산불피해 사진, 실황조사서, 산불피해 구적도, 산불피해지 현장사진, 산불피해상황보고서, 산불피해상황 및 피해액, 산불감식보고서

【법령의 적용】

1. 범죄사실에 대한 해당법조 및 형의 선택 산림보호법 제53조 제5항 (징역형 선택)

다. 정당행위(제20조), 긴급피난(제22조)

2022.11.17. 의정부지방법원 [2021노2566] 산지관리법위반

원심판결을 파기한다. 피고인은 무죄.

1. 항소이유의 요지(사실오인 및 법리오해)

피고인은 2020. 8. 6.경 비가 많이 내리자, 2020. 8. 7. D의 요청으로 D의 주거

뒤편에 흘러내린 토사를 제거하였다.

그런데 2020. 8. 8.부터 많은 비가 다시 내려 이 사건 임야의 토사가 흘러내리는 등 산비탈이 붕괴될 위험에 처하자 피고인은 2020. 8. 11.경 D의 요청으로 단 1회 부득이하게 산지일시사용행위를 하고 2020. 8. 12. 바로 산지일시사용을 위한 신고를 한 것이므로 피고인의 행위는 긴급피난 또는 정당행위에 해당한다.

피고인은 2020. 7.초경에는 이 사건 임야를 훼손한 사실 자체가 없다.

그럼에도 불구하고 이 사건 공소사실을 유죄로 인정한 원심판결은 사실오인 및 법리오해의 위법이 있다.

2. 판단

가. 공소사실의 요지

누구든지 관할 관청에 신고하지 아니하고 임도, 작업로 등의 진입로 조성, 산불의 예방 및 진화 등 대통령령으로 정하는 재해응급대책과 관련된 시설의 설치 등의 용도로 산지를 일시사용해서는 아니 된다.

그럼에도 불구하고 피고인은 2020. 7.경부터 2020. 8. 11.경까지 남양주시 B 임야 면적 634㎡에서, 재해복구를 위한 복구공사를 하면서 관할 관청에 신고하지 아니하고 굴삭기 등 장비를 이용하여 절토 및 성토 작업을 하여 산지를 위 복구공사를 위해 사용하는 등 산지를 일시사용하였다.

나. 원심의 판단

원심은 적법하게 채택하여 조사한 증거에 의하여 인정되는 다음 각 사정들, 즉 담당공무원의 진술에 비추어 피고인이 2020. 7.경부터 산지일시사용 행위를 한 것으로 보이는 점, 피고인이 담당공무원 C의 안내에도 불구하고 산지일시사용신고접수조차 하지 않은 채 산지를 일시사용하다가 2020. 8. 12.경에야 비로소 신고접수를 한 것으로 보이고 재해응급대책의 일환이었다는 점이 고려되어 산지일시사용신고 위반으로 기소되었으므로 피고인의 행위를 긴급피난 내지 정당행위로 보기 어려운 점 등을 종합하여 보면, 피고인이 이 사건 공소사실 기재와 같이 신고하지 아니하고 산지를 일시사용한 사실을 인정할 수 있다는 이유로 공소사실을 유죄로 인정하고, 피고인의 주장을 받아들이지 아니하였다.

다. 당심의 판단

1) 관련 법리

유죄의 인정은 법관으로 하여금 합리적인 의심을 할 여지가 없을 정도로 공소사실이 진실한 것이라는 확신을 가지게 하는 증명력을 가진 증거에 의하여야 하므로, 그와 같은 증거가 없다면 설령 피고인에게 유죄의 의심이 간다고 하더라도 피고인의 이익으로 판단할 수밖에 없다(대법원 2005. 10. 14. 선고 2005도12 판결, 대법원 2010. 12. 23. 선고 2010도14731 판결 등 참조).

형법 제20조 소정의 '사회상규에 위배되지 아니하는 행위'라 함은 법질서 전체의 정신이나 그 배후에 놓여 있는 사회윤리 내지 사회통념에 비추어 용인될 수 있는 행위를 말하고, 어떠한 행위가 사회상규에 위배되지 아니하는 정당한 행위로서 위법성이 조각되는 것인지는 구체적인 사정 아래서 합목적적, 합리적으로 고찰하여 개별적으로 판단되어야 하므로, 이와 같은 정당행위를 인정하려면 첫째 그 행위의 동기나 목적의 정당성, 둘째 행위의 수단이나 방법의 상당성, 셋째 보호이익과 침해이익과의 법익균형성, 넷째 긴급성, 다섯째 그 행위 외에 다른 수단이나 방법이 없다는 보충성 등의 요건을 갖추어야 한다(대법원 2006. 4. 13. 선고 2005도9396 판결 등 참조).

2) 판단

원심이 설시한 바와 같이 피고인이 이 사건 산지일시사용 행위를 한 이후인 2020. 8. 12. 관할관청에 산지일시사용신고 접수를 한 사실은 인정된다.

그러나 한편 원심과 당심이 적법하게 채택하여 조사한 증거들에 의하여 인정할 수 있는 다음 각 사정들을 위 법리에 비추어 살펴보면, 이 사건 공소사실이 합리적 의심의 여지가 없이 증명되었다고 보기 어렵거나 피고인의 행위는 사회상규에 위배되지 않는 행위라고 보아야 할 것이므로, 피고인의 사실오인 및 법리오해 주장은 이유 있다.

① 피고인이 2020. 8. 7. 이전에 산지를 일시사용하였다는 이 사건 공소사

실을 뒷받침하는 것은 담당공무원 C의 진술이 거의 유일한데(피고인이 수사기관에서 고발 공무원이 말한 일시가 맞을 것이라고 진술하였으나, 이는 정확한 기억에 의한 진술이라고 보기는 어려워 2020. 7.초경 산지일시사용을 자인하였다는 취지로 보기는 어렵다), 이 법원의 F장에 대한 사실조회회신의 내용에 의하면 이 사건 산지에 관하여 제기된 민원은 2020. 8. 6. D의 전화민원 1건으로 보이고, F 도시건축과에서 작성한 '다수인 민원처리계획보고'에 의하더라도 현장확인 및 토지소유자에게 산지일시사용신고 신청을 알린 일시가 2020. 8.로 기재되어 있다. 위법행위조사서에 첨부된 불법현황사진(증거기록 10쪽)에는 눈이 쌓여 있어 2020. 7.경에 촬영된 것으로는 보기 어렵다.

② 당심에서 검사가 제출한 C의 출장내역서에는 2020. 7.경 산지전용 협의지 현장확인을 나간 기록이 다수 있으나, 출장지가 'F' 또는 'F'으로만 기재되어 있어 위 장소가 이 사건 산지라고 보기에는 부족하고, 2020. 4.경 촬영된 항공사진으로 이 사건 산지에서 피고인이 산지일시사용행위를 한 정황이 명백하게 식별되지는 않으므로, 위 출장내역서의 기재 및 항공사진의 영상만으로 2020. 7.경부터 이 사건 산지에서 피고인이 절토 등 산지일시사용행위를 하였다고 단정하기 어렵다.

③ 피고인은 2020. 8. 7. 무렵 D의 집 옹벽 안쪽으로 흘러내린 토사를 제거해 주었고, D으로부터 집 뒤편의 나무가 쓰러질 것 같으니 제거해 달라는 요청을 받았으나, 당시 내린 비로 젖은 나무를 절단하기 어려워 이를 거절하였다는 것이다. 당시 토사를 제거한 포크레인 기사 G 역시 '당시 비가 많이 와서 토사가 약해서 작업을 할 수 없었다'는 취지로 진술한바(증인 G 녹취서 3, 4쪽) 2020. 8. 7.에는 산지일시사용행위를 하지 아니하였다는 피고인의 주장에 부합한다.

④ 피고인이 2020. 8. 7.에 D의 집 토사를 제거한 행위를 산지일시사용행위로 보기는 어려우므로, 피고인이 산지일시사용행위를 한 것은 2020. 8. 11.에 D의 집 뒤편에 무너진 나무를 치우고 포크레인으로 흙을 파낸 것뿐이다. 그런데 2020. 8. 초부터 이 사건 산지에 계속하여 많은 비가 내렸고,

2020. 8. 7.로부터 불과 나흘 뒤인 2020. 8. 11. 산사태가 일어나 나무가 쓰러져 D의 집 벽을 뚫고 토사가 흘러내리자 피고인은 포크레인을 동원하여 위 산지의 복구행위를 하였다. 당시 출동한 포크레인 기사인 G은 '당시는 토사가 많이 떨어진 상태라 비가 또 오면 토사가 더 많이 내려오니까 무조건 작업을 해야 되었습니다. 위급상황이었어요'라고 진술하여(증인 G 녹취서 5쪽) 당시 이 사건 산지에 붕괴위험이 높았던 것으로 보인다.

⑤ 따라서 피고인이 2020. 8. 11. 이 사건 산지에 급히 복구행위를 한 것은 재해의 방지를 위한 것으로서 그 행위의 동기나 목적의 정당성이 인정되고, 포크레인을 동원하여 넘어진 나무와 무너진 토사를 제거한 것은 그 방법으로 상당하다고 보아야 한다.

산지일시사용행위를 할 경우 산지일시전용신고를 함으로써 산지의 무단형질변경행위를 방지하고자 하는 공익보다 재해로 인한 인명과 재산피해를 예방하는 것이 더 큰 법익으로 평가되는바 법익균형성도 갖추고 있는 것으로 보인다.

피고인은 갑자기 발생한 산사태로 인해 피고인에게 미리 산지일시전용신고를 접수할 시간적 여유도 없었던 것으로 보이며, 피고인은 다음날인 2020. 8. 12. 지체없이 산지일시전용신고 접수를 하였다. 당시 피고인에게 달리 신고절차를 밟아 이 사건 산지의 복구행위를 즉시 행할 수 있는 방법도 없었던 것으로 보이는바 긴급성과 보충성 역시 인정된다고 할 것이다.

3. 결론

그렇다면 피고인의 항소는 이유 있으므로 형사소송법 제364조 제6항에 따라 원심판결을 파기하고 변론을 거쳐 다시 다음과 같이 판결한다.

【다시 쓰는 판결 이유】

이 사건 공소사실의 요지는 위 제2의 가항 부분 기재와 같은바, 이는 위 제2의 다항에서 살펴본 것과 같이 죄가 되지 아니하거나 범죄의 증명이 없는 경우에 해당하므로 형사소송법 제325조에 따라…

2023.05.18. 청주지방법원 영동지원 [2022고단182]

특수협박등 피고인을 징역 1년 2월에 처한다. 압수된 삼지창 1개, 곡괭이 1개를 몰수한다.

… 2년을 선고받고, 그 유예기간 중인 2020. 9. 24. 청주지방법원에서 도로교통법위반(음주운전)죄로 징역 1년을 선고받아 2020. 10. 16. 그 판결이 확정됨으로써 위 집행유예의 선고가 실효되었으며, 2021. 8. 26. 천안교도소에서 위 각 형의 집행을 종료한 사람이다.

『2022고단182』

1. 동물보호법위반

누구든지 목을 매다는 등의 잔인한 방법으로 동물을 죽음에 이르게 하는 학대행위를 하여서는 아니 된다.

그럼에도 불구하고 피고인은 2022. 5. 12. 11:00경 충북 영동군 B 부근 산에서, C가 기르는 개 1마리가 시끄럽게 짖는다는 등의 이유로 소지하고 있던 곡괭이로 위 개의 머리 부위를 수회 내리쳐 죽음에 이르게 하였다.

2. 특수협박

… 경합범 가중] 1. 몰수 형법 제48조 제1항 제1호

피고인 및 변호인의 주장에 관한 판단

주장의 요지

가. 판시 동물보호법위반 범죄사실과 관련하여, 피고인은 C의 개가 피고인을 공격하는 상황에서 이를 방어하다가 판시 범죄사실 기재 행위를 하게 된 것으로, 정당방위 내지 긴급피난에 해당한다.

나. 판시 특수협박 및 폭행 범죄사실과 관련하여, 피고인은 피해자 D, F를 협박하거나 피해자 D을 폭행한 사실이 없다.

2. 판단

가. 판시 제1항 기재 범죄사실에 관한 판단

이 법원이 적법하게 채택하여 조사한 증거들에 의하여 인정할 수 있는 다음과 같은 사정 즉, ① 이 사건 범행 당시 피고인은 자루 길이 85㎝, 날 길이 20㎝

의 곡괭이를 이용하여 개를 여러 차례 내리쳐 죽인 점, ② 이 사건 범행 당시 피고인은 손가락에 일부 상처를 입었을 뿐, 피고인에게 다른 외상이 있다는 사정은 확인되지 않는 점 등을 종합하여 보면, 피고인의 행위가 정당방위 내지 긴급피난에 해당한다고 보기 어렵다. 피고인 및 변호인의 위 주장은 받아들이지 아니한다.

나. 판시 제2, 3항

라. 정당방위

2021.12.16. 서울동부지방법원 [2021노1056] 소방기본법위반

피고인과 검사의 항소를 모두 기각한다.

1. 항소이유의 요지

　가. 피고인

　　1) 사실오인 및 법리오해

　　　① 피고인은 경찰관들에게 욕설을 하거나 침을 뱉지 않았다.

　　　② 소방기본법 제50조 제1호의 '구급활동 방해'는 '타인'에 대한 구급활동 방해만을 의미하므로 피고인 자신에 대한 구급활동 방해 행위는 위 구성요건에 해당하지 않는다.

　　　③ 소방대원들은 피고인의 치료거부의사를 무시하고 강제로 구급활동을 하였고, 경찰관은 현행범 체포요건을 갖추지 못하였음에도 불구하고 피고인을 현행범으로 체포하였는바, 이는 위법한 구급활동 내지 공무집행에 해당하고, 이에 대항하는 과정에서 피고인이 공무원들에게 욕설 및 저항을 했다고 하더라도 이는 정당방위, 과잉방위, 오상방위 내지 피해자의 승낙에 의한 행위로서 위법성이 조각된다. 그럼에도 피고인에 대한 소방기본법위반 및 공무집행방해의 점을 유죄로 인정한 원심판결에는 사실오인 및 법리오해의 위법이 있다.

　　2) 양형부당

원심의 형(징역 6월)은 너무 무거워서 부당하다.

나. 검사

원심의 형은 너무 가벼워서 부당하다.

2. 피고인의 사실오인 및 법리오해 주장에 대한 판단

가. 관련 법리

우리 형사소송법이 공판중심주의의 한 요소로서 채택하고 있는 실질적 직접심리주의의 정신에 따라 제1심과 항소심의 신빙성 평가 방법의 차이를 고려할 때, 제1심판결 내용과 제1심에서 적법하게 증거조사를 거친 증거들에 비추어 제1심 증인이 한 진술의 신빙성 유무에 관한 제1심의 판단이 명백하게 잘못되었다고 볼 만한 특별한 사정이 있거나, 제1심 증거조사 결과와 항소심 변론종결시까지 추가로 이루어진 증거조사 결과를 종합하면 제1심 증인이 한 진술의 신빙성 유무에 관한 제1심의 판단을 그대로 유지하는 것이 현저히 부당하다고 인정되는 예외적인 경우가 아니라면, 항소심으로서는 제1심 증인이 한 진술의 신빙성 유무에 관한 제1심의 판단이 항소심의 판단과 다르다는 이유만으로 이에 관한 제1심의 판단을 함부로 뒤집어서는 안 된다(대법원 2012. 6. 14. 선고 2011도5313 판결 등 참조).

또한 어떠한 행위가 정당방위로 인정되려면 그 행위가 자기 또는 타인의 법익에 대한 현재의 부당한 침해를 방어하기 위한 것으로서 상당성이 있어야 하므로, 위법하지 않은 정당한 침해에 대한 정당방위는 인정되지 않는다.

이때 방위행위가 사회적으로 상당한 것인지는 침해행위에 의해 침해되는 법익의 종류와 정도, 침해의 방법, 침해행위의 완급, 방위행위에 의해 침해될 법익의 종류와 정도 등 일체의 구체적 사정들을 참작하여 판단하여야 한다(대법원 2017. 3. 15. 선고 2013도2168 판결 등 참조).

나. 피고인은 원심에서도 같은 취지의 주장을 하였다.

원심은 판결문 제4쪽 제16행부터 제14쪽 제9행에 걸쳐 그 이유를 자세히 설시하여 위 주장을 배척하였는바, 원심이 적법하게 채택조사한 증거들에 의하여 인정되는 그 설시와 같은 사정들에다가 원심 및 당심이 채택조사한 증거들에 의하여 인정되는 다음과 같은 사정들을 보태어 보면, 원심의 판단과 같이 피고인이 정당한 이유 없이 출동한 소방대원에게 폭행을 행사하여 구급활동을 방해하였을 뿐만 아니라 출동한 경찰관의 정당한 직무집행을 방해한 사실이 인정되고, 피고인에 대한 소방대원들의 구급활동 내지 경찰관들의 현행범체포행위는 정당한 직무집행에 해당하므로, 그것이 위법한 것임을 전제로 한 피고인의 정당방위, 과잉방위, 오상방위, 피해자 승낙 등에 관한 주장은 모두…

마. 심신상실(제10조): 책임능력 없음

2021.06.17. 대구지방법원 경주지원 [2021고합5] 산림보호법위반

피고인을 징역 2년 6월에 처한다. 다만 이 판결 확정일로부터 3년간 위 형의 집행을 유예한다.

… 부근에 이르러 바닥에 쌓여 있는 낙엽을 모은 다음 자신이 소지하고 있던 1회용 라이터를 이용하여 휴지에 불을 붙인 뒤 모아 놓은 낙엽에 옮겨붙게 방법으로 불을 질러 피해자 E주식회사 소유인 약 605평 면적의 산림을 소훼하였다.

【증거의 요지】

피고인의 법정진술 F, G, H에 대한 각 경찰 진술조서 1. I의 진술서 산림보호법위반사건 수사보고서, 수사보고서(112신고 사건 처리표 첨부), 수사보고서(현장 사진), 수사보고서(피해규모 관련), 수사보고서(피해자 및 관리 주체 관련), 수사보고서(피의자의 신발, 양말 및 화재현장 주변 낙엽 깊이 확인), 수사보고서(과학수사팀의 증거물 채취 사진 첨부), 수사보고서(피의자의 6촌 동생의… 대한 치료 전력 및 현황, 범행 전후 피고인의 행동, 판결 전 조사 회보 등을 종합하여 보면, 피고인은 이 사건 범행 당시 병명 미상의 정신질환으로 인하여 사물을 변별하거나 의사를 결정할 능력이 미약한 상태에 있었다고 판단된다.)

1. 경합범가중 형법 제37조 전단, 제38조 제1항 제2호, 제50조(범정이 더 무거운 2021. 1. 11.경 산림보호법위반죄에 정한 형에 경합범 가중)

1. 집행유예 형법 제62조 제1항(아래 양형의 이유 중 유리한 정상 참작)

1. 보호관찰, 치료명령 치료감호 등에 관한 법률 제2조의3 제1호, 제44조의2 제1항, 제2항(피고인은 형법 제10조 제2항에 따라 형이 감경되는 심신장애인으로서 금고 이상의 형에 해당하는 죄를 지은 사람인바, 이 법원이 적법하게 채택하여 조사한 증거에 의해 알 수 있는 피고인의 상태, 이 사건 범행의 경위와 내용 등을 종합해 보면, 피고인에게 정신질환에 대한 치료를 받을 필요성과 재범의 위험성을 인정할 수 있다)

1. 몰수 형법 제48조 제1항 제1호 양형의 이유 1

2020.11.25. 대구지방법원 김천지원[2020고단782] 소방기본법위반

피고인을 벌금 4,000,000원에 처한다. 피고인이 위 벌금을 납입하지 아니하는 경우 100,000원을…

【범죄사실】

누구든지 정당한 사유 없이 출동한 소방대의 화재진압 및 인명구조구급 등 소방활동을 방해하여서는 아니 된다.

그럼에도 불구하고 피고인은 2020. 4. 19. 00:24경 경북 구미시 B에 있는 C주점에서 술을 마시던 중 탁자를 엎는 등 소란을 피워 112 경찰소방 공동대응을 위해 현장 출동한 구미소방서 D센터 소속 구급대원인 피해자 E(남, 35세)이 피고인의 상처를 확인하며 응급 치료를 하려고 하자 아무런 이유 없이 오른손으로 피해자의 좌측 머리 부분을 1회 때렸다.

이로써 피고인은 정당한 사유 없이 출동한 소방대원에게 폭행을 행사하여 화재진압인명구조 또는 구급활동을 방해하였다.

【증거의 요지】

1. 피고인의 법정진술 1. E에 대한 경찰 진술조서 1. 현장사진 등 1. 출동지령서, D센터 근무일지, 구급상황보고

【법령의 적용】

1. 범죄사실에 대한 해당법조 및 형의 선택

소방기본법 제50조 제1호 다목, 제16조 제2항(벌금형 선택) 1. 노역장유치 형법 제70조 제1항, 제69조 제2항 1. 가납명령 형사소송법 제334조 제1항

[피고인과 변호인은 이 사건 범행 당시 피고인이 만취하여 심신상실 내지 심신미약의 상태에 있었다는 취지로 주장한다.

그러나 이 법원이 적법하게 채택하여 조사한 증거들에 의하여 인정되는 이 사건 범행에 이르게 된 경위, 폭행의 태양과 정도, 범행을 전후한 피고인의 행동 등 여러 가지 사정에 비추어 보면, 피고인이 범행 당시 사물을 변별할 능력이나 의사를 결정할 능력이 없거나 미약한 상태에 있었다고까지 보기는 어렵다고 판단된다. 따라서 피고인과 변호인의 주장은 받아들이지 않는다.]

바. 강요된 행위(형법 제12조): 적법행위 기대가능성 없음

2021.05.18. 서울남부지방법원 [2020노1098] 특정범죄가중처벌등에관한법률위반

원심판결 중 유죄부분을 파기한다. 피고인을 징역 8월 및 벌금 10만 원에 처한다. 피고인이 위반

1. 항소이유의 요지

원심은 피고인이 전동킥보드를 운행함에 있어 의무보험가입에 대한 기대가능성이 없었다는 이유로 자동차손해배상보장법위반의 점에 대하여 무죄를 선고하였으나 이는 피고인이 적절한 조치를 취할 수 있었음에도 사실을 오인하고 기대가능성에 대한 법리를 오인한 것이다.

원심이 피고인에게 선고한 형(징역 1년 2월, 집행유예 3년)은 너무 가벼워서 부당하다.

2. 판단

  가. 검사의 사실오인 내지 법리오해 주장에 관한 판단

  피고인에게 적법행위를 기대할 가능성이 있는지 여부를 판단하기 위해서는 행위 당시의 구체적인 상황 하에 행위자 대신에 사회적 평균인을 두고 이 평균인의 관점에서 그 기대가능성 유무를 판단하여야 한다.

  원심은 피고인이 전동킥보드를 운행할 당시 ① 전동킥보드는 개인용 이동수단으로 널리 보급되어 있었으나 이를 운행하던 대부분의 개인들은 의무보험에

가입하지 아니한 상태에서 운행하였던 점, ② 사회적 평균인 관점에서 전동킥보드가 의무보험의 가입대상이라는 인식이 미약하였던 점, ③ 개인이 전동킥보드에 대하여 가입할 수 있는 의무보험 상품이 없었던 점 등을 근거로 피고인에게 적법행위에 대한 기대가능성이 없었다고 판단하였다.

앞서 살핀 법리에 기초하여 볼 때 원심의 판단은 정당하다.

검사는 피고인은 전동킥보드를 운행하지 아니하거나 의무보험에 가입된 공유킥보드를 사용할 수도 있었으므로 적법행위에 대한 기대가능성이 없지 않았다는 취지로 주장한다.

하지만 앞서 인정한 바와 같이 당시 이미 전동킥보드는 개인용 이동수단으로 자리 잡고 있었고, 의무보험 상품은 피고인의 개인적인 노력으로 만들거나 가입할 수 있는 것이 아니라는 점, 피고인에게 개인용 전동킥보드를 이용하지 말았어야 하거나 의무보험에 가입된 공유킥보드를 사용하였어야 했다는 것을 관철할 경우 피고인의 이동수단 선택의 자유를 제한하는 것일 수 있고 이러한 제한이 사회적으로 보다 바람직하거나 커다란 효용을 가져온다고 볼 자료도 없는 점, 이동수단 산업의 발달을 보험업계가 따라가지 못하여 생긴 의무보험 상품 공백에 대한 책임을 피고인 개인에게 전가하는 것은 정당하지 아니한 점 등을 종합하여 보면 검사의 이 부분 주장에도 불구하고 원심과 달리 판단하기 어렵다.

검사의 원심판결 중 무죄부분에 대한 사실오인 내지 법리오해 주장은 이유 없다.

나. 직권판단

검사는 2019. 10. 9. 교통사고와 관련하여 죄명을 특정범죄가중처벌등에관한법률위반(위험운전치상)에서 교통사고처리특례법위반(치상)으로, 적용법조를 특정범죄가중처벌등에관한법률 제5조의11 제1항에서 교통사고처리특례법 제3조 제1항, 제2항 단서 제8호로, 그 공소사실을 아래 범죄사실 1항과 같이 변경하는 공소장변경신청을 하였고 이 법원은 이를 허가하였다. 검사는 2019. 10. 9. 음주운전과 관련하여 적용법조를 도로교통법 제148조의2 제3항 제2호, 제44조 제1항에서 도로교통법 제156조 제11호, 제44조 제1항으로 변경하는 공소장변경신청을 하였고 이 법원은 이를 허가하였다. 검사는 2020. 3. 8. 음주운전과 관련하여 적용법조를 도로교통법 제148조의2 제1항, 제44조 제1항에서 도로교통법 제148조의2 제3항 제2호, 제44조 제1항으로, 그 공소사실을 아래 범죄사실 3항과 같이 변경하는 공소장변경신청을 하였고 이 법원은 이를 허가하였다. 이로써 법원의 심판대상이 변경되었으므로 원심판결 중 유죄부분은 더 이상 유지될 수 없게 되었다.

3. 결론

검사의 원심판결 중 무죄부분에 대한…

2018.12.17. 창원지방법원 통영지원 [2018고정205] 수산업법위반

피고인들은 각 무죄. 위 무죄판결의 요지를 공시한다.

1. 공소사실

가. 피고인 A

피고인은 경남 사천시 선적 기선권현망 어선 C 선단의 어로 작업을 총괄하는 어로장이다.

어업인은 포획·채취할 수 있는 수산동물의 종류가 정하여진 허가를 받은 경우에는 다른 종류의 수산동물을 혼획하여서는 아니 되고, 근해어업 중 기선권현망 어업 허가를 받은 어선은 포획 대상 수산물이 멸치로 제한되어 있다.

피고인은 2018. 1. 4. 05:45부터 같은 날 07:25까지 통영시 욕지면 욕지도 남방 1.8mile 해상에서 기선권현망 C 선단으로 조업하면서 포획 가능한 수산물이 아닌 밴댕이(디포리) 약 78kg을 포획하였다.

나. 피고인 B

피고인은 기선권현망 어선 C 선단의 소유자이다.

피고인의 사용인인 A가 피고인의 업무에 관하여 제1항 기재와 같은 행위를 하였다.

2. 판단

이 법원이 적법하게 채택하여 조사한 증거들에 의하여 인정되는 다음의 사정

을 종합하면, 검사가 제출한 증거만으로는 피고인들에게 이 사건 위반행위에 대한 고의가 있었다고 단정할 수 없고, 설령 피고인들에게 고의가 인정된다고 하더라도 적법행위의 기대가능성이 있다고 보기 어렵다.

가. 적발 경찰관은 건조 중인 약 700발 중 약 70발이 밴댕이인 것을 확인하였다(피고인 A은 경찰 조사과정에서 이 사건 당일 723발을 포획하였는데, 그 중 멸치가 684박스, 밴댕이가 52박스인 것을 확인하였다고 진술하였다). 즉 이 사건 당일 C 선단에서 포획한 멸치와 밴댕이 전체 양 중 밴댕이는 약 7~10%에 불과하다.

나. 수산업법상 기선권현망어업은 2척의 동력어선으로 인망을 사용하여 멸치를 포획하는 어업으로, 피고인들은 수산업법 시행령 등 관련 규정의 어구어법에 맞는 자루그물(세목망)을 사용하여 멸치를 포획하였는데, 멸치를 포획하기 위한 세목망에 밴댕이 등 멸치보다 몸집이 큰 어종이나 멸치를 먹이로 하는 어종이 일정 비율로 함께 포획될 수밖에 없다.

다. 수산업법상 기선권현망어업은 멸치만 포획할 수 있고, 혼획이 허용되는 어업이 아니며, 어업인은 혼획이 허용되는 수산동물을 허용 범위를 넘어서 포획·채취하거나 포획·채취할 것이 예상되는 경우에는 조업을 중단하거나 조업 장소를 이동하는 등 적절한 조치를 취하여야 할 의무가 있으나, 이 사건과 같이 7~10% 상당의 소량의 밴댕이가 멸치와 함께 자루그물에 포획되는 경우 밴댕이는 몸집이나 비늘, 몸색깔 등이 멸치와 비슷한 어종이어서 멸치와 구분이 쉽지 아니할 뿐만 아니라 그물을 걷어 올리는 즉시 가공 및 운반 겸용선으로 옮기기 전 선원들의 작업으로 밴댕이만 분리하여 해상에 방류하는 것은 사실상 불가능한 것으로 보인다.

3. 결론

그렇다면 이 사건 공소사실은 범죄의 증명이 없는 경우에 해당하므로 형사소송법 제325조 후단에 의하여 피고인들에게 무죄를 선고하고, 형법 제58조 제2항에 의하여 피고인들에 대한 무죄판결의 요지를 공시하기로 하여 주문과 같이 판결한다….

사. 법률의 착오(형법 제16조): 위법성 인식 없음 / 법률의 부지

2019.07.23 춘천지방법원 영월지원 [2019고정24] 보조금관리에…

피고인을 벌금 800만 원에 처한다. 피고인이 위 벌금을 납입하지 아니하는 경우 10만 원을…

【범죄사실】

피고인은 2009. 1. 30.경 영농조합법인을 통한 주민소득창출을 목적으로 하는 B농촌마을종합개발사업의 국가 보조금 지원을 받기 위하여 강원 정선군 C에 '영농조합법인 D'을 설립한 위 영농조합법인의 대표이다.

피고인은 2009. 2. 1.경 위 영농조합법인 대표로 B농촌마을개발사업 관련하여 정선군 및 B추진위원회와 생약초 체험 및 요양시설을 운영하여 주민소득 증대를 위한 생약초요양시설 설립 사업 협약을 체결하였고, 위 사업시설 신축 등의 사업비 558,894,000원 중 국가로부터 보조금 357,692,160원을 지원받아 2010. 5.경 강원 정선군 E에 생약초요양시설이 준공됨으로서 보조사업이 완료되었다.

1. 보조금관리에관한법률위반

보조사업자 또는 간접보조사업자는 해당 보조사업을 완료한 후에도 중앙관서의 장의 승인없이 중요재산에 대하여 보조금의 교부 목적에 위배되는 용도에 사용하여서는 아니 된다.

그럼에도 불구하고 피고인은 중앙관서의 장으로부터 승인을 받지 아니한 채 2010. 6.경부터 2017. 11.경까지 위 생약초요양시설을 'F'이라는 상호로 바꾸고, 인터넷으로 일반 손님들을 모집하여 숙박비를 받고 투숙하게 하여 약초 체험과는 관련 없는 펜션으로 활용하고 그 숙박비는 피고인이 취득하는 등 보조금의 교부 목적에 위배되는 용도로 사용하였다.

2. 공중위생법위반

숙박업을 하고자 하는 자는 공중위생영업의 종류별로 보건복지부령이 정하는 시설 및 설비를 갖추고 시장·군수·구청장에게 신고하여야 한다.

그럼에도 불구하고 피고인은 정선군수에게 신고를 하지 않고 2010. 6.경부터 2017. 11.경까지 위 생약초요양시설을 5개의 방으로 구성된 'F'이라는 펜션으로 사용해 영업하면서 불특정 다수의 손님들을 투숙시켜 연평균 약 650만 원 상당의 수익을 얻어 숙박업을 하였다.

【증거의 요지】

1. 피고인의 법정진술 1. G, H, I, J, K, L에 대한 각 경찰 진술조서 1. 신고사항 이첩서, 의결서, 인터넷 블로그 캡처 사진, 농천마을종합개발사업−위(수)탁 계약서, 2009 농촌마을종합개발사업, B 농촌마을종합개발사업 협약서(순번 12, 20), 사업계획개요, 사진대장, 시설물 인수인계서, 명함사본, 업무협조의뢰 회신(순번 68), B 농촌마을종합개발사업 실태조사결과, B 농촌마을종합개발사업 시행계획 승인통보(4차), 수사보고(생약초요양시설 관리규정 확인)

【법령의 적용】

1. 범죄사실에 대한 해당법조 및 형의 선택

보조금 관리에 관한 법률 제41조 제3호, 제35조 제3항 제1호(중요재산 용도 외 사용의 점), 공중위생관리법 제20조 제1항 제1호, 제3조 제1항 전단(미신고 숙박업의 점), 각 벌금형 선택

1. 경합범가중 형법 제37조 전단, 제38조 제1항 제2호, 제50조 1. 노역장유치 형법 제70조 제1항, 제69조 제2항 1. 가납명령 형사소송법 제334조 제1항

법률의 착오 주장에 대한 판단

1. 주장의 요지

피고인은 제1회 공판기일 전 공소사실을 다투는 취지의 정식재판청구서를 제출하였고, 이 법원은 제1회 공판기일에서 피고인의 의사를 확인한 후 국선변호인을 선정하였다. 이후 피고인과 국선변호인은 제2회 공판기일에서 공소사실을 모두 인정한다고 진술하였는데, 변론종결 이후 2019. 7. 11.자 참고서면을 제출하면서 위와 같은 법률의 착오 주장을 하였다.

피고인은 체험숙박이 가능하다는 정선군의 안내를 신뢰하여 이 사건 생약초 요양시설에서 숙박업을 하였다. 따라서 피고인은 자기의 행위가 법령에 의하여 죄가 되지 않는 것으로 오인하였고, 그 오인에 정당한 이유가 있다.

2. 관련 법리

형법 제16조에서 자기가 행한 행위가 법령에 의하여 죄가 되지 아니한 것으로 오인한 행위는 그 오인에 정당한 이유가 있는 때에 한하여 벌하지 아니한다고 규정하고 있는 것은 일반적으로 범죄가 되는 경우이지만 자기의 특수한 경우에는 법령에 의하여 허용된 행위로서 죄가 되지 아니한다고 그릇 인식하고 그와 같이 그릇 인식함에 정당한 이유가 있는 경우에는 벌하지 아니한다는 취지이다.

이러한 정당한 이유가 있는지 여부는 행위자에게 자기 행위의 위법의 가능성에 대해 심사숙고하거나 조회할 수 있는 계기가 있어 자신의 지적능력을 다하여 이를 회피하기 위한 진지한 노력을 다하였더라면 스스로의 행위에 대하여 위법성을 인식할 수 있는 가능성이 있었음에도 이를 다하지 못한 결과 자기 행위의 위법성을 인식하지 못한 것인지 여부에 따라 판단하여야 할 것이고, 이러한 위법성의 인식에 필요한 노력의 정도는 구체적인 행위정황과 행위자 개인의 인식능력 그리고 행위자가 속한 사회집단에 따라 달리 평가되어야 한다(대법원 2006. 3. 24. 선고 2005도3717 판결 등 참조).

3. 판단

피고인은 단순히 체험객과 방문객에게 숙식을 제공한 것이 아니라, 이 사건 생약초 요양시설의 상호를 'F'으로 바꾸고, 외부인을 위한 영업용 펜션으로 운영하였다. 이는 「지역개발사업 시설물 등 설치운영 기준」 제22조 제1항 제2호 증거기록 4권 1065면 CD, 「2018년도 농식품사업시행지침서」 369, 370면에 따른 용도 외 사업으로서, 피고인이 이 사건 생약초 요양시설을 보조금의 교부 목적에 위배되는 용도로 사용한 것으로 인정된다.

피고인이 자기의 행위가 죄가 되지 아니한다고 오인한 근거로 주장하는 정선군의 안내는 '이 사건 생약초 요양시설에는 각 호실마다 약초와 효능에 대한 설명이 걸려있어 손님들이 체험숙박을 할 수 있었다고 판단된다'는 내용에 불과할 뿐, 생약초 요양시설을 외부인을 위한 영업용 펜션으로 운영할 수 있다는 내용이 아니다.

따라서 피고인이 정선군의 안내에 따라 자기의 행위가 되지 아니한다고 오인하였다고 하더라도, 이는 위 안내를 자기에게 유리하게 잘못 해석한 것에 불과하여 정당한 이유가 있는 법률의 착오에 해당한다고 볼 수 없다.

피고인의 주장은 받아들이지 않는다.

대법원 1993. 9. 14. 선고 92도1560 판결 [산림법위반][공1993.11.1.(955),2838]

【판시사항】

가. 국토이용관리법 제27조 제1항 제3호 및 관광진흥법 제26조 제10호에 의하여 산림법 제90조의 적용이 배제되기 위한 요건

나. 허가를 담당하는 공무원이 허가를 요하지 않는다고 잘못 알려 준 것을 믿은 경우 자기의 행위가 죄가 되지 않는 것으로 오인한 데 정당한 이유가 있는지 여부

【판결요지】

가. 국토이용관리법 제27조 제1항 제3호에 의하여 산림법 제90조의 적용이 배제되기 위하여는 같은 법 제14조의2 제1항 제7호에 따라 교통부장관 및 지방자치단체장에 의한 관광진흥법의 규정에 따른 관광지 조성 계획이 수립되어 있어야 하고 또 관광진흥법 제26조 제10호에 의하여 위 산림법의 적용이 배제되기 위하여도 관광진흥법 제23조, 제24조 등에 따라 교통부장관에 의하여 관광지 등으로 지정되고 관할 도지사에 의하여 그 조성 계획이 수립되어 위 계획이 교통부장관에 의하여 승인되어 있어야 한다.

나. 행정청의 허가가 있어야 함에도 불구하고 허가를 받지 아니하여 처벌대상의 행위를 한 경우라도 허가를 담당하는 공무원이 허가를 요하지 않는 것으로 잘못 알려 주어 이를 믿었기 때문에 허가를 받지 아니한 것이라면 허가를 받지 않더라도 죄가 되지 않는 것으로 착오를 일으킨 데 대하여 정당한 이유가 있는 경우에 해당하여 처벌할 수 없다.

※ 출처: 대법원 1993. 9. 14. 선고 92도1560 판결 [산림법위반] 〉 종합법률정보 판례

2021.10.15. 인천지방법원 [2021고단5453] 식품위생법위반

피고인을 벌금 2,000만 원에 처한다. 피고인이 위 벌금을 납입하지 아니하는 경우 10만 원을…

【범죄사실】

피고인은 인천 남동구 B에서 'C'를 운영하는 사람이다.

1. 식품위생법위반

누구든지 판매를 목적으로 하거나 영업에 사용할 목적으로 식품등을 수입하려면 수입할 때마다 해당 식품등을 식품의약품안전처장에게 수입신고를 하여야 한다. 그럼에도 피고인은 2015. 10. 21.경 인천 중구에 있는 인천세관을 통하여 수입 신고번호 D로 독일에 있는 'E'라는 상호의 제조회사로부터 식품포장재용 유산지 47,581㎏ (물품원가 113,073,867원 상당)을 국내 판매를 목적으로 수입하면서 식품의약품안전처장에게 수입신고를 하지 않고 수입하였다.

2. 수입식품안전관리특별법위반

누구든지 수입식품등을 수입하여 판매하는 영업을 할 때에는 식품의약품안전처장에게 영업등록을 하여야 한다.

그럼에도 불구하고 피고인은 수입식품등 수입판매업의 등록 없이 2016. 11. 29.경부터 2019. 9. 23.경까지 인천 중구에 있는 인천세관을 통하여 총 7회에 걸쳐 별지 범죄일람표 기재와 같이 식품포장재용 유산지 합계 257,976㎏ (합계 물품원가 677,616,552원 상당)을 수입하고, 그 무렵 위 C의 인터넷 사이트에 위와 같이 수입한 유산지를 촬영한 사진을 게시하여 불특정 다수인에게 판매하였다.

3. 관세법위반

외국으로부터 물품을 수입하면서 법령에 따라 수입에 필요한 허가승인추천증명 또는 그 밖의 조건을 갖추지 아니하고 수입하면 아니 된다. 식품포장재용 유산지를 판매 목적으로 수입할 때에는 식품의약품안전처장에게 수입식품등 수입판매업을 등록한 다음 수입할 때마다 수입식품 등의 통관장소를 관할하는 지방식품의약품안전청장에게 신고하여야 한다.

그럼에도 피고인은 식품의약품안전처장에게 수입식품등 수입판매업을 등록하지 않고, 2016. 11. 29.경 인천 중구에 있는 인천세관을 통하여 수입신고번호 F로 독일에 있는 'E'라는 상호의 제조회사로부터 식품포장재용 유산지 47,617㎏(물품원가 108,519,422원 상당)을 국내 판매를 목적으로 수입하면서 지방식품의약품안전청장에게 수입신고를 하지 않고 부정 수입한 것을 비롯하여, 그때부터 2019. 9. 23.경까지 총 7회에 걸쳐 별지 범죄일람표 기재와 같이 식품포장재용 유산지 합계 257,976kg(합계 물품원가 677,616,552원 상당)을 수입하면서 지방식품의약품안전청장에게 수입신고를 하지 않고 부정하게 수입하였다.

【증거의 요지】

1. 피고인의 법정진술 고발장 1. 주방용품 부정수입혐의분석 보고서 압수목록 및 압수조서 감정서 C 수입실적 출력물, 수입신고내역(모델, 규격), 해외거래처 수입내역, 수입신고서와 요건비대상내역외 7건(증거목록 제18번), 세금계산서 매출내역, 유산지 소비자 판매내역 C 제품소개, C 종이소개, 매출 거래처별 종이호일 판매화면 인쇄본, C G 조회 내역 1. 각 수사보고

[피고인 및 변호인은 이 사건 수입물품을 수입할 때 등록 또는 신고의무가 있는 것을 몰랐으므로 고의가 없었다고 주장하나, 이는 법률의 부지에 관한 주장에 불과하고, 단순한 법률의 부지는 이 사건 범죄의 성립 및 처벌에 아무런 영향이 없다.]

【법령의 적용】

1. 범죄사실에 대한 해당법조 및 형의 선택

구 식품위생법(2015. 2. 3. 법률 제13201호로 개정되기 전의 것) 제95조 제1호, 제19조 제1항 제1호(미신고 판매 목적 식품등 수입의 점), 수입식품안전관리 특별법 제42조 제1호, 제15조 제1항(무등록 수입식품등 수입판매업 영위의 점, 포괄하여), 각 관세법 제270조 제2항, 제241조 제1항(부정수입의 점), 각 벌금형 선택

1. 경합범가중 형법 제37조 전단, 제38조 제1항 제2호, 제50조, 관세법 제278조 [각 관세법위반죄에 대해서는 형법 제38조 제1항 제2호의 벌금경합에 관한 제한가중규정의 적용이 배제되므로, 각 관세법위반을 행위별로 합산하여 700만 원(1회 100만 원×7회)으로 산정하고, 식품위생법위반죄, 수입식품안전관리특별법위반죄에 대한 벌금을 1,300만 원으로 산정하여 합산함] 1. 노역장유치 형법 제70조 제1항, 제69조 제2항 1

아. 미수범(형법 제25조 장애미수, 제26조 중지미수, 제27조 불능미수)

2017.05.12. 대구지방법원 [2017고정684] 산림자원의조성및관리에관한법률위반

피고인을 벌금 100만 원에 처한다. 피고인이 위 벌금을 납입하지 아니하는 경우 10만 원을…

【범죄사실】

피고인은 2016. 12. 23.경 칠곡군 C 외 1필지에 있는 피해자 D, 피해자 E종 중 소유의 임야에서 그 곳에 생립하고 있던 시가 3만 원 상당의 밤나무 1본, 시가 1만 원 상당의 아카시아 1본을 각 벌채하여 이를 가지고 가려다가 인근 주민의 신고로 단속되는 바람에 미수에 그쳤다.

【증거의 요지】

1. 피고인의 법정진술 1. 수사보고(현장사진등), 현장사진, 수사보고(벌채목 조사), 임야도 1. 등기사항전부증명서, 임야대장, 토지이용계획확인서, 임야도등본 1. 수사보고(피해액 통화 확인)

【법령의 적용】

1. 범죄사실에 대한 해당법조 및 형의 선택

산림자원의 조성 및 관리에 관한 법률 제73조 제2항, 제1항, 벌금형 선택

1. 노역장유치 형법 제70조 제1항, 제69조 제2항 1. 가납명령 형사소송법 제334조 제1항

2024.09.12. 인천지방법원 [2023고정1549] 관세법위반

피고인을 벌금 500만 원에 처한다. 피고인이 위 벌금을 납입하지 아니하는 경우 10만 원을…

【범죄사실】

피고인 A은 경기도 고양시 일산서구 B아파트 C호에 거주하는 자로, 직업은 여행가이드이다. 물품을 수입하려면 해당 물품의 품명·규격·수량 및 가격과 그 밖에 대통령령으로 정하는 사항을 세관장에게 신고하여야 하고, 여행자휴대품은 대통령령으로 정하는 바에 따라 신고를 생략하게 하거나 관세청장이 정하는 간

소한 방법으로 신고하게 할 수 있다.

그럼에도 불구하고 피고인은 2022. 11. 25. D편을 통해 이탈리아 로마로부터 인천공항 제2여객터미널로 입국하면서 세관장에게 신고하지 않고 롤렉스 손목시계 1점, 물품원가 한화 18,268,342원 상당(범칙시가 33,806,827원)을 밀수입하려다가 세관검사과정에서 적발되어 그 뜻을 이루지 못하고 미수에 그친 것이다.

【증거의 요지】

1. 피고인의 법정진술 1. 고발서 1. 여행자 휴대품 신고서(A) 경찰 압수조서, 압수목록 1. 수사보고(CCTV 분석), 수사보고(구매영수증 확인 및 범칙가격산정)

【법령의 적용】

1. 범죄사실에 대한 해당법조 및 형의 선택

관세법 제271조 제2항, 제269조 제2항 제1호, 제241조 제1항, 제2항, 벌금형 선택

1. 노역장유치 형법 제70조 제1항, 제69조 제2항 몰수 관세법 제282조 제2항 본문 1. 가납명령 형사소송법 제334조 제1항 소송비용부담 형사소송법 제186조 제1항 양형의 이유 피고인이 신고하지 않고 수입한 물품의 가액, 범행이 적발된 이후 피고인의 태도, 약식명령 이후 사정변경 여부, 그밖에 이 사건 기록과 변론에 나타난 양형의 조건이 되는 제반 사정들을 종합하여 주문과 같이 형을 정한다.

2024.11.20. 수원지방법원 성남지원 [2024고단1780] 식물방역법위반

피고인을 징역 1년에 처한다. 다만, 이 판결 확정일부터 3년간 위 형의 집행을 유예한다.

【범죄사실】

피고인은 경기 하남시 B에 있는 농원인 'C'을 운영하며 관엽식물을 수입재배판매하는 사람이다. 피고인은 한국에서 고가에 거래되는 태국산 희귀 관엽식물들을 수입하면서 농림축산식품부의 검역을 받기 번거롭고 일부 품종은 국내 수입이 금지되어 있어 검역을 통과할 수 없다는 점을 의식하여, 태국산 식물에 대한 검역을 받지 않고 몰래 수입하거나 금지 품종이더라도 수입이 허용되는 태국 외 다른 국가에서 수입해 온 것처럼 검역기관에 허위 신고하기로 마음먹었다.

1. 식물검역증명서 미첨부미전송

...

2. 수입금지품 수입

...

3. 식물검역대상물품 미검역수입

식물검역대상물품을 수입하는 자는 처음으로 도착한 수입항에서 지체 없이 식물검역기관의 장에게 신고하고 식물검역관의 검역을 받아야 한다.

그럼에도 불구하고 피고인은 위 1항 기재 일시 및 장소에서 위와 같이 태국산 신고니움묘 1개를 컵라면, 과자 등이 들어있는 특송화물 박스에 몰래 넣은 후 식물검역기관에 신고 없이 국내로 반입함으로써 검역을 받지 아니하고 식물검역대상물품을 수입한 것을 비롯하여 그때부터 2021. 9. 12.경까지 사이에 별지 범죄일람표 순번 1, 2번 각 기재와 같이 검역을 받지 아니하고 식물검역대상물품을 수입하고, 2021. 9. 26.경 별지 범죄일람표 순번 3번 기재와 같이 태국산 에피프레넘묘 2개를 비닐랩으로 감싸 특송화물 박스에 몰래 넣은 후 식물검역기관에 신고 없이 국내 반입을 시도함으로써 검역을 받지 아니하고 식물검역대상물품을 수입하려다 세관의 엑스레이 검색 과정에서 적발되는 바람에 미수에 그쳤다.

4. 식물검역기관에 거짓 신고

...

【증거의 요지】

...

【법령의 적용】

1. 범죄사실에 대한 해당법조

각 식물방역법 제47조 제2호, 제8조 제1항(검역증명서 미첨부, 미전송 수입의 점), 각 식물방역법 제47조 제4호, 제10조 제1항(금지품 수입의 점), 각 식물방역법 47조 제6호, 제12조 제1항(식물검역대상물품 미검역 수입의 점), 각 식물방역법 47조 제6호, 제12조 제1항(식물검역대상물품 거짓 신고의 점), 식물방역법 제48조의3, 제47조 제6호, 제12조 제1항(검역을 받지 않고 식물검역대상물품 수입 미수의 점)

...

자. 공동정범(형법 제30조), 실체적 경합(제37조 전단, 제38조 제1항 제2호), 상상적 경합(제40조), 포괄일죄

대법원 2023. 1. 12. 선고 2022도11245, 2022보도52 판결

[살인·협박·보호관찰명령][공2023상,465]

【판결요지】

[4] 형법 제30조의 공동정범은 2인 이상이 공동하여 죄를 범하는 것으로서, 공동정범이 성립하기 위해서는 주관적 요건으로서 공동가공의 의사와 객관적 요건으로서 공동의사에 기한 기능적 행위 지배를 통한 범죄의 실행사실이 필요하다. 공동가공의 의사는 타인의 범행을 인식하면서도 이를 제지하지 아니하고 용인하는 것만으로는 부족하고, 공동의 의사로 특정한 범죄행위를 하기 위해 일체가 되어 서로 다른 사람의 행위를 이용하여 자기 의사를 실행에 옮기는 것을 내용으로 하는 것이어야 한다. 따라서 공동정범이 성립한다고 판단하기 위해서는 범죄 실현의 전 과정을 통하여 행위자들 각자의 지위와 역할, 다른 행위자에 대한 권유 내용 등을 구체적으로 검토하고 이를 종합하여 위와 같은 공동가공의 의사에 기한 상호 이용의 관계가 합리적인 의심을 할 여지가 없을 정도로 증명되어야 한다.

※ 출처: 대법원 2023. 1. 12. 선고 2022도11245, 2022보도52 판결
[살인·협박·보호관찰명령] 〉 종합법률정보 판례

2023.12.06. 인천지방법원 [2022고정632] 고용보험법위반

피고인을 벌금 3,000,000원에 처한다. 피고인이 위 벌금을 납입하지 아니하는 경우 100,000원을….

【범죄사실】

누구든지 사업주와 공모하여 거짓이나 그 밖의 부정한 방법으로 실업급여를 받아서는 아니 되고, 사업주는 그와 공모하여서는 아니 된다.

그럼에도 불구하고 피고인과 B는 B가 2021.경 C 사업장의 실질적인 사업주로 있음을 기화로, C 사업장에서 실제로 근무한 사실이 없는 자들 명의로 실업급여를 지급받아 이를 나누어 갖기로 하고, B는 실업급여 신청에 필요한 서류를 작성

하는 등의 역할을, 피고인은 B에게 실업급여를 지급받을 사람을 소해해주는 역할을 하기로 공모하였다.

피고인과 B는 위와 같은 공모에 따라 D, E, F가 C 사업장에서 실제로 근무한 사실이 없음에도 그들이 C 사업장에서 근무한 것처럼 고용보험 피보험자격 취득신고를 한 후 허위 고용보험 상실신고서 및 이직확인서를 각 제출하도록 하여 실업급여를 지급받기로 하였다.

이에 따라 E은 2021. 3. 9.경 인천 남동구 문화로 131에 있는 중부지방고용노동청 인천고용센터에, D은 2021. 3. 25.경 서울 마포구 마포대로 63-8에 있는 서울서부고용노동지청 서울서부고용센터에, F는 2021. 4. 14.경 위 중부지방고용노동청 인천고용센터에 각 C 사업장에서 근로하다 이직한 것처럼 허위 내용이 기재된 수급자격인정신청서를 제출하여 수급자격을 인정받는 방법으로 별지 범죄일람표 기재와 같이 D은 2021. 4. 1.경부터 2021. 7. 1.경까지 총 4회에 걸쳐 합계 5,531,040원의 실업급여를, E은 2021. 3. 16.경부터 2021. 4. 20.경까지 총 2회에 걸쳐 합계 1,863,720원의 실업급여를, F는 2021. 4. 21.경부터 2021. 4. 28.경까지 1회에 걸쳐 480,960원의 실업급여를 부정한 방법으로 각 지급받았다.

이로써 피고인은 B와 공모하여 E, D, F로 하여금 위와 같이 부정한 방법으로 실업급여를 지급받게 하였다.

【증거의 요지】

1. 피고인의 법정진술 1. 증인 G, F, D, E, B의 각 법정진술 1. 사업장 상세조회, 예금거래내역서, 각 수급자격인정신청서, 각 실업인정신청서

【법령의 적용】

1. 범죄사실에 대한 해당법조 및 형의 선택

각 고용보험법 제116조 제1항 제2호, 형법 제30조, 각 벌금형 선택

1. 경합범가중 형법 제37조 전단, 제38조 제1항 제2호, 제50조 노역장유치 형법 제70조 제1항, 제69조 제2항 1. 가납명령 형사소송법 제334조 제1항 이상의 이유로 주문과 같이 판결한다.

2023.12.13. 서울남부지방법원 [2023고정992] 공인중개사법위반

피고인 A을 벌금 5,000,000원에, 피고인 B을 벌금 7,000,000원에 각 처한다. 피고인들이 위 각….

【범죄사실】

개업공인중개사 등은 사례·증여 그 밖의 어떠한 명목으로도 공인중개사법 제32조에 따른 보수 또는 실비를 초과하여 금품을 받는 행위를 하여서는 아니 된다.

피고인 A은 서울 금천구 C에 있는 'D'를 운영하는 개업공인중개사이고 피고인 B은 위 'D'에 등록된 중개보조원으로, 피고인들은 함께 2020. 7. 12.경 서울 구로구 E건물 F호에 대하여 임대차계약을 성사시키면 리베이트 명목으로 1,300만 원을 지급하겠다는 분양대행업자 G 등의 제안을 받고 이를 승낙한 후, 임차인 H를 소개하면서 임대인 I와 임차인 H 사이에 위 'E건물' F호에 대하여 임대차보증금을 2억 8,500만 원, 계약기간 24개월(2020. 8. 31. ~ 2022. 8. 30.)로 하는 임대차계약을 중개하면서 2020. 9. 1.경 중개의뢰인 측 건축주 I 명의의 신한은행 계좌로부터 12,571,000원의 수수료를 'D' 직원 J 명의의 국민은행 계좌로 송금받고 그중 대부분을 피고인 A 명의의 국민은행 계좌로 이체하였고 피고인 B은 그로부터 6,942,600원을 분배받았다.

이로써 피고인들은 공모하여 법정수수료 상한액 855,000원을 초과하여 12,571,000원을 받았다.

【증거의 요지】

1. 피고인들의 각 법정진술 G에 대한 경찰피의자신문조서 사본 1. H에 대한 경찰진술조서 수사보고서(범행 시점 부동산중개수수료 상한 요율 확인), 수사보고서(공인중개사 리베이트 분배 취득 관련) 1. 부동산 전세 계약서 사본

【법령의 적용】

1. 범죄사실에 대한 해당법조 및 형의 선택

피고인들: 각 공인중개사법 제49조 제1항 제10호, 제33조 제1항 제3호, 제32조, 형법 제30조, 각 벌금형 선택 1. 노역장유치 피고인들: 각 형법 제70조 제1항, 제69조 제2항 1. 가납명령 피고인들: 각 형사소송법 제334조 제1항

2021.09.16. 부산지방법원 동부지원 [2021고단892] 사회복지사업법위반 등

피고인들을 각 징역 6월에 처한다. 다만, 이 판결 확정일로부터 2년간 피고인들에 대한 위 각…

【범죄사실】

C는 부산 기장군 D에 있는 비법인단체로서「사회복지사업법」에 따라 기장군으로부터 전액 보조금을 지원받아 E경로식당을 수탁 운영하면서 노인무료급식사업을 수행하는 단체이다. 피고인 A는 2012.경부터 2017.경까지 C의 회장이었던 사람이고, 피고인 B는 2012.경부터 2017.경까지 C의 총무였던 사람으로서, 피고인들은 E경로식당에 지원되는 보조금의 관리 및 집행 업무를 수행하였다.

피고인들은 기장군으로부터 E경로식당 운영을 위해 받은 보조금을 선량한 관리자의 주의로 보관 및 관리하여야 하고, 보조금을 그 목적 외의 용도에 사용하여서는 아니 됨에도 불구하고, 허위의 식당 종사자를 등재하여 급여 명목의 돈을 지급하거나 허위의 식자재 대금을 지급한 후 이를 되돌려 받아 나누어 가지기로 공모하였다.

피고인들은 2013. 7. 31. 실제 E경로식당에서 근무하지 않는 지인 F을 식당종사자로 허위 등재한 후, 기장군의 보조금으로 급여 명목 570,000원을 F의 계좌로 지급하고 이를 현금으로 되돌려 받아 절반씩 나누어 가져 소비한 것을 비롯하여, 2013. 7. 31.부터 2017. 10. 31.까지 별지 범죄일람표 기재와 같이 실제 근무하지 않은 허위 종사자를 등재하여 급여를 지급하거나 실제 구매하지 않은 식자재 대금을 지급한 후 이를 되돌려 받아 사용하는 방법으로 사회복지사업 보조금 합계 33,690,000원을 목적 외 용도로 사용함과 동시에 업무상 보관하던 동액 상당의 피해자 C의 자금을 횡령하고, 2016. 5. 31.부터 2017. 10. 31.까지 별지 범죄일람표 기재 연번 17번부터 37번까지 기재와 같이 실제 근무하지 않은 허위 종사자를 등재하여 급여를 지급하는 방법으로 기장군의 지방보조금 합계 22,200,000원을 목적 외 용도로 사용하였다.

【증거의 요지】

1. 피고인들의 각 법정진술 1. 피고인들에 대한 각 경찰 피의자신문조서 1. G,

H, F, I에 대한 각 경찰 진술조서 경로식당 운영 보조금 교부 공문(2013년 3분기 ~2017년 4분기), 보조금 정산서류(2013년 3,4분기), 보조금 정산서류(2014년), 보조금 정산서류(2015년), 보조금 정산서류(2016년 1~3분기), 보조금 정산서류(2017년) E경로식당 근로자 현황, E경로식당 허위 근무 추정 종사자 급여지급내역, E경로식당 급여 수취내역 E경로식당 보조금 통장 입출금내역(2013년~2014년), E경로식당 보조금 통장 입출금내역(2015년~2017년), E경로식당 보조금 통장 입출금내역누락분(2015. 1. 1.~2015. 12. 31.), 종사자 보조금 인건비 정산자료

【법령의 적용】

1. 범죄사실에 대한 해당법조

피고인들: 사회복지사업법 제53조 제2호, 제42조 제2항(포괄하여, 보조금의 목적 외 사용의 점), 형법 제356조 제355조 제1항(포괄하여, 업무상횡령의 점), 구 지방재정법(2021. 1. 12. 법률 제17892호로 개정되기 전의 것) 제97조, 제32조의4(포괄하여, 지방보조금의 다른 용도 사용의 점)

1. 상상적 경합 피고인들 : 형법 제40조, 제50조 1. 형의 선택 각 징역형 선택 1. 집행유예 피고인들 : 형법 제62조 제1항

2024.11.28. 부산지방법원 [2024고단2483]

대부업등의등록및금융이용자보호에관한법률위반

피고인 A을 벌금 15,000,000원, 피고인 B를 벌금 5,000,000원에 각 처한다. 피고인들이 위 각 벌금을….

【범죄사실】

피고인들은 고향 친구 사이로 텔레그램을 통해 성명불상자로부터 대출을 받고자 하는 불특정 다수에 관한 데이터베이스 자료를 구매한 후, 그들에게 연락하여 돈을 빌려주고 고리의 이자를 수수하여 수익을 올리기로 계획하고, 피고인 B는 범행에 이용할 차량을 렌트하고 데이터베이스 자료를 구매하여 목록을 선별한 뒤 피고인 A에게 제공하는 역할을, 피고인 A은 대출을 신청하는 사람들을 직접 만나 차용증과 지인들의 연락처를 담보로 받고 돈을 빌려준 후, 피해자들로부터 이

자 및 원금을 상환받기로 공모하여, 2023. 2. 22.경 대구 남구 C에서 'D'라는 상호로 대부업을 등록(등록번호: E)하였다.

1. 피고인들의 범행

대부업자가 개인에게 대부를 하는 경우에는 연 20%의 이자율을 초과하여 이자를 지급받아서는 아니 된다.

그럼에도 불구하고 위와 같은 공모에 따라 피고인 A는 2023. 5. 22. 18:00경 피고인 B로부터 제공받은 (차량번호 1 생략) 쏘나타 렌트카를 타고 부산 금정구 F아파트 주차장에 도착한 뒤, 인터넷 사이트 'G'를통해 알게 된 H을 만나 그에게 선이자 5만 원을 공제하고 95만 원을 대부하면서 일주일 뒤 원리금으로 140만 원을 상환받기로 약정하고, H로부터 2023. 5. 29.경부터 2023. 7. 2.경까지 사이에 연체비 등의 명목으로 연 이자율 약 668%에 달하는 원리금 합계 168만 원을 상환받았다.

계속하여 위와 같은 공모에 따라 피고인 A은 2023. 5. 8. 20:30경 피고인 B로부터 제공받은 (차량번호 1 생략) 쏘나타 렌트카를 타고 양산시 'I호텔' 앞에 도착한 뒤, '소액대출' 인터넷 상담을 통해 알게 된 J를 만나 그에게 선이자 5만 원을 공제하고 45만 원을 대부하면서 일주일 뒤 원리금으로 80만 원을 상환받기로 약정하고, J로부터 2023. 5. 15.경부터 2023. 9. 4.경까지 사이에 연체비 등의 명목으로 연 이자율 약 1,403%에 달하는 원리금 합계 252만 5천 원을 상환받았다.

이로써 피고인들은 공모하여 대부업자로서 법정이자율을 초과하여 이자를 각 수수하였다.

2. 피고인 A

누구든지 접근매체를 사용 및 관리함에 있어 다른 법률에 특별한 규정이 없는 한 전자금융거래에 이용되는 접근매체를 양도하거나 양수하는 행위를 하여서는 아니 된다.

그럼에도 불구하고 피고인은 2023. 3.경 대구 이하 불상지에서 텔레그램으로 알게 된 성명불상의 대포통장 유통업자에게 약 110만 원 상당의 구글 상품권 PIN번호를 전송해주는 방법으로 대가를 지불하고 불상의 퀵서비스 기사를 통해 K

명의 기업은행 계좌(계좌번호 1 생략)에 연결된 체크카드 등을 전달받았다.

계속하여 피고인은 2023. 8.경 대구 이하 불상지에서 위 성명불상의 대포통장 유통업자에게 위와 같이 약 110만 원 상당의 구글 상품권 PIN번호를 전송해주는 방법으로 대가를 지불하고 불상의 퀵서비스 기사를 통해 L 명의 M조합 계좌(계좌번호 2 생략)에 연결된 체크카드 등을 전달받았다.

이로써 피고인은 총 2회에 걸쳐 전자금융거래를 위한 접근매체를 양수하였다.

【증거의 요지】

1. 피고인들의 각 법정진술 피고인들에 대한 각 경찰 피의자신문조서 H, J에 대한 각 경찰 진술조서 각 입건전조사보고서 및 수사보고서(증거목록 순번 10, 35번) 수사협조의뢰회신(대부업체) 1. 계좌 이체내역, 이체확인증, 계좌거래내역 등, 대여금 입금내역, 문자메시지 내역, 이자납입 내역 현장사진 및 CCTV 캡처

【법령의 적용】

1. 범죄사실에 대한 해당법조 및 형의 선택

피고인 A: 각 대부업 등의 등록 및 금융이용자 보호에 관한 법률 제19조 제2항 제3호, 제8조, 형법 제30조(제한이자율 초과 수수의 점), 각 전자금융거래법 제49조 제4항 제1호, 제6조 제3항 제1호(접근매체 양수의 점), 각 벌금형 선택

피고인 B: 각 대부업 등의 등록 및 금융이용자 보호에 관한 법률 제19조 제2항 제3호, 제8조, 형법 제30조, 각 벌금형 선택

1. 경합범가중 피고인들: 각 형법 제37조 전단, 제38조 제1항 제2호, 제50조

1. 노역장유치 피고인들: 각 형법 제70조 제1항, 제69조 제2항 1. 가납명령 피고인들: 각 형사소송법 제334조 제1항

차. 교사범(형법 제31조), 실체적 경합(제37조 전단, 제38조 제1항 제2호)

대법원 2012. 11. 15. 선고 2012도7407 판결 [공갈교사][미간행]

【이 유】

상고이유를 판단한다.

1. 교사범이란 정범인 피교사자로 하여금 범죄를 결의하게 하여 그 죄를 범하게 한 때에 성립하는 것이고, 교사범을 처벌하는 이유는 이와 같이 교사범이 피교사자로 하여금 범죄 실행을 결의하게 하였다는 데에 있다. 따라서 교사범이 그 공범관계로부터 이탈하기 위해서는 피교사자가 범죄의 실행행위에 나아가기 전에 교사범에 의하여 형성된 피교사자의 범죄 실행의 결의를 해소하는 것이 필요하고, 이때 교사범이 피교사자에게 교사행위를 철회한다는 의사를 표시하고 이에 피교사자도 그 의사에 따르기로 하거나 또는 교사범이 명시적으로 교사행위를 철회함과 아울러 피교사자의 범죄 실행을 방지하기 위한 진지한 노력을 다하여 당초 피교사자가 범죄를 결의하게 된 사정을 제거하는 등 제반 사정에 비추어 객관적·실질적으로 보아 교사범에게 교사의 고의가 계속 존재한다고 보기 어렵고 당초의 교사행위에 의하여 형성된 피교사자의 범죄 실행의 결의가 더 이상 유지되지 않는 것으로 평가할 수 있다면, 설사 그 후 피교사자가 범죄를 저지르더라도 이는 당초의 교사행위에 의한 것이 아니라 새로운 범죄 실행의 결의에 따른 것이므로 교사자는 형법 제31조 제2항에 의한 죄책을 부담함은 별론으로 하고 형법 제31조 제1항에 의한 교사범으로서의 죄책을 부담하지는 않는다고 할 수 있다.

한편 교사범이 성립하기 위해 교사범의 교사가 정범의 범행에 대한 유일한 조건일 필요는 없으므로, 교사행위에 의하여 피교사자가 범죄 실행을 결의하게 된 이상 피교사자에게 다른 원인이 있어 범죄를 실행한 경우에도 교사범의 성립에는 영향이 없다(대법원 1991. 5. 14. 선고 91도542 판결 등 참조).

※ 출처: 대법원 2012. 11. 15. 선고 판결 [공갈교사] 〉 종합법률정보 판례

2022.10.25. 울산지방법원 [2021고정443] 의료법위반

피고인 A을 벌금 2,000,000원에, 피고인 B을 벌금 3,000,000원에, 피고인 C을 벌금 5,000,000원에 각….

【범죄사실】

피고인 B는 의사로서 울산 중구 D에 있는 E병원을 운영하는 사람이고, 피고인

A는 위 병원에서 간호조무사로 근무하는 사람이며, 피고인 C는 위 병원에서 원무과장으로 근무하는 사람이다.

1. 피고인 C

의료인은 진료기록부, 간호기록부 등을 거짓으로 작성하거나, 고의로 사실과 다르게 추가 기재, 수정하여서는 아니 된다.

그럼에도 불구하고, 피고인은 2019. 4. 28. 03:00경 위 병원에 입원해 있던 F가 사망하였고 당직의사 G도 부재중이며 당직 간호조무사 A의 전화를 받지 않아 별다른 조치를 취하지 못한 일로 문제가 될 것으로 생각하고 A으로 하여금 진료기록부를 거짓으로 작성하게 할 것을 마음먹었다.

피고인은 2019. 4. 29. 09:30경 위 병원 입원실 H호에서, A로 하여금 F에 대한 간호기록부에 사실은 별다른 조치를 취한 사실이 없음에도 '2019. 4. 28. 01:30 DR: G에게 전화 드려 환자상태 말씀드리고 처방받음', '01:40 5%D/S500㎖ Amp 0.5 A Mix iv star5함 환자분 많이 편해 보이심 계속 붉은 변 보신다며 힘들어하심 BR now 권유함', '02:20 Rounded, 환자분이 숨을 갑자기 힘들어하시고 의식이 저하되어 환자분을 바로 눕힘. 그리고 DR G에게 전화함 Bp:80/50, CK되어 의사의 지시에 따라 에피네피린 1앰플 ev side함, 환자분 많이 진정된 모습 모이며 좀 자야겠다며 불을 끄고 나가 달라 하여 불을 꺼 드리고 나옴', '03:10 다른 방 환자 콜이 있어 갔는데, 환자 보호자분이 언제 오셨는지 모르지만 불러서 병실에 가보니 환자분이 축 처진 모습 보임, BP, CK했으나 잡히지 않음, DR G에게 전화하여 DR의 지시에 따라 심폐소생술 시행하였으나 반응 없음, EKG를 측정한 결과 심장 움직임이 전혀 없어 03:18에 Exp한 것으로 결정되었음'이라는 내용을 기재하게 하였다.

이로써 피고인은 A로 하여금 간호기록부를 고의로 사실과 다르게 추가 기재, 수정하도록 교사하였다.

2. 피고인 A

의료인은 진료기록부, 간호기록부 등을 거짓으로 작성하거나, 고의로 사실과 다르게 추가 기재, 수정하여서는 아니 된다.

그럼에도 불구하고 피고인은 2019. 4. 29. 09:30경 위 병원 입원실 H호에서, 제 1항 기재 C의 교사에 따라 위와 같이 간호기록부를 고의로 사실과 다르게 추가 기재, 수정하였다.

3. 피고인 B

각종 병원에는 응급환자와 입원환자의 진료 등에 필요한 당직 의료인을 두어야 하고, 당직 의료인의 수는 입원환자 200명까지는 의사의 경우에는 1명, 간호사 의 경우에는 2명을 두어야 한다.

그럼에도 불구하고, 피고인은 2019. 4. 28. 03:00경 위 병원에서 당직의료인으 로 당직 의사 1명, 간호조무사 1명만을 당직 의료인으로 근무하게 하였다.

【증거의 요지】

1. 피고인 A, B의 각 법정진술 피고인 A에 대한 경찰 피의자신문조서 G에 대한 경찰 진술조서 1. NURSES RECORD, 2019년 4월 간호팀 근무표, 의무기록 해 석결과 회신

【법령의 적용】

1. 범죄사실에 대한 해당법조 및 형의 선택

　　가. 피고인 A: 의료법 제88조 제1호, 제22조 제3항(벌금형 선택)

　　나. 피고인 B: 의료법 제90조, 제41조 제1항

　　다. 피고인 C: 의료법 제88조 제1호, 제22조 제3항, 형법 제31조 제1항(벌금형 선택)

1. 노역장유치 피고인들: 형법 제70조 제1항, 제69조 제2항 1. 가납명령 피고인 들: 형사소송법 제334조 제1항

2022.01.14. 수원지방법원 성남지원 [2021고단2957] 감염병의예방…

피고인 A를 벌금 7,000,000원에, 피고인 B를 벌금 5,000,000원에, 피고인 C를 징역 6월에 각 처한다.

【범죄사실】

피고인 C는 하남시 D건물 E호에 있는 'F학원'의 원장이고, 피고인 A는 위 학원

의 논술 강사이며, 피고인 B는 위 학원의 수학 강사이다.

누구든지 질병관리청장, 시도지사 또는 시장군수구청장이 실시하는 역학조사에서 정당한 사유 없이 거부방해회피, 거짓진술거짓자료 제출 및 고의적으로 사실을 누락은폐하는 행위를 하여서는 아니된다.

1. 피고인 A

피고인은 2021. 3. 5. 코로나19 확진 판정을 받은 후, 같은 날 서초구 보건소 역학조사관에게 2021. 3. 3. 행적과 관련하여 당일 14시경부터 18시경까지 위 학원에서 논술 강의를 하고 원장인 C과 근처 식당에서 식사를 한 사실이 있음에도 이를 누락한 채 같은 날 14시경 C과 면접을 본 사실이 있다고 거짓으로 진술하였다.

2. 피고인 B

피고인은 2021. 3. 17. 코로나19 확진 판정을 받은 후, 사실은 F학원의 수학강사로 근무하고 있음에도 위 학원 원장인 C의 지시에 따라 하남시 보건소 역학조사관에게 자신의 직업을 가정주부라고 거짓으로 진술하고, 2021. 3. 14.부터 2021. 3. 17.까지의 행적과 관련하여 F학원, G학원, H 주유소, I, J 등을 방문한 사실이 있음에도 이를 누락한 채 피고인의 자택과 피고인의 어머니 자택에만 머물렀다고 거짓으로 진술하였다.

3. 피고인 C

가. 감염병의예방및관리에관한법률위반

　피고인은 2021. 3. 5. 위 학원의 논술 강사인 A이 코로나19 확진 판정을 받은 후 그의 밀접접촉자로 지정되어 2021. 3. 6. 하남시 보건소 역학조사관으로부터 전화를 받은 후 역학조사관에게, 2021. 3. 3. A의 행적과 관련하여 당일 14시경부터 18시경까지 A이 위 학원에서 논술 강의를 하고 자신과 근처 식당에서 식사를 한 사실이 있음에도 이를 누락한 채 같은 날 14시경 A과 면접을 본 사실이 있다며 거짓으로 진술하였다.

나. 감염병의예방및관리에관한법률위반교사

　피고인은 B가 코로나19 확진판정을 받자, 역학조사를 받으면서 학원 강사로 근무한다는 것을 진술할 경우 위 학원을 정상적으로 운영할 수 없다는 생각에 B에게 역학조사를 받으면서 학원에 대해서는 언급하지 말아달라고 하기로 마음먹었다.

피고인은 2021. 3. 17.경 불상의 장소에서 B에게 "학원에 피해가 가면 안 되니 학원을 언급하지 말아달라"고 말하여 B가 역학조사시 거짓진술을 할 것을 마음먹게 하였고, 이에 따라 B는 제2항 기재와 같이 하남시 보건소 역학조사관에게 직업에 관하여 거짓 진술을 하였다.

이로써 피고인은 B로 하여금 감염병 발병원인을 위한 역학조사에서 거짓말을 하도록 교사하였다.

【증거의 요지】

1. 피고인 A, B의 각 법정진술 1. 피고인 C의 일부 법정진술 1. 피고인들에 대한 각 경찰피의자신문조서 1. K, L에 대한 각 경찰진술조서 1. M의 진술서 1. 각 고발장 1. 2021. 3. 5. A의 역학조사서 1. 1차 역학조사 발생보고, 2차 발생보고, 3차 발생보고

【법령의 적용】

1. 범죄사실에 대한 해당법조 및 형의 선택

피고인 A: 감염병의 예방 및 관리에 관한 법률 제79조 제1호, 제18조 제3항 제2호, 제3호(벌금형 선택)

피고인 B: 감염병의 예방 및 관리에 관한 법률 제79조 제1호, 제18조 제3항 제2호, 제3호(벌금형 선택)

피고인 C: 감염병의 예방 및 관리에 관한 법률 제79조 제1호, 제18조 제3항 제2호, 제3호(역학조사에서 거짓 진술사실 누락 행위의 점), 감염병의 예방 및 관리에 관한 법률 제79조 제1호, 제18조 제3항 제2호, 형법 제31조 제1항(역학조사에서 거짓 진술 행위 교사의 점), 각 징역형 선택

1. 경합범가중 피고인 C : 형법 제37조 전단, 제38조 제1항 제2호, 제50조 1. 노역장유치 피고인 A, B : 형법 제70조 제1항, 제69조 제2항 1. 집행유예 피고인 C : 형법 제62조 제1항

2022.01.14. 수원지방법원 성남지원 [2021고단2957] 감염병의예방…

피고인 A을 벌금 7,000,000원에, 피고인 B를 벌금 5,000,000원에, 피고인 C을 징역 6월에 각 처한다.

【범죄사실】

피고인 C은 하남시 D건물 E호에 있는 'F학원'의 원장이고, 피고인 A은 위 학원의 논술 강사이며, 피고인 B는 위 학원의 수학 강사이다.

누구든지 질병관리청장, 시도지사 또는 시장군수구청장이 실시하는 역학조사에서 정당한 사유 없이 거부방해회피, 거짓진술거짓자료 제출 및 고의적으로 사실을 누락은폐하는 행위를 하여서는 아니 된다.

1. 피고인 A

피고인은 2021. 3. 5. 코로나19 확진 판정을 받은 후, 같은 날 서초구 보건소 역학조사관에게 2021. 3. 3. 행적과 관련하여 당일 14시경부터 18시경까지 위 학원에서 논술 강의를 하고 원장인 C과 근처 식당에서 식사를 한 사실이 있음에도 이를 누락한 채 같은 날 14시경 C과 면접을 본 사실이 있다고 거짓으로 진술하였다.

2. 피고인 B

피고인은 2021. 3. 17. 코로나19 확진 판정을 받은 후, 사실은 F학원의 수학강사로 근무하고 있음에도 위 학원 원장인 C의 지시에 따라 하남시 보건소 역학조사관에게 자신의 직업을 가정주부라고 거짓으로 진술하고, 2021. 3. 14.부터 2021. 3. 17.까지의 행적과 관련하여 F학원, G학원, H 주유소, I, J 등을 방문한 사실이 있음에도 이를 누락한 채 피고인의 자택과 피고인의 어머니 자택에만 머물렀다고 거짓으로 진술하였다.

3. 피고인 C

가. 감염병의예방및관리에관한법률위반

　　피고인은 2021. 3. 5. 위 학원의 논술 강사인 A이 코로나19 확진 판정을 받은 후 그의 밀접접촉자로 지정되어 2021. 3. 6. 하남시 보건소 역학조사관으로부터 전화를 받은 후 역학조사관에게, 2021. 3. 3. A의 행적과 관련하여 당일 14시경부터 18시경까지 A이 위 학원에서 논술 강의를 하고 자신과 근처 식당에서 식사를 한 사실이 있음에도 이를 누락한 채 같은 날 14시경 A과 면접을 본 사실이 있다며 거짓으로 진술하였다.

나. 감염병의예방및관리에관한법률위반교사

피고인은 B가 코로나19 확진판정을 받자, 역학조사를 받으면서 학원강사로 근무한다는 것을 진술할 경우 위 학원을 정상적으로 운영할 수 없다는 생각에 B에게 역학조사를 받으면서 학원에 대해서는 언급하지 말아 달라고 하기로 마음먹었다.

피고인은 2021. 3. 17.경 불상의 장소에서 B에게 "학원에 피해가 가면 안 되니 학원을 언급하지 말아달라"고 말하여 B가 역학조사시 거짓진술을 할 것을 마음먹게 하였고, 이에 따라 B는 제2항 기재와 같이 하남시 보건소 역학조사관에게 직업에 관하여 거짓 진술을 하였다.

이로써 피고인은 B로 하여금 감염병 발병원인을 위한 역학조사에서 거짓말을 하도록 교사하였다.

【증거의 요지】

1. 피고인 A, B의 각 법정진술 1. 피고인 C의 일부 법정진술 1. 피고인들에 대한 각 경찰피의자신문조서 1. K, L에 대한 각 경찰진술조서 1. M의 진술서 1. 각 고발장 1. 2021. 3. 5. A의 역학조사서 1. 1차 역학조사 발생보고, 2차 발생보고, 3차 발생보고

【법령의 적용】

1. 범죄사실에 대한 해당법조 및 형의 선택

피고인 A: 감염병의 예방 및 관리에 관한 법률 제79조 제1호, 제18조 제3항 제2호, 제3호(벌금형 선택)

피고인 B: 감염병의 예방 및 관리에 관한 법률 제79조 제1호, 제18조 제3항 제2호, 제3호(벌금형 선택)

피고인 C: 감염병의 예방 및 관리에 관한 법률 제79조 제1호, 제18조 제3항 제2호, 제3호(역학조사에서 거짓 진술사실 누락 행위의 점), 감염병의 예방 및 관리에

관한 법률 제79조 제1호, 제18조 제3항 제2호, 형법 제31조 제1항(역학조사에서 거짓 진술 행위 교사의 점), 각 징역형 선택

1. 경합범가중 피고인 C: 형법 제37조 전단, 제38조 제1항 제2호, 제50조 1. 노역장유치 피고인 A, B: 형법 제70조 제1항, 제69조 제2항 1. 집행유예 피고인 C: 형법 제62조 제1항

카. 종범(형법 제32조 방조), 실체적 경합(제37조 전단, 제38조 제1항 제2호), 상상적 경합(제40조), 포괄일죄

대법원 2023. 10. 18. 선고 2022도15537 판결

[아동·청소년의성보호에관한법률위반(음란물제작·배포등)방조]〈방조범이 정범의 범죄 실현과 밀접한 관련이 없는 행위를 도와준 데 지나지 않는 경우 방조범이 성립하는지에 관한 사안〉

【판시사항】

[1] '방조'의 의미 / 방조범의 성립에 필요한 고의의 내용 및 인과관계 / 방조범이 성립하려면 방조행위가 정범의범죄 실현과 밀접한 관련이 있고 정범의 범죄 실현에 현실적인 기여를 하였다고 평가할 수 있어야 하는지 여부(적극) 및 정범의 범죄 실현과 밀접한 관련이 없는 행위를 도와준 데 지나지 않는 경우, 방조범이 성립하는지 여부(소극)

【판결요지】

[1] '방조'란 정범의 구체적인 범행준비나 범행사실을 알고 그 실행행위를 가능·촉진·용이하게 하는 지원행위 또는 정범의 범죄행위가 종료하기 전에 정범에 의한 법익 침해를 강화·증대시키는 행위로서, 정범의 범죄 실현과 밀접한 관련이 있는 행위를 말한다. 방조범은 정범의 실행을 방조한다는 이른바 방조의 고의와 정범의 행위가 구성요건에 해당하는 행위인 점에 대한 정범의 고의가 있어야 하고, 정범에 종속하여 성립하는 범죄이므로 방조행위와 정범의 범죄 실현 사이에는 인과관계가 필요하다.

방조범이 성립하려면 방조행위가 정범의 범죄 실현과 밀접한 관련이 있고 정범으로 하여금 구체적 위험을 실현시키거나 범죄 결과를 발생시킬 기회를 높이는 등으로 정범의 범죄 실현에 현실적인 기여를 하였다고 평가할 수 있어야 한다. 정범의 범죄 실현과 밀접한 관련이 없는 행위를 도와준 데 지나지 않는 경우에는 방조범이 성립하지 않는다.

※ 출처: 대법원 2023. 10. 18. 선고 2022도15537 판결
[아동·청소년의성보호에관한법률위반(음란물제작·배포등)방조] 〉 종합법률정보 판례

2023.08.31. 부산지방법원 서부지원 [2023고단900] 상표법위반등

피고인을 징역 1년에 처한다. 다만, 이 판결 확정일부터 2년간 위 형의 집행을 유예한다.

【범죄사실】

피고인은 서울 서대문구 B건물 C호에서 통신판매업체인 D를 운영하는 사람이다.

1. 상표법위반

누구든지 타인의 등록상표와 동일 또는 유사한 상표를 함부로 그 지정상품과 동일 또는 유사한 상품에 사용하여서는 아니 된다.

피고인은 2022. 4. 26.경부터 2022. 7. 하순경까지 서울 강남구 E에 있는 F호 등의 장소에서 인터넷 쇼핑 사이트인 G 사이트에 접속하여 상표권자 주식회사 H가 등록번호 I로 등록한 'J' 상표를 이용하여 'K' 프로그램을 판매한다는 광고를 게시하고, 이를 보고 연락한 구매자들로부터 대금을 받고 위 프로그램의 제품키를 전송하는 방법으로 별지 범죄일람표 기재와 같이 4,206개의 'K' 복제 제품키를 판매하고 대금 합계 30,870,900원을 교부받았다.

이로써 피고인은 위 상표권자의 상표권을 침해하였다.

2. 저작권법위반방조

검사는 저작권법위반 부분을 저작권법위반방조로 공소장변경허가신청을 하였고, 이 법원은 제2회 공판기일에서 이를 허가하였다.

누구든지 지적재산권, 그 밖에 저작권법에 의해 보호되는 재산적 권리를 복제,

공연, 공중송신, 전시, 배포, 대여, 2차적 저작물 작성의 방법으로 침해하여서는 아니 된다.

피고인은 2022. 4. 26.경부터 2022. 7. 하순경까지 서울 강남구 E에 있는 F호 등의 장소에서 인터넷 쇼핑 사이트인 G 사이트에 접속하여 피해자 주식회사 H(이하 '피해자 회사'라 한다)가 저작권을 가지고 있는 'K' 컴퓨터 프로그램을 판매한다는 광고를 게시한 뒤, 이를 보고 연락한 구매자들로부터 대금을 받고, 구매자들에게 위 컴퓨터프로그램 설치파일을 다운로드할 수 있는 구글드라이브 링크, 제품 라이선스 번호 등이 포함된 이메일을 보내주는 방법으로 위 프로그램을 판매한 자이다.

위 이메일 내 포함된 다운로드 링크는 성명불상자가 피해자 회사의 허락을 받지 않고 무단으로 위 컴퓨터프로그램을 구글드라이브 서버에 전송 및 복제하여 생성한 것이고, 피고인은 위 링크에 접근한 구매자들이 링크를 클릭하면 위 컴퓨터프로그램에 대하여 개별적으로 송신이 이루어지게 하는 방법으로 지적재산권자의 전송권을 침해한다는 사실을 알고 있었다.

그럼에도 피고인은 위와 같이 구매자들로부터 판매대금을 받고 위 링크가 포함된 이메일을 보내주는 방법으로 구매자들이 개별적으로 위 프로그램을 송신 받을 수 있게 함으로써, 위 기간 동안 별지 범죄일람표 기재와 같이 총 4,206개의 'K' 컴퓨터프로그램을 판매하고 대금 합계 30,870,900원을 교부받아, 피해자 회사가 저작재산권을 보유한 J 컴퓨터프로그램에 대한 성명불상자의 전송권 침해 행위를 용이하게 하여 이를 방조하였다.

【증거의 요지】

1. 피고인의 법정진술 L에 대한 경찰 진술조서 저작권 등록증, 상표 현황, 수사보고서(사업자 등록정보 요청), 수사보고(KIPRIS 상표 등록현황 확인), 수사보고서(압수수색검증영장회신-G) 1. 고소장

【법령의 적용】

1. 범죄사실에 대한 해당법조

상표법 제230조(상표권 침해의 점, 포괄하여), 저작권법 제136조 제1항 제1호, 형

법 제32조(전송권침해방조의 점, 포괄하여)

1. 상상적 경합 형법 제40조, 제50조 1. 형의 선택 징역형 선택 1. 집행유예 형법 제62조 제1항

2023.06.21. 서울중앙지방법원 [2023고단1441]

출입국관리법위반, 출입국관리법위반방조

피고인 A를 벌금 5,000,000원에, 피고인 B을 징역 10개월에, 피고인 C을 징역 6개월에 각 처한다.

【범죄사실】

피고인 A는 태국 국적으로 한국인과 혼인하여 2021. 1. 21.부터 국민의 배우자 자격(F-6)으로 체류 중인 외국인이고, 피고인 B은 서울, 안산, 평택에서 'D', 'E', 'F', 'G', 'H', 'I' 등 마사지업소를 실질적으로 운영하는 사람이고, 피고인 C은 위 'I' 마사지업소를 관리하는 사람이다.

1. 피고인 A

누구든지 체류자격을 가지지 아니한 외국인의 고용을 알선·권유하여서는 아니 된다.

그럼에도 불구하고 피고인은 2022. 3. 9.경 불상의 장소에서, 네이버 라인 어플을 통하여 체류자격을 가지지 않은 태국 국적의 J(J, K생)를 피고인 B에게 소개시켜 주어 마사지사로 고용되도록 한 것을 비롯하여, 그 무렵부터 2022. 4. 22.경까지 별지 범죄일람표 1 기재와 같이 7명의 체류자격을 가지지 않은 태국 국적 외국인을 피고인 B에게 마사지사로 소개하고 그 대가로 건당 30만 원 상당을 수수하여 고용을 알선하였다.

이로써 피고인은 체류자격을 가지지 아니한 외국인의 고용을 업으로 알선하였다.

2. 피고인 B

누구든지 취업활동을 할 수 있는 체류자격을 가지지 아니한 외국인을 고용하여서는 아니 된다.

그럼에도 불구하고 피고인은 2021. 11. 1.경부터 2022. 10. 25.경까지 안산시 단

원구 L 4층에 있는 'G' 안산선부지점에서 취업활동을 할 수 있는 체류자격을 가지지 아니한 태국 국적의 M(M. N생)를 마사지사로 고용한 것을 비롯하여, 2019. 6.경부터 2022. 10. 25.경까지 별지 범죄일람표 2 내지 3 기재와 같이 29명의 체류자격을 가지지 않은 태국 국적 외국인을 고용하였다.

이로써 피고인은 체류자격을 가지지 아니한 외국인을 각각 고용하였다.

3. 피고인 C

피고인은 2019. 6.경부터 2022. 10. 25.경까지 평택시 O 3층 'I' 마사지업소에서, 피고인 B이 위 2항 범죄일람표 3 기재와 같이 체류자격을 가지지 아니한 태국 국적의 여성 종업원들을 고용한다는 사실을 알면서도 채용을 위한 면접을 진행하고, 피고인 B으로부터 받은 월급을 여성 종업원들에게 지급하는 한편, 피고인 명의로 여성 종업원들의 숙소를 임차하여 제공함으로써 피고인 B의 위 2항 범죄일람표 3 기재와 같은 각 범행을 용이하게 하여 방조하였다.

【증거의 요지】

1. 피고인들의 각 법정진술 P, Q, R, S, T, U, M, V, W, X에 대한 각 경찰 진술조서 Y, Z, AA, AB, AC, AD, AE, AF, AG, AH, AI, AJ, AK, AL, AM의 각 진술서 각 경찰 압수조서 입출금 거래내역 명세표(A) B 금융계좌 원본 각 메시지 내역(증거목록 순번 201 내지 207, 210 내지 219번) 각 수사보고(증거목록 순번 5, 7, 13, 38, 55, 78, 90, 108, 182, 188, 194, 197번)

【법령의 적용】

1. 범죄사실에 대한 해당법조 및 형의 선택

가. 피고인 A: 출입국관리법 제94조 제10호, 제18조 제4항(포괄하여), 벌금형 선택

나. 피고인 B, C: 각 출입국관리법 제94조 제9호, 제18조 제3항, 각 징역형 선택

　　1. 방조감경 피고인 C: 형법 제32조 제2항, 제55조 제1항 제3호

1. 경합범가중 피고인 B, C: 각 형법 제37조 전단, 제38조 제1항 제2호, 제50조

1. 노역장유치 피고인 A: 형법 제70조 제1항, 제69조 제2항 1. 집행유예 피고인 B, C: 각 형법 제62조 제1항 1. 사회봉사명령 피고인 B, C: 각 형법 제62조의2

1. 몰수 피고인 B: 형법 제48조 제1항 제1호 1. 가납명령 피고인 A: 형사소송법 제334조 제1항

2022.11.24. 울산지방법원 [2022고정275] 고용보험법위반방조
피고인을 벌금 1,000,000원에 처한다. 피고인이 위 벌금을 납입하지 아니하는 경우 100,000원을….

【범죄사실】
피고인 A은 울산 울주군 B에 있는 도장 및 기타 피막처리업체인 주식회사 C(이하 'C'이라고 한다)의 대표이사이고, D와 E은 각각 2020. 3. 2.경부터 2021. 5. 31.경까지 위 회사 소속 근로자로서 고용보험 피보험자격을 취득한 것으로 신고되어 있었으나 실제로는 C에 근로를 제공하고 보수를 수령한 적이 없는 사람들이다.

1. D 관련 범행
피고인은 D가 실제로는 C에서 근무한 사실이 없음에도 마치 C에서 근무하였다가 권고사직을 당한 것처럼 실업급여를 받으려는 것을 알면서, 2021. 6. 1.자로 '경영상 필요 및 회사불황으로 인원감축 등에 의한 퇴사'를 원인으로 한 고용보험 피보험자격 상실신고를 한 다음, 2021. 7. 7.경 불상의 장소에서 'D가 2020. 3. 2. 고용보험 피보험자격을 취득한 이후 2021. 5. 31.까지 근무하였고, 퇴직 직전 3개월 동안 매월 1,830,000원의 급여를 C로부터 지급받았다'는 취지의 허위의 고용보험피보험자이직확인서를 작성한 다음 같은 날 팩스로 위 고용보험피보험자이직확인서를 부산지방고용노동청 울산지청 담당자에게 제출하였고, 이에 따라 D는 2021. 6. 30.경부터 2021. 9. 15.경까지 구직급여 명목으로 합계 5,110,200원을 교부받았다.
이로써 피고인은 D의 실업급여 부정수급을 용이하게 하여 이를 방조하였다.

2. E 관련 범행
피고인은 E이 실제로는 C에서 근무한 사실이 없음에도 마치 C에서 근무하였다가 권고사직을 당한 것처럼 실업급여를 받으려는 것을 알면서, 2021. 6. 1.자

로 '경영상 필요 및 회사불황으로 인원감축 등에 의한 퇴사'를 원인으로 한 고용보험 피보험자격 상실신고를 한 다음, 2021. 6. 23.경 불상의 장소에서 'E이 2020. 3. 2. 고용보험 피보험자격을 취득한 이후 2021. 5. 31.까지 근무하였고, 퇴직 직전 3개월 동안 매월 1,830,000원의 급여를 C로부터 지급받았다.'는 취지의 허위의 고용보험피보험자이직확인서를 작성한 다음 같은 날 팩스로 위 고용보험피보험자이직확인서를 부산지방고용노동청 울산지청 담당자에게 제출하였고, 이에 따라 E은 2021. 6. 28.경부터 2021. 8. 23.경까지 구직급여 명목으로 합계 3,847,680원을 교부받았다.

이로써 피고인은 E의 실업급여 부정수급을 용이하게 하여 이를 방조하였다.

【증거의 요지】

1. 피고인의 법정진술 E, D에 대한 각 경찰 피의자신문조서

【법령의 적용】

1. 범죄사실에 대한 해당법조 및 형의 선택

각 고용보험법 제116조 제2항 제2호, 제1항 제2호, 형법 제32조 제1항, 각 벌금형 선택 방조감경 형법 제32조 제2항

1. 경합범가중 형법 제37조 전단, 제38조 제1항 제2호, 제50조

타. 간접정범(형법 제34조), 실체적 경합(제37조 전단, 제38조 제1항 제2호)

대법원 1983. 5. 24. 선고 83도200 판결

[보건범죄단속에관한법률위반·식품위생법위반][집31(3)형,49;공1983.7.15.(708),1036]

【판시사항】

가. 식용유제조의 범의없는 자를 이용한 무허가 튀김용 기름의 제조와 보건범죄단속에 관한특별조치법 제2조 제1항, 식품위생법 제23조 제1항 위반죄의 간접정범

나. 튀김용 기름을 제조·판매한 행위가 식품위생법 제6조 제4항에 저촉되는지 여부의 판단요건

【판결요지】

가. 튀김용 기름의 제조허가도 없이 튀김용기름을 제조할 범의하에 식용유제조의 범의없는 자를 이용하여 튀김용 기름을 제조케 한 자는 그 직접제조행위자가 식용유제조의 범의가 없어 그 제조에 대한 책임을 물을 수 없다고 하여도 처벌되지 아니하는 그 행위를 이용하여 무허가제조행위를 실행한 자로서 보건범죄단속에관한특별조치법 제2조 제1항, 식품위생법 제23조 제1항 위반죄의 간접정범에 해당한다.

나. 튀김용 기름의 제조·판매행위가 식품위생법 제6조 제4항에 저촉되는 여부를 판단하려면 그 튀김용 기름에 대하여 보건사회부장관이 정한 기준과 규격이 어떠한 것인지 알아보고 나아가 제조·판매한 튀김용 기름의 제조방법과 그 성분이 위 기준 및 규격에 맞는지의 여부를 심리하여야 한다.

【이 유】

1. 피고인 1 변호인의 상고이유 제1 내지 3점을 함께 본다.

⑴ 원심판결이 채용한 증거를 기록에 의하여 살펴보면, 피고인 1이 튀김용 기름의 제조허가도 없이 튀김용기름을 제조할 범의하에 원심 공동피고인 1과 피고인 2 등에게 의뢰하여 원심판시와 같이 대두유 폐유를 가지고 각 27드럼 및 53드럼의 튀김용 기름을 제조케 하여 이를 타에 판매한 사실이 넉넉히 인정되고 그 증거취사과정을 살펴보아도 심리미진이나 채증법칙 위반의 위법이 없다.

위와 같이 직접 제조행위를 한 위 피고인 1과 피고인 2가 식용유 제조의 범의가 없었기 때문에 그 제조에 대한 책임을 물을 수 없다고 하여도, 피고인 1은 처벌되지 아니하는 위 양인의 행위를 이용하여 이 사건 제조행위를 실행한 자로서 이른바 간접정범에 해당한다고 하겠으니 원심이 피고인의 위 행위에 대하여 보건범죄단속에 관한 특별조치법 제2조 제1항 제2호, 식품위생법 제23조 제1항을 적용 처단한 조치는 정당하고 위 각 법률의 해석, 적용을 그르친 위법이 없다.

결국 피고인 1의 제조허가 없이 튀김용 기름을 제조·판매한 행위에 관한 원심

판단에 심리미진, 채증법칙 위반 및 법률의 해석, 적용을 그르친 위법이 있다는 논지는 이유 없다고 할 것이다.

※ 출처: 대법원 1983. 5. 24. 선고 83도200 판결
[보건범죄단속에관한법률위반·식품위생법위반] 〉 종합법률정보 판례

2020.11.19. 광주지방법원 목포지원 [2019고합139]

산림자원의조성및관리에관한법률위반

피고인 A을 징역 6월에 처한다. 다만, 피고인 A에 대하여는 이 판결 확정일부터 1년간 위 형의…

【범죄사실】

피고인 A은 2019. 3. 6. 16:00경 전남 무안군 C 산림에서 그 정을 모르는 굴착기 기사인 D로 하여금, 산기슭에 심어져 있는 피해자 E 소유인 시가 미상의 소나무 한 그루를 굴착기를 이용해 뽑은 후 이를 F 4.5톤 카고 트럭에 싣고 가도록 하였다. 이로써 피고인 A은 산림에서 그 산물을 절취하고, 차량을 사용하여 이를 운반하였다.

【증거의 요지】

1. 피고인 A의 법정진술 1. D에 대한 경찰 진술조서 1. E의 진술서(피해자) 1. CCTV 사진

【법령의 적용】

1. 범죄사실에 대한 해당법조

산림자원의 조성 및 관리에 관한 법률 제73조 제3항 제3호, 제1항, 형법 제34조 제1항, 제31조 제1항 1. 작량감경 형법 제53조, 제55조 제1항 제3호(아래의 양형의 이유 중 유리한 정상 참작) 1. 집행유예 형법 제62조 제1항(아래의 양형의 이유 중 유리한 정상 거듭 참작)

양형의 이유

…

2016.07.13. 청주지방법원 [2016고정305] 산지관리법위반

[형사] 피고인을 벌금 400만 원에 처한다. 피고인이 위 벌금을 납입하지 아니하는 경우 10만 원을….

【범죄사실】

산지전용을 하려는 사람은 그 용도를 정하여 산지의 종류 및 면적 등의 구분에 따라 산림청장 등의 허가를 받아야 한다.

그럼에도 불구하고 피고인은 2013. 9. 중순경부터 같은 해 10. 초순경까지 충북 진천군 B 임야 외 2필지를 관할관청으로부터 산지전용허가를 받지 아니하고 그 정을 모르는 장비업자 C로 하여금 굴삭기, 덤프트럭 등을 이용하여 도로 포장을 하도록 하여 약 4,730㎡ 상당의 산지를 전용하였다.

【증거의 요지】

1. 피고인의 법정진술 1. 실황조사서 1. 위치도 1. 불법지 실측도 1. 2015년 산지복구비산정기준 고시안 1. 불법 산지적용 현장사진 1. 불법훼손지 구적도 1. 2014년 항공사진 전경 1. 2012년 항공사진 전경

【법령의 적용】

1. 범죄사실에 대한 해당법조 및 형의 선택

산지관리법 제53조 제1호, 제14조 제1항 본문, 형법 제34조 제1항, 제31조 제1항 (벌금형 선택) 1. 노역장유치 형법 제70조 제1항, 제69조 제2항 1. 가납명령 형사소송법 제334조 제1항

2017.11.10. 인천지방법원 [2017고정1282] 자동차손해배상보장법위반

[형사] 피고인을 벌금 1,500,000원에 처한다. 피고인이 위 벌금을 납입하지 아니하는 경우 100,000원을….

【범죄사실】

『2017고정1282』

피고인은 B 쏘나타 승용차의 보유자이다.

자동차보유자는 의무보험에 가입되어 있지 아니한 자동차를 도로에서 운행하여

서는 아니 된다.

그럼에도 불구하고 피고인은 2016. 4. 12. 12:30경 인천 부평구 주부토로 241 (갈산동) 이마트 앞 도로에서 그 정을 모르는 친구인 C에게 일시적으로 빌려주어 의무보험에 가입되어 있지 아니한 위 승용차를 운행하였다.

『2017고정1283』

…

【증거의 요지】

『2017고정1282』1. 피고인에 대한 경찰피의자신문조서 1. 범칙자 적발보고서 1. 의무보험조회 『2017고정1283』1. 피고인에 대한 경찰피의자신문조서 1. F에 대한 경찰피의자신문조서 1. 수사보고(참고인 G 전화조사), 수사보고(참고인 H 전화조사)

【법령의 적용】

1. 범죄사실에 대한 해당법조 및 형의 선택

자동차손해배상 보장법 제46조 제2항 제2호, 제8조 본문, 형법 제34조 제1항, 제31조 제1항(미보험자 운행의 점), 음악산업진흥에 관한 법률 제35조, 제34조 제3항 제2호, 제22조 제1항 제3호(주류 판매의 점), 각 벌금형 선택

1. 경합범가중 형법 제37조 전단, 제38조 제1항 제2호, 제50조 1. 노역장유치 형법 제70조 제1항, 제69조 제2항 1. 가납명령 형사소송법 제334조 제1항

2015.12.23. 대구지방법원 [2015고정2739] 자동차관리법위반 등

[형사] 피고인을 벌금 200만 원에 처한다. 피고인이 위 벌금을 납입하지 아니하는 경우 10만 원을….

【범죄사실】

1. 자동차관리법위반

피고인은 2015. 4. 18.경 경산시 하양읍에 있는 하양역 앞에서 B로부터 속칭 '대포차'인 C 오피러스 승용차를 양수받고도 정당한 사유 없이 15일 이내에 관할 관청에 자동차 소유권의 이전등록을 신청하지 아니하였다.

2. 자동차손해배상보장법위반

의무보험에 가입되어 있지 아니한 자동차는 도로에서 운행하여서는 안 된다. 그런데도 피고인은 2015. 7. 17. 15:40경 영천시 D에 있는 E 앞 도로에서 그 정을 모르는 아들 F로 하여금 의무보험에 가입되어 있지 않은 위 승용차를 운행하게 하였다.

【증거의 요지】

1. 피고인의 법정진술 1. F에 대한 경찰 피의자신문조서 1. 가족관계증명서 1. 의무보험계약 이력조회 1. 자동차등록원부

【법령의 적용】

1. 범죄사실에 대한 해당법조 및 형의 선택

자동차관리법 제81조 제2호, 제12조 제1항(자동차 소유권 이전등록 미신청의 점, 벌금형 선택), 자동차손해배상 보장법 제46조 제2항 제2호, 제8조 본문, 형법 제34조 제1항, 제31조 제1항(의무보험 미가입 자동차 운행의 점, 벌금형 선택)

1. 경합범가중 형법 제37조 전단, 제38조 제1항 제2호, 제50조(위 두 죄의 다액을 합산한 범위 내에서) 1. 노역장유치 형법 제70조 제1항, 제69조 제2항 1. 가납명령 형사소송법 제334조 제1항

파. 실체적 경합(형법 제37조 전단, 제38조 제1항 제2호)

대법원 2018. 11. 29. 선고 2018도10779 판결

[보건범죄단속에관한특별조치법위반(부정의료업자)·사기·의료법위반·의료법위반방조]

【판시사항】

[1] 의료법이 제33조 제2항에서 비의료인의 의료기관 개설을 원칙적으로 금지하고, 제87조 제1항 제2호에서 이를 위반하는 경우 처벌하는 취지 / 위 조항에서 금지하는 '의료기관 개설행위'의 의미(=비의료인이 의료기관의 시설 및 인력의 충원·관리, 개설신고, 의료업의 시행, 필요한 자금의 조달, 운영성과의 귀속 등을 주도적인 입장

에서 처리하는 것) / 비의료인이 주도적인 입장에서 한 일련의 의료기관 개설행위가 포괄일죄에 해당하는지 여부(원칙적 적극) 및 여기서의 개설행위가 종료되는 시기(=비의료인이 주도적인 처리 관계에서 이탈하였을 때)

[2] 포괄일죄와 실체적 경합범의 구별 기준 / 비의료인이 의료기관을 개설하여 운영하는 도중 개설자 명의를 다른 의료인 등으로 변경한 경우, 그 죄수관계(=개설자 명의별로 별개의 범죄가 성립하고 각 죄는 실체적 경합범)

【판결요지】

[1] 의료법이 제33조 제2항에서 의료인이나 의료법인 기타 비영리법인 등이 아닌 자의 의료기관 개설을 원칙적으로 금지하고, 제87조 제1항 제2호에서 이를 위반하는 경우 처벌하는 규정을 둔 취지는 의료기관 개설자격을 의료전문성을 가진 의료인이나 공적인 성격을 가진 자로 엄격히 제한함으로써 건전한 의료질서를 확립하고, 영리 목적으로 의료기관을 개설하는 경우에 발생할지도 모르는 국민 건강상의 위험을 미리 방지하고자 하는 데에 있다. 위 의료법 조항이 금지하는 의료기관 개설행위는, 비의료인이 의료기관의 시설 및 인력의 충원·관리, 개설신고, 의료업의 시행, 필요한 자금의 조달, 운영성과의 귀속 등을 주도적인 입장에서 처리하는 것을 의미한다.

따라서 비의료인이 주도적인 입장에서 한 위와 같은 일련의 행위는 특별한 사정이 없는 한 포괄하여 일죄에 해당하고, 여기서의 개설행위가 개설신고를 마친 때에 종료된다고 볼 수는 없으며 비의료인이 위와 같은 주도적인 처리 관계에서 이탈하였을 때 비로소 종료된다고 보아야 한다.

[2] 동일 죄명에 해당하는 수 개의 행위를 단일하고 계속된 범의 아래 일정 기간 계속하여 행하고 그 피해법익도 동일한 경우에는 이들 각 행위를 통틀어 포괄일죄로 처단하여야 할 것이나, 범의의 단일성과 계속성이 인정되지 아니하거나 범행방법이 동일하지 않은 경우에는 각 범행은 실체적 경합범에 해당한다.

의료법은 의료기관을 개설할 수 있는 자격을 엄격하게 제한하고 있고(제33조 제2항), 의료기관의 개설신고·개설허가에서부터 운영은 물론 폐업할 때까지 의료기관에 관한 각종 의무를 개설자에게 부과하고 있다(제33조 제3항 이하, 제36조 내지

제38조, 제40조, 제45조, 제48조, 제49조 등). 개설자가 변경되면 시장·군수 등에게 개설신고사항의 변경신고를 하거나 변경허가를 받아야 하고, 그때부터는 변경된 개설자가 앞에서 본 의무를 부담하게 된다. 그리고 의료기관이 국민건강보험법상 요양급여를 실시하려면 의료기관 개설신고증 등을 첨부하여 건강보험심사평가원에 요양기관 현황신고를 하여야 하고, 요양급여비용 수령계좌를 변경하려는 경우에는 개설자나 대표자의 인감증명서 등을 첨부하여 요양기관 현황 변경신고서를 제출하여야 한다(국민건강보험법 제42조, 제43조, 국민건강보험법 시행규칙 제12조 제2항). 요양기관이 보건복지부장관으로부터 업무정지처분을 받고 그 업무정지기간 중에 요양급여를 한 경우 개설자를 처벌한다(국민건강보험법 제115조 제3항 제4호). 이렇듯 의료기관의 개설자는 공법상 법률관계에서 중요한 의미를 지닌다. 또한 의료서비스를 제공받는 일반인도 대체로 의료기관을 선택할 때 의료기관의 개설자가 누구인지를 중요한 판단 기준으로 삼는다.

이러한 사정들을 고려하면, 의료기관의 개설자 명의는 의료기관을 특정하고 동일성을 식별하는 데에 중요한 표지가 되는 것이므로, 비의료인이 의료기관을 개설하여 운영하는 도중 개설자 명의를 다른 의료인 등으로 변경한 경우에는 그 범의가 단일하다거나 범행방법이 종전과 동일하다고 보기 어렵다. 따라서 개설자 명의별로 별개의 범죄가 성립하고 각 죄는 실체적 경합범의 관계에 있다고 보아야 한다.

※ 출처: 대법원 2018. 11. 29. 선고 2018도10779 판결
[보건범죄단속에관한특별조치법위반(부정의료업자)·사기·의료법위반·의료법위반방조] 〉
종합법률정보 판례

대법원 2015. 12. 10. 선고 2015도11550 판결
[상표법위반·저작권법위반·부정경쟁방지및영업비밀보호에관한법률위반][공2016상,157]

【판시사항】

[1] 피고인이 상표권자 갑이 인형 등을 지정상품으로 하여 등록한 상표 "본문내

삽입된 이미지"와 동일 또는 유사한 상표 "본문내 삽입된 이미지"가 부착된 인형을 수입·판매함으로써 갑의 상표권을 침해하였다는 내용으로 기소된 사안에서, 두 상표는 상품의 출처에 관하여 오인·혼동을 일으킬 우려가 있어 유사상표에 해당한다고 한 사례

[2] 피고인이 토끼를 사람 형상으로 표현한 캐릭터 모양의 인형을 수입·판매함으로써, 일본 갑 유한회사의 저작재산권을 침해하고, 갑 회사 등과의 상품화 계약에 따라 을이 국내에서 판매하는 인형과 혼동하게 하며, 을의 상표권을 침해하였다고 하여, 저작권법 위반, 부정경쟁방지 및 영업비밀보호에 관한 법률 위반, 상표법 위반으로 기소된 사안에서, 저작권법위반죄와 부정경쟁방지및영업비밀보호에관한법률위반죄는 상상적 경합관계에 있고, 상표법위반죄는 나머지 죄들과 실체적 경합관계에 있다고 한 사례

【판결요지】

[1] 피고인이 상표권자 갑이 인형 등을 지정상품으로 하여 등록한 상표 "본문내 삽입된 이미지"(이하 '등록상표'라고 한다)와 동일 또는 유사한 상표 "본문내 삽입된 이미지"(이하 '피고인 사용상표'라고 한다)가 부착된 인형을 수입·판매함으로써 갑의 상표권을 침해하였다는 내용으로 기소된 사안에서, 등록상표는 청색의 오뚝이 형상 내부에 토끼얼굴 도형이 그려져 있고 하단에 프랑스어 문자 'le Sucre'가 배치되어 있는데 그중 토끼얼굴 도형 부분은 크기와 위치 및 전체 표장에서 차지하는 비중 등에 비추어 볼 때 수요자의 주의를 끄는 특징적 부분이고, 사용상표에 나타나 있는 토끼 도형도 비록 옷을 입은 몸통과 팔다리가 그려져 있기는 하나 등록상표의 토끼얼굴 도형과 사실상 동일한 얼굴모양을 하고 있는 점 등을 종합하여 보면, 두 상표는 거래자나 일반 수요자에게 주는 인상, 기억, 연상 등에 있어서 상품의 출처에 관하여 오인·혼동을 일으킬 우려가 있어 유사상표에 해당한다고 한 사례.

[2] 피고인이 토끼를 사람 형상으로 표현한 캐릭터 모양의 인형을 수입·판매함으로써, 일본 갑 유한회사의 저작재산권을 침해하고, 갑 회사 등과의 상품화 계약에 따라 을이 국내에서 판매하는 인형과 혼동하게 하며, 을의 상표권을 침해

하였다고 하여, 저작권법 위반, 부정경쟁방지 및 영업비밀보호에 관한 법률(이하 '부정경쟁방지법'이라고 한다) 위반, 상표법 위반으로 기소된 사안에서, 저작권법위반죄와 부정경쟁방지법위반죄는 1개의 행위가 수개의 죄에 해당하는 형법 제40조의 상상적 경합관계에 있고, 상표법위반죄는 나머지 죄들과 구성요건과 행위태양 등을 달리하여 형법 제37조 전단의 실체적 경합관계에 있다고 한 사례.

※ 출처: 대법원 2015. 12. 10. 선고 2015도11550 판결
[상표법위반·저작권법위반·부정경쟁방지및영업비밀보호에관한법률위반] 〉 종합법률정보 판례

하. 상상적 경합

대법원 1980. 4. 22. 선고 79도1485 판결
[석유사업법위반][공1980.7.1.(635),12859]
【판시사항】
석유사업법 제22조 제1호 위반죄와 사기죄
【판결요지】
판매의 목적으로 휘발유에 솔벤트를 혼합하여 그 품질을 저하시킨 석유사업법 제22조 제1호 위반죄의 행위 자체는 그를 정상적인 휘발유인 것으로 잘못 알고 구입하는 사람에 대한 사기행위라고 보아야 할 것이므로 석유사업법 제22조 제1호 위반죄와 사기죄는 상상적 경합관계에 있다.

※ 출처: 대법원 1980. 4. 22. 선고 79도1485 판결 [석유사업법위반] 〉 종합법률정보 판례

2024.11.13. 의정부지방법원 [2024고단2514] 국토의계획 및…
피고인을 징역 6월에 처한다. 다만, 이 판결 확정일부터 2년간 위 형의 집행을 유예한다.
【범죄사실】
누구든지 산지전용을 하려는 자는 그 용도를 정하여 산지의 종류 및 면적 등의 구분에 따라 관할관청의 허가를 받아야 하고, 공작물의 설치, 토지의 형질 변경

등을 하려는 자는 관할관청의 개발행위허가를 받아야 한다.

그럼에도 불구하고 피고인은 2023. 3.경부터 2023. 5.경까지 사이에 준보전산지인 경기 연천군 B 임야, C 임야 1,894㎡ 및 D 전, E 전 566㎡ 총 2,460㎡에서, 인근 토지에 주택을 신축하는 과정에서 관할관청으로부터 허가를 받지 않은 채 토지를 절토 및 성토하여 토지의 형질을 변경한 후 옹벽과 조경석을 축조하여 공작물을 설치하였다.

이로써 피고인은 관할관청의 허가를 받지 아니하고 산지전용 행위를 함과 동시에 관할관청의 개발행위 허가를 받지 아니하고 개발행위를 하였다.

【범죄사실】

1. 피고인의 법정진술 1. 각 고발장 1. 각 고발경위서 1. 각 현황측량도 1. 사진대지 1. 등기권리증 등 1. 수사보고(무단전용 산지 종류 확인 – 준보전산지), 토지이용계획

【법령의 적용】

1. 범죄사실에 대한 해당법조

국토의 계획 및 이용에 관한 법률 제140조 제1호, 제56조 제1항 제2호(무허가 개발행위의 점), 산지관리법 제53조 전문 후단 제1호, 제14조 제1항 본문(무허가 산지전용의 점)

1. 상상적 경합 형법 제40조, 제50조 형의 선택 징역형 선택 1. 집행유예 형법 제62조 제1항

【양형의 이유】

불리한 정상: 피고인은 2016년에 무허가 산지전용행위로 인하여 벌금형의 처벌을 받은 전력이 있음에도 다시 이 사건 범행을 범하였다. 피고인이 무허가 개발행위 및 전용행위를 한 준보전산지의 면적이 상당한 점에 비추어 피고인의 죄책이 가볍지 않다. 유리한 정상: 피고인이 자신의 범행을 인정하며 반성하는 태도를 보이고 있다. 피고인이….

거. 즉시범, 계속범

대법원 2011. 7. 14. 선고 2011도2471 판결

[가축분뇨의관리및이용에관한법률위반][공2011하,1682]

【판시사항】

[1] 가축분뇨의 관리 및 이용에 관한 법률 제50조 제3호, 제11조 제3항에서 정한 '신고대상자'의 의미 및 배출시설을 설치한 자가 설치 당시 신고대상자가 아니었는데, 그 후 법령 개정에 따라 해당 배출시설이 신고대상에 해당하게 된 경우, 위 규정상 신고대상자인 '배출시설을 설치하고자 하는 자'에 해당하는지 여부(소극)

[2] 가축분뇨의 관리 및 이용에 관한 법률 제50조 제3호, 제11조 제3항에서 규정한 '신고를 하지 아니하고 배출시설을 설치한 죄'가 '즉시범'인지 여부(적극)

[3] 피고인이 개(견) 사육시설을 설치하여 개를 사육하면서 가축분뇨 배출시설 설치신고를 하지 않았다고 하여 구 가축분뇨의 관리 및 이용에 관한 법률 위반으로 기소된 사안에서, 피고인이 같은 법 제50조 제3호, 제11조 제3항에서 정한 신고대상자인 '배출시설을 설치하고자 하는 자'에 해당한다고 볼 수 없는데도, 이와 달리 본 원심판단에 법리오해의 위법이 있다고 한 사례

【판결요지】

[1] 가축분뇨의 관리 및 이용에 관한 법률(이하 '가축분뇨법'이라 한다) 제50조 제3호, 제11조 제3항에서 정한 신고대상자는 '대통령령이 정하는 규모 이상의 배출시설을 설치하고자 하는 자 또는 신고한 사항을 변경하고자 하는 자'를 말하고, 배출시설을 설치한 자가 설치 당시에 신고대상자가 아니었다면 그 후 법령의 개정에 따라 그 시설이 신고대상에 해당하게 되었더라도, 위 규정상 신고대상자인 '배출시설을 설치하고자 하는 자'에 해당한다고 볼 수 없으며, 또한 형벌법규는 문언에 따라 엄격하게 해석·적용하여야 하고 피고인에게 불리한 방향으로 지나치게 확장해석하거나 유추해석하여서는 아니되는 점을 고려할 때, 위와 같은 해석은 비록 가축분뇨법 시행령 부칙(2007. 9. 27.) 제2조 제1항이 가축분뇨법의 위임 없이 "이 영 시행 당시 제8조 및 [별표 2]에 따른 신고대상 배출시설을 설치·운영 중인 자는 2008년 9월 27일까지 법 제11조 제3항에 따른 배출시설의 설치

신고를 하여야 한다."고 규정하고 있더라도 마찬가지이다.

[2] 가축분뇨의 관리 및 이용에 관한 법률 제50조 제3호, 제11조 제3항에서 규정하고 있는 '신고를 하지 아니하고 배출시설을 설치한 죄'는 해당 조문의 기재 내용과 입법 경과에 비추어 볼 때 그와 같은 행위가 종료됨으로써 즉시 성립하고 그와 동시에 완성되는 이른바 '즉시범'이라고 보아야 한다.

[3] 피고인이 개(견) 사육시설을 설치하여 개를 사육하면서 가축분뇨 배출시설 설치신고를 하지 않았다고 하여 구 가축분뇨의 관리 및 이용에 관한 법률(2011. 7. 28. 법률 제10973호로 개정되기 전의 것, 이하 '가축분뇨법'이라 한다) 위반으로 기소된 사안에서, 위 사육시설은 가축분뇨법령이 제정되기 전에는 신고대상 배출시설에 해당하지도 아니하였을 뿐 아니라, 가축분뇨법령이 제정된 이후에도 배출시설을 새로이 설치한 것이 아니라 종전대로 사용한 것에 불과하므로, 배출시설을 설치·운영 중인 자에 대하여 설치신고 유예기간을 규정한 가축분뇨법 시행령 부칙(2007. 9. 27.) 제2조 제1항의 적용 여부와 상관 없이 피고인은 가축분뇨법 제50조 제3호, 제11조 제3항에서 정한 신고대상자인 '배출시설을 설치하고자 하는 자'에 해당한다고 볼 수 없는데도, 이와 달리 본 원심판단에 법리오해의 위법이 있다고 한 사례.

※ 출처: 대법원 2011. 7. 14. 선고 2011도2471 판결
[가축분뇨의관리및이용에관한법률위반] 〉 종합법률정보 판례

대법원 1998. 4. 14. 선고 98도364 판결 [도시계획법위반][공1998.5.15.(58),1429]

【판시사항】

도시계획법 제90조 제2호, 제21조 제2항 소정의 '토지형질변경'의 개념 및 토지형질변경죄가 즉시범인지 여부(적극)

【판결요지】

도시계획법 제90조 제2호, 제21조 제2항에서 규정하는 토지의 형질변경에 해당하려면 절토, 성토 또는 정지 등으로 토지의 형상을 외형상으로 사실상 변경하는 행위가 있어야 하고, 이 토지의 형질을 변경하는 죄는 그 성립과 동시에 완성되

는 이른바 즉시범이다.

※ 출처: 대법원 1998. 4. 14. 선고 98도364 판결 [도시계획법위반] 〉 종합법률정보 판례

대법원 2009. 4. 9. 선고 2008도11572 판결 [위험물안전관리법위반][미간행]

【판시사항】

[1] 무허가 위험물제조소 등 변경행위를 처벌하는 위험물안전관리법 제36조 제2호, 제6조 제1항 후단의 위반죄의 법적 성질(=즉시범)

[2] 관할관청의 허가 없이 주유소에 판매대 등의 시공을 완료한 때 위험물안전관리법 제36조 제2호, 제6조 제1항 후단의 위반죄가 기수에 이르렀다고 한 사례

※ 출처: 대법원 2009. 4. 9. 선고 2008도11572 판결 [위험물안전관리법위반] 〉 종합법률정보 판례

대법원 2013. 7. 25. 선고 2012도15057 판결

[자동차관리법위반·사문서변조·변조사문서행사][미간행]

【판시사항】

'자동차소유권 이전등록 미신청'으로 인한 자동차관리법 제81조 제2호, 제12조 제1항 위반죄가 즉시범인지 여부(적극) 및 구 자동차관리법 제84조 제2항 제2호, 제12조 제1항 위반행위도 마찬가지인지 여부(적극)

※ 출처: 대법원 2013. 7. 25. 선고 2012도15057 판결
[자동차관리법위반·사문서변조·변조사문서행사] 〉 종합법률정보 판례

대법원 2009. 4. 16. 선고 2007도6703 전원합의체 판결

[농지법위반][공2009상,775]

【판결요지】

[1] 구 농지법(2005. 1. 14. 법률 제7335호로 개정되기 전의 것)상 어떠한 토지가 농지인지 여부는 공부상의 지목 여하에 불구하고 당해 토지의 사실상의 현상에 따라 가려야 한다. 그러므로 공부상 지목이 전(전)인 토지가 농지로서의 현상을 상실하고 그 상실한 상태가 일시적이라고 볼 수 없다면, 더 이상 '농지'에 해당하지

않게 되고, 그 결과 구 농지법에 따른 농지전용허가의 대상이 되는 것도 아니다.

[2] [다수의견] 구 농지법(2005. 1. 14. 법률 제7335호로 개정되기 전의 것) 제2조 제9호에서 말하는 '농지의 전용'이 이루어지는 태양은, 첫째로 농지에 대하여 절토, 성토 또는 정지를 하거나 농지로서의 사용에 장해가 되는 유형물을 설치하는 등으로 농지의 형질을 외형상으로뿐만 아니라 사실상 변경시켜 원상회복이 어려운 상태로 만드는 경우가 있고, 둘째로 농지에 대하여 외부적 형상의 변경을 수반하지 않거나 외부적 형상의 변경을 수반하더라도 사회통념상 원상회복이 어려운 정도에 이르지 않은 상태에서 그 농지를 다른 목적에 사용하는 경우 등이 있을 수 있다. 전자의 경우와 같이 농지전용행위 자체에 의하여 당해 토지가 농지로서의 기능을 상실하여 그 이후 그 토지를 농업생산 등 외의 목적으로 사용하는 행위가 더 이상 '농지의 전용'에 해당하지 않는다고 할 때에는, 허가 없이 그와 같이 농지를 전용한 죄는 그와 같은 행위가 종료됨으로써 즉시 성립하고 그와 동시에 완성되는 즉시범이라고 보아야 한다. 그러나 후자의 경우와 같이 당해 토지를 농업생산 등 외의 다른 목적으로 사용하는 행위를 여전히 농지전용으로 볼 수 있는 때에는 허가 없이 그와 같이 농지를 전용하는 죄는 계속범으로서 그 토지를 다른 용도로 사용하는 한 가벌적인 위법행위가 계속 반복되고 있는 계속범이라고 보아야 한다.

※ 출처: 대법원 2009. 4. 16. 선고 2007도6703 전원합의체 판결 [농지법위반] 〉 종합법률정보 판례

대법원 2010. 9. 30. 선고 2008도7678 판결 [공유수면관리법위반][공2010하,2028]

【판시사항】

[1] 구 공유수면관리법의 적용 대상인 '만조수위선과 지적공부에 등록된 지역 사이의 토지'가 사실상 매립되어 대지화된 경우에도, 위 법상 '공유수면'에 해당하는지 여부(원칙적 적극)

[2] 공유수면을 허가 없이 점·사용하는 행위가 '계속범'인지 여부(적극)

[3] 공유수면 무단 점용으로 인한 구 공유수면관리법 위반죄가 상태범 내지 즉시범에 해당함을 전제로, 피고인의 최초 점용시를 공소시효의 기산점으로 보아 이

미 공소시효가 완성되었다고 판단하여 면소를 선고한 원심판결에 법리오해의 위법이 있다고 한 사례

【판결요지】

[1] 구 공유수면관리법(2007. 12. 27. 법률 제8819호로 개정되기 전의 것)은 공유수면으로 바다, 하천·호소·구거 기타 공공용으로 사용되는 수면 또는 수류로서 국유인 것 외에 제2조 제1호 (가)목에서 '바닷가'를 열거한 다음, 제2조 제2호에서 "바닷가라 함은 만조수위선으로부터 지적공부에 등록된 지역까지의 사이를 말한다."고 규정하고 있으므로, 위 법의 적용 대상인 만조수위선과 지적공부에 등록된 지역 사이의 토지가 사실상 매립되어 대지화되었다 하더라도 지적공부에 등록되지 않은 이상 여전히 공유수면에 해당한다.

[2] 공유수면인 바닷가를 허가 없이 점·사용하는 행위는 그로 인하여 공유수면의 외부적 형상이 변경되었는지 여부와 관계없이 그 공유수면을 무단으로 점·사용하는 한 가벌적인 위법행위가 계속 반복되고 있는 계속범이라고 보아야 한다.

[3] 공유수면 무단 점용으로 인한 구 공유수면관리법(2007. 12. 27. 법률 제8819호로 개정되기 전의 것) 위반죄가 상태범 내지 즉시범에 해당함을 전제로, 피고인의 최초 점용시를 공소시효의 기산점으로 보아 이미 공소시효가 완성되었다고 판단하고, 위 법 위반의 공소사실에 대하여 면소를 선고한 원심판결에 법리오해의 위법이 있다고 한 사례.

※ 출처: 대법원 2010. 9. 30. 선고 2008도7678 판결 [공유수면관리법위반] 〉 종합법률정보 판례

대법원 2001. 9. 25. 선고 2001도3990 판결 [건축법위반][공2001.11.15.(142),2397]

【판시사항】

[1] 건축법상 처벌의 대상이 되는 건축물의 용도변경행위의 범위 및 무단으로 건축물을 다른 용도로 계속 사용하는 경우, 그 용도변경의 건축법위반죄의 공소시효 진행 여부(소극)

[2] 계속범에 있어서 그 적용 법률이 개정되면서 경과규정을 두고 있는 경우, 그 범죄행위에 대한 시기별 적용 법률

[3] 계속범의 성질을 갖는 건축법상 무단 용도변경 및 사용의 공소사실을, 그 행위기간 사이의 건축법에 대한 위헌결정 및 건축법 개정에 기인한 처벌규정의 효력상실과 경과규정 등으로 인하여, 시기별로 각각의 독립된 행위로 평가하여 적용 법률을 특정하고 그에 따라 유·무죄의 판단을 달리하여야 한다고 본 사례

【판결요지】

[1] 건축법상 허가를 받지 아니하거나 또는 신고를 하지 아니한 경우 처벌의 대상이 되는 건축물의 용도변경행위(1999. 2. 8. 법률 제5895호로 건축법이 개정되면서 건축물의 용도변경에 관하여 허가제에서 신고제로 전환되었다)는 유형적으로 용도를 변경하는 행위뿐만 아니라 다른 용도로 사용하는 것까지를 포함하며, 이와 같이 허가를 받지 아니하거나 신고를 하지 아니한 채 건축물을 다른 용도로 사용하는 행위는 계속범의 성질을 가지는 것이어서 허가 또는 신고 없이 다른 용도로 계속 사용하는 한 가벌적 위법상태는 계속 존재하고 있다고 할 것이므로, 그러한 용도변경행위에 대하여는 공소시효가 진행하지 아니하는 것으로 보아야 한다.

[2] 일반적으로 계속범의 경우 실행행위가 종료되는 시점에서의 법률이 적용되어야 할 것이나, 법률이 개정되면서 그 부칙에서 '개정된 법 시행 전의 행위에 대한 벌칙의 적용에 있어서는 종전의 규정에 의한다'는 경과규정을 두고 있는 경우 개정된 법이 시행되기 전의 행위에 대해서는 개정 전의 법을, 그 이후의 행위에 대해서는 개정된 법을 각각 적용하여야 한다.

[3] 계속범의 성질을 갖는 건축법상 무단 용도변경 및 사용의 공소사실을, 그 행위기간 사이의 건축법에 대한 위헌결정 및 건축법 개정에 기인한 처벌규정의 효력상실과 경과규정 등으로 인하여, 시기별로 각각의 독립된 행위로 평가하여 적용 법률을 특정하고 그에 따라 유·무죄의 판단을 달리하여야 한다고 본 사례.

※ 출처: 대법원 2001. 9. 25. 선고 2001도3990 판결 [건축법위반] 〉 종합법률정보 판례

대법원 2001. 12. 24. 선고 2001도4506 판결

[폐기물관리법위반][공2002.2.15.(148),425]

【판시사항】

[1] 돼지를 도축하는 과정에서 발생한 돼지가죽이 폐기물관리법 제2조 제1호소정의 폐기물에 해당하지 않는다고 한 사례

[2] 구 폐기물관리법 제61조 제8호, 제24조 제2항 위반죄의 기수 시기

[3] 동일한 공소사실에 대하여 이중으로 기소가 이루어진 경우 후행사건의 처리방법에 관한 사례

【판결요지】

[1] 경쟁입찰을 통하여 축산업협동조합과 1년 단위로 부산물판매계약을 체결하고 조합에게 보증금을 예치하고 돼지지육의 중량에 따른 단가를 정하여 계속적으로 공급받아 돼지가죽에서 기름을 제거하고 염장처리하는 등의 방법으로 가공한 후 가죽공장에 원자재로 납품하였다면 그 돼지가죽은 조합 공판장에서 상업적으로 매각하고 있으므로 이에 비추어 본 조합의 의사와 그 물건의 성상 등을 감안하면 이를 두고 사업활동에 필요하지 않게 된 폐기된 물질에 해당한다고 볼 수는 없다고 한 사례

[2] 구 폐기물관리법(1999. 2. 8. 법률 제5865호로 개정되기 전의 것) 제24조 제2항은 환경부령이 정하는 사업장폐기물배출자는 사업장폐기물의 종류·발생량 등을 환경부령이 정하는 바에 따라 시장·군수·구청장에게 신고하여야 한다고 규정하고, 제61조 제8호는 제24조 제2항의 규정에 의한 신고를 하지 아니한 자는 1년 이하의 징역 또는 500만 원 이하의 벌금에 처한다고 규정하고 있으며, 구 폐기물관리법시행규칙(1999. 8. 9. 환경부령 제82호로 개정되기 전의 것) 제10조 제1항 제3호, 제2항의 규정에 의하면 폐기물을 1일 평균 300㎏ 이상 배출하는 자는 사업개시일 또는 폐기물배출일부터 1월 이내에 별지 제1호 서식의 신고서를 사업장폐기물의 발생지를 관할하는 시장·군수·구청장에게 신고하여야 한다고 규정하고 있는바, 위 규정들을 종합하면 구 폐기물관리법(1999. 2. 8. 법률 제5865호로 개정되기 전의 것) 제61조 제8호, 제24조 제2항 위반죄는 계속범이 아니라, 사업개시일 또는 실제로 폐기물을 배출하기 시작한 날로부터 1월 이내에 위 신고를 하지 아니함으로써 곧바로 범죄가 완성된다.

[3] 동일한 신고의무위반에 대하여 이중으로 기소가 이루어진 경우 후행사건을

처리하는 법원으로서는 먼저 공소제기된 사건의 결과가 어떻게 되었는지를 따져본 후 후행사건에 대하여 실체판단에 들어갈 것인지 여부를 결정하여야 한다고한 사례.

※ 출처: 대법원 2001. 12. 24. 선고 2001도4506 판결 [폐기물관리법위반] 〉 종합법률정보 판례

IV

참고인 조사

1. 참고인 의미 및 관련 규정

가. 참고인 의미

○ 피의자가 아닌 자

○ 피고소인, 피고발인, 인지사건의 피의자로 범죄사건부에 등재된 자가 아닌 자

　- 고소인, 고발인, 피해자, 제보자, 목격자, 진정인, 피진정인, 피내사자

나. 참고인 조사 관련 규정

○ 형사소송법 제221조(제3자의 출석요구 등)

① 검사 또는 사법경찰관은 수사에 필요한 때에는 피의자가 아닌 자의 출석을 요구하여 진술을 들을 수 있다. 이 경우 그의 동의를 받아 영상녹화할 수 있다.

② 검사 또는 사법경찰관은 수사에 필요한 때에는 감정·통역 또는 번역을 위촉할 수 있다.

③ 제163조의2제1항부터 제3항까지는 검사 또는 사법경찰관이 범죄로 인한 피해자를 조사하는 경우에 준용한다.

[전문개정 2007. 6. 1.]

○ (경찰청) 범죄수사규칙 제69조(직접진술의 확보)

① 경찰관은 사실을 명백히 하기 위하여 피의자 이외의 관계자를 조사할 필요가 있을 때에는 되도록 그 사실을 직접 경험한 사람의 진술을 들어야 한다.

② 경찰관은 사건 수사에 있어 중요한 사항에 속한 것으로서 타인의 진술을 내용으로 하는 진술을 들었을 때에는 그 사실을 직접 경험한 사람의 진술을 듣도록 노력하여야 한다.

제70조(진술자의 사망 등에 대비하는 조치) 경찰관은 피의자 아닌 사람을 조사하는 경우에 있어서 그 사람이 사망, 정신 또는 신체상 장애 등의 사유로 인하여 공판준비 또는 공판기일에 진술하지 못하게 될 염려가 있고, 그 진술이 범죄의 증명에 없어서는 안 될 것으로 인정할 경우에는 수사에 지장이 없는 한 피의자, 변호인 그 밖의 적당한 사람을 참여하게 하거나 검사에게 증인신문 청구를 신청하는 등 필요한 조치를 취하여야 한다.

다. 고소·고발 관련 규정

○ 형사소송법

제223조(고소권자) 범죄로 인한 피해자는 고소할 수 있다.

제224조(고소의 제한) 자기 또는 배우자의 직계존속을 고소하지 못한다.

제225조(비피해자인 고소권자)

① 피해자의 법정대리인은 독립하여 고소할 수 있다.

② 피해자가 사망한 때에는 그 배우자, 직계친족 또는 형제자매는 고소할 수 있다. 단, 피해자의 명시한 의사에 반하지 못한다.

제226조(동전) 피해자의 법정대리인이 피의자이거나 법정대리인의 친족이 피의자인 때에는 피해자의 친족은 독립하여 고소할 수 있다.

제227조(동전) 사자의 명예를 훼손한 범죄에 대하여는 그 친족 또는 자손은 고소할 수 있다.

제228조(고소권자의 지정) 친고죄에 대하여 고소할 자가 없는 경우에 이해관계인의 신청이 있으면 검사는 10일 이내에 고소할 수 있는 자를 지정하여야 한다.

제229조(배우자의 고소)

① 「형법」 제241조의 경우에는 혼인이 해소되거나 이혼소송을 제기한 후가 아니면 고소할 수 없다. 〈개정 2007. 6. 1.〉

② 전항의 경우에 다시 혼인을 하거나 이혼소송을 취하한 때에는 고소는 취소된 것으로 간주한다.

제230조(고소기간)

① 친고죄에 대하여는 범인을 알게 된 날로부터 6월을 경과하면 고소하지 못한다. 단, 고소할 수 없는 불가항력의 사유가 있는 때에는 그 사유가 없어진 날로부터 기산한다.

② 삭제 〈2013. 4. 5.〉

제231조(수인의 고소권자) 고소할 수 있는 자가 수인인 경우에는 1인의 기간의 해태는 타인의 고소에 영향이 없다.

제232조(고소의 취소)

① 고소는 제1심 판결선고 전까지 취소할 수 있다.

② 고소를 취소한 자는 다시 고소할 수 없다.

③ 피해자의 명시한 의사에 반하여 공소를 제기할 수 없는 사건에서 처벌을 원하는 의사표시를 철회한 경우에도 제1항과 제2항을 준용한다.

[전문개정 2020. 12. 8.]

제233조(고소의 불가분) 친고죄의 공범 중 그 1인 또는 수인에 대한 고소 또는 그 취소는 다른 공범자에 대하여도 효력이 있다.

제234조(고발)

① 누구든지 범죄가 있다고 사료하는 때에는 고발할 수 있다.

② 공무원은 그 직무를 행함에 있어 범죄가 있다고 사료하는 때에는 고발하여야 한다.

제235조(고발의 제한) 제224조의 규정은 고발에 준용한다.

제236조(대리고소) 고소 또는 그 취소는 대리인으로 하여금 하게 할 수 있다.

제237조(고소, 고발의 방식)

① 고소 또는 고발은 서면 또는 구술로써 검사 또는 사법경찰관에게 하여야 한다.

② 검사 또는 사법경찰관이 구술에 의한 고소 또는 고발을 받은 때에는 조서를 작성하여야 한다.

제238조(고소, 고발과 사법경찰관의 조치) 사법경찰관이 고소 또는 고발을 받은 때에는 신속히 조사하여 관계서류와 증거물을 검사에게 송부하여야 한다.

제239조(준용규정) 전2조의 규정은 고소 또는 고발의 취소에 관하여 준용한다.

○ 특별사법경찰수사규칙

제93조(고소사건 등에 대한 주의사항) 특별사법경찰관은 고소사건의 경우에는 고소한 사람에게 고소권이 있는지 여부를, 친고죄의 경우에는 법 제230조에 따른 고소기간을 지났는지 여부를, 피해자의 명시한 의사에 반하여 죄를 논할 수 없는 사건의 경우에는 처벌을 희망하는지 여부를 각각 조사해야 한다.

제94조(고소의 대리) 특별사법경찰관은 법 제236조에 따라 대리인이 고소를 하거나 고소를 취소하려는 경우에는 고소권자의 위임장을 제출받아야 한다.

제95조(고소사건의 수사기간)

① 특별사법경찰관이 고소나 고발에 의하여 범죄를 수사하는 경우에는 고소나

고발이 있은 날부터 2개월 이내에 수사를 완료해야 한다.

② 제1항에 따른 기간에 수사를 완료하지 못한 경우에는 관할 지방검찰청 또는 지청의 검사의 지휘를 받아야 한다.

제96조(고소 등의 취소)

① 특별사법경찰관은 다음 각 호의 어느 하나에 해당하는 경우에는 그 사유를 명백히 조사해야 한다.

  1. 고소인이 그 고소를 취소한 경우

  2. 고발인이 그 고발을 취소한 경우

  3. 피해자의 명시한 의사에 반하여 죄를 논할 수 없는 사건의 피해자가 처벌을 희망하는 의사표시를 철회한 경우

○ 경찰수사규칙

제21조(고소·고발의 수리)

① 사법경찰관리는 진정인·탄원인 등 민원인이 제출하는 서류가 고소·고발의 요건을 갖추었다고 판단하는 경우 이를 고소·고발로 수리한다.

② 사법경찰관리는 고소장 또는 고발장의 명칭으로 제출된 서류가 다음 각 호의 어느 하나에 해당하는 경우에는 이를 진정(陳情)으로 처리할 수 있다. 〈개정 2024. 5. 24.〉

  1. 고소인 또는 고발인의 진술이나 고소장 또는 고발장에 따른 내용이 불분명하거나 구체적 사실이 적시되어 있지 않은 경우

  2. 피고소인 또는 피고발인에 대한 처벌을 희망하는 의사표시가 없거나 처벌을 희망하는 의사표시가 취소된 경우

  3. 고소 또는 고발이 본인의 진의에 의한 것인지 여부가 확인되지 않는 경우

  4. 동일한 사실에 관하여 이중으로 고소 또는 고발이 있는 경우

제22조(고소인·고발인 진술조서 등)

① 사법경찰관리는 구술로 제출된 고소·고발을 수리한 경우에는 진술조서를 작성해야 한다.

② 사법경찰관리는 서면으로 제출된 고소·고발을 수리했으나 추가 진술이 필요하다고 판단하는 경우 고소인·고발인으로부터 보충 서면을 제출받거나 추가로

진술을 들어야 한다.

③ 자수하는 경우 진술조서의 작성 및 추가 진술에 관하여는 제1항 및 제2항을 준용한다.

제23조(고소의 대리 등)

① 사법경찰관리는 법 제236조에 따라 대리인으로부터 고소를 수리하는 경우에는 고소인 본인의 위임장을 제출받아야 한다.

② 사법경찰관리는 법 제225조부터 제228조까지의 규정에 따른 고소권자로부터 고소를 수리하는 경우에는 그 자격을 증명하는 서면을 제출받아야 한다.

③ 사법경찰관리는 제2항에 따른 고소권자의 대리인으로부터 고소를 수리하는 경우에는 제1항 및 제2항에 따른 위임장 및 자격을 증명하는 서면을 함께 제출받아야 한다.

④ 고소의 취소에 관하여는 제1항부터 제3항까지의 규정을 준용한다.

제24조(고소·고발사건의 수사기간)

① 사법경찰관리는 고소·고발을 수리한 날부터 3개월 이내에 수사를 마쳐야 한다.

② 사법경찰관리는 제1항의 기간 내에 수사를 완료하지 못한 경우에는 그 이유를 소속수사부서장에게 보고하고 수사기간 연장을 승인받아야 한다.

제25조(고소·고발 취소 등에 따른 조치)

① 사법경찰관리는 고소·고발의 취소가 있을 때에는 그 취지를 명확하게 확인해야 한다.

② 피해자의 명시한 의사에 반하여 공소를 제기할 수 없는 범죄에 대해 처벌을 희망하는 의사표시의 철회가 있을 때에도 제1항과 같다.

○ (경찰청) 범죄수사규칙

제49조(고소·고발의 수리) 경찰관은 고소·고발은 관할 여부를 불문하고 접수하여야 한다. 다만, 제7조에 규정된 관할권이 없어 계속 수사가 어려운 경우에는 「경찰수사규칙」 제96조에 따라 책임수사가 가능한 관서로 이송하여야 한다.

제50조(고소·고발의 각하 대상 사건 검토)

① 고소·고발을 수리한 경찰관은 지체 없이 고소·고발 내용이 「경찰수사규칙」 제108조제1항제4호에 해당하는지 검토한다.

② 경찰관은「경찰수사규칙」제108조제1항제4호에 해당한다고 판단하는 경우 사건 수리일로부터 2개월 이내(필요한 경우 소속수사부서장의 결재 후 연장 가능)에 고소·고발인을 상대로 증거, 정황자료 등 근거자료 제출 요구 등을 통하여 계속 수사를 진행할 필요가 있는지 조사한다.

제50조의2(고소·고발의 각하결정) 경찰관은 제50조에 따라 수사 진행의 필요성을 검토하는 과정에서 고소·고발이「경찰수사규칙」제108조제1항제4호 사유에 해당하여 더 이상 수사를 진행할 필요가 없음이 명백한 경우 각하 결정하여 신속히 사건을 종결한다.

제50조의3(각하결정시 유의사항) 경찰관은 고소·고발을 각하하는 경우 특별한 사정이 없으면 피의자등 사건관계인에게 출석 요구를 하거나 그 처리를 지연해서는 안된다.

제50조의4(각하결정 심의절차등)

① 경찰관은「경찰수사규칙」제108조제1항제4호 사유에 해당하는 사건이 사회적 분쟁, 이해관계 다툼 등으로 인하여 사건 수리일로부터 2개월이 경과하도록 처리가 지연되는 경우에는 경찰수사 심의위원회에 각하 결정의 적정성에 대한 심의를 요청할 수 있다.

② 경찰관은 제1항에 따라 심의 요청을 하는 경우의 구체적인 절차는「경찰 수사사건 심의 등에 관한 규칙」에 따른다.

③ 경찰관은 제2항에 따른 심의 요청을 하기 전에 소속 경찰관서 수사심사관으로부터 해당 사건의 수사사건 심의 필요성에 대하여 심사받아야 한다.

④ 경찰관은 각하 결정의 적정성에 대하여 경찰수사 심의위원회의 심의가 이루어진 경우,「경찰 수사사건 심의 등에 관한 규칙」제18조에 따라 경찰 수사심의위원회의 심의 의견을 최대한 존중하여 해당 사건을 처리한다.

제51조(자수사건의 수사) 경찰관은 자수사건을 수사할 때에는 자수인이 해당 범죄사실의 범인으로서 이미 발각되어 있었던 것인지 여부와 진범인이나 자기의 다른 범죄를 숨기기 위해서 해당 사건만을 자수하는 것인지 여부를 주의하여야 한다.

제52조(고소 취소에 따른 조치) 경찰관은 친고죄에 해당하는 사건을 송치한 후 고소인으로부터 그 고소의 취소를 수리하였을 때에는 즉시 필요한 서류를 작성하여 검사

에게 송부하여야 한다.

제53조(고소·고발사건 수사 시 주의사항)

① 경찰관은 고소·고발을 수리하였을 때에는 즉시 수사에 착수하여야 한다.

② 경찰관은 고소사건을 수사할 때에는 고소권의 유무, 자기 또는 배우자의 직계존속에 대한 고소 여부, 친고죄에 있어서는 「형사소송법」 제230조 소정의 고소기간의 경과여부, 피해자의 명시한 의사에 반하여 죄를 논할 수 없는 사건에 있어서는 처벌을 희망하는가의 여부를 각각 조사하여야 한다.

③ 경찰관은 고발사건을 수사할 때에는 자기 또는 배우자의 직계존속에 대한 고발인지 여부, 고발이 소송조건인 범죄에 있어서는 고발권자의 고발이 있는지 여부 등을 조사하여야 한다.

④ 경찰관은 고소·고발에 따라 범죄를 수사할 때에는 다음 각 호의 사항에 주의하여야 한다.

  1. 무고, 비방을 목적으로 하는 허위 또는 현저하게 과장된 사실의 유무
  2. 해당 사건의 범죄사실 이외의 범죄 유무

제54조(친고죄의 긴급수사착수) 경찰관은 친고죄에 해당하는 범죄가 있음을 인지한 경우에 즉시 수사를 하지 않으면 향후 증거수집 등이 현저히 곤란하게 될 우려가 있다고 인정될 때에는 고소권자의 고소가 제출되기 전에도 수사할 수 있다. 다만, 고소권자의 명시한 의사에 반하여 수사할 수 없다.

2. 참고인 진술조서 작성

가. 참고인 진술조서 작성틀

○ 고소인 진술조서 작성 예시

문 진술인이 고소인 김갑을인가요

답 예, 제가 고소인 김갑을입니다. 여기 주민등록증을 제시하겠습니다.

이때 특별사법경찰관은 고소인이 제시하는 주민등록증을 받아 본인임을 확인한 후 이를 사본하여 본건 조서 말미에 편철하기로 하고 계속 문답하다.

문 우리 시청에 접수된 이 고소장은 고소인이 제출한 것이 사실인가요

이때 특별사법경찰관은 우리 시청 사건번호 2025-3으로 접수된 고소장을 고소인에게 제시한바

답 예, 맞습니다. 제가 □□ 시청 민원실에 제출한 것입니다. (또는 우편으로)

문 고소인이 고소장과 같은 내용으로 다른 수사기관에 고소, 고발, 진정 등을 한 사실이 있나요

답 없습니다. □□ 시청에만 제출했습니다.

문 고소의 요지는 어떤 내용인가요

답 제가 박병정으로부터 ~한 피해를 당했는데, 박병정을 ○○죄로 처벌해 달라는 취지입니다.

문 고소인이 박병정을 알게 된 경위는 어떤가요

(이하 구성요건에 해당하는 사실을 6하 원칙에 의해 풀어 나간다.)

문 언제 피해를 당했나요

문 어디서 피해를 당했나요

문 어떤 피해를 당했나요(대상)

문 어떤 방법으로 피해를 당했나요

문 그 피해 결과는 어떤가요

문 박병정과 합의한 사실이 있나요

문 박병정에 대한 처벌은 원하나요

문 참고로 더 할 말이 있나요

문 고소인은 조서를 열람하였는데 고소인이 진술한 대로 기재되어 있지 아니하거나 그 진술 내용 자체가 사실과 다른 부분이 있나요

답 없습니다. (답변란은 공란으로 출력 후 고소인이 자필로 기재함)

○ 고발인 진술조서 작성 예시

문 진술인이 고발인 김갑을인가요

답 예, 제가 고발인 김갑을입니다. 여기 주민등록증을 제시하겠습니다.

이때 특별사법경찰관은 고발인이 제시하는 주민등록증을 받아 본인임을 확인한 후 이를 사본하여 본건 조서 말미에 편철하기로 하고 계속 문답하다.

문 우리 시청에 접수된 이 고발장은 고발인이 제출한 것이 사실인가요

이때 특별사법경찰관은 우리 시청 사건번호 2025-3으로 접수된 고발장을 고발인에게 제시한바

답 예, 맞습니다. 제가 □□ 시청 민원실에 제출한 것입니다. (또는 우편으로)

문 고발인은 고발장과 같은 내용으로 다른 수사기관에 고소, 고발, 진정 등을 한 사실이 있나요

답 없습니다. □□ 시청에만 제출했습니다.

문 고발의 요지는 어떤 내용인가요

답 ~에서 ~ 범죄가 발생했는데 박병정 등을 ○○죄로 처벌해 달라는 취지입니다.

문 고발인이 박병정을 알게 된 경위는 어떤가요

(이하 구성요건에 해당하는 사실을 6하 원칙에 의해 풀어 나간다.)

문 언제 범죄가 발생했나요

문 어디서 발생했나요

문 어떤 범죄가 발생했나요(대상)

문 어떤 방법으로 발생했나요

문 그 범죄 결과는 어떤가요

문 박병정에 대한 처벌은 원하나요

문 참고로 더 할 말이 있나요

문 고발인은 조서를 열람하였는데 고발인이 진술한 대로 기재되어 있지 아니하거나 그 진술 내용 자체가 사실과 다른 부분이 있나요

답 없습니다. (답변란은 공란으로 출력 후 고발인이 자필로 기재함)

○ 신고인 진술조서 작성 예시
  – 신고인은 고소장(피해자), 고발장(제3자)을 제출하지 않았을 뿐 고소인, 고발인과 같은 방법으로 조사함

문 진술인이 신고인 김갑을인가요

답 예, 제가 신고인 김갑을입니다. 여기 주민등록증을 제시하겠습니다.

이때 특별사법경찰관은 신고인이 제시하는 주민등록증을 받아 본인임을 확인한 후 이를 사본하여 본건 조서말미에 편철하기로 하고 계속 문답하다.

~~**문** 우리 시청에 접수된 이 고발장은 고발인이 제출한 것이 사실인가요~~

~~이때 특별사법경찰관은 우리 시청 사건번호 2025-3으로 접수된 고발장을 고발인에게 제시한바~~

~~**답** 예, 맞습니다. 제가 □□ 시청 민원실에 제출한 것입니다. (또는 우편으로…)~~

~~**문** 고발인은 고발장과 같은 내용으로 다른 수사기관에 고소, 고발, 진정 등을 한 사실이 있나요~~

~~**답** 없습니다. □□ 시청에만 제출했습니다.~~

문 신고의 요지는 어떤 내용인가요

~~**답** △△△에서 ○○ 범죄가 발생했는데 박병정 등을 △△△죄로 처벌해 달라는 취지입니다.~~

문 신고인이 이 범죄를 알게 된 경위는 어떤가요

(이하 구성요건에 해당하는 사실을 6하 원칙에 의해 풀어 나간다.)

문 언제 범죄가 발생했나요

문 어디서 발생했나요

문 어떤 범죄가 발생했나요(대상)

문 어떤 방법으로 발생했나요

문 그 범죄 결과는 어떤가요

문 박병정에 대한 처벌은 원하나요

(처벌을 원한다면 고소사건 또는 고발사건으로 전환)

문 참고로 더 할 말이 있나요

문 신고인은 조서를 열람하였는데 신고인이 진술한 대로 기재되어 있지 아니하거나 그 진술 내용 자체가 사실과 다른 부분이 있나요

답 없습니다. (답변란은 공란으로 출력 후 신고인이 자필로 기재함)

나. 고발 관련 참고할 만한 판례

대법원 1994. 5. 13. 선고 94도458 판결

[농지의보전및이용에관한법률위반][집42(1)형,703;공1994.6.15.(970),1751]

【판시사항】

가. 형사소송법 제372조 제1호 소정의 "법령적용의 착오가 있는 때"의 의미

나. 고발인이 범법자를 잘못 알고 고발한 경우 고발의 효력이 미치는 범위다. 사실인정과정의 잘못으로서 비약적 상고이유가 되지 못한다고 한 사례

【판결요지】

가. 형사소송법 제372조 제1호 소정의 "법령적용의 착오가 있는 때"라 함은 제1심판결이 인정한 사실을 일응 전제로 하여 놓고 그에 대한 법령의 적용을 잘못한 경우를 뜻한다.

나. 고발이란 범죄사실을 수사기관에 고하여 그 소추를 촉구하는 것으로서 범인을 지적할 필요가 없는 것이고 또한 고발에서 지정한 범인이 진범인이 아니더라도 고발의 효력에는 영향이 없는 것이므로, 고발인이 농지전용행위를 한 사람을 갑으로 잘못 알고 갑을 피고발인으로 하여 고발하였다고 하더라도 을이 농지전용행위를 한 이상 을에 대하여도 고발의 효력이 미친다.

다. 이 사건 농지전용행위와 전에 약식명령을 받은 농지전용행위는 포괄일죄에 해당함에도 별개의 범죄로 잘못 판단한 것은 두 농지전용행위에 대한 범의가 하나이었는가 아니면 각각 별개이었는가에 관한 사실인정과정에 심리미진의 잘못

이 있다는 데에 귀착하므로, 이러한 사유는 비약적 상고이유가 되지 못한다.

【참조조문】

가.다. 형사소송법 제372조 제1호 나. 같은 법 제234조

【참조판례】

가. 대법원 1988.3.22. 선고 88도156 판결(공1988,734)

나. 대법원 1962.1.11. 선고 4293형상883 판결(집10①형3)

【전 문】

【피 고 인】 피고인

【상 고 인】 피고인

【원심판결】 대전지방법원 서산지원 1994.1.18. 선고 93고단775 판결

【주 문】

비약상고를 기각한다.

【이 유】

비약상고 이유를 본다.

1. 비약적 상고는, 제1심판결이 그 인정한 사실에 대하여 법령을 적용하지 아니하거나 법령의 적용에 착오가 있는 때, 또는 제1심판결이 있은 후 형의 폐지나 변경 또는 사면이 있는 때에 한하여 제기할 수 있는 것이고(형사소송법 제372조), 여기서 말하는 법령적용에 착오가 있는 때라 함은 제1심판결이 인정한 사실을 일응 전제로 하여 놓고 그에 대한 법령의 적용을 잘못한 경우를 뜻하는 것이라고 할 것이다(당원 1988.3.22. 선고 88도156 판결 참조).

2. 제1점에 대하여

논지는, 피고인에 대한 농지의보전및이용에관한법률 제21조 제4항 소정의 적법한 고발이 없는데도 원심이 공소기각의 판결을 하지 아니하고 유죄로 처단한 것은 위법하다는 것으로, 이는 결국 소송조건의 존부에 대한 원심의 사실인정의 잘못과 법리오해로 말미암아 결과적으로 법령적용을 잘못하였다는 데에 귀착하므로 이러한 사유는 위 법조 소정의 비약적 상고이유가 되지 못하는 것일 뿐만 아니라, 이 사건 기록에 의하면, 당진군수는 이 사건 농지전용행위를 한 사람이 공

소외 1 주식회사의 전 대표인 공소외 2인 것으로 잘못 판단하고 위 공소외 2를 피고발인으로 하여 고발한 사실을 알 수 있는바, 고발이란 범죄사실을 수사기관에 고하여 그 소추를 촉구하는 것으로서 범인을 지적할 필요가 없는 것이고 또한 고발에서 지정한 범인이 진범인이 아니더라도 고발의 효력에는 영향이 없는 것이므로(당원 1962.1.11. 선고 4293형상883 판결 참조), 당진군수가 이 사건 농지전용행위를 한 사람을 위 공소외 2로 잘못 알고 위 공소외 2를 피고발인으로 하여 고발하였다고 하더라도 이 사건 농지전용행위를 피고인이 한 이상 피고인에 대하여도 위 고발의 효력이 미치는 것이다.

3. 제2점에 대하여

논지는, 이 사건 농지전용행위와 전에 약식명령을 받은 농지전용행위는 포괄일죄에 해당함에도 원심판결이 별개의 범죄로 잘못 판단하여 이 사건 농지전용행위에 대하여 유죄로 처단한 것은 위법하다는 것이나, 이는 결국 위 두 농지전용행위에 대한 피고인의 범의가 하나이었는가 아니면 각각 별개이었는가에 관한 사실 인정과정에 심리미진의 잘못이 있다는 데에 귀착하므로, 이러한 사유는 위 법조 소정의 비약적 상고이유가 되지 못한다고 할 것이다.

4. 그러므로 비약상고를 기각하기로 하여 관여 법관의 일치된 의견으로 주문과 같이 판결한다.

대법관 윤영철(재판장) 김상원 박만호 박준서(주심)

※ 출처: 대법원 1994. 5. 13. 선고 94도458 판결
[농지의보전및이용에관한법률위반] 〉 종합법률정보 판례

다. 서식

* 말미서식(서명, 날인), 수사과정확인서 서식은 피의자신문조서와 동일함

■ 특별사법경찰관리에 대한 검사의 수사지휘 및 특별사법경찰관리의 수사준칙에 관한 규칙 [별지 제19호서식]

진 술 조 서

성 명				
주민등록번호				
직 업				
주 거				
등록기준지				
직 장 주 소				
연 락 처	(자택 전화)		(휴대 전화)	
	(직장 전화)		(전자우편)	

위의 사람은 피의자   에 대한   피의사건에 관하여
      .   .   .   에 임의 출석하여 다음과 같이 진술하다.

1. 피의자와의 관계

저는 피의자   과(와)   인 관계에 있습니다.
/ 저는 피의자   과(와) 아무런 관계가 없습니다.

1. 피의사실과의 관계

저는 피의사실과 관련하여 (피해자, 목격자, 참고인)의 자격으로서 출석하였습니다.

이 때 특별사법경찰관은   를(을) 상대로 다음과 같이 문답을 하다.

문

답

210mm×297mm[백상지(80g/㎡)]

3. 참고인 진술조서 작성 예시

예시 참고인 진술조서(고소인, 문답식) / 식물신품종보호법위반

진술조서(고소인)

성 명 :	박병정(朴炳丁)			
주 민 등 록 번 호 :	580701-1001111			
직 업 :	무직			
주 거 :	(기재)			
등 록 기 준 지 :	(기재)			
직 장 주 소 :	없음			
연 락 처 :	(자택전화)		(휴대전화)	010-1111-1111
	(직장전화)		(전자우편)	

위의 사람은 피의자 김갑을에 대한 식물신품종보호법위반 피의사건에 관하여 2022. 6. 10. 국립종자원 ○○지원 ○○과 사무실에 출석하여 다음과 같이 진술하다.

1. 피의자와의 관계

   저는 피의자와는 알지 못하는 관계입니다.

2. 피의사실과의 관계

   피의자는 저의 품종보호권을 침해한 사람입니다.

이때 특별사법경찰관은 진술의 취지를 명확히 하기 위하여 아래와 같이 임의로 문답하다.

   문   진술인이 고소인 박병정인가요

   답   예, 제가 고소인 박병정입니다. 여기 주민등록증을 제출하겠습니다.

이때 특별사법경찰관은 고소인이 제출하는 주민등록증을 받아 본인임을 확인한 후 이를 사본하여 본건 조서말미에 편철하기로 하고 계속 문답하다.

   문   진술인이 제출한 고소장이 이것인가요

이때 특별사법경찰관은 2022. 5. 31. 우리 원 2022-10호로 접수된 고소장을 고소

인에게 열람시킨바

답　예, 맞습니다.

문　다른 수사기관에도 같은 내용으로 고소한 사실이 있나요

답　없습니다.

문　고소의 요지는 어떤 내용인가요

답　피고소인이 저의 품종보호권을 침해했으니 처벌해 달라는 취지입니다.

문　고소인의 품종보호권은 어떤 내용인가요

답　(품종보호권 내용 기재)

문　고소인은 피고소인이 고소인의 품종보호권을 침해했다는 내용을 어떻게 알게 되었나요

답　(답변 기재)

문　피고소인이 언제 고소인의 품종보호권을 침해했나요

답　(답변 기재)

문　어디서 침해했나요

답　(답변 기재)

문　어떤 방법으로 침해했나요

답　(답변 기재)

문　침해 결과는 어떤가요

답　(답변 기재)

문　피고소인은 왜 고소인의 품종보호권을 침해했다고 하던가요

답　(답변 기재)

문　피고소인과 합의한 사실이 있나요

답　없습니다.

문　피고소인에 대한 처벌을 원하는가요

답　예, 처벌해 주시기 바랍니다.

문　참고로 더 할 말이 있나요

답　법대로 처리해 주시기 바랍니다.

문　고소인은 조서를 열람하였는데 고소인이 진술한 대로 기재되어 있지 아니 하

거나 그 내용 자체가 사실과 다른 부분이 있나요

답 (없습니다.) → 고소인 자필로 기재

진술조서(고발인)

성 명	:	박병정(朴炳丁)			
주 민 등 록 번 호	:	580701-1001111			
직 업	:	무직			
주 거	:	(기재)			
등 록 기 준 지	:	(기재)			
직 장 주 소	:	없음			
연 락 처	:	(자택전화)		(휴대전화)	010-1111-1111
		(직장전화)		(전자우편)	

위의 사람은 피의자 정영성에 대한 농수산물원산지표시에관한법률위반 피의사건에 관하여 2024. 12. 1. 국립농산물품질관리원 ○○지원 사무실에 출석하여 다음과 같이 진술하다.

1. 피의자와의 관계

저는 피의자 정영성과 고등학교 동창으로 친구 사이입니다.

2. 피의사실과의 관계

저는 피의자 정영성에게 돈을 빌려주고 받지 못해 정영성의 반찬가게에 돈을 받으러 갔다가 정영성이 김치를 만들어 팔며 양념으로 사용하는 고추를 사실은 중국산을 쓰면서 국내 해남산으로 거짓으로 표시하여 파는 것을 보고 고발하게 되었습니다.

이때 특별사법경찰관은 진술의 취지를 명확히 하기 위하여 아래와 같이 임의로 문답하다.

문 진술인이 고발인 박병정인가요

답 예, 제가 박병정입니다. 여기 주민등록증을 제출하겠습니다.

이때 특별사법경찰관은 고발인이 제출하는 주민등록증을 받아 본인임을 확인한 후 이를 사본하여 본건 조서 말미에 편철하기로 하고 계속 문답하다.

문 진술인이 제출한 고발장이 이것인가요

이때 특별사법경찰관은 우리 원 2024범죄 제23호로 접수된 고발장을 고발인에게 열람시킨바

답　네, 맞습니다.

문　다른 수사기관에도 같은 내용으로 고발한 사실이 있나요

답　없습니다.

문　진술인은 어떤 내용을 고발하는 것인가요

답　제 친구 정영성이 '동네반찬'이라는 상호로 반찬가게를 하고 있는데 김치를 만들며 양념에 사용하는 고추를 사실은 중국산이면서도 국내산이 '해남산'으로 거짓으로 표시하여 판매하고 있으니 처벌해 달라는 것입니다.

문　진술인과 피의자는 구체적으로 어떤 관계인가요

답　서울에 있는 용당고등학교 동기동창으로 30년지기입니다.

문　그렇게 가까운 사이인데 왜 고발하는가요

답　가까운 사이였는데 3년 전에 정영성이 "내 사회 친구가 사채업을 하고 있는데 사채자금 2억 원을 빌려주면 한 달에 2천만 원씩 이자를 주겠다고 한다"라고 하여 제가 정영성을 통해 2억 원을 주었는데 지금까지 이자는 물론 원금도 한 푼 못받고 있어 정영성에게도 엉터리를 소개해 준 책임이 있는 것이니 최근에 자주 다투며 사이가 나빠져 고발하게 되었습니다.

문　피의자의 가게에서 원산지를 거짓으로 표시하고 있다는 것을 어떻게 알게 되었나요

답　며칠 전인 2024. 11. 25. 14:00경 정영성이 운영하는 반찬가게에 갔더니 겉봉투에는 '중국산'이라고 쓰여 있는 고추를 꺼내 갈고 있기에 제가 "뭐하냐"고 물어 보니 정영성이 "김치를 담근다"고 하기에 제가 "봉투에는 중국산이라고 되어 있는데 원산지 표시판에는 중국산이라는 표시가 없이 해남산으로 되어 있는데 어떻게 된 것이냐"고 하니 정영성이 "상관 없다"고 하는 등 대화하는 과정에서 알게 되었습니다.

문　피의자는 '동네반찬'이라는 반찬가게를 어디에서 하고 있나요

답　서울 강남구 대당동 83번지에 있는 3층짜리 상가 건물의 1층에서 하고 있습니다.

문　언제부터 하고 있나요

답 세 달 정도 된 것으로 알고 있습니다.

문 시설 등 영업규모는 어떤지 알고 있나요

답 가게는 10평 정도 되는데 대형 냉장고 2대, 반찬 진열대 1대 등이 있습니다.

문 그렇게 가까운 사이인데 왜 고발하는가요

답 가까운 사이였는데 3년 전에 정영성이 "내 사회 친구가 사채업을 하고 있는데 사채자금 2억 원을 빌려주면 한 달에 2천만 원씩 이자를 주겠다고 한다"라고 하여 제가 정영성을 통해 2억 원을 주었는데 지금까지 이자는 물론 원금도 한 푼 못 받고 있어 정영성에게도 엉터리를 소개해 준 책임이 있는 것이니 최근에 자주 다투며 사이가 나빠져 고발하게 되었습니다.

문 피의자의 가게에서 원산지를 거짓으로 표시하고 있다는 것을 어떻게 알게 되었나요

답 며칠 전에 정영성이 운영하는 반찬가게에 갔더니 겉봉투에는 '중국산'이라고 쓰여 있는 고추를 꺼내 갈고 있기에 제가 "뭐 하냐"고 물어보니 정영성이 "김치를 담근다"고 하기에 제가 "봉투에는 중국산이라고 되어 있는데 원산지 표시판에는 중국산이라는 표시가 없이 해남산으로 되어 있는데 어떻게 된 것이냐"고 하니 정영성이 "상관 없다"고 하는 등 대화하는 과정에서 알게 되었습니다.

문 피의자는 '동네반찬'이라는 반찬가게를 어디에서 하고 있나요

답 서울 강남구 대당동 83번지에 있는 3층짜리 상가 건물의 1층에서 하고 있습니다.

문 언제부터 하고 있나요

답 석 달 정도 된 것으로 알고 있습니다.

문 시설 등 영업규모는 어떤지 알고 있나요

답 가게는 10평 정도 되는데 대형 냉장고 2대, 반찬 진열대 1대 등이 있습니다.

문 몇 명이 일하고 있나요

답 정영성 혼자 일하고 있는 것으로 알고 있습니다.

문 피의자가 어떤 방법으로 원산지 표시를 거짓으로 하고 있는지 구체적으로 진술할 수 있나요

답 예, A4 용지 크기에 '배추김치', '총각김치', '백김치' 등 김치 종류를 써놓고 그

밑에 [배추, 무 국산], [고추 해남산]이라고 기재해 놓았습니다.

문 언제부터 위와 같이 기재해 놓았던가요

답 그것은 제가 잘 모르겠습니다.

문 목격 당시 중국산 고추의 양은 얼마나 되었나요

답 겉봉투에 '4kg'이라고 기재되어 있었고, 고추가 들어 있는 봉투가 3개 있었으니 '12kg' 정도 되는 것 같았습니다.

문 매출은 어느 정도 되는가요

답 그것은 잘 모르겠습니다.

문 진술인은 지금까지의 진술에 대해 어떤 증거를 가지고 있나요

답 당시 제가 친구 몰래 촬영했던 고추 봉투 사진과 원산지 표시판을 제출하겠습니다.

이때 특별사법경찰관은 고발인이 제출하는 위 사진 출력물을 받아 검토한 후 본건 조서 말미에 편철하기로 하다.

문 피의자에 대한 처벌을 원하나요

답 예, 처벌해 주시기 바랍니다.

문 참고로 더 할 말이 있나요

답 모든 사람들이 정직하게 살았으면 좋겠습니다.

문 진술인은 조서를 열람하였는데 진술인이 진술한 대로 기재되어 있지 아니하거나 그 내용 자체가 사실과 다른 부분이 있나요

답 (없습니다.) → 진술인 자필로 기재

진술조서(목격자)

성 명 :	박병정(朴炳丁)			
주 민 등 록 번 호 :	580701-1001111			
직 업 :	무직			
주 거 :	(기재)			
등 록 기 준 지 :	(기재)			
직 장 주 소 :	없음			
연 락 처 :	(자택전화)		(휴대전화)	010-1111-1111
	(직장전화)		(전자우편)	

위의 사람은 피의자 김갑을에 대한 소방기본법위반 피의사건에 관하여 2012. 6. 10.
△△소방서 사무실에 출석하여 다음과 같이 진술하다.

1. 피의자와의 관계

    저는 피의자와는 아무런 관계가 없습니다.

2. 피의사실과의 관계

    저는 피의자가 구급대원을 폭행하는 것을 목격한 일이 있는데 이에 관하여 물으시면 사실대로 진술하겠습니다.

이때 특별사법경찰관은 진술의 취지를 명확히하기 위하여 아래와 같이 임의로 문답하다.

문   진술인이 참고인인 박병정인가요

답   예, 제가 박병정입니다. 여기 주민등록증을 제출하겠습니다.

이때 특별사법경찰관은 진술인이 제출하는 주민등록증을 받아 본인임을 확인한 후 이를 사본하여 본건 조서 말미에 편철하기로 하고 계속 문답하다.

문   진술인이 오늘 출석하게 된 경위는 어떤가요

답   어떤 남자가 술에 취해 구급대원을 폭행하는 것을 목격한 일이 있는데 그때 그 구급대원의 동료가 저에게 "본 일을 나중에 진술을 해줄 수 있겠느냐"고 하여 제 도움이 필요하면 연락하라고 휴대폰 전화번호를 알려 주었었는데, 오늘 나와서 진술해 달라는 특별사법경찰관의 연락을 받고 출석하게 되었습니다.

문 진술인은 당시 어떤 상황을 목격하였나요

답 어떤 남자가 구급차 뒷부분에서 구급대원을 주먹으로 때리는 광경을 목격했습니다.

문 진술인이 위와 같은 광경을 목격하게 된 일시, 장소는 어떻게 되나요

답 2024. 4. 9. 21:00경 경기 용인시 기흥구 언남동 39에 있는 법무아파트 101동 103호 앞에 정차되어 있던 구급차 뒷부분에서 발생한 일을 보았던 것입니다.

문 "어떤 남자가 술에 취해 구급대원을 폭행했다"고 했는데 그 어떤 남자의 인상착의는 어떻했나요

답 40대 중반으로 안경은 끼지 않았고, 얼굴은 둥근 편, 머리는 짧은 스포츠형이었고, 서울 말씨를 썼고, 상의는 검정색 라운드 티셔츠, 하의는 청색 츄리닝, 신발은 흰색 슬리퍼를 신고 있었습니다.

문 구체적으로 어떻게 때리던가요

답 구급대원 2명이 어떤 남자의 양팔을 잡아 양쪽에서 부축하고 구급차 뒤 칸으로 오르려고 하는데 어떤 남자가 갑자기 이를 뿌리치고 오른손 주먹으로 오른팔을 잡고 있던 구급대원의 얼굴을 서너 차례 때리고 "씨발놈, 죽여버리겠다"는 등 욕을 많이 했습니다.

문 폭행 당한 구급대원은 어떻게 대처하던가요

답 갑자기 당한 일이라 아무런 저항도 하지 못하고 그냥 바닥에 넘어졌고, 잠시후 일어나는데 얼굴을 보니 입술에서 피가 흐르고 있었습니다.

문 폭행 당한 구급대원이 일어 나니 어떤 남자는 어떻게 하던가요

답 구급대원의 입술에서 피가 흐르는 것을 보더니 자신도 당황하는 것처럼 보였고, 왼쪽에 있던 구급대원이 붙잡고 있어 더 이상 때리거나 하지는 않았습니다.

문 어떤 남자는 왜 구급대원을 폭행하던가요

답 무슨 이유에서인지는 모르겠지만 어떤 남자는 구급차에 오르지 않으려고 버티고 있는 것처럼 보였고, 구급대원들은 어떤 남자를 태워 가려고 하는 것처럼 보였습니다. 그때 어떤 남자의 왼손에서는 피가 많이 흘러 아스팔트 바닥에 떨

어져 있을 정도였습니다.

문 어떤 남자는 술에 취해 있었다고 했는데, 어느 정도 취해 있던가요

답 정신이 없을 정도는 아니었던 것으로 보이고, 말도 알아들을 수 있을 정도로 또박또박했고, 걸음걸이도 비틀거리거나 하지는 않았습니다.

문 그 광경은 어떻게 마무리되었나요

답 구급대원들이 어떤 남자를 구급차에 태우고 떠났습니다.

문 사건이 발생해서 구급차를 타고 떠날 때까지 시간은 어느 걸렸나요

답 약 20분 정도 걸렸던 것 같습니다.

문 진술인이 위와 같은 광경을 목격하게 된 경위는 어떤가요

답 제가 그 아파트 옆 동에 사는데 퇴근하는 길에 우연히 보게 되었던 것입니다.

문 진술인은 피의자인 어떤 남자나 폭행 당한 구급대원 등 현장에 있던 사람들과 이전에 알고 지내던 일이 있었나요

답 없습니다. 모두 처음 보는 사람들이었습니다.

문 참고로 더 할 말이 있나요

답 없습니다.

문 진술인은 조서를 열람하였는데 진술인이 진술한 대로 기재되어 있지 아니하거나 그 내용 자체가 사실과 다른 부분이 있나요

답 (없습니다.) → 진술인 자필로 기재

진술조서(목격자)

성　　　　　명 :	박병정(朴炳丁)			
주 민 등 록 번 호 :	580701-1001111			
직　　　　　업 :	무직			
주　　　　　거 :	(기재)			
등 록 기 준 지 :	(기재)			
직 장 주 소 :	없음			
연　　　락　　　처 :	(자택전화)		(휴대전화)	010-1111-1111
	(직장전화)		(전자우편)	

위의 사람은 피의자 김갑을에 대한 소방기본법위반 피의사건에 관하여 2024. 6. 10.
△△소방서 사무실에 출석하여 다음과 같이 진술하다.

1. 피의자와의 관계

저는 어떤 남자(피의자)와는 아무런 관계가 없습니다.

1. 피의사실과의 관계

저는 어떤 남자가 구급대원을 폭행하는 것을 목격한 일이 있는데 이에 관하여 사실대로 진술하겠습니다.

1. 출석하게 된 경위는 사건 당시 폭행 당한 구급대원의 동료가 저에게 "본 일을 나중에 진술해 줄 수 있겠느냐"고 하여 제 도움이 필요하면 연락하라고 휴대폰 전화번호를 알려주었었는데, 오늘 나와서 진술해 달라는 특별사법경찰관의 연락을 받고 출석하게 되었습니다.

1. 4. 4. 9. 21:00경 경기 용인시 기흥구 언남동 39에 있는 법무아파트 101동 103호 앞에 정차되어 있던 구급차 뒷 부분에서 구급대원 2명이 어떤 남자를 양쪽에서 부축하고 구급차 뒤편으로 오르려고 했습니다.

1. 그때 어떤 남자의 왼손에서는 피가 많이 흘러 아스팔트 바닥에 떨어져 고일 정도였는데 어떤 남자는 구급차에 오르지 않으려고 버티는 것처럼 보였고, 구급대원들은 차에 태우려고 하는 것처럼 보였습니다.

1. 그러다가 갑자기 어떤 남자가 부축하는 구급대원들을 뿌리치고 오른손 주먹으로 오른편에서 부축하던 구급대원에게 "이 새끼, 죽여버리겠다"며 얼굴을 서너 차례 때렸습니다.

1. 갑자기 일어난 이리아 구급대원은 아무런 저항도 하지 못하고 바닥에 넘어졌고, 잠시 후 일어났는데 입술에서 피가 흘렀습니다.

1. 구급대원의 입술에서 피가 흐르는 것을 보더니 어떤 남자도 당황하는 것처럼 보였고, 왼쪽에 있던 구급대원이 붙잡고 있어 더 이상 때리거나 하지는 않았습니다.

1. 당시 어떤 남자는 술에 취해 있는 것처럼 보이기는 했는데 정신이 없을 정도는 아니었던 것으로 보이고, 말도 알아들을 수 있을 정도로 또박또박했고, 걸음걸이도 비틀거리거나 하지는 않았습니다.

1. 약 20분 정도 그와 같은 실랑이를 하다가 모두 다 구급차를 타고 떠났습니다.

1. 제가 위와 같은 광경을 목격하게 된 경위는 그 아파트 옆 동에 살고 있어 퇴근길에 우연히 보게 되었던 것이고, 어떤 남자나 폭행 당한 구급대원 등 현장에 있던 사람들은 전부 처음 보는 사람들이었습니다.

1. 이상 모두 사실대로 진술했습니다.

이때 특별사법경찰관은 참고인에게 문답하다.

문 진술인은 조서를 열람하였는데 진술인이 진술한 대로 기재되어 있지 아니하거나 그 내용 자체가 사실과 다른 부분이 있나요

답 (없습니다.) → 진술인 자필로 기재

진술조서(고발인)

성　　　　　명 :	박병정(朴炳丁)			
주 민 등 록 번 호 :	680701-1001111			
직　　　　　업 :	공무원			
주　　　　　거 :				
등 록 기 준 지 :				
직 장 주 소 :	(기재)			
연　　　락　　　처 :	(자택전화)		(휴대전화)	010-1111-1111
	(직장전화)		(전자우편)	

위의 사람은 피의자 김갑을에 대한 사회복지사업법위반 피의사건에 관하여 2024. 6. 10.
△△시청 별관 201호 특별사법경찰과 사무실에 출석하여 다음과 같이 진술하다.

1. 피의자와의 관계

　　고발인은 피의자가 근무하는 사회복지법인 ○○을 관리감독하는 시청 사회복지과
　　담당자입니다.

2. 피의사실과의 관계

　　고발인은 사회복지법인 △△에 대한 회계감사 결과 피의자가 보조금을 목적 외 용
　　도로 사용한 사실을 발견하여 고발하기에 이르렀습니다.

이때 특별사법경찰관은 진술의 취지를 명확히 하기 위하여 아래와 같이 임의로 문답
하다.

　문　　진술인이 고발인 박병정인가요

　답　　예, 제가 고발인 박병정입니다. 여기 공무원증을 제출하겠습니다.

이때 특별사법경찰관은 고발인이 제출하는 공무원증을 받아 본인임을 확인한 후 이
를 사본하여 본건 조서 말미에 편철하기로 하고 계속 문답하다.

　문　　진술인은 어떤 일을 하고 있나요

　답　　대구시청 사회복지과에서 사회복지법인 등에 보조금을 지급하고 이 보조금

이 목적에 맞게 사용되는지 관리감독하는 업무를 하고 있습니다.

문 　이 고발장이 진술인이 제출한 것이 맞나요

이때 특별사법경찰관은 우리 시 2024-12호로 수리된 고발장을 고발인에게 열람시 킨바

답 　예, 맞습니다.

문 　이 고발장과 같은 내용으로 다른 수사기관에 진정이나 고발 등을 한 사실이 있나요

답 　없습니다.

문 　고발장 취지는 어떤 내용인가요

답 　사회복지법인 △△을 상대로 회계감사를 했는데 그 법인 C센터 센터장인 이○○이 사회복지법인 □□에서 국가와 지방자치단체로부터 받은 보조금 중 일부를 개인채무를 변제하는 데 사용하여 보조금 목적 외 사용으로 처벌해 달라는 취지입니다.

문 　사회복지법인 △△은 어떤 사업을 하는 법인인가요

답 　언제, 어디서, 어떤 목적을 가지고 설립된 법인으로 ~사업을 하고 있습니다.

문 　문제가 된 보조금 관련, 국가와 지방자치단체에서 사회복지법인 △△에 보조금을 지급한 내역은 어떻게 되나요

답 　2024. 3. 3. 자활근로사업 보조금(보건복지부: 90%, 대구시: 7%, 대구광역시 북구: 3%) 14억 원을 사회복지법인 ▽▽ 소속 C센터 명의 D은행 E계좌로 송금했습니다.

문 　위와 같이 송금했다는 증빙자료가 있나요

답 　예, 여기 이체했다는 내용이 나와 있는 ○○은행 ○○지점 당일자 계좌거래 내역서를 제출하겠습니다.

이때 특별사법경찰관은 고발인으로부터 위 계좌거래내역서를 받아 검토한 후 이를 본건 조서 말미에 편철하기로 하고 계속 문답하다.

문 　위 보조금의 사용 용도는 한정되어 있나요

답 　예, 사회복지사업법에 따라 '자활근로사업'에만 사용하도록 한정되어 있습니다. 이러한 취자가 담긴 결정교부서를 제출하겠습니다.

이때 특별사법경찰관은 고발인으로부터 위 결정교부서를 받아 검토한 후 이를 사본하여 본건 조서 말미에 편철하기로 하고 계속 문답하다.

문 피의자가 위 보조금을 목적 외 사용했다는 취지는 어떤 내용인가요

답 피의자는 2024. 3. 15. 앞에서 말씀드린 사회복지법인 ▽▽ 소속 C센터 명의 D은행 E계좌에서 피의자 명의 F은행 G계좌로 6,500만 원을 이체하여 보조금을 목적 외로 사용했습니다.

문 이에 대한 증빙자료가 있나요

답 예, 회계감사팀이 피의자로부터 받았던 이체확인증을 제출하겠습니다.

이때 특별사법경찰관은 고발인으로부터 이체확인증을 받아 검토한 후 이를 사본하여 본건 조서 말미에 편철하기로 하고 계속 문답하다.

문 피의자는 위 6,500만 원을 어디에 사용했다고 하던가요

답 2024. 3. 16. 채권자 김○○ 명의 H은행 I계좌로 5,000만 원을, 2020. 3. 18. 또 다른 채권자 박○○ 명의 J은행 K계좌로 1,500만원을 이체하여 개인채무를 변제했다고 회계감사팀에 진술했습니다.

문 이체에 대한 증빙자료가 있나요

답 예, 회계감사팀이 피의자로부터 받았던 이체 거래내역서를 제출하겠습니다.

이때 특별사법경찰관은 고발인으로부터 이체 거래내역서를 받아 검토한 후 이를 사본하여 본건 조서 말미에 편철하기로 하고 계속 문답하다.

문 피의자는 왜 이와 같은 위법행위를 했다고 하던가요

답 그것은 잘 모르겠습니다.

문 피의자에 대한 처벌을 원하는가요

답 예, 법대로 처벌해 주시기 바랍니다.

문 참고로 더 할 말이 있나요

답 다시는 보조금을 목적 외 용도로 사용하는 일이 없기를 바랍니다.

문 진술인은 조서를 열람하였는데 진술인이 진술한 대로 기재되어 있지 않거나 그 진술 내용 자체가 사실과 다른 부분이 있나요

답 없습니다.(공란으로 출력, 참고인 자필 기재)

진술조서(고소인)

성 명 :	박병정(朴炳丁)			
주 민 등 록 번 호 :	580701-1001111			
직 업 :	무직			
주 거 :	(기재)			
등 록 기 준 지 :	(기재)			
직 장 주 소 :	없음			
연 락 처 :	(자택전화)		(휴대전화)	010-1111-1111
	(직장전화)		(전자우편)	

위의 사람은 피의자 김갑을에 대한 근로기준법위반 피의사건에 관하여 2024. 6. 10. 중부지방고용노동청 △△지청 근로개선지도과 사무실에 출석하여 다음과 같이 진술하다.

1. 피의자와의 관계

   저는 'AB기계'에서 잡부로 일하다가 퇴직하였는데 피의자 김갑을은 'AB기계'의 대표자입니다.

2. 피의사실과의 관계

   저는 'AB기계'에서 퇴직하였으나 월급과 퇴직금을 받지 못해 피의자 김갑을을 고소하였는데 이에 대하여 물으시면 사실대로 진술하겠습니다.

이때 특별사법경찰관은 진술의 취지를 명확히 하기 위하여 아래와 같이 임의로 문답하다.

　문　　진술인이 고소인 박병정인가요

　답　　예, 제가 고소인 박병정입니다. 여기 주민등록증을 제출하겠습니다.

이때 특별사법경찰관은 고소인이 제출하는 주민등록증을 받아 본인임을 확인한 후 이를 사본하여 본건 조서 말미에 편철하기로 하고 계속 문답하다.

　문　　진술인이 제출한 고소장이 이것인가요

이때 특별사법경찰관은 2024. 5. 31. 우리청 2024-23호로 접수된 고소장을 고소인

에게 열람시킨바

답 예, 맞습니다.

문 다른 수사기관에도 같은 내용으로 고소한 사실이 있나요

답 없습니다.

문 고소 내용의 요지는 무엇인가요

답 제가 'AB기계'에서 일하다가 2024. 1. 31. 자로 퇴직하였는데 아직까지 밀린 임금 700만 원과 퇴직금 100만 원 합계 800만 원을 받지 못했으니 'AB기계' 대표인 김갑을을 처벌해 달라는 것입니다.

문 'AB기계'는 어디에 있나요

답 경기 시흥시 시흥동 100-10 시화공단 1바 111에 있습니다.

문 'AB기계'의 회사 규모는 어떤가요

답 약 15평 되는 곳에서 기계제작업을 하는데 대표인 사장 김갑을과 저를 포함 하여 종업원 2명이 있었는데 한 달 전에 폐업을 한 것으로 알고 있습니다.

문 진술인은 'AB기계'에서 언제부터 일했나요

답 2023. 1. 1.경부터 일했습니다.

문 어떤 일을 했나요

답 잡부로 이것저것 시키는 대로 했습니다.

문 어떤 조건으로 일을 했나요

답 월급은 200만 원 받았고 상여금 등 별도로 지급되는 것은 없었습니다.

문 진술인이 받지 못했다는 급여 및 퇴직금의 구체적인 내역은 어떤가요

답 2023. 10월 월급 100만 원, 11월 월급 200만 원, 12월 월급 200만 원, 2024. 1월 월급 200만 원과 퇴직금 100만 원으로 합계 800만 원입니다.

문 진술인이 위와 같이 근무하였고, 급여 등을 지급받지 못했다는 데 대한 증거 자료가 있나요

답 제가 AB기계에서 일했다는 증거로 의료보험증 사본을 제출하겠습니다. 그 리고 AB기계에서 월급을 제 명의 한신은행 예금계좌로 입금했었는데 그 예 금통장 사본을 제출하겠습니다.

이때 특별사법경찰관은 고소인이 제출하는 의료보험증 사본, 예금통장 사본을 받아

검토한 후 본건 조서 말미에 편철하기로 하고 계속 문답하다.

문　피의자는 왜 진술인에게 급여 등을 지급하지 않는다고 하던가요

답　왜 주지 않는지 그 이유는 듣지 못했습니다.

문　진술인은 피의자와 합의하여 지급받는 기일을 연장한 사실이 있나요

답　없습니다.

문　피의자에 대한 처벌을 원하는가요

답　예, 처벌해 주시기 바랍니다.

문　참고로 더 할 말이 있나요

답　밀린 월급 등을 빨리 지급받았으면 좋겠습니다.

참고인 진술조서(고소취소) / 식물신품종보호법위반

진술조서(제 2 회) (고소취소)

성 명 :	
주 민 등 록 번 호 :	

위의 사람은 피의자 _____ 에 대한 _____ 피의사건에 관하여

_____·_____·_____ 에 임의 출석하였는바,

특별사법경찰관은 진술인 _____ 를(을) 상대로 다음과 같이 지난번 조사에 이어 계속

문답을 하다.

문 진술인이 고소인 김○○인가요

답 예, 제가 고소인 김○○입니다.

문 오늘 어떤 경위로 출석하게 되었나요

답 피고소인과 원만하게 합의하여 고소취소장을 제출하려고 출석하였습니다.
여기 고소취소장을 제출합니다.

이때 특별사법경찰관은 고소인이 제출하는 고소장을 받아 검토한 후 본건 조서말미
에 편철하기로 하고 계속 문답하다.

문 고소인이 착오나 또는 피고소인으로부터 협박, 강요 등에 의해 고소인의 의
사와는 관계없이 고소취소장을 제출하는 것은 아닌가요

답 아닙니다. 저의 순전한 의지에 따라 합의했고, 고소를 취소하는 것입니다.

문 어떤 조건으로 합의했나요

답 구체적인 말씀을 드리기는 그런데, 피고소인으로부터 원만한 피해보상을 받
았고 앞으로는 저의 권리를 침해하지 않겠다는 약속도 받았습니다.

문 고소를 취소하면 다시 고소할 수 없다는 사실을 알고 있나요

답 예, 잘 알고 있습니다.

문 참고로 더 할 말이 있나요

답 없습니다.

문 고소인은 조서를 열람하였는데 고소인이 진술한 대로 기재되어 있지 아니하
거나 그 진술 내용 자체가 사실과 다른 부분이 있나요

답　　없습니다.(고소인 자필로 기재)

＊ 조서 말미 서식, 수사과정 확인서 작성은 생략

예시 의료법위반 진정인

○ 의사 등이 아닌 자가 병원을 개설하거나 운영했는지 여부를 조사하는 것이다.

○ 진정인 진술조서 작성 예시

문　진술인이 진정인 김갑을인가요

답　예, 제가 진정인 김갑을입니다. 여기 주민등록증을 제시하겠습니다.

이때 특별사법경찰관은 진정인이 제시하는 주민등록증을 받아 본인임을 확인한 후 이를 사본하여 조서 뒤에 편철하기로 하고 계속 문답하다.

문　우리 공단에 진정인 명의로 접수된 이 진정서는 진정인이 제출한 것이 사실 인가요

이때 특별사법경찰관은 우리 공단 2023-3호로 접수된 진정서를 진정인에게 열람시 킨바

답　예 맞습니다.

문　진정인은 이와 같은 내용을 다른 수사기관에 고소, 고발, 진정 등을 한 사실 이 있나요

답　없습니다. 여기가 처음입니다.

문　진정의 요지는 어떤 내용인가요

답　□□병원이 사무장병원으로 개설, 운영되고 있으니 철저히 조사해 달라는 취지입니다.

문　진정인은 □□병원과 어떤 관계인가요

답

문　□□병원은 누가, 언제, 어디서 개설하였나요

답　김갑을이...

문　김갑을은 □□병원을 개설한 자격을 갖추었나요

답

문　□□병원의 규모는 어떤가요

답　(병원 면적, 시설, 의사 등 직원 수, 진료과목, 연간 매출 등...)

문　김갑을이 □□병원을 운영한 기간은 얼마나 되나요

답

문　□□병원은 누가, 어떤 방법으로 운영하였나요

답

문　김갑을이 이와 같은 행위를 하면 취득한 이익은 얼마나 되나요

답

문　진정인의 진술에 대한 증거자료가 있나요

답　예, ~한 자료가 있는데 이를 제출하겠습니다.

이때 특별사법경찰관은 진정인이 제출하는 위 ~ 자료를 받아 검토한 후 이를 사본하여 본건 조서 말미에 편철하기로 하고 계속 문답하다(원본은 진정인에게 반환하였음).

문　□□병원은 현재도 사무장병원으로 운영되고 있나요

답

문　진정인은 피진정인 김갑을에 대한 처벌을 원하는가요

답

> 진정인이 처벌을 원한다고 하면 진정인이 피해자일 경우에는 고소장을 제출 받고, 제3자일 경우에는 고발장을 제출받아 고소, 고발사건으로 진행한다.

문　참고로 더 할 말이 있나요

답

문　진정인은 조서를 열람하였는데 진정인이 진술한 대로 기재되어 있지 않거나 그 진술 내용 자체가 사실과 다른 부분이 있나요

답　없습니다.(공란으로 두고 출력 후 진정인이 자필로 기재함)

○ 피의자성 참고인에 대해서도 진술거부권, 변호인조력권 등 권리를 고지하고 확인을 받는다.

○ 피진정인 진술조서 작성 예시

  – 진정인과 마찬가지로 의사 등이 아닌 자가 병원을 개설하거나 운영했는지 여부를 조사하는 것이다. 즉 구성요건에 해당하는지 여부를 조사하는 것이다.

문　진술인이 피진정인 김갑을인가요

답　예, 제가 김갑을입니다. 여기 주민등록증을 제시하겠습니다.

이때 특별사법경찰관은 피진정인이 제시하는 주민등록증을 받아 본인임을 확인한 후 이를 사본하여 조서 뒤에 편철하기로 하고 피진정인에 대하여 다시 아래의 권리들이 있음을 알려주고 이를 행사할 것인지 그 의사를 확인하다.

1. 귀하는 일체의 진술을 하지 아니하거나 개개의 질문에 대하여 진술을 하지 아니할 수 있습니다.
2. 귀하가 진술을 하지 아니하더라도 불이익을 받지 아니합니다.
3. 귀하가 진술을 거부할 권리를 포기하고 행한 진술은 법정에서 유죄의 증거로 사용될 수 있습니다.
4. 귀하가 신문을 받을 때에는 변호인을 참여하게 하는 등 변호인의 조력을 받을 수 있습니다.

문　피진정인은 위와 같은 권리들이 있다는 것에 대하여 고지를 받았는가요?

답

문　피진정인은 진술거부권을 행사할 것인가요?

답

문　피진정인은 변호인의 조력을 받을 권리를 행사할 것인가요?

답

문 피진정인은 어떤 일을 하고 있나요

답

문 피진정인은 의료기관을 개설할 수 있는 의사 등 자격이 되나요

답

문 피진정인은 의사 등이 아니면서 의료기관을 개설한 사실이 있나요

답

문 언제, 어디서 개설하였나요

답

문 어떤 방법으로 개설하였나요

답

문 피진정인은 이와 같이 ▽▽을 개설하였는데 이를 운영한 사실이 있나요

답

문 운영한 기간은 얼마나 되며, 그 장소는 어떤가요

답

문 어떤 방법으로 운영하였나요

답

문 운영 실적은 어떠했나요

답

문 피진정인은 왜 이와 같은 행위를 하게 되었나요

답

문 □□병원은 현재는 어떻게 운영되고 있나요

답

문 피진정인이 달리 제출할 유리한 증거나 더 할 말이 있나요

답

문 피진정인은 조서를 열람하였는데 피진정인이 진술한 대로 기재되어 있지 아니하거나 그 진술 자체가 사실과 다른 부분이 있나요

답 없습니다.(공란으로 두고 출력 후 피진정인이 자필로 기재함)

피의자 신문 및 조서 작성

초판 1쇄 인쇄 2025년 03월 11일
초판 1쇄 발행 2025년 03월 18일
지은이 백윤욱

펴낸이 김양수
책임편집 이정은
교정교열 연유나

펴낸곳 도서출판 맑은샘
출판등록 제2012-000035
주소 경기도 고양시 일산서구 중앙로 1456 서현프라자 604호
전화 031) 906-5006
팩스 031) 906-5079
홈페이지 www.booksam.kr
블로그 http://blog.naver.com/okbook1234
페이스북 facebook.com/booksam.kr
이메일 okbook1234@naver.com
ISBN 979-11-5778-695-4 (13350)